私募基金

刑事法律风险与合规管理

洪 灿／著

中国检察出版社

图书在版编目（CIP）数据

私募基金刑事法律风险与合规管理／洪灿著．—北京：中国检察出版社，2020.10
ISBN 978-7-5102-2268-9

Ⅰ.①私… Ⅱ.①洪… Ⅲ.①投资基金-金融犯罪-预防犯罪-中国 Ⅳ.①D924.334

中国版本图书馆 CIP 数据核字(2020)第 155698 号

私募基金刑事法律风险与合规管理
洪　灿　著

出版发行：	中国检察出版社
社　　址：	北京市石景山区香山南路 109 号（100144）
网　　址：	中国检察出版社（www.zgjccbs.com）
编辑电话：	(010)86423707
发行电话：	(010)86423726　86423727　86423728
	(010)86423730　68650016
经　　销：	新华书店
印　　刷：	北京宝昌彩色印刷有限公司
开　　本：	710 mm×960 mm　16 开
印　　张：	25.75
字　　数：	446 千字
版　　次：	2020 年 10 月第一版　　2020 年 10 月第一次印刷
书　　号：	ISBN 978-7-5102-2268-9
定　　价：	88.00 元

检察版图书，版权所有，侵权必究
如遇图书印装质量问题本社负责调换

总 目 录

导读篇 …………………………………………………………… 1

第一篇　中国私募基金刑事法律风险报告 ………………………… 17

第二篇　私募基金概论 …………………………………………… 57

第三篇　私募基金登记备案阶段法律风控与合规管理 …………… 119

第四篇　私募基金募集阶段法律风控与合规管理 ………………… 153

第五篇　私募基金投资与管理退出阶段法律风控与合规管理 …… 285

第六篇　私募基金法律法规与规则概览 ………………………… 353

目 录

导读篇

一、私募基金行业的五维印象 ··· 4

二、私募基金法律风险观察 ··· 8

三、私募基金，会重蹈 P2P 覆辙吗 ··································· 10

四、疫情封城，无阻证监局风险警示 ·································· 11

五、合规风控——私募基金法律风险解决之道 ·························· 14

第一篇 中国私募基金刑事法律风险报告

报告说明 ·· 19

一、报告宗旨与术语 ·· 19

二、样本收集与处理 ·· 20

第一章 "私募基金"搜索样本分析报告 ·································· 22

第一节 "私募基金"搜索样本采集说明 ······························ 22

第二节 基金样本库刑事法律风险概况 ································ 22

一、裁判年份分布 ·· 22

二、裁判地域分布 ·· 23

1

第三节 基金样本库涉案罪名结构分析 ………………………… 25
一、类罪名分布 ……………………………………………… 25
二、具体罪名分布 …………………………………………… 27

第四节 基金样本库裁判文书基本特征分析 …………………… 29
一、审理程序分布 …………………………………………… 29
二、裁判法院级别分布 ……………………………………… 30
三、裁判文书类型分布 ……………………………………… 30

第二章 "私募基金管理人"搜索样本分析报告 ………………… 32
第一节 "私募基金管理人"搜索样本采集说明 ……………… 32

第二节 管理人样本库刑事法律风险概况 ……………………… 32
一、裁判时间分布 …………………………………………… 32
二、涉案金额分布 …………………………………………… 33
三、监管登记备案情况分布 ………………………………… 34

第三节 管理人样本库涉案主体结构分析 ……………………… 36
一、被告人类型分布 ………………………………………… 36
二、被告人身份（职务）分布 ……………………………… 37
三、被告人所处的业务结构关系的主体分布 ……………… 38

第四节 管理人样本库涉案罪名结构与刑罚分析 ……………… 39
一、罪名频次分布 …………………………………………… 39
二、被告人刑罚分布 ………………………………………… 40

第五节 管理人样本库基金运行环节刑事法律风险分布 ……… 43
一、样本采集说明 …………………………………………… 43
二、风险环节分布图 ………………………………………… 43

第三章 报告底稿的深度解读与专业视角 ……………………… 44

第一节 私募基金刑事法律风险七大特征 …………………… 44
一、地域冲突特征 …………………………………………… 44
二、涉案金额特征 …………………………………………… 45
三、刑事诉讼被害人特征 …………………………………… 45
四、宣传推广特征 …………………………………………… 46
五、结构隐蔽性特征 ………………………………………… 48
六、恶意犯罪赔付率特征 …………………………………… 48
七、被动型"庞氏骗局"特征 ……………………………… 48

第二节 构建私募基金刑事风控认知体系的五个视角 ……… 49
一、资本与金融视角 ………………………………………… 50
二、民商法视角 ……………………………………………… 50
三、行政监管视角 …………………………………………… 50
四、刑法角度 ………………………………………………… 50
五、刑事诉讼法角度 ………………………………………… 51

第三节 私募基金刑事法律风险新动向与办案实务观察 …… 51
一、在经济下行周期,管理人的程序瑕疵成为刑事追责的
引爆器 …………………………………………………… 52
二、外地投资者通过刑事立案挽回损失的做法成为常态 … 54
三、私募基金经理以刑事案件被害人的身份涉及刑事风险 … 55
四、被滥用的案件管辖权正在成为私募基金经理的噩梦 … 56

第二篇 私募基金概论

第一章 私募基金 ……………………………………………… 59

第一节 私募基金概述 ………………………………………… 59

一、基金概述 …………………………………………… 59
二、私募基金的特点 …………………………………… 60
三、与公募基金的区别 ………………………………… 61

第二节 私募基金的主要分类方法 …………………………… 62
一、行业协会划分的九类基金 ………………………… 62
二、按投资标的的四分法 ……………………………… 63
三、按组织形式的三分法 ……………………………… 63
四、按结构层级的两分法 ……………………………… 64

第三节 私募基金的四种主要形态 …………………………… 66
一、私募股权投资基金 ………………………………… 66
二、私募证券投资基金 ………………………………… 70
三、其他类私募投资基金 ……………………………… 71
四、私募资产配置基金 ………………………………… 73

第四节 私募基金行业主体 …………………………………… 73
一、私募基金法律关系中的当事人 …………………… 73
二、私募基金监管组织体系 …………………………… 79

第五节 中国私募基金行业发展现状 ………………………… 80
一、资管行业发展状况 ………………………………… 81
二、私募基金行业发展规模 …………………………… 82
三、私募基金管理人组织形式 ………………………… 85
四、私募基金管理人的区域分布 ……………………… 85
五、私募基金投资者情况分析 ………………………… 88

第六节 私募基金行业法律风险现状 ………………………… 93

第二章 私募基金的法律监管、内部控制与合规管理 …………… 95

第一节 私募基金的法律监管 ………………………………… 95
一、私募基金的法律监管体系 ………………………… 95

二、私募基金的法律监管历程 ………………………………… 96
　　三、法律监管相对弱化的逻辑基础 …………………………… 98
　　四、考验智慧的"适度监管"原则 …………………………… 99

第二节　私募基金管理人的内部控制 ……………………………… 100
　　一、私募基金管理人内部控制总体目标 ……………………… 100
　　二、私募基金管理人内部控制的原则 ………………………… 100
　　三、私募基金内部控制五大要素 ……………………………… 101
　　四、私募基金内部控制的九个重点 …………………………… 101

第三节　私募基金的合规管理 ……………………………………… 103
　　一、合规管理的法律定义 ……………………………………… 103
　　二、私募基金合规管理的现实意义 …………………………… 107

第三章　合伙型基金的治理结构与合规管理 ………………………… 111
　第一节　私募基金的治理结构刍议 ………………………………… 111
　第二节　合伙型私募基金的治理机构与合规管理 ………………… 112
　　一、合伙企业法确立的"法定"治理结构 …………………… 113
　　二、基金合伙协议构建的"约定"治理结构 ………………… 116
　　三、合伙人大会制度对私募机构和投资者的意义 …………… 117

第三篇　私募基金登记备案阶段法律风控与合规管理

第一章　私募基金登记环节法律风控与合规管理 …………………… 121
　第一节　私募基金管理人登记环节风控合规要点 ………………… 121
　　一、私募基金管理人登记情况概览 …………………………… 121
　　二、私募基金管理人登记的规则体系 ………………………… 122
　　三、对申请登记私募机构的行为要求 ………………………… 124
　　四、申请登记应具备的基本条件 ……………………………… 125

五、高管人员及其他从业人员相关要求 …………………………… 127

　　六、私募机构名称及经营范围相关要求 …………………………… 127

　　七、私募机构出资人及实际控制人相关要求 ……………………… 128

　　八、私募机构关联方的合规要求 …………………………………… 128

　第二节　私募基金管理人登记中的律师及其法律意见书 ………… 129

　　一、法律意见书的审查内容 ………………………………………… 130

　　二、律师出具法律意见书的相关要求 ……………………………… 132

　　三、律师出具法律意见书的注意事项 ……………………………… 133

　　四、对不予登记申请机构及所涉律师事务所、律师的自律措施 … 134

　第三节　私募基金管理人的重大变更事项 ………………………… 135

　　一、重大事项变更的范围 …………………………………………… 135

　　二、需要出具《重大事项变更专项法律意见书》的情形 ………… 136

　　三、关于重大事项变更的禁止性规定 ……………………………… 136

第二章　私募基金备案环节法律风控与合规管理 …………… 137

　第一节　私募基金产品备案的合规要求 …………………………… 137

　　一、私募基金备案的基本流程 ……………………………………… 137

　　二、私募基金备案的规则体系 ……………………………………… 137

　　三、不属于私募投资基金备案范围的募集投资活动 ……………… 138

　　四、暂停备案的八种情形 …………………………………………… 138

　　五、私募基金备案的法律合规审查重点 …………………………… 139

　第二节　未依法履行登记备案义务的法律风险 …………………… 146

　　一、登记备案是基金管理人的法定义务 …………………………… 146

　　二、未依法履行登记备案义务的法律后果 ………………………… 146

　第三节　私募基金从业人员 ………………………………………… 148

　　一、从业人员的范围 ………………………………………………… 149

　　二、高管的定义与资格认定 ………………………………………… 149

三、高管的任职要求 ………………………………………… 149

四、从业人员专业胜任能力与人数要求 …………………… 150

五、从业人员涉及法律风险的数据分析 …………………… 151

第四篇　私募基金募集阶段法律风控与合规管理

第一章　私募基金募集阶段各环节合规管理 ………………… 155

第一节　私募基金募集行为的基本认识 …………………… 155

一、私募基金募集行为的行业标准和业务规范 …………… 155

二、私募基金募集应当履行的六大程序 …………………… 156

三、私募基金募集实操十三步 ……………………………… 156

四、私募基金募集的三对象与三层级 ……………………… 157

第二节　私募基金产品开发环节合规管理 ………………… 157

一、私募基金产品开发的概念 ……………………………… 157

二、私募基金产品组织形式的三个选项 …………………… 158

三、契约型私募投资基金合同 ……………………………… 158

四、合伙型基金的合伙协议 ………………………………… 159

五、公司型基金的公司章程 ………………………………… 162

六、禁止设计"投资单元/子份额"模式 …………………… 164

七、禁止资金池模式 ………………………………………… 165

八、禁止刚性兑付 …………………………………………… 165

九、禁止设计名股实债模式 ………………………………… 167

十、禁止多层嵌套——底层资产穿透核查 ………………… 167

第三节　《九民纪要》对基金产品设计的合规影响 ………… 168

一、关于资管产品增信问题 ………………………………… 169

二、关于营业信托纠纷案件的审理 ………………………… 172

三、关于卖方机构的适当性义务 …………………………… 175

四、关于场外配资……………………………………………………… 177

第四节　私募基金宣传推介环节合规管理………………………………… 178
　　一、合格投资者制度……………………………………………………… 179
　　二、私募基金产品的推介程序…………………………………………… 180
　　三、特定对象确定程序…………………………………………………… 184
　　四、关于基金销售机构的特别规定……………………………………… 186
　　五、私募基金投资者的法定要求………………………………………… 188
　　六、关于投资者的资金安全……………………………………………… 190

第五节　投资者适当性制度与合规管理…………………………………… 192
　　一、投资者适当性制度概述……………………………………………… 192
　　二、投资者适当性管理办法……………………………………………… 192
　　三、私募机构履行投资者适当性义务的刚性约束……………………… 194
　　四、私募基金投资者的分类……………………………………………… 195
　　五、基金产品或者服务风险等级划分…………………………………… 197
　　六、普通投资者与基金产品或者服务的风险匹配……………………… 197

第六节　私募基金资金池问题……………………………………………… 199
　　一、监管层关于私募基金资金池业务的规定…………………………… 200
　　二、资金池业务的四个主要特征………………………………………… 202
　　三、不视为资金池业务的例外情形……………………………………… 202
　　四、防范资金池业务风险的合规措施…………………………………… 203

第二章　私募基金募集环节法律风险分析……………………………… 205
第一节　监管层视角的法律风险现状及主要问题………………………… 205
　　一、基金募集环节的法律风险现状……………………………………… 206
　　二、私募基金募集环节主要问题………………………………………… 208

第二节　私募基金募集环节法律风险浅析………………………………… 210

第三章　私募基金募集环节刑事法律风险案例分析 …………… 213

第一节　非法吸收公众存款罪 …………………………………… 213

【案例一】湖北某私募基金管理人以公开方式募集资金3.2亿余元，单位被判处罚金40万元，法定代表人及分公司经理分别获刑9年和8年 …………………………………… 213

【案例二】北京某私募基金管理人委托第三方以公开方式募集资金4亿余元，对第三方募集资格及方式未尽审查义务，实际控制人获刑8年，并处罚金40万元 ………… 224

【案例三】某基金管理公司非法公开募集资金7.7亿元，被法院以非法吸收公众存款罪追究刑事责任，公司被判罚金，13名员工获刑，并处罚金 ……………………… 229

【案例四】深圳某私募基金管理人公开募资1.4亿余元，3人获刑，并处罚金 …………………………………………… 238

【案例五】上海某私募基金管理人非法公开募集资金6.3亿余元，法定代表人和股东分别获刑7年和6年，并处罚金30万元和20万元 ………………………………… 243

第二节　合同诈骗罪 ……………………………………………… 250

【案例一】某私募基金管理人股东及实际控制人，以非法占有他人财物为目的募集私募基金，分别获刑并处罚金 …………………………………………………… 250

【案例二】武汉某资产管理中心执行事务合伙人为偿还债务，虚构发行私募基金，诈骗500万元，获刑11年6个月，并处罚金16万元 ……………………………… 254

第三节　集资诈骗罪 ……………………………………………… 258

【案例】北京某私募基金管理人实际控制人非法集资1000余万元，合同诈骗400万元，数罪并罚获刑16年，并处剥夺政治权利5年、罚金51万元 …………… 258

第四节　伪造国家机关公文、证件、印章罪 …………………… 264

【案例一】山东某私募基金项目，私募基金管理人实际控制人伪造行政机关公文进行募资，投后管理中挪用私募基金用于偿还其他项目欠款，案发后贿买他人作伪证，被法院以

挪用资金罪、伪造国家机关公文罪、妨害作证罪数罪
　　　　并罚 6 年 6 个月，并处罚金 ················ 264
　　【案例二】某私募基金管理人法定代表人为增加基金发行推广的
　　　　可信度，伪造行政机关公文，被法院以伪造国家
　　　　机关公文罪判处有期徒刑 6 个月，并处罚金 ········ 269

　第五节　职务侵占罪 ··························· 271
　　【案例一】某私募基金管理人区域经理利用职务便利，侵占
　　　　私募基金 90 余万元，被法院判处有期徒刑
　　　　3 年 ································· 271
　　【案例二】海南某融资项目经手人利用职务便利，与其他员工
　　　　串通设立投资管理公司，并伪造投资方印章，以
　　　　资管计划服务费的名义收取 1500 万元，均被判
　　　　10 年以上有期徒刑 ························ 273

　第六节　组织、领导传销活动罪 ···················· 277
　　【案例】某私募基金传销组织省级总代发展下线 400 余人，
　　　　涉案资金 3000 余万元，被法院判处有期徒刑 3 年，
　　　　并处罚金 100 万元 ························ 277

第五篇　私募基金投资与管理退出阶段法律风控与合规管理

第一章　私募基金投资环节法律风控与合规管理 ········ 287
　第一节　私募基金投资运作的一般规定 ················ 287
　第二节　法律尽职调查中的合规与风控要点 ············· 289
　　一、法律尽职调查基本概念 ····················· 289
　　二、法律尽职调查核心要点 ····················· 290
　　三、法律尽职调查的基础文件 ···················· 293
　　四、法律尽职调查清单（参考模板） ················ 293

第三节 投后管理······303
一、对被投资企业的增值服务······304
二、对被投资企业的风险监管······304
三、私募基金从业人员的合规管理······305

第四节 私募基金退出······306
一、私募基金退出的时机选择依据······306
二、私募基金退出的方式选择······307
三、中国私募基金退出现状与对策······310

第二章 私募基金投资与管理退出环节刑事法律风险案例分析······320

第一节 合同诈骗罪······321
【案例一】北京某私募基金管理人擅自改变募集资金用途，造成4800余万元损失，法定代表人获刑11年，并处罚金20万元······321

【案例二】某基金管理公司法定代表人在明知公司没有融资能力的情况下，仍伙同他人与融资人签订《基金委托募集合作协议》，骗取资金服务费80万元，被法院判处有期徒刑1年2个月，并处罚金······326

第二节 集资诈骗罪······330
【案例一】某私募基金管理人法定代表人以非法占有为目的募资后，仅将少量资金用于投资，以新偿旧，骗取投资款逾4000万元，被法院判处有期徒刑8年，并处罚金······330

【案例二】北京某私募基金管理人未按合同约定使用募集资金，诈骗350余万元，法定代表人以集资诈骗罪获刑10年，并处罚金10万元······334

第三节 挪用资金罪······338
【案例】北京某私募基金执行事务合伙人代表未经投资决策程序，违反约定资金用途，挪用资金2735万元，获刑4年6个月······338

第四节 操纵证券市场罪 …………………………………… 343

【案例】某私募基金管理人利用信息和资金优势，与 13 家上市公司董事长或者实际控制人合谋利用信息优势连续交易，构成操纵证券市场罪，被法院判处有期徒刑 5 年 6 个月，并处罚金 …………………………………… 343

第五节 利用非公开信息交易罪 …………………………… 347

【案例】上海某私募基金管理人创始人利用公募基金基金经理向其泄露的非公开股票交易信息，通过趋同交易非法获利 4000 余万元，被法院以利用非公开信息交易罪判处 5 年 9 个月，并处罚金 4000 万元 …………………… 347

第六篇 私募基金法律法规与规则概览

第一章 私募基金监管规范汇总 …………………………… 355

第一节 法律 …………………………………………… 355

第二节 行政法规 ……………………………………… 355

第三节 部门规章 ……………………………………… 356

第四节 规范性文件 …………………………………… 357

第五节 行业规定 ……………………………………… 361

第六节 自律规则 ……………………………………… 365

第二章 私募基金刑事法律规范体系 ……………………… 369

第一节 非法吸收公众存款罪 ………………………… 369

第二节 集资诈骗罪 …………………………………… 372

第三节 合同诈骗罪 …………………………………… 375

第四节 诈骗罪 ………………………………………… 377

第五节 欺诈发行股票债券罪 ………………………… 380

第六节 内幕交易罪 …………………………………………………… 381

第七节 利用未公开信息交易罪 ……………………………………… 382

第八节 操纵证券市场罪 ……………………………………………… 383

第九节 职务侵占罪 …………………………………………………… 384

第十节 挪用资金罪 …………………………………………………… 386

第十一节 组织、领导传销活动罪 …………………………………… 388

第十二节 非法经营罪 ………………………………………………… 389

第十三节 侵犯公民个人信息罪 ……………………………………… 391

第十四节 伪造国家机关公文、证件、印章罪 ……………………… 392

后　记 ………………………………………………………………… 394

导读篇

习近平总书记指出，未来 10 年，将是世界经济新旧动能转换的关键 10 年，是国际格局和力量对比加速演变的 10 年，是全球治理体系深刻重塑的 10 年。① 金融是现代经济的血液。血脉通，增长才有力。我们要建立稳定、可持续、风险可控的金融保障体系，创新投资和融资模式，建设多元化融资体系和多层次资本市场，发展普惠金融，完善金融服务网络。②

2019 年 2 月 22 日下午，中共中央政治局举行第十三次集体学习，这是春节之后中央政治局第一次集体学习，主题聚焦金融领域两件大事：完善金融服务、防范金融风险。这次集体学习强调：金融是国家重要的核心竞争力，金融安全是国家安全的重要组成部分，金融制度是经济社会发展中重要的基础性制度。提出要完善资本市场基础性制度，把好市场入口和市场出口两道关，加强对交易的全程监管；要构建风险投资、银行信贷、债券市场、股票市场等全方位、多层次金融支持服务体系；要完善信息发布管理规则，健全信用惩戒机制；要做到"管住人、看住钱、扎牢制度防火墙"；要管住金融机构、金融监管部门主要负责人和高中级管理人员，加强对他们的教育监督管理，加强金融领域反腐败力度。要运用现代科技手段和支付结算机制，适时动态监管线上线下、国际国内的资金流向流量，使所有资金流动都置于金融监管机构的监督视野之内；要完善金融从业人员、金融机构、金融市场、金融运行、金融治理、金融监管、金融调控的制度体系，规范金融运行；要深化准入制度、交易监管等改革，加强监管协调，坚持宏观审慎管理和微观行为监管两手抓、两手都硬、两手协调配合；要加强基层金融监管力量，强化地方监管责任，做到抓小抓早、防微杜渐；要解决金融领域特别是资本市场违法违规成本过低问题。

最高层对于金融市场的态度，对于规范运行尤其是解决金融领域违法违规成本过低问题的决心，正在以修改法律、强化监管、严厉追责的形式体

---

① 参见习近平总书记在南非金砖国家工商论坛上发表的重要讲话——《顺应时代潮流实现共同发展》，载人民网，http：//cpc.people.com.cn/n1/2018/0726/c64094-30170246.html，访问日期：2020 年 2 月 25 日。

② 参见习近平总书记在"一带一路"国际合作高峰论坛开幕式上发表的主旨演讲——《携手推进"一带一路"建设》，载人民网，http：//theory.people.com.cn/n1/2018/0104/c416126-29746009.html，访问日期：2020 年 2 月 25 日。

现,将给私募基金行业的法律风控与合规管理带来深刻影响。

一、私募基金行业的五维印象

根据中国证券投资基金业协会(以下简称"中基协")于 2020 年 1 月 8 日发布的《2019 年私募基金登记备案情况综述》,截至 2019 年底,协会存续登记私募基金管理人 24471 家,较 2018 年末存量机构增加 23 家,同比增长 0.09%;存续备案私募基金 81739 只,较 2018 年末在管私募基金数量增加 7097 只,同比增长 9.51%;管理基金规模 13.74 万亿元,较 2018 年末增加 9603.56 亿元,同比增长 7.52%,私募基金管理人在从业人员管理平台完成注册的全员职工 17.65 万人,其中取得基金从业资格的员工 14.22 万人。

中基协自 2015 年 1 月开始发布私募登记备案月报,笔者通过查询 2015—2019 年的私募基金相关月报数据,以 2015 年 1 月、2015 年 12 月、2016 年 12 月、2017 年 12 月、2018 年 12 月、2019 年 12 月等六个期末时间点为统计基准,对 2015 年 1 月至今中国私募基金行业发展的趋势进行了五个维度的观察。

(一)私募基金管理人与私募基金数量

1. 前述六个期末时间点,我国存续登记的私募基金管理人数量分别为 6974 家、25005 家、17433 家、22446 家、24448 家、24471 家,存续备案的私募基金数量分别为 8846 只、24054 只、46505 只、66418 只、74642 只、81739 只。

2015—2019 年私募基金管理人与私募基金数量对比

2. 2017—2019 年中基协累计已办理注销的私募基金管理人数量分别为 13789 家、14561 家、15633 家，2018—2019 年[①]累计已办理清算的私募基金数量分别为 28697 只、37444 只。

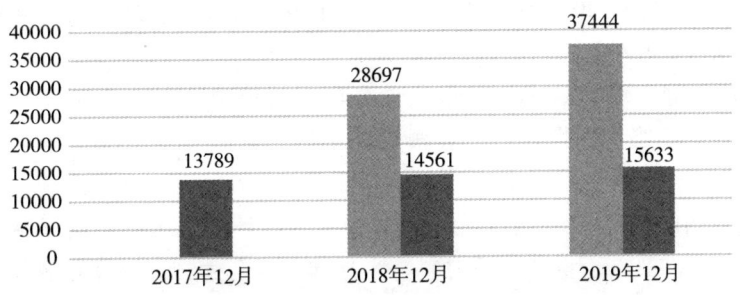

累计注销管理人和累计清算基金数量分布

（二）私募基金资金规模

2015—2019 年，全行业私募基金资金管理规模分别为 4.05 万亿元、7.89 万亿元、11.10 万亿元、12.78 万亿元、13.74 万亿元。[②]

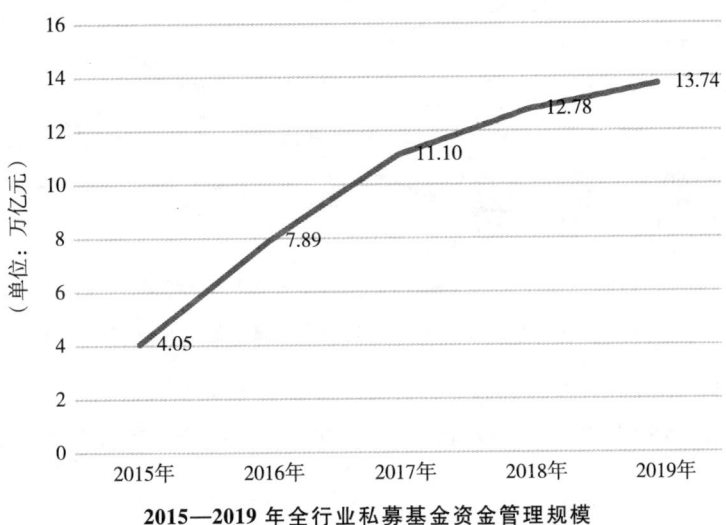

2015—2019 年全行业私募基金资金管理规模

---

① 中基协未公布截至 2017 年 12 月 31 日已办理清算的私募基金数量。——笔者注
② 根据中基协公布数据的口径，2015 年和 2016 年资金管理规模为私募基金实缴资金规模，2017—2019 年资金管理规模以相关基金填报的运行表中期末净资产为准，其中，如相关基金新设立，且暂未更新运行表，以募集资金规模为准。——笔者注

从行业规模看，股权投资的力量在显著增强。私募股权和创投基金规模从2015年底的1.9万亿元增加到2018年底的8.7万亿元，在行业整体规模中占比由46.7%提升到68.6%。私募基金规模与名义GDP之比从2015年末的6.1%提高到2018年末的14.1%，其中，股权创投基金规模与名义GDP之比从2.9%提高到9.7%。

2019年前三季度，私募基金投向境内未上市未挂牌企业股权本金新增4429亿元，相当于同期新增社会融资规模的2.4%。截至2019年第三季度末，私募基金在投中小企业6万家，在投本金2万亿元；在投高新技术企业3.1万家，在投本金1.3万亿元。互联网服务等计算机运用、机械制造等资本品、计算机及电子设备、原材料、半导体、医药生物、医疗器械与服务等产业升级以及新经济代表领域成为私募股权与创业投资基金布局重点，在投项目5.5万个，在投本金2.7万亿元。截至2019年12月10日，63家科创板上市企业中，有私募基金参与投资的54家，投资本金合计268亿元。①

（三）失联私募基金管理人数量

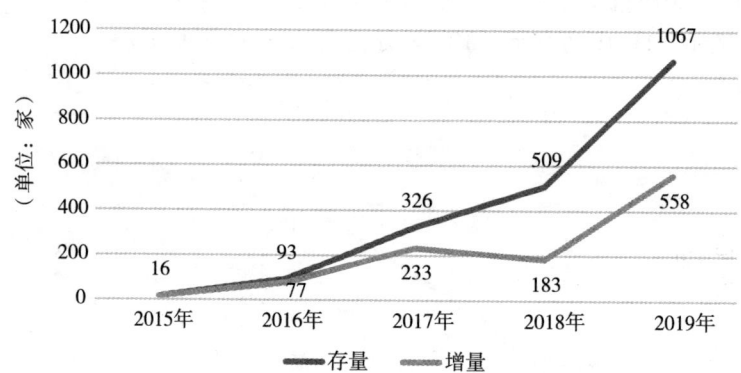

2015—2019年失联私募基金管理人数量增量与存量对比

2015—2019年，共计公布32批1067家失联私募基金管理人，其中2015年16家，2016年77家，2017年233家，2018年183家，2019年558家。

---

① 参见《推动私募基金高质量发展 提升服务实体经济能力——阎庆民副主席在2019中国私募基金行业峰会上的讲话》，载中国证券监督管理委员会官网，http：//www.csrc.gov.cn/pub/newsite/zjhxwfb/xwdd/201912/t20191224_368244.html，访问日期：2020年2月26日。

（四）私募基金从业人员数量

2015—2019 年，私募基金从业人员数量分别为 37.94 万人、27.2 万人、23.83 万人、24.57 万人、17.65 万人（其中，取得基金从业资格的从业人员数量为 14.22 万人）。

2015—2019 年私募基金从业人员数量

从上图数据来看，2015—2019 年私募基金从业人员的数量呈明显下降趋势。

（五）投资者数量与资产

目前，中基协未对投资者数量进行统计，如果按照每个基金产品平均对应 50～100 名投资者估算，全国的私募基金投资者总人数应在 400 万人以上，至于符合条件的潜在合格投资者数量就更为庞大。

2019 年 6 月 5 日，招商银行、贝恩公司联合发布《2019 中国私人财富报告》，① 该报告显示，2018 年，中国个人高净值人群规模达 197 万，全国个人持有的可投资资产总体规模达到 190 万亿元，中国私人财富市场增速较往年放缓，但仍具增长潜力，预计到 2019 年底将突破 200 万亿元大关。

其中，北京、上海、广东、浙江、江苏五省市高净值人数均超过 10 万名。北京以每万人 78 名高净值人士，成为全国高净值人士密度最高的地区。

---

① 参见《2019 中国私人财富报告》，载招商银行官网，http://www.CMBchina.com/privatebank/PrivateBankInfo.aspx?guid=bdeb435b-cc83-4b54-b92a-7eab597ecbf7，访问日期：2020 年 2 月 26 日。

上海和广东分列第二位、第三位,高净值人士密度分别达到每万人60名和每万人37名。京沪粤三省市高净值人群可投金融资产总量占比均达到或者超过全国的10%,合计占比达到全国的42%。

此外,得益于中西部地区的经济快速增长,湖南、贵州、安徽、广西、四川、湖北等省份的高净值人数增速较快,高于全国平均水平。

该报告对高净值人士设定的可投资资产在1000万元以上的门槛,明显高于《私募投资基金监督管理暂行办法》(以下简称《私募监管办法》)的"金融资产不低于300万元或者最近三年个人年均收入不低于50万元"的合格投资者门槛,按照财富金字塔模型原理推算,合格投资者的数量应该在千万人以上的量级。

二、私募基金法律风险观察

从前述的私募基金五维分析数据可以看出,2015—2019年,私募基金行业正在发生一些非常明显的变化,私募基金总数量5年增加了10倍以上(清算和注销的私募基金也在同步增长),管理的资金规模从4.05万亿元增加到13.74万亿元,增长了3倍多,但是有两个数字引人注目,那就是5年以来失联的私募基金管理人总数量从16家增加到最近的1067家,而私募基金的从业人员数量并未随着私募基金数量、私募基金管理人数量和私募基金管理资金规模的增加而增加,而是呈相反的下降趋势。

证监会副主席阎庆民在2019中国私募基金行业峰会上指出,当前私募基金存在的问题主要表现为两极分化严重,公司治理整体水平不高,不同程度地存在"量小""质低""投短""募难"问题,以中小型机构表现尤为突出,此外,"伪私募"风险也逐步显现。

"量小"主要表现为基金管理人平均管理规模小。2018年末,我国私募证券基金管理人、股权创投基金管理人平均管理规模分别为2.4亿元、5.9亿元;美国同类型基金管理人平均管理规模分别是我们的128倍和28倍。前10%的私募基金管理人合计管理超过80%的基金资产,有37%的私募基金管理人管理规模在1000万元以下。

"质低"主要表现为内控质量低、规范化水平低。少数管理人一定程度上存在合规意识淡薄、内部治理不健全、专业化水平不高、盈利能力不强等现象,行业整体质量有待提升。近三年来,证监会以问题导向、风险导向,结合随机抽查原则,对1200余家私募基金管理人进行了现场检查,其中被采取行政监管措施和被处罚的管理人占比36%。

"投短"主要表现为平均投资期限短。截至2019年第三季度末，股权创投基金已退出项目中，投资期限在4年以下的项目数量占比74.6%，退出本金占比81.5%，7年以上项目占比很少。

"募难"主要表现为基金募集难度提高。从2019年来看，虽然私募证券基金产品备案数量"一少增"，但证券与股权创投基金产品的备案规模却出现明显的"双下降"。2019年1—11月，私募证券基金产品备案数量同比增加14%，但备案规模同比减少36%；股权创投基金产品备案数量同比减少44%，备案规模同比减少41%，大部分私募基金面临募资压力。

需要特别关注的是，"伪私募"风险逐渐显现。各类"伪私募"花样翻新，有的变相开展借贷业务，名基实债；有的通过多只产品关联操作，变相自融或利益输送。更有甚者，打着私募基金旗号，行非法集资和诈骗之实。①

中基协于2020年1月8日发布的《2019年私募基金登记备案情况综述》中提到，截至2019年底，全国已有32批，合计1067家私募机构被列入失联名单。中基协平均1—2个月就会发布一期失联公告，从近期的失联公告中能够看到，失联机构增加的数量和速度都在不断上升，加上私募"爆雷"引发的重大群体性案件，尤其是相关刑事案件在日益增多，私募行业已经暴露出了明显的系统风险信号，刑事法律风险也在不断加剧。

2020年1月5日，《中国基金报》发表题为《又有私募"失联"！20亿产品爆雷，上市公司踩雷，更有"先锋系"也出大事!》②的报道：

> 2020年开年，又有35家私募疑似失联，其中上海良卓资产及其旗下机构上海良衫资产、"先锋系"深圳鑫汇元投资也在其中。
>
> 天眼查显示，2019年11月份上海良卓6次被列为被执行人，执行标的合计1.29亿。控股股东上海良熙投资的股权也被司法冻结。
>
> 上海良卓资产的官网显示，其专业领域为票据金融、供应链金融。公开信息显示，上海良卓旗下目前有37只私募基金，多数基金以投资商业与银

---

① 参见证监会副主席阎庆民在2019中国私募基金行业峰会上的讲话——《提升私募基金依法监管效能　做好六方面工作》，载人民网，https://baijiahao.baidu.com/s?id=1653853908423201337&wfr=spider&for=pc，访问日期：2020年2月24日。

② 高雯：《又有私募"失联"！20亿产品爆雷，上市公司踩雷，更有"先锋系"也出大事!》，载《中国基金报》微信公众号，访问日期：2020年2月28日。

行汇票、供应链金融等低风险的金融产品为主。

然而,2019年3月中旬,部分投资人收到信息,公司的票据基金无法正常兑付,很快,事件不断发酵,最终确认上海良卓资产无法兑付的金额约20亿元,涉及旗下8只基金。

2019年3月20日,上海良卓资产在官方网站上公告称,由于基金管理人过度追求盈利至上,致使运作中部分基金产品的实际投资方向存在和募集用途不一致的违规操作及越权交易,造成基金在某些投资领域存在多项投资失误的情况,加之2018年以来金融市场的变化以及相关交易对手不能按约兑付票据等原因,导致私募基金产品总体流动性不足。

违规操作及越权交易主要是把募集资金挪作他用。简单说就是,基金管理人为了追求高收益,没有按约定低风险投资,而是把钱投到了其他高风险领域。

"踩雷"上海卓良资产的还包括上海洗霸、中原内配、四方达、康力电梯四家上市公司和多家机构。根据公告,四家上市公司已到期尚未兑付或尚未到期的份额合计2.84亿元。

从该报道可以看出,当下私募基金领域法律风险影响之大、范围之广、程度之深。

三、私募基金,会重蹈 P2P 覆辙吗

一方面是整个私募基金行业管理的资金规模不断增加,另一方面是失联的私募机构越来越多,眼下的私募基金行业,像极了王朔的那一本书的书名——《一半是海水,一半是火焰》。私募基金行业在蜂拥而入的资金和频繁爆雷的风险之间保持着艰难的平衡。

2018—2019年,P2P行业频发平台爆雷潮,引起了金融市场的巨大震动。笔者在《中国上市公司刑事法律风险年度报告(2018.10—2019.09)》中曾经分析上市公司的法律风险,其中一个很大的原因是涉及P2P行业的上市公司数量比之前有明显的增长,一些上市公司的实际控制人或者高级管理人员因为涉足P2P行业而被追究刑事责任,这一部分的刑事法律风险已成为涉案上市公司法律风险爆发的一个重要诱因。

当P2P的爆雷潮渐渐退去,私募机构的刑事风险浪潮又接踵而来。于是有人预言,2020年是私募基金爆雷之年,将开启私募机构的爆雷周期。

从客观上看,由于金融工具的相互关联和嵌套,私募基金从股权结构到

产品设计的复杂性，加之基金运作信息的非对称性，私募基金在一定程度上被不法分子利用成为非法集资类犯罪的工具。2019年1月30日，最高人民法院、最高人民检察院、公安部发布了《关于办理非法集资刑事案件若干问题的意见》，对集资类犯罪的相关问题作出了进一步认定。2019年5月，公安部在新闻发布会上强调，要进一步加强与证券监管部门的协作配合，加大对私募机构涉嫌经济犯罪的打击力度。①

私募基金为什么会有可能沦为刑事法律风险的重灾区？网上有一篇题为《95%的VC/PE已经不可能赚钱了》②的文章是这样分析的：

供给过剩、套利失效、无核心能力、头部集中、资金周期太短、宏观经济失速与政策变化，是PE/VC盈利能力下降的终极原因。整个中国一级市场已经有严重的超库存的情况，整个中国私募的资产管理规模13万亿元，其中一级市场9万亿元，意味着未来这些资金都谋求二级市场卖出，然而二级市场并没有足够的流动性去支持这么庞大的资产变现。

一方面是经济增长放缓甚至是全球经济衰退的大趋势，另一方面是行业乱象丛生与司法严厉整肃，人们不禁要问，私募基金，会重蹈P2P覆辙吗？

四、疫情封城，无阻证监局风险警示

2020年的春节，是一个让中国人永远难以忘记的特殊时期。

新型冠状病毒肆虐神州大地，多市封城，万家闭户，全国企业大面积推迟复工复产。在这样的背景下，笔者所在的深圳，也启动了一级疫情管制措施，笔者执业的信达律师事务所在深圳证券交易所和市政府之间的太平金融大厦，属于深圳CBD的最核心区域，因而实行最严格的限制人员出入措施，去办公楼需要提前一天申请报备，现场进行体温检测，通过手机定位核查每一个来访者14天以来的行踪轨迹。居家封闭的这段被"宅男"生活，让笔者正好有难得的整段时间来思考、构建关于私募基金刑事风险与合规管理问

---

① 参见《通报打击和防范非法集资等涉众型经济犯罪情况》，载公安部网，https：//www.mps.gov.cn/n2254536/n2254544/n2254552/n6496270/slindex.html，访问日期：2020年2月26日。

② 曾乔：《95%的VC/PE已经不可能赚钱了》，载投资家网，http：//www.investorscn.com/2019/08/02/86078/，访问日期：2020年3月26日。

题的知识体系，并把这些思考付诸笔端，以飨读者。

但是，即便是在社会的经济活动几近停滞的特殊情况下，私募基金的爆雷潮、司法机关对违法私募基金追责的步伐，却从没有停歇。

2020年2月17日，《中国基金报》《证券日报》《每日财经新闻》《券商中国》等多家媒体密集报道了募集资金额22亿元的中金国瑞私募基金涉嫌违法犯罪活动的新闻，给私募基金的法律风险敲响了2020年春天的又一个警钟。

深圳市公安局福田分局发布《关于"中金国瑞"基金公司涉嫌非法吸收公众存款案的案件通报》，① 通报了该局对私募基金管理人——深圳市中金国瑞基金管理有限公司涉嫌非法吸收公众存款罪案的侦查近况。初步查明中金国瑞实际募集资金总额22.48亿元，支付投资人本金和利息总额为16.88亿元。

通报载明，2020年2月7日，深圳市人民检察院对犯罪嫌疑人秦某以涉嫌集资诈骗罪批准逮捕，对郑某明等9人以涉嫌非法吸收公众存款罪批准逮捕；警方已依法采取查封涉案房产、扣押车辆和冻结涉案账户等措施，并将继续追查涉案资产及资金；警方还将全力收集其他涉案人员的犯罪证据，并依法开展持续打击。

2月17日，深圳证监局针对该案发出风险警示，② 从深圳证监局日常监管掌握的情况看，除上述"中金国瑞"案件外，目前辖区已被深圳公安部门通报涉嫌非法吸收公众存款等刑事犯罪的私募基金管理人还有6家，这些机构形式上登记为私募基金管理人，实际上是涉嫌非法行为的"伪私募"。对此提醒广大投资者，根据有关规定，私募基金只向合格投资者募集，不得承诺投资本金不受损失或者承诺最低收益，私募基金管理人不是持牌金融机构，请投资者擦亮眼睛识别各类"伪私募"，不要受保本保底和高收益承诺等噱头所诱惑，主动避开"凑单""拼单"等各类陷阱，谨防上当受骗、遭受财产损失。

本书即将付梓之际，深圳证监局发布了《深圳证监局关于辖区重大违

---

① 参见《关于"中金国瑞"基金公司涉嫌非法吸收公众存款案的案件通报》，载"福田警察"微信公众号，访问日期：2020年2月26日。

② 参见《深圳证监局关于个别私募基金管理人涉嫌非法集资的风险警示》，载中国证券监督管理委员会官网，http://www.csrc.gov.cn/pub/shenzhen/gzdt/202002/t20200217_370796.htm，访问日期：2020年2月26日。

规私募基金管理人相关情况的通报（第一批）》，① 通报称："为促进深圳私募基金行业规范健康发展，强化对私募基金管理人的警示教育，督促各管理人依法合规经营，根据《私募监管办法》第 5 条、第 32 条等相关规定，深圳证监局结合日常监管执法和风险监测处置等情况，陆续公开披露辖区重大违规私募基金管理人的名单。被纳入名单的私募基金管理人相关事由，主要包括因严重违法违规被采取监管惩戒措施、拒不配合监管或涉嫌犯罪进入刑事追责程序，以及因失联、未按要求提交专项法律意见书等被中基协强制注销私募基金管理人登记等情形。现将辖区第一批重大违规私募基金管理人公示如下，请广大投资者注意投资风险，远离违规机构，避免财产损失。"

通报共涉及私募基金管理人 131 家，其中，进入刑事追责程序的私募基金管理人为通报名单的 1~13 号，共计 13 家机构，如下表：

序号	管理人名称	通报事由
1	深圳前海汇能金融控股集团有限公司	因存在向非合格投资者募集资金、挪用基金财产等触碰监管底线情形被采取监管惩戒措施，涉嫌犯罪进入刑事追责程序，在异常经营情形下未按要求提交专项法律意见书被中基协强制注销私募基金管理人登记
2	新华财富资产管理有限公司	涉嫌犯罪进入刑事追责程序
3	深圳市中金国瑞基金管理有限公司	因存在向非合格投资者募集资金、向不特定对象宣传推介等触碰监管底线情形被采取监管惩戒措施，涉嫌犯罪进入刑事追责程序
4	深圳前海东亚基金管理有限公司	因存在向非合格投资者募集资金等触碰监管底线情形被采取监管惩戒措施，涉嫌犯罪进入刑事追责程序
5	深圳弘泰财富管理有限公司	涉嫌犯罪进入刑事追责程序，因失联被中基协强制注销私募基金管理人登记
6	深圳市前海新高域资本管理有限公司	因存在向非合格投资者募集资金、向不特定对象宣传推介等触碰监管底线情形被采取监管惩戒措施，涉嫌犯罪进入刑事追责程序

---

① 载中国证券监督管理委员会官网，《深圳证监局关于辖区重大违规私募基金管理人相关情况的通报（第一批）》，http：//www.csrc.gov.cn/pub/shenzhen/gzdt/202006/t20200610_377988.htm，访问日期：2020 年 6 月 15 日。

续表

序号	管理人名称	通报事由
7	深圳市前海中融天成基金管理有限公司	涉嫌犯罪进入刑事追责程序
8	深圳市中天财富投资管理有限公司	涉嫌犯罪进入刑事追责程序
9	深圳同盈股权投资基金管理有限公司	因存在向非合格投资者募集资金、向不特定对象宣传推介等触碰监管底线情形被采取监管惩戒措施,涉嫌犯罪进入刑事追责程序
10	深圳市轩鸿基金管理有限公司	因存在向不特定对象宣传推介等触碰监管底线情形被采取监管惩戒措施,涉嫌犯罪进入刑事追责程序
11	深圳市中展资产管理有限公司	涉嫌犯罪进入刑事追责程序
12	深圳市恒富汇通投资管理有限公司	因存在侵占基金财产等触碰监管底线情形被采取监管惩戒措施,涉嫌犯罪进入刑事追责程序,在异常经营情形下未按要求提交专项法律意见书被中基协强制注销私募基金管理人登记
13	深圳市前海秦商基金管理有限公司	涉嫌犯罪进入刑事追责程序,因失联被中基协强制注销私募基金管理人登记

五、合规风控——私募基金法律风险解决之道

当下私募基金领域存在各种各样的法律风险,这些法律风险不仅表现为民事法律风险,还表现为行政法律风险,相关责任人和责任机构不仅要承担民事法律责任,还可能遭到监管部门的行政处罚,成为失信被执行人或者失信机构,会被采取行业禁入措施,更为严重的是,可能触发刑事法律风险,遭受牢狱之灾。

如何避免 P2P 行业的前车之鉴?如何促进行业的健康发展?如何在保护投资者合法权益的同时,也切实保护广大的基金从业人员和私募机构的利益,尤其是他们的自由和财产安全,不至于在创造财富的法外之路上"失足裸奔"而沦为阶下囚?

这是每一位私募基金从业人员,每一个投资者,每一个中介服务机构都需要直面的问题。

基金作为一种集合投资工具,相对于个人直接投资而言,既有规模化、专业化等天然优势,但也因为集合投资的转移占有和转委托而产生利益冲突。因此,建立有效的基金治理机制,制衡基金管理人与投资者的利益冲突,确

保基金管理人坚持基金投资者利益至上，是基金存在和发展的首要条件。

毋庸置疑，在私募基金监管遵循"统一监管、功能监管、适度监管、分类监管"的基本原则下，每一个私募基金的参与主体，做好从登记、备案到募集、投资、管理和退出各个环节的流程控制与合规管理，才是解决私募基金法律风险的光明大道。

根据中国证监会颁布的《私募监管办法》第5条的规定，设立私募基金管理机构和发行私募基金不设行政审批，允许各类发行主体在依法合规的基础上，向累计不超过法律规定数量的投资者发行私募基金。建立健全私募基金发行监管制度，切实强化事中事后监管，依法严厉打击以私募基金为名的各类非法集资活动。

证监会同时强调，建立促进经营机构规范开展私募基金业务的风险控制和自律管理制度，以及各类私募基金的统一监测系统。

所以，私募基金的各类当事人，包括私募基金投资人、私募基金管理人、私募基金托管人、代销机构以及会计师事务所、律师事务所等私募基金中介服务机构，都应该通过对私募基金法律法规的学习，对私募基金运作过程合规要求的学习，尤其是对于刑事合规的学习，以达到法律法规要求的"开展私募基金业务的风险控制和自律管理"。笔者认为，通过合规管理的学习、执行，私募基金的法律风险是可以预防的，也是可以在风险发生之前进行识别和控制的。

或许我们无法从数量上彻底清零这种法律风险，但是可以通过私募基金行业的法律合规学习，减轻基金法律风险对于私募基金投资人、私募基金从业者以及对私募基金机构的伤害程度，让私募基金的募集投资管理和运作始终走在法治的轨道，走在合规的轨道上。唯有如此，私募基金行业才可能得到健康长久的发展。

第一篇

中国私募基金刑事法律风险报告

报告说明

一、报告宗旨与术语

（一）报告宗旨

以无讼案例平台【https：//www.itslaw.com】公布的裁判文书为基础，利用大数据挖掘技术，从裁判口径、区域分布、涉案主体、涉案金额、罪名结构、量刑、私募基金的运行环节等多个不同视角，全景式观察中国私募基金行业的刑事法律风险之现状，力图揭示私募基金在发展过程中可能发生的刑事法律风险之规律性，为中国私募基金行业的规范发展、行业监管与自律、私募机构和从业人员刑事风控提供数据参考。

（二）术语

1. 私募投资基金

私募投资基金（以下简称私募基金），是指在中华人民共和国境内，以非公开方式向投资者募集资金设立的投资基金。私募基金财产的投资包括买卖股票、股权、债券、期货、期权、基金份额及投资合同约定的其他投资标的。①

2. 基金管理人

私募基金管理人是根据基金合同及相关法律法规的规定，以自己的专业知识与经验，对其所管理的基金进行科学管理决策，谋求基金资产增值升值，帮助基金投资者获得收益的专业机构。

基金管理人由依法设立的公司或者合伙企业担任，自然人不能登记为私募基金管理人。

3. 刑事法律风险

本报告所称私募基金刑事法律风险，是指私募基金管理人及私募基金从业人员在私募基金的募集、投资、管理与退出等经营活动时发生的刑事法律风险，为了便于全面分析私募经营行为中的法律风险，本报告将其他非私募机构人员从事类私募基金活动（以募集社会公众资金为主要特点）中产生

---

① 参见《私募监管办法》第2条，2014年8月21日中国证券监督管理委员会发布。

的刑事法律风险也纳入观察范围。

4. 类罪名

类罪名是指某一类犯罪的总称。根据我国刑法分则的分类，类罪名共有10个，包括危害国家安全罪，危害公共安全罪，破坏社会主义市场经济秩序罪，侵犯公民人身权利、民主权利罪，侵犯财产罪，妨害社会管理秩序罪，危害国防利益罪，贪污贿赂罪，渎职罪，军人违反职责罪。

5. 具体罪名

本报告中所指的犯罪罪名特指 1997 年 10 月 1 日施行的《中华人民共和国刑法》、十个《刑法修正案》和《关于惩治骗购外汇、逃汇和非法买卖外汇犯罪的决定》中列举的合计 469 个罪名。

6. 被告人（被告单位）

刑事诉讼中，被公诉机关指控涉嫌触犯刑法罪名的主体，包括自然人和单位。

7. 单位犯罪

单位犯罪，是指公司、企业、事业单位、机关、团体实施的危害社会的行为。① "公司、企业、事业单位"，既包括国有、集体所有的公司、企业、事业单位，也包括依法设立的合资经营、合作经营企业和具有法人资格的独资、私营等公司、企业、事业单位。②

二、样本收集与处理

（一）样本来源

本报告中的刑事案件均来自无讼案例【https://www.itslaw.com】。

（二）样本收集

本报告以无讼案例上传的与私募基金有关的刑事案件判决书、裁定书为检索对象，对截至 2020 年 1 月 17 日公开发布的含有关键词"私募基金"或"私募基金管理人"的刑事案件裁判文书，按照设定的统计变量进行系统检索、收集分类。

---

① 《中华人民共和国刑法》第 30 条。
② 《最高人民法院关于审理单位犯罪案件具体应用法律有关问题的解释》（法释〔1999〕14 号），第 1 条。

（三）样本数量

在对"私募基金"和"私募基金管理人"两个统计关键词进行搜索之后，经检索汇总，共收集到文书全文中含有"私募基金"的刑事案件判决书、裁定书合计 552 份，以下简称"私募基金"搜索样本或"基金样本库"；共收集到文书全文中含有"私募基金管理人"的刑事案件判决书、裁定书合计 100 份，以下简称"私募基金管理人"搜索样本或"管理人样本库"。

（四）分析方法

为了完成从整体到细节对私募基金行业刑事法律风险研究的全覆盖，尽可能从多个不同角度对搜索样本进行观察，根据"私募基金"搜索样本和"私募基金管理人"搜索样本法律内涵与研究价值的不同，采取了不尽相同的分析方法。

1. "私募基金"搜索样本的分析方法

根据"无讼案例"搜索结果界面直接显示的不同统计角度的裁判文书数量，在过滤无关罪名的基础上，分别对裁判年份、裁判法院所在地、裁判法院级别、审理程序、裁判文书类型、类罪名、具体罪名的文书数量进行统计录入，然后进行逐一分析。

2. "私募基金管理人"搜索样本的分析方法

对样本内的裁判文书按照裁判时间、罪名结构、被告人类型、被告人职务、刑罚、刑事法律风险发生环节、[①] 刑罚、被告人退赔情况、私募基金管理人和私募基金备案情况等特征进行逐一归纳统计，通过包括数据透视在内的多种分析方法，对私募基金管理人涉案情况按照裁判机构、涉案主体、涉案罪名、风险环节等多个维度进行分析汇总，作为本报告的研究依据。

---

① 发生环节指私募基金运作过程中的"募集""投资""管理""退出"四个阶段。——笔者注

第一章 "私募基金"搜索样本分析报告

第一节 "私募基金"搜索样本采集说明

本部分报告以"私募基金"作为首次筛选关键词,并添加"刑事案件"作为筛选条件,对截至 2020 年 1 月 17 日"无讼案例"平台已公布的裁判文书进行检索,并对相关裁判文书进行提取,共计得到 552 份裁判文书。

根据"无讼案例"网站界面的显示结果,以"案由"计,文书数量合计 552 份;以"地域"计,各省级行政单位文书数量合计 536 份;以"法院层级"计,各级法院文书数量合计 536 份;以"裁判年份"计,2008—2019 年各年份文书数量合计 539 份;以"审理程序"计,文书数量合计 552 份;以"文书性质"计,文书数量合计 552 份。

针对上述 552 份裁判文书,对于与私募基金刑事法律风险明显无关的四个具体罪名,包括容留他人吸毒罪、故意杀人罪、绑架罪、盗窃罪在内的合计 5 份裁判文书逐一甄别后进行剔除(以下简称"剔除的裁判文书"),最终将剩余 547 份裁判文书纳入"私募基金"搜索样本分析报告的分析样本库。

第二节 基金样本库刑事法律风险概况

一、裁判年份分布

(一)样本采集说明

根据"无讼案例"网站界面的显示结果,以"私募基金"和"刑事案由"为搜索条件,2008—2019 年各年度裁判文书数量分别为 1 份、1 份、2 份、4 份、6 份、13 份、63 份、40 份、53 份、116 份、161 份、79 份。在剔除的裁判文书中,2011 年、2015 年、2019 年裁判文书各 1 份,2016 年裁判文书 2 份,因此最终收录的 2008—2019 年各年度裁判文书数量合计 534 份。

（二）裁判时间分布

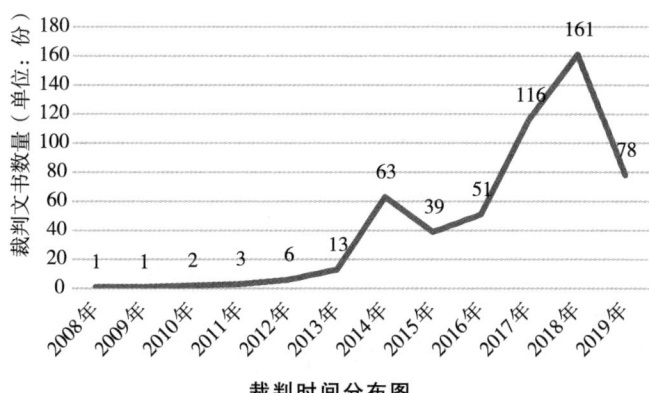

裁判时间分布图

从私募基金刑事裁判文书的裁判时间数据来看，自 2008 年开始，私募基金行业的刑事案件发案数量总体保持逐年增长态势，尤其自 2014 年 8 月 21 日证监会发布《私募监管办法》以来，发案数量增长速度明显加快，2017 年甚至同比增长 1 倍以上，并于 2018 年达到峰值。

2019 年度的发案数量是否有较大回落，笔者在这里不妄下结论，原因在于，本报告样本统计日期为 2020 年 1 月 17 日，不排除部分 2019 年涉私募基金裁判文书因为各种原因延后公布的可能。

二、裁判地域分布

（一）样本采集说明

根据"无讼案例"网站界面的显示结果，以"私募基金"和"刑事案由"为搜索条件，各省级行政区划法院裁判文书数量分别为北京（135 份）、河南（54 份）、浙江（47 份）、广东（44 份）、上海（30 份）、湖北（29 份）、四川（29 份）、吉林（22 份）、山东（17 份）、天津（16 份）、江苏（16 份）、河北（15 份）、湖南（12 份）、山西（11 份）、辽宁（7 份）、安徽（6 份）、福建（6 份）、江西（6 份）、甘肃（6 份）、黑龙江（5 份）、陕西（5 份）、海南（4 份）、重庆（4 份）、内蒙古（2 份）、广西（2 份）、云南（2 份）、贵州（1 份）、青海（1 份）、宁夏（1 份）、新疆（1 份）。在剔除的裁判文书中，吉林、浙江、河南、广东、四川各 1 份，因此最终收录的裁判文书数量为 531 份。

（二）裁判法院所在省份分布

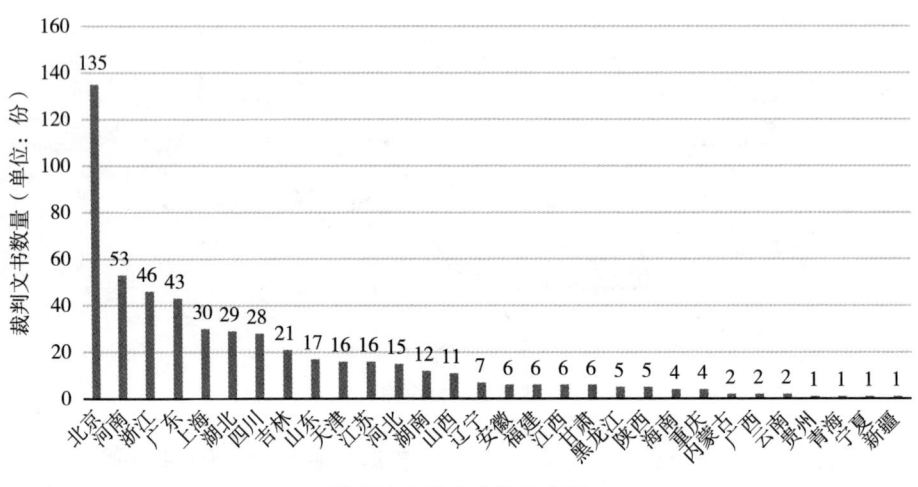

裁判法院所在省份分布图

（三）审理案件数量排名前十位的法院分布

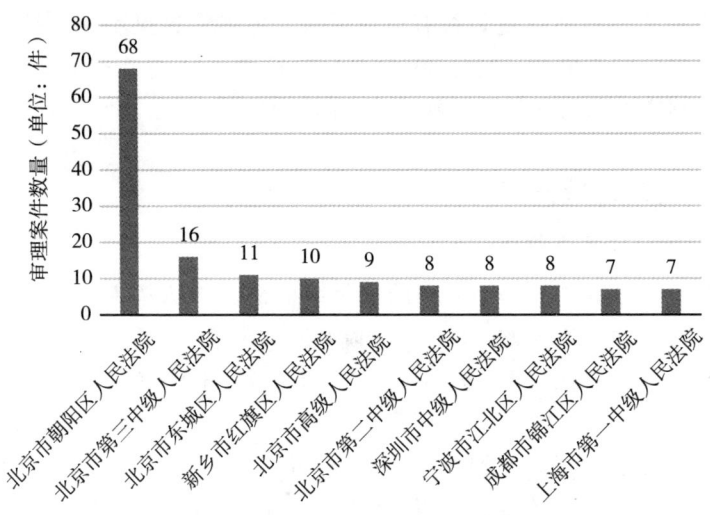

审理案件数量排名前十位的法院分布图

从私募基金刑事案件的审理法院及所在地区来看，整体发案数量与地区的金融业聚集程度、地区经济发展状况、人口规模呈正相关，其中发案数量在20件以上的省级行政单位包括北京（135件）、河南（53件）、浙江（46件）、广东（43件）、上海（30件）、湖北（29件）、四川（28件）、吉林

(21件），审理案件数量排名前十位的法院分别为北京市朝阳区人民法院（68件）、北京市第三中级人民法院（16件）、北京市东城区人民法院（11件）、新乡市红旗区人民法院（10件）、北京市高级人民法院（9件）、北京市第二中级人民法院（8件）、深圳市中级人民法院（8件）、宁波市江北区人民法院（8件）、成都市锦江区人民法院（7件）、上海市第一中级人民法院（7件）。

第三节　基金样本库涉案罪名结构分析

一、类罪名分布

（一）样本采集说明

根据"无讼案例"网站界面的显示结果，以"私募基金"和"刑事案由"为搜索条件，类罪名数量共计5个，分别为破坏社会主义市场经济秩序罪（450份）、贪污贿赂罪（11份）、侵犯公民人身权利、民主权利罪（5份）、侵犯财产罪（81份）、妨害社会管理秩序罪（5份），在剔除的裁判文书中，妨害社会管理罪（1份）、侵犯公民人身权利、民主权利罪（2份）、侵犯财产罪（2份），因此剔除后，合计547份裁判文书。

（二）类罪名分布比例

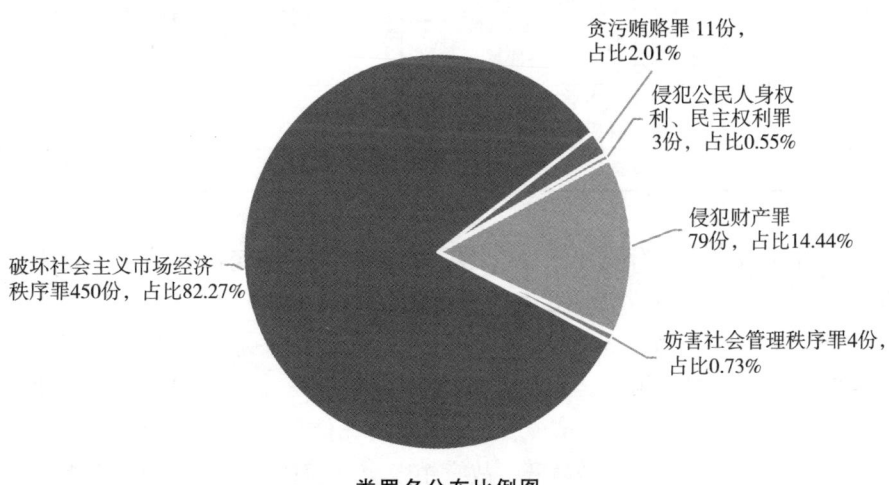

类罪名分布比例图

从私募基金刑事案件涉及的类罪名来看，刑法分则第三章"破坏社会主义市场经济秩序罪"发案数量最多（数量为450份，占比82.27%），其次分别是第五章"侵犯财产罪"（数量为79份，占比14.44%）、第八章"贪污贿赂罪"（数量为11份、占比2.01%）、第六章"妨害社会管理秩序罪"（数量4份、占比0.73%），最少的是第四章"侵犯公民人身权利、民主权利罪"（数量3份、占比0.55%）。

（三）"破坏社会主义市场经济秩序罪"中的具体罪名分布

承前文"类罪名分布比例图"，"破坏社会主义市场经济秩序罪"为文书数量最多、占比超过80%的类罪名，笔者认为有必要对"破坏社会主义市场经济秩序罪"中的具体罪名进行单独分析，以期对其中的涉案具体罪名有更深层次的挖掘。

破坏社会主义市场经济秩序罪具体罪名频次及占比分布表

编号	具体罪名	文书数量（份）	文书数量占比
1	非法吸收公众存款罪	361	80.22%
2	集资诈骗罪	34	7.56%
3	合同诈骗罪	20	4.44%
4	组织、领导传销活动罪	20	4.44%
5	非法经营罪	12	2.67%
6	利用未公开信息交易罪	2	0.44%
7	隐匿、故意销毁会计凭证、会计账簿、财务会计报告罪	1	0.22%
8	合计	450	100.00%

根据上表，刑法分则第三章"破坏社会主义市场经济秩序罪"中发案数量最多的是非法吸收公众存款罪（数量361份，占比80.22%），其次分别是集资诈骗罪（数量34份，占比7.56%）、合同诈骗罪（数量20份，占比4.44%）、组织、领导传销活动罪（数量20份，占比4.44%）、非法经营罪（数量12份，占比2.67%）、利用未公开信息交易罪（数量2份，占比0.44%），数量最少的是隐匿、故意销毁会计凭证、会计账簿、财务会计报告罪（数量1份、占比0.22%）。

二、具体罪名分布

(一) 样本采集说明

根据"无讼案例"网站界面的显示结果,以"私募基金"和"刑事案由"为搜索条件,具体罪名数量共计18个,分别为隐匿、故意销毁会计凭证、会计账簿、财务会计报告罪(1份),利用未公开信息交易罪(2份),非法吸收公众存款罪(361份),集资诈骗罪(34份),合同诈骗罪(20份),组织、领导传销活动罪(20份),非法经营罪(12份),贪污罪(3份),挪用公款罪(1份),受贿罪(6份),单位行贿罪(1份),伪造公司、企业、事业单位、人民团体印章罪(2份),掩饰、隐瞒犯罪所得、犯罪所得收益罪(2份),侵犯公民个人信息罪(3份),诈骗罪(70份),职务侵占罪(1份),挪用资金罪(7份),敲诈勒索罪(1份),容留他人吸毒罪(1份),故意杀人罪(1份),绑架罪(1份),盗窃罪(2份)。在剔除的裁判文书中,容留他人吸毒罪(1份),故意杀人罪(1份),绑架罪(1份),盗窃罪(2份),因此剔除后,合计547份裁判文书。

(二) 具体罪名文书数量占比统计

具体罪名文书数量占比统计表

编号	具体罪名	文书数量(份)	文书数量占比
1	非法吸收公众存款罪	361	66.00%
2	诈骗罪	70	12.80%
3	集资诈骗罪	34	6.22%
4	合同诈骗罪	20	3.66%
5	组织、领导传销活动罪	20	3.66%
6	非法经营罪	12	2.19%
7	挪用资金罪	7	1.28%
8	受贿罪	6	1.10%
9	贪污罪	3	0.55%
10	侵犯公民个人信息罪	3	0.55%
11	利用未公开信息交易罪	2	0.37%
12	伪造公司、企业、事业单位、人民团体印章罪	2	0.37%

续表

编号	具体罪名	文书数量（份）	文书数量占比
13	掩饰、隐瞒犯罪所得、犯罪所得收益罪	2	0.37%
14	隐匿、故意销毁会计凭证、会计账簿、财务会计报告罪	1	0.18%
15	挪用公款罪	1	0.18%
16	单位行贿罪	1	0.18%
17	职务侵占罪	1	0.18%
18	敲诈勒索罪	1	0.18%
19	合计	547	100.00%

（三）具体罪名频次分布

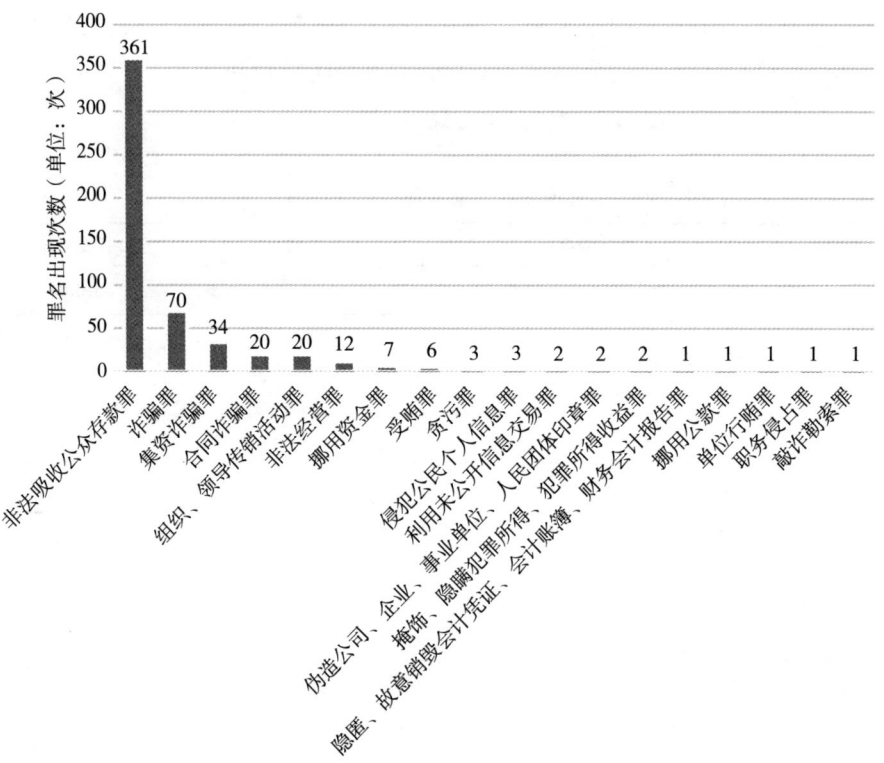

具体罪名频次分布图

通过分析具体罪名文书数量的分布数据,可以发现具体罪名文书数量的头部集中现象非常明显,文书数量排名前五的罪名分别是非法吸收公众存款罪(数量为361份,占比66.00%)、诈骗罪(数量为70份,占比12.8%)、集资诈骗罪(数量为34份,占比6.22%)、合同诈骗罪(数量为20份,占比3.66%)、组织、领导传销活动罪(数量为20份,占比3.66%),合计505件,占总发案数量的92.32%。

第四节 基金样本库裁判文书基本特征分析

一、审理程序分布

(一)样本采集说明

根据"无讼案例"网站界面的显示结果,以"私募基金"和"刑事案由"为搜索条件,一审程序、二审程序、其他程序的裁判文书分别有414份、137份、1份,在剔除的裁判文书中,一审程序裁判文书有4份,其他程序裁判文书有1份,因此剔除后,合计547份裁判文书。

(二)审理程序分布比例

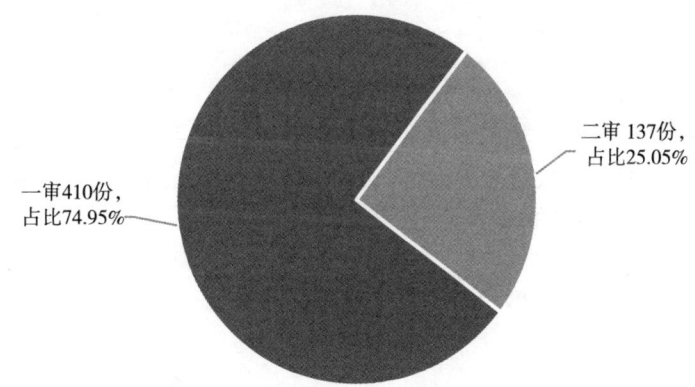

审理程序分布比例图

全部的547份统计样本中,一审裁判文书数量为410份,占比74.95%;二审裁判文书数量为137份,占比25.05%,即一审程序和二审程序的比值约为3∶1,单从数据角度来看,可以认为有1/3的案件会进入二审程序。

29

二、裁判法院级别分布

（一）样本采集说明

根据"无讼案例"网站界面的显示结果，以"私募基金"和"刑事案由"为搜索条件，基层法院、中级法院、高级法院所作的裁判文书分别为366份、145份、24份，在剔除的裁判文书中，基层法院裁判文书有3份，中级法院裁判文书有2份，因此剔除后，合计530份裁判文书。

（二）裁判法院级别分布比例

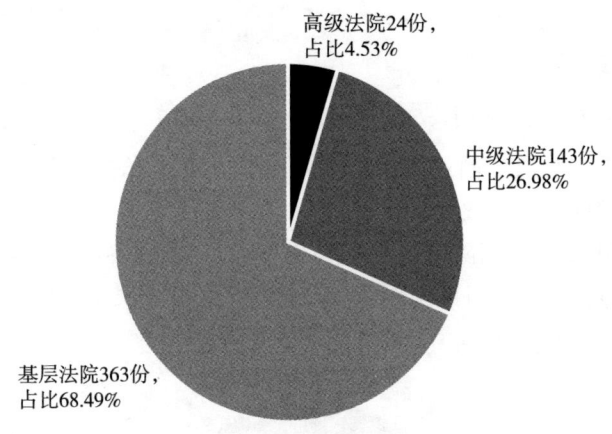

裁判法院级别分布比例图

全部统计样本中，基层法院审理的案件数量为363件，占比68.49%；中级法院审理的案件数量为143件，占比26.98%；高级法院审理的案件数量为24件，占比4.53%。

三、裁判文书类型分布

（一）样本采集说明

根据"无讼案例"网站界面的显示结果，以"私募基金"和"刑事案由"为搜索条件，判决书和裁定书分别为442份和110份，在剔除的裁判文书中，判决书和裁定书各有4份和1份，因此剔除后，合计547份裁判文书。

(二)裁判文书类型分布比例

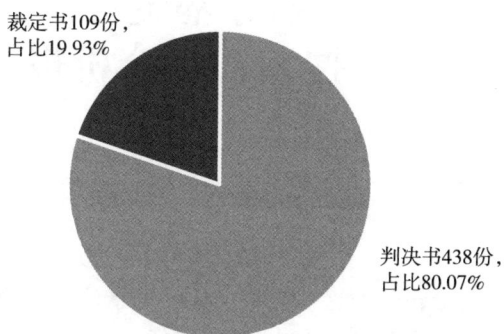

裁判文书类型分布比例图

全部统计样本中,判决书的数量为 438 份,占比 80.07%;裁定书的数量为 109 份,占比 19.93%。

第二章 "私募基金管理人"搜索样本分析报告

第一节 "私募基金管理人"搜索样本采集说明

为了聚焦私募基金管理人这一特殊群体的刑事法律风险,从运营主体层面深入分析私募基金行业刑事法律风险的特征,特别将第二部分"私募基金"搜索样本中包含"私募基金管理人"的刑事裁判文书单列一节,进行多角度分析,以期更加全面地展现私募基金行业的刑事法律风险。

本部分报告以"私募基金管理人"作为首次筛选关键词,并添加"刑事案件"作为筛选条件,对截至 2020 年 1 月 17 日"无讼案例"平台已公布的裁判文书进行检索,并对相关裁判文书进行提取,共计得到 100 份裁判文书纳入本部分报告的分析样本库,① 其中,同一个私募基金管理人的案件在一审和二审裁判文书均有收录的有 15 件,去重之后,样本库中案件数量为 85 件。

对上述 100 份裁判文书,合计 85 个案件,按照裁判时间、罪名、被告人类型、被告人职务、刑事法律风险发生环节、刑罚、被告人退赔情况、私募基金管理人和私募基金备案情况等特征进行逐一归纳统计制表,运用数据透视等多种方法从不同维度进行分析。

第二节 管理人样本库刑事法律风险概况

一、裁判时间分布

(一)样本采集说明

对样本库中 100 份裁判文书的裁判时间进行逐一提取,然后按照月份对

---

① 根据对 100 份裁判文书的逐一信息提取,本部分报告收录的裁判文书均符合样本分析要求,均能作为私募基金刑事风险的分析案例,因此将 100 份裁判文书全部纳入"私募基金管理人"搜索样本。——笔者注

裁判文书进行计数统计，最后对计数数据进行统计分析。

（二）裁判时间分布

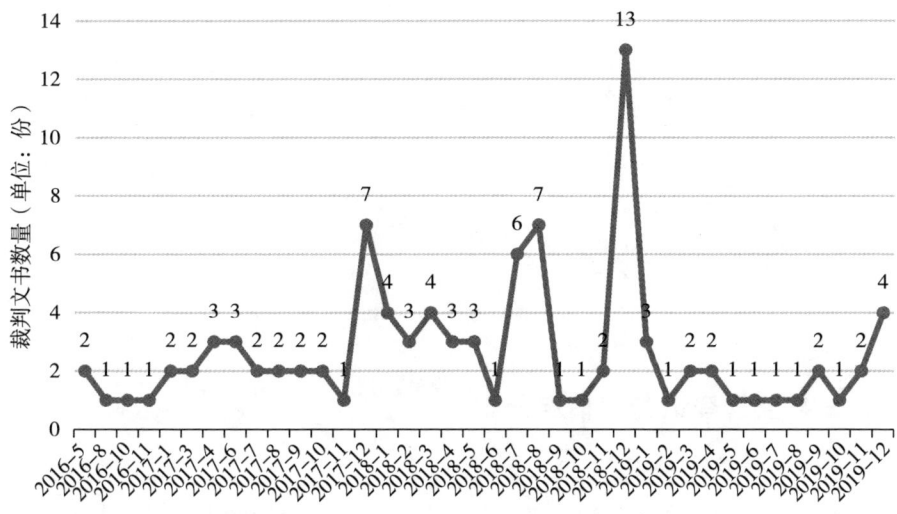

裁判时间分布图

从上图可以看出，私募基金管理人刑事案件的裁判时间峰值集中在 2017 年 12 月至 2018 年 12 月之间，排名前四的峰值数据分别为 2018 年 12 月（13 份）、2017 年 12 月（7 份）、2018 年 8 月（7 份）、2018 年 7 月（6 份）。

二、涉案金额分布

（一）样本采集说明

对样本库中 85 个案件的涉案总金额进行逐一提取，并划定涉案金额区间，对每一份裁判文书的涉案金额，按照划定的涉案金额区间进行计数统计，最后对计数数据进行分析。

（二）涉案金额分布

全部 85 个案件中，涉案金额在 1000 万元以上的案件数量为 58 件，占总案件数量的 68.24%；涉案金额在 1 亿元以上的案件数量为 27 件，占总案件数量的 31.76%。其中，涉案金额前三的区间分别为 100 万~500 万元（14 件，占比 16.47%）、500 万~1000 万元（11 件，占比 12.94%）、1000 万~1500 万元（6 件，占比 7.06%）。

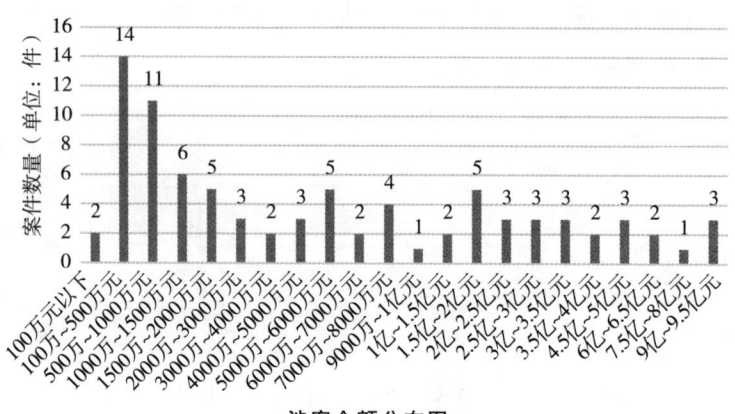

涉案金额分布图

三、监管登记备案情况分布

(一) 样本采集说明

对样本库中 100 份裁判文书的私募基金管理人登记情况和私募基金备案情况进行逐一提取，对私募基金管理人登记情况按照已登记、未登记、无法确定三个特征进行计数统计，对私募基金备案情况按照已备案、部分备案、未备案、无法确定四个特征进行计数统计，最后对计数数据进行分析。

(二) 私募基金管理人登记情况分布

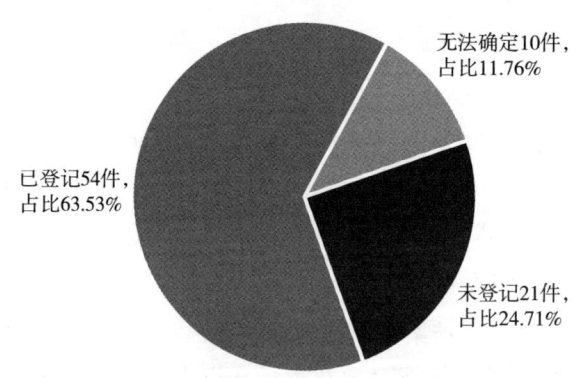

私募基金管理人登记情况分布图

样本库全部 85 件案件中，涉案私募基金管理人已向中基协登记的案件数量为 54 件，占比 63.53%；未向中基协登记的案件数量为 21 件，占比 24.71%；无法确定私募基金管理人登记情况的案件 10 件，占比 11.76%。

（三）私募基金备案情况分布

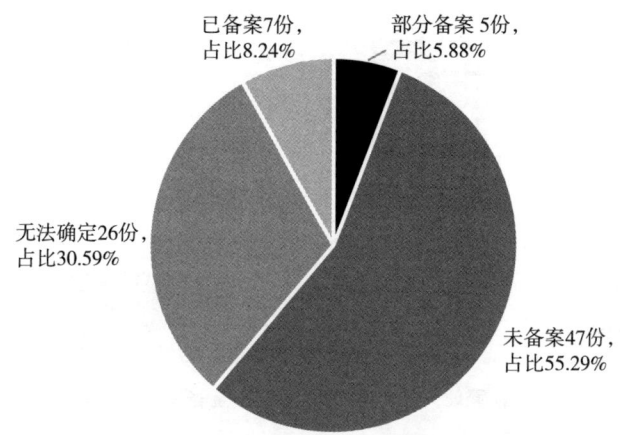

私募基金备案情况分布图

样本库全部 85 件案件中，涉案私募基金已向中基协备案的案件数量为 7 件，占比 8.24%；涉案私募基金部分向中基协备案的案件数量为 5 件，占比 5.88%；涉案私募基金未向中基协备案的案件数量为 47 件，占比 55.29%；无法确定私募基金备案情况的案件数量为 26 件，占比 30.69%。

（四）登记与备案情况对比分析

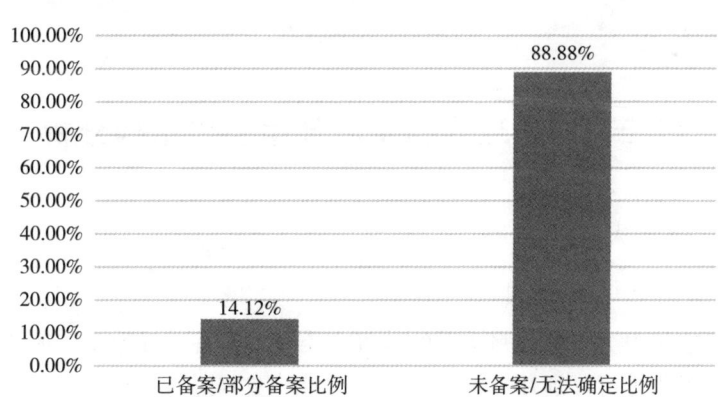

私募基金备案情况对比图

样本库全部 85 件案件中，涉案私募基金已向中基协备案或部分备案的案件占比 14.12%，涉案私募基金未向中基协备案或无法确定备案情况的案件占比 88.88%。从数据角度来看，未备案或无法确定备案情况的私募基金出现刑事法律风险的概率远超已备案或部分备案的私募基金。

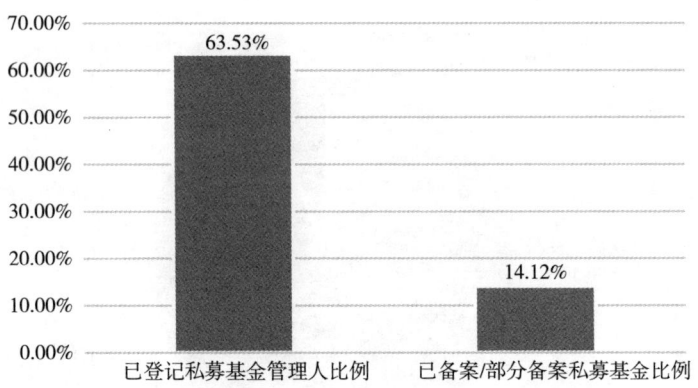

私募基金管理人登记比例与私募基金备案比例对比图

样本库全部 85 件案件中，涉案私募基金管理人已完成登记的案件占比 63.53%，涉案私募基金已向中基协备案或部分备案的案件占比 14.12%。从数据角度来看，私募基金管理人在完成登记后，在基金运作过程中进一步完成私募基金备案，将显著降低刑事法律风险的发生概率。

通过前述对比可知，涉案的私募基金里，虽然多数的私募基金管理人完成了私募基金管理人登记，但是更多地发生刑事法律风险的私募基金，因为没有进行私募基金登记，没有进入中基协监管视野，从而导致刑事法律风险呈高发态势。

第三节 管理人样本库涉案主体结构分析

一、被告人类型分布

（一）样本采集说明

对样本库中 100 份裁判文书的被告人类型进行逐一提取，按照单位犯罪和自然人犯罪进行分别计数统计，最后对计数数据进行分析。

(二) 被告人类型分布

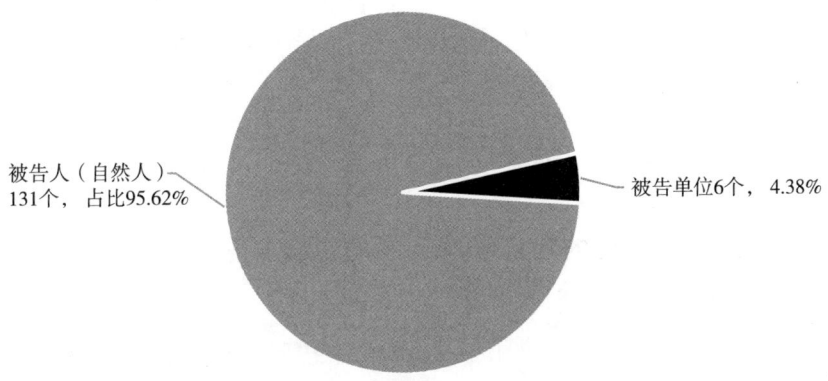

被告人类型分布图

统计样本库 85 个案件中，共计被告人和被告单位 137 个，其中，被告人（自然人）131 个，占比 95.62%；被告单位 6 个，占比 4.38%。

二、被告人身份（职务）分布

（一）样本采集说明

对样本库中 100 份裁判文书的被告人身份进行逐一提取，按照实际控制人、股东、法定代表人、董监高、中层管理人员、财务人员、基金销售业务人员、其他等 8 个类型身份进行计数统计，最后对计数数据进行分析。

（二）被告人身份分布

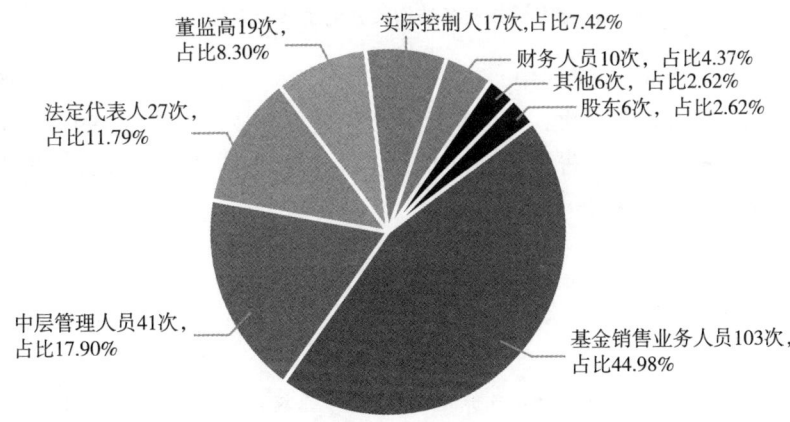

被告人身份分布图

统计样本库 85 个案件中，被告人（自然人）131 名，统计所得涉案身份的出现频次合计 229 次，① 按照涉案身份出现频次的多少排序，依次为基金销售人员（103 次，占比 44.98%）、中层管理人员（41 次，占比 17.9%）、法定代表人（27 次，占比 11.79%）、董监高（19 次，占比 8.3%）、实际控制人（17 次，占比 7.42%）、财务人员（10 次，占比 4.37%）、股东（6 次，占比 2.62%）、其他（6 次，占比 2.62%）。

三、被告人所处的业务结构关系的主体分布

（一）样本采集说明

对样本库中 100 份裁判文书中的被告人，按照其所处的业务结构关系中的主体类型不同，划分为私募基金管理人方被告人、融资项目方被告人、其他方被告人等三个类型进行计数统计，最后对三类数据进行分析。

（二）被告人所处业务结构关系的主体分布

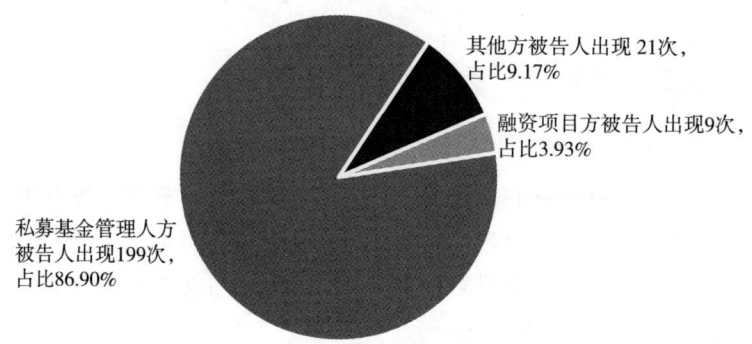

被告人所处业务结构关系的主体分布图

统计样本库 85 个案件中，被告人（自然人）131 名，统计所得涉案身份的出现频次合计 229 次，其中私募基金管理人方被告人出现 199 次，占比 86.9%；融资项目方被告人出现 9 次，占比 3.93%；其他方被告人出现 21 次，占比 9.17%。

---

① 同一被告人拥有多个涉案身份的进行重复收录统计，因此涉案身份的出现频次高于被告人（自然人）的数量。——笔者注

第四节 管理人样本库涉案罪名结构与刑罚分析

一、罪名频次分布

（一）样本采集说明

对样本库中的 100 份裁判文书，按照涉及的具体罪名分别进行计数统计，最后对计数数据进行分析。

（二）具体罪名频次分布

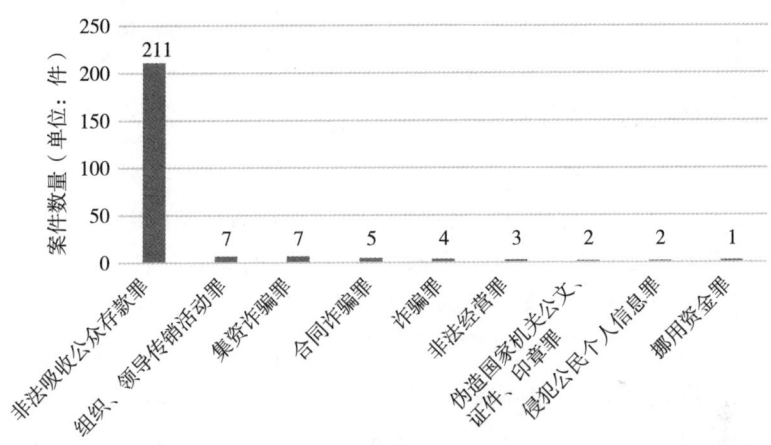

具体罪名频次分布图

（三）罪名比例分布

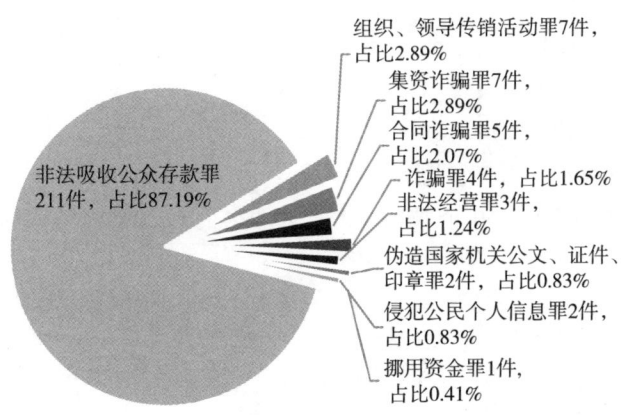

罪名比例分布图

根据对统计样本库中85个案件进行逐一统计后，137名被告人（包含自然人被告人和单位被告人）罪名出现频率共计242个，其中出现频率最高的是非法吸收公众存款罪（频次211次，占比87.19%），其次分别是组织、领导传销活动罪（频次7次，占比2.89%），集资诈骗罪（频次7次，占比2.89%），合同诈骗罪（频次5次，占比2.07%），诈骗罪（频次4次，占比1.65%），非法经营罪（频次3次，占比1.24%），伪造国家机关公文、证件、印章罪（频次2次，占比0.83%），侵犯公民个人信息罪（频次2次，占比0.83%），出现频率最少的挪用资金罪（频次1次，占比0.41%）。

其中，非法吸收公众存款罪、集资诈骗罪、合同诈骗罪、非法经营罪等破坏社会主义市场经济秩序罪合计频次为226次，占比93.39%。

二、被告人刑罚分布

（一）样本采集说明

对样本库85个案件中每一名被告人的有期徒刑刑期（单一罪名）、① 缓刑考验期限、罚金金额进行逐一提取，并划定有期徒刑刑期区间、缓刑考验期限区间、罚金区间，对每一名被告人的有期徒刑刑期、缓刑考验期限、罚金数额按照划定的区间进行计数统计，最后对计数数据进行分析。

（二）有期徒刑刑期分布

根据对样本库中85个案件，合计235个罪名的有期徒刑刑期进行逐一摘录，按照6个月为一个统计区间分为22个区间，对有期徒刑刑期分布进行了分析，其中前六位的有期徒刑刑期区间分别为：

1.5~2年（37个）；

1~1.5年（31个）；

2.5~3年（29个）；

2~2.5年（23个）；

0.5~1年和3~3.5年均为20个；

前六位区间合计150个罪名，占全部罪名的68.09%。

---

① 同一被告人被判多个罪名，则对每一罪名的刑期单独统计，如甲某被法院同时以非法吸收公众存款罪判处有期徒刑三年，以侵犯公民个人信息罪判处有期徒刑一年，合并执行三年六个月，则统计时对非法吸收公众存款罪和侵犯公民个人信息罪的刑期分别统计，对合并执行的刑期不再统计。——笔者注

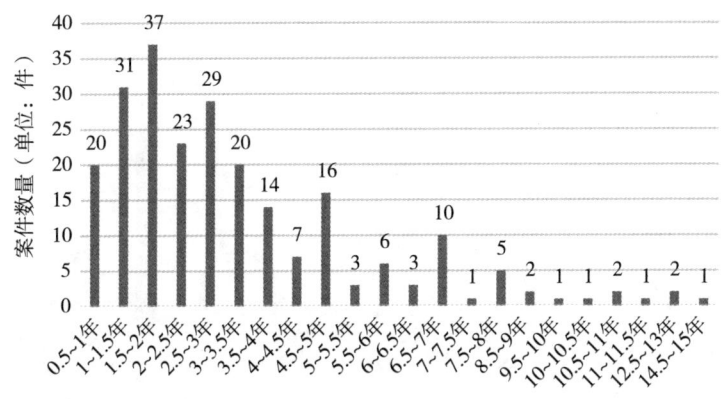

有期徒刑刑期分布图

(三) 缓刑适用分布

根据对样本库中 85 个案件，合计 235 个罪名的缓刑情况进行逐一摘录，按照是否缓刑、缓刑考验期限进行分析，其中没有判处缓刑的罪名有 196 个，占比 83.4%；判处缓刑的罪名有 39 个，占比 16.6%。

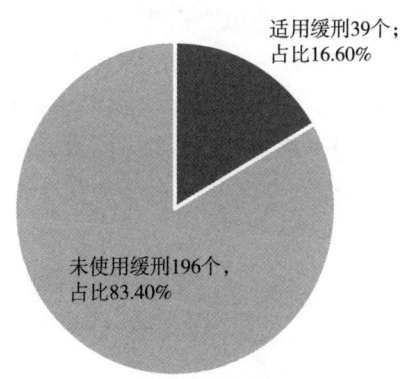

缓刑适用分布图

在判处缓刑的 39 个罪名中，按照缓刑考验期限出现频次的多少，依次为 24 个月（频次 12 次，占比 30.77%）；36 个月（频次 9 次，占比 23.08%）；48 个月和 12 个月的频次均为 4 次，占比均为 10.26%；18 个月（频次 3 次，占比 7.69%）；33 个月（频次 2 次，占比 5.13%）；15 个月、21 个月、27 个月、30 个月、60 个月的频次均为 1 次，占比均为 2.56%。

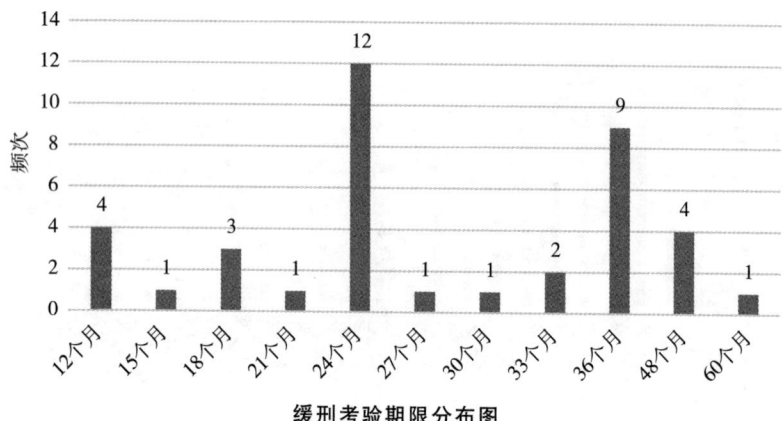

缓刑考验期限分布图

（四）罚金数额分布

样本库中85个案件，被判处罚金的罪名合计240个，对上述240个罚金刑的金额进行逐一摘录，按照金额多少和设定的金额区间进行分析，其中，数量最多的前5个罚金区间分别为1万~5万元（90个罪名，占比37.5%）、6万~10万元（67个罪名，占比27.92%）、15万~20万元（26个罪名，占比10.83%）、25万~30万元（19个罪名，占比7.92%）、10万~15万元（14个罪名、占比5.83%）。上述罚金数额均集中在30万元以下，合计216个罪名，占总罪名数量的90%。

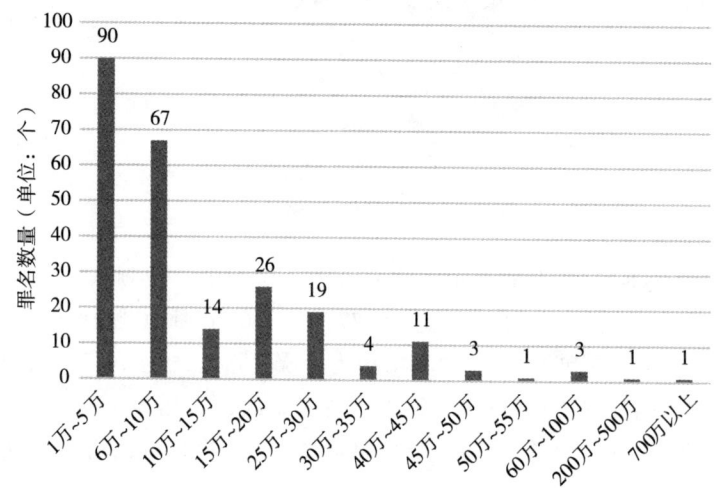

罚金数额分布图

第五节　管理人样本库基金运行环节刑事法律风险分布

一、样本采集说明

对样本库中 85 个案件的案情进行逐一分析,按照私募基金运作的四个环节,即募集、投资、管理、退出进行归类,对每一案件按照上述四个阶段进行计数统计,最后对计数数据进行统计分析。

二、风险环节分布

样本库的 85 件案件中,私募基金募集阶段发生刑事风险的案件有 74 件,① 占比 87.06%;募集和投资阶段均发生刑事风险的案件有 10 件,占比 11.76%;管理阶段发生刑事风险的案件有 1 件,占比 1.18%。由此可见,私募基金刑事风险发生在募集阶段的案件数量为 84 件,占比 98.82%,是私募基金刑事风险绝对的高发环节。

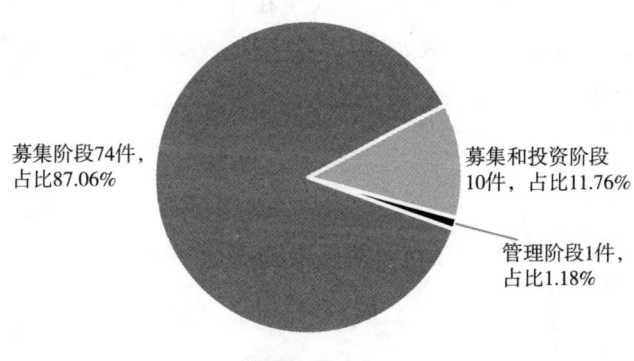

风险环节分布图

---

① 不包含募集和投资阶段均发生刑事风险的案件。——笔者注

第三章 报告底稿的深度解读与专业视角

第一节 私募基金刑事法律风险七大特征

根据《中国私募基金刑事法律风险报告》对过去已公布的刑事裁判文书的大数据分析，笔者将作为报告底稿的案例逐一进行解构、分析、比对，试图总结、归纳出背后的共同特征，以期找到私募基金行业的刑事法律风险区别于其他刑事犯罪的个性特质。

私募基金所涉及的刑事法律风险存在以下七个突出特征：

一、地域冲突特征

由于私募基金行业集合投资特征，必然伴生的是私募基金管理人的登记地域与投资者的分布地域并不趋同，甚至在许多刑事案件中产生地域冲突，即私募基金注册地集中在少数大城市，但是刑事案件发生地即投资者来源地分散于全球各地。

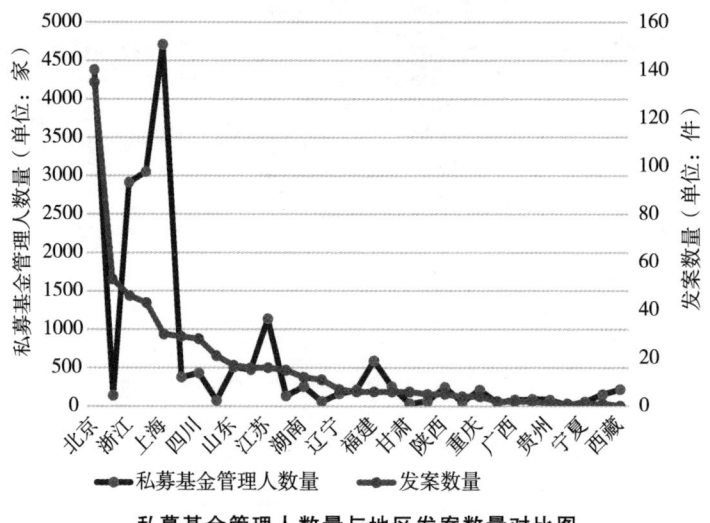

私募基金管理人数量与地区发案数量对比图

私募基金公司的大量出现，对引导民间投资、活跃资本市场、促进企业发展发挥了重要作用，但是也随之出现了一些违规违法的高风险基金公司，甚至有一些通过诈骗投资者钱财进行募集资金、吸收存款的空壳公司。从全国范围观察，虽然私募基金管理人的注册地多集中在东南沿海等经济发达城市，但是为吸引更多的投资者，大多数犯罪分子打着私募基金的旗号，到全国各地引诱不明真相的群众上当受骗。从已发生的案件来看，被害人来自天津、北京、河南、河北、山东、辽宁、陕西、青海、甘肃、江苏、湖南、安徽、内蒙古自治区及新疆维吾尔自治区等多个省区市，沦为刑事诉讼被害人的中西部地区投资者越来越多，这直接导致东北地区、中西部欠发达地区的司法机关查办的私募基金刑事案件日益增多。

所以说，私募基金刑事法律风险发生地往往较为分散，一旦发生刑事风险，其影响范围就会辐射全国。

二、涉案金额特征

非法私募基金因为小额投资较多，投资人数不设上限等原因，一旦发生刑事法律风险，涉案金额巨大是其显著特征，不乏涉案金额超过 1 亿元的案件。

根据《"私募基金管理人"搜索样本分析报告》中关于涉案金额区间分布的分析内容，涉案金额在 500 万元以上的案件占总案件数量的 81.18%，涉案金额在 5000 万元以上的案件占总案件数量的 45.88%，涉案金额在 1 亿元以上的案件占总案件数量的 31.76%，如此巨额的资金，在多数刑事风险领域是不可想象的。

为了尽可能多地吸引投资者，犯罪分子往往将单个投资者的投资数额下限设定的较低，甚至以"新股发行""原始股内部认购"为名，将股份打折出售给投资者，法律法规中关于对合格投资者的认定审核、风险匹配、人数限制、对投资者做穿透核查等合规原则，被这些非法私募基金管理人员视若无物。涉案的私募基金公司利用上述手段，不仅在全国各地吸引了大量的小额投资者，而且"以小聚多"资金总额巨大。2020 年 2 月 17 日，多家媒体报道的深圳市中金国瑞私募基金涉嫌刑事法律风险，多人被依法逮捕，其涉案金额高达 22 亿元。

三、刑事诉讼被害人特征

私募基金的一个"募"字，决定了基金的资金来源，决定了其面对的投资人人数众多，加之投资者所在的地域不同、社会阶层不同，投资者的资金来源不同，一旦发生刑事案件，这些投资人就秒变为刑事诉讼中的被害人。

私募基金刑事诉讼的被害人最突出的特征有二：其一，在于涉众；其二，在于涉高。

（一）涉众特征

侵犯人民群众财产安全、危害金融管理秩序是私募基金类刑事案件的社会危害性特征。在已公开的非法私募基金刑事案件中，有的投资者甚至动用了养老金、购房款、孩子的教育费用，还有的私募基金从业人员为了拉高业绩，稳定投资者信心，不惜动用全部家庭成员的资金，为自己的投资者客户做配套，拼凑投资份额，或者直接投资私募基金，结果倾家荡产、血本无归。这些投资人沦为刑事案件的被害人之后，往往因为人数众多，加之所投资的资金并非自己富余的金融资产，很多甚至是靠对外举债多方筹措而来，每一个被害人背后牵动的是一个家庭，甚至是多个家庭，其挽回损失的动力和维权的压力相互叠加，传导给管理人所在地的政府部门和司法机关。

这种涉众型案件，汹涌民意裹挟之下的维稳压力，往往会传导和影响司法机关及媒体舆情，是私募基金类刑事案件的被害人特征之一。

（二）涉高特征

根据招商银行、贝恩公司联合发布的《2019中国私人财富报告》[①]显示，2018年中国个人高净值人群规模达197万，全国个人持有的可投资资产总体规模达到190万亿元，中国私人财富市场增速较往年放缓，但仍具增长潜力，预计到2019年底将突破200万亿元大关。

在新经济、新动能的推动下，以企业中、高级管理层与专业人士为代表的新富群体涌现，已成为高净值群体的中坚力量；经历资本市场洗礼，高净值人群的投资行为和心态发生明显转变，对于财富管理机构的专业能力要求更高。

包括这些高净值人士在内的私募基金投资者，一旦投资失败，就有可能利用其所处的财富阶层、社会影响力对刑事诉讼的进程和结果构成影响。

四、宣传推广特征

涉及刑事法律风险的私募基金当事人的宣传推广往往具有较强的迷惑

---

① 载招商银行官网，《2019中国私人财富报告》，http://www.cmbchina.com/privatebank/PrivateBankInfo.aspx?guid=bdeb435b-cc83-4b54-b92a-7eab597ecbf7，访问日期：2020年3月26日。

性，多数利用现代传播媒介，借用多种营销手段。宣传内容方面以"高额回报""政策支持"做噱头，"投资项目"涉及各行业，犯罪分子多利用高额利息、分红的承诺引诱投资者投资。

虽然《私募投资基金募集行为管理办法》（以下简称《募管办法》）中，对募集机构及其从业人员推介私募基金时的行为划出了12条禁止性规定的红线，但是在私募基金的宣传推广过程中，突破禁令的行为依然频频发生。

中国银监会办公厅《关于深入开展防范和打击非法集资宣传教育活动的通知》中对于非法集资的常见手段作了如下描述：

（一）承诺高额回报

不法分子为吸引群众上当受骗，往往编造"天上掉馅饼""一夜成富翁"的神话，通过暴利引诱许诺投资者高额回报。为了骗取更多的人参与集资，非法集资者在集资初期，往往按时足额兑现承诺本息，待集资达到一定规模后，便秘密转移资金或携款潜逃，使集资参与者遭受经济损失。

（二）编造虚假项目

不法分子大多通过注册合法的公司或企业，打着响应国家产业政策、支持新农村建设、实践"经济学理论"等旗号，经营项目由传统的种植、养殖行业发展到高新技术开发、集资建房、投资入股、售后返租等内容，以订立合同为幌子，编造虚假项目，承诺高额固定收益，骗取社会公众投资。有的不法分子假借委托理财名义，故意混淆投资理财概念，利用电子黄金、投资基金、网络炒汇、电子商务等新名词迷惑社会公众，承诺稳定高额回报，欺骗社会公众投资。

（三）以虚假宣传造势

不法分子为了骗取社会公众信任，在宣传上往往一掷千金，采取聘请明星代言、在著名报刊上刊登专访文章、雇人广为散发宣传单、进行社会捐赠等方式，加大宣传力度，制造虚假声势，骗取社会公众投资。有的不法分子利用网络虚拟空间将网站设在异地或租用境外服务器设立网站。有的还通过网站、博客、论坛等网络平台和QQ、MSN等即时通信工具，传播虚假信息，骗取社会公众投资。一旦被查，便以下线不按规则操作等为名，迅速关闭网站，携款潜逃。

（四）利用亲情诱骗

不法分子往往利用亲戚、朋友、同乡等关系，用高额回报诱惑社会公众参与投资。有些参与传销人员，在传销组织的精神洗脑或人身强制下，为了完成或增加自己的业绩，不惜利用亲情、地缘关系拉拢亲朋、同学或邻居加入，使参与人员迅速蔓延，集资规模不断扩大。

五、结构隐蔽性特征

从本报告收集的案例来看，全部涉刑的私募基金管理人案例中只有63.53%在中基协进行了登记，全部涉刑的私募基金案例只有13%在中基协进行了私募基金产品的备案。很多私募基金的刑事案件当事人并非在中基协登记的正规私募基金的管理人，但是他们却在资金募集过程中伪装成私募基金进行宣传推广及募资活动，这就是深圳证监局在2020年2月17日的风险警示中提到的"请投资者擦亮眼睛识别各类'伪私募'，不要受保本保底和高收益承诺等噱头所诱惑，主动避开'凑单''拼单'等各类陷阱，谨防上当受骗、遭受财产损失"。这种"伪私募"也正是司法机关打击的重点。

除了前述"伪私募"的隐蔽性，还有一些私募基金管理人的实际控制人为了躲避风险而隐居幕后，往往通过多层嵌套、上下关联或借助通道方等"障眼法"开展私募基金业务，其犯罪行为隐蔽性强、人员及业务结构复杂，对于查清案件事实方面带来了诸多障碍。

六、恶意犯罪赔付率特征

许多犯罪分子借私募基金管理者的身份（有的直接伪装成私募基金管理人）非法占有、挪用、任意挥霍募集来的资金，甚至将募集来的资金想方设法转移到境外，或者通过外表"合法"的隐形关联交易下的买卖关系、股权投资、资产重组等虚假交易方式架设各种眼花缭乱的协议安排，非法转移基金财产。等到案发之时，该类已转移的基金资产因为各种现实存在的障碍，而无法完全收回、变现，给投资者造成了严重的经济损失，这种恶意犯罪行为直接致使涉案基金偿付率低，是司法机关严厉打击的重点。

七、被动型"庞氏骗局"特征

我国存续登记的私募基金管理人数量为24471家，存续备案的私募基金数量为81739只，平均每一个私募基金管理人要管理4只左右的基金，在多只基金运行的情况下，有一些私募基金管理人因为其中的某一个私募基金投资失败，为偿付维稳而被动走上"庞氏骗局"的不归路。

私募基金的投资风险，是这个行业的固有特征，只要做到了合规募集、合规投资、合规管理，即使出现了一定的投资风险，也是可以依照法律程序处理的，何况大多数私募机构都是以有限责任公司的形式存在的，本来就构建了隔离外部法律风险的"防火墙"。

所以从理论上说，在私募基金管理人设立之初，就以恶意犯罪为目的，集资诈骗以后卷款潜逃，这样的案例毕竟是少数。

在现实中比较多的情况是，一些私募基金管理人在其管理的某一只私募基金投资失败以后，为了维持私募基金管理人的整体运转和品牌形象，往往拆东墙补西墙，擅自突破不同基金产品之间的资金隔离运作红线，依赖后续私募基金产品投资者资金的不断"输血"，企图侥幸度过经营危机，结果往往事与愿违，各种资金募集阶段的保本保收益承诺，刚性兑付遭遇项目市场风险，资金缺口越来越大，最后会导致资金链断裂，触发刑事法律风险。

【"被动型'庞氏骗局'特征"合规要点对应案例】

上述"被动型'庞氏骗局'特征"合规要点，已在刑事司法实践中得到具体应用，成为国家审判机关裁判私募基金类犯罪案件的认定理由，参见案例：

第五篇第二章第一节案例一"北京某私募基金管理人擅自改变募集资金用途，造成4800余万元损失，法定代表人获刑11年，并处罚金20万元"。

第二节　构建私募基金刑事风控认知体系的五个视角

由于金融资本市场的特有属性，以及私募基金概念本身就是西方世界的"舶来品"，对于社会主义初级阶段的中国市场而言，属于一边落地发展一边不断完善规范的新事物，无论是私募基金的从业者，还是私募基金的监管机构，以及对私募基金刑事法律风险进行事后追究、审理、裁判的司法机关，对这个行业的理解与把握，都存在一个不断修订、完善认知体系的过程。

笔者认为，要解读私募基金的刑事风险，构建私募基金的刑事合规体系，以达到识别和控制私募基金刑事法律风险的目的，可以从私募基金所涉及的五个专业视角来构建认知体系的知识大厦。

一、资本与金融视角

从资本与金融的角度来看,金融的关键词是"信用""风险""杠杆",金融以资金的融通为中心,投资的回报与风险的承担,是金融行业的两个基本面,只有了解私募基金的商业逻辑,熟悉私募基金的商业价值,了解包括私募基金在内的金融资本市场在中国的发展道路、监管趋势和法律风险,才能更好地认知私募基金的金融本源。

二、民商法视角

私募基金行业的各主体之间的法律关系,主要是靠民商法去架构、预设和调节,所以需要对私募基金中的契约型、合伙型、公司型的组织架构与内部控制等法律知识进行充分梳理,对GP与LP、优先级与劣后级、封闭型与开放型等不同主体不同资金的权利义务充分掌握,对股权、债权、可转债、优先股、对赌条款、估值方法、股权回购等有充分认识,才能精确地理解私募基金参与主体之间的法律关系,透过复杂的关系架构去把握各方权利义务的实质。

三、行政监管视角

相关法律法规赋予了证券监督主管部门对私募基金行业的行政监管权,也规定了私募基金当事人应当遵守的法律义务和应当承担的法律责任,这些法律义务和法律责任既是监管部门对私募基金管理人及从业人员进行行政监管的依据和违法违规的私募基金管理人承担法律责任的边界,也是私募基金管理人及私募基金从业人员涉及刑事法律风险时重要的罪责考量。所以,构建私募基金刑事法律风险的认知体系,需要了解合格投资者确认、基金产品风险等级设计、投资者适当性管理、宣传推广的禁止性规定、投资冷静期等流程管理的规定,需要掌握对分级杠杆、债务杠杆、期限错配、名股实债、明基实贷的行政监管限制。

四、刑法角度

刑法是处理私募基金刑事法律风险的实体法,刑法的实践体系包括刑法、刑法修正案以及司法机关关于私募基金相关问题的司法解释和相关的指导案例,构建私募基金的刑事合规体系,需要在掌握前述金融资本市场知识、民商法体系、行政监管体系的同时，深入学习刑法的相关规定，对于私募基金领域发生频次最高的非法集资类犯罪，要切实掌握非法吸收公众存款罪的四个特征：非法性、公开性、利诱性、社会性，深刻理解集资诈骗中虚构事实、非法占有的法律内涵，掌握证券犯罪的犯罪构成，特别是熟悉刑法分则第三章破坏社会主义市场经济秩序罪中的各种详细规定，才能在罪刑法定的前提下，正确界定私募基金违法行为罪与非罪、一罪与数罪、重罪与轻罪，明了其违法犯罪行为应负的刑事责任。

五、刑事诉讼法角度

刑事诉讼法是公检法机关处理刑事案件的程序规定，也是私募基金的当事人涉及刑事法律风险时自我维权的路径和法律武器。作为基金的投资人，需要学习了解刑事案件的司法管辖、立案程序、举证责任、刑事附带民事诉讼等规定，才能更好地自我维权，对于非法的私募基金能够依法启动刑事诉讼挽回损失，并追究其刑事责任；作为基金管理人和基金从业人员，需要了解涉及单位犯罪和个人犯罪时，刑事被追诉人的诉讼权利与义务，只有掌握了无罪推定、不得自证其罪、上诉不加刑等刑事诉讼原则，知道自己拥有的法律赋予的辩护权、申请回避权、控告权、上诉权、非法证据排除申请权、自我辩护权、聘请律师辩护权等诉讼权利，才能更好地维护自身的合法权益。

第三节 私募基金刑事法律风险新动向与办案实务观察

笔者供职的广东信达律师事务所，是中国证券法律服务行业的老牌律所，从事资本市场法律服务超过 27 年，长期位于境内及境外 IPO 的排行榜前列，累计为数百家境内外上市公司、拟上市公司、新三板挂牌公司提供了专业法律服务，办理了超过 100 个私募基金管理人登记/重大变更项目、私募资产配置类基金管理人登记项目、私募基金管理人观察会员入会项目等私募基金法律服务，为私募基金机构的基金合规运作提供包括法律尽职调查、募投管退全程法律服务以及刑事法律风控等专业服务。

从笔者最近亲历的几个私募基金刑事法律风险案例来看，除了前述的七大普遍性特征，私募基金刑事法律风险呈现以下几个新动向：

一、在经济下行周期，管理人的程序瑕疵成为刑事追责的引爆器

在经济下行周期，从概率上说，私募基金投资项目，尤其是早期的天使投资、创业投资项目，项目失败率高，投资亏损是大概率事件，在亏损实际发生以后，私募基金管理人之前的任何程序瑕疵都可能成为投资者启动刑事追责程序的引爆器。

私募基金的投资，是风险性极强的经济活动，投资者眼里期待的高收益与市场可能呈现的高风险成正比，恰如一枚硬币的两面。所以私募基金在销售基金产品或者服务的过程中一个非常重要的合规管理环节，就是履行投资者适当性义务，要根据投资者的风险承受能力销售对应风险等级的基金产品或者服务，把合适的基金产品或者服务卖给合适的投资者。换言之，作为私募基金的投资者，应该在投资之前对自己的风险偏好和风险承受能力有一个清晰的了解和结论，然后坦然面对自己承受力之内的投资风险。然而，客观的事实却并非如此，就像每一个故事都会有一个美好的开始一样，在投资回报的风险没有显现之前，投资者与私募基金机构基本上能维持一个平和的良好互动关系，一旦投资失败，投资资金要遭受损失，原来平静的"友谊的小船"就会出现问题，甚至有倾覆的危险，所以说，私募基金绝大多数的法律风险都来源于投资失败之后的风险。

笔者认为，私募基金的当事人，包括投资者、基金从业人员、基金管理人，如果只是认识到前面的这个投资风险，如果只是认识到投资者的风险偏好和风险承受能力，并寻找与其风险偏好相对应的私募基金产品进行匹配，这是远远不够的，私募基金的各方当事人同时还要对自己所从事的具体投资行为的风险性有足够清晰的了解，尤其是私募基金管理人，对于基金运作规则无论是在实体法还是程序法上的规则都必须有足够的敬畏和遵守。这样才能在风险来临的时候，各方可以坦然面对资金损失的投资风险，能同富贵也能共患难。

然而，理想虽然丰满，现实却很骨感。如果您看过《一战成名？揭秘天使投资的残酷真相：失败率高达96%，薛蛮子懊悔、蔡文胜痛彻反思！》[1]

---

[1] 范文茜：《一战成名？揭秘天使投资的残酷真相：失败率高达96%，薛蛮子懊悔、蔡文胜痛彻反思！》，载搜狐网，https://www.sohu.com/a/120176061_439726，访问日期：2020年3月1日。

《天使投资失败率97%，投前回答9个问题》①这样的网文，相信您对于私募基金（以天使投资为例）投资风险的残酷真相，对于人们在面对风险敞口出现以后的另一面，会有一个新的认知。

天使投资大都是赔钱的买卖，可能97%都会赔进去，剩下的3%即使是项目公司市值节节升高一路顺风顺水，但未到退出变现之时，一切都还胜负难料，用险象环生来形容天使投资似乎并不为过。

这个比例对于从事私募基金行业的天使投资基金来说，对私募基金从业人员来说，大家都懂，可是对于追求天使投资的超常利润的投资人而言，他们却不一定知晓，或者说会选择性忽视，毕竟大家都愿意看到几十倍、上百倍回报的那3%，而不愿意看到、不愿意接受血本无归的97%。

现实的情况就是，私募基金投资失败以后，投资者一旦确认自己将遭受资金损失，私募基金管理人在募投管退任何阶段的瑕疵，都将可能成为投资者向公安机关报案的理由。笔者在某省办理的N公司作为被投资方却涉及刑事风险的案例，就是这样的悲催故事。

N公司原本是一个持续盈利的优秀企业，2016—2018年三个年度共计纳税额近1亿元。由于公司误入重资产发展道路，负债投入上亿元资金购买土地扩大生产线，导致拖欠银行贷款。N公司为解决发展资金问题，经人介绍结识香港某集团控股有限公司，拟先行进行私募融资、后续在条件具备时再上市融资。2019年8月，公司实控人与融资团队代表犯罪嫌疑人W先生签订《合作协议》，约定W先生帮助公司进行融资，以高额佣金为代价委托对方销售股权进行融资，2019年八九月间，N公司控股股东Z与经W介绍的65名投资人分别签订了股权转让代持协议，约定：……（2）投资人为中华人民共和国合法公民，具有签订和履行本协议所必需的民事权利和行为能力，能独立承担民事责任，是合格投资人，对"股权投资风险"具有较强的识别能力和承受能力，并自愿投资；（3）投资人有意受让Z持有的部分N公司股权，并委托Z作为显名股东代为持有投资人股权的方式投资N公司，投资人受让股权后作为所持股权的隐名股东；（4）自投资人全额支付股权转让款之日起，Z就已转让的股权丧失股东资格，投资人受让股权成为N公司新股东，投资人按照《中华人民共和国公司法》的相关规定行使股东权利并承担相应股东义务。上述协议分别签订后，投资人根据协议约

---

① 海西商界：《天使投资失败率97%，投前回答9个问题》，载搜狐网，https://www.sohu.com/a/147223209_465536，访问日期：2020年3月1日。

定，向Z个人账户支付股权转让款。投资人支付股权转让款后，N公司均向投资人出具了股东资格证书。N公司控股股东Z在接收股权转让款后，当即汇至公司账户，从而使N公司获得融资资金。

该融资团队同时还为另外的几个公司进行股权融资，累计向几百个投资者发行了私募基金产品。因为其他投资项目出现风险，外地投资者以基金公司在资金募集阶段涉嫌非法集资诈骗为由，向投资者所在地某县公安局报案，该基金管理人及其投资的其他项目公司相关人员被抓捕以后，由于N公司曾经向该犯罪嫌疑人转账支付了巨额融资佣金，城门失火殃及池鱼，2019年10月，某县公安机关冻结了N公司的全部银行账户，并称有可能对N公司进一步追究刑事责任。

本报告在"被告人所处的业务结构关系的主体分布"部分提到，统计样本库85个案件中，被告人（自然人）131名，统计所得涉案身份的出现频次合计229次，① 其中，私募基金管理人方被告人出现199次，占比86.9%；融资项目方被告人出现9次，占比3.93%；其他方被告人出现21次，占比9.17%。N公司就是以融资项目方的身份因为股权转让及融资佣金的行为存在合规瑕疵而涉及刑事法律风险的。

无独有偶，基金资金的管理与使用过程中的财务合规管理瑕疵，也成为追究基金从业人员刑事责任的致命陷阱。

几年前，广东某基金公司实控人钱某某因为向内地投资人梅某某募集资金3000万元作为创业投资，投资某新技术公司，后来因为项目投资失败，项目公司进入清算程序，投资人梅某某要求基金公司实控人钱某某退回投资款未果，遂以其投资的资金在财务合规管理中没有完全投向项目公司为由，向其所在地某市公安机关以职务侵占罪报案，尽管被告人及辩护律师坚持无罪辩护，一审法院仍然以诈骗罪判处基金公司实控人钱某某无期徒刑，剥夺政治权利终身。

二、外地投资者通过刑事立案挽回损失的做法成为常态

在当地刑事律师的帮助下，遍布全国城乡的投资者通过在当地公安机关刑事立案，达到远程打击基金管理人以挽回损失的目的的做法，正在成为常态。

---

① 同一被告人拥有多个涉案身份的进行重复收录统计，因此涉案身份的出现频次高于自然人被告人的数量。——笔者注

2019年夏日的某一天，任某某在机场安检时被拦截，闻讯赶来的机场公安人员给他戴上了冰冷的手铐。就这样，这名某私募基金的总经理（兼任某商会副会长），一夜之间身份骤变，成了公安机关的网上追逃人员。

任某某与看守所之间，隔着薄薄的一份融资服务协议。

根据该协议，各方同意设立×××股权投资创赢基金，由任某某的A公司（具有私募基金投资管理人资格）向合格投资者募集资金7000万元，投资于B公司，其中，B公司认购基金的20%即1400万元，用作劣后资金。除劣后资金外，B公司及其关联公司还需要为外部投资者的5600万元优先级资金提供资产抵押担保。

在随后的履约过程中，合同各方各有瑕疵，信任渐失，相互指责对方违约，最终都同意解除合同，同时各自要求对方承担违约责任。

B公司要求任某某的A公司无理由退还已支付的1400万元劣后资金，而任某某要求对方先归还此前的个人借款200万元，并且承担不提供资产抵押担保导致合同无法履行的违约责任，否则不退还劣后资金。双方协商胶着之时，B公司的一个资金提供者，突然向公安局报案，警方以合同诈骗罪名立案受理，旋即对任某某展开了网上追逃。

在案件呈报审查批准逮捕程序启动后，辩护律师及时向检察院提交了《关于任某某不构成合同诈骗罪依法应不予批准逮捕的法律意见书》。辩护团队从案件管辖权、报案主体不适格、欠缺诈骗犯罪的构成要件等三个方面提出了任某某无罪的法律意见。检察院最终采纳了律师的辩护意见，认为该案"事实不清，证据不足"，决定不批准逮捕。

三、私募基金经理以刑事案件被害人的身份涉及刑事风险

私募基金经理以刑事案件被害人的身份涉及刑事风险，是指在极端压力下，基金从业者个人被迫为私募基金的投资损失买单，私募基金经理以刑事案件被害人的姿势涉及刑事风险。

某私募基金经理莫某某因为作为其股权投资标的的项目公司上市计划没有成功，该基金的投资人左某某不愿意接受投资失败带来的资金损失，为了挽回自己的投资损失，投资人左某某不惜使用违法手段，把莫某某挟持到自己的公司办公室中，非法拘禁十数小时，使用各种手段逼迫莫某某签署其个人自愿受让左某某基金份额的转让协议，将投资亏损风险转嫁给基金经理，自己则从私募基金投资者身份瞬间转换成为基金从业者的债权人，并且随即向仲裁委员会提起仲裁申请，要求基金经理履行合同"约定"的义务。虽

然莫某某已经向公安机关进行了刑事报案,其被胁迫状态下签署转让协议的行为有可能被认定为无效,但是由于取证困难,该案的下一步演变带有巨大的不确定性。

四、被滥用的案件管辖权正在成为私募基金经理的噩梦

《公安机关办理刑事案件程序规定》第15条规定,"刑事案件由犯罪地的公安机关管辖。如果由犯罪嫌疑人居住地的公安机关管辖更为适宜的,可以由犯罪嫌疑人居住地的公安机关管辖。犯罪地包括犯罪行为发生地和犯罪结果发生地。犯罪行为发生地,包括犯罪行为的实施地以及预备地、开始地、途经地、结束地等与犯罪行为有关的地点;犯罪行为有连续、持续或者继续状态的,犯罪行为连续、持续或者继续实施的地方都属于犯罪行为发生地。犯罪结果发生地,包括犯罪对象被侵害地、犯罪所得的实际取得地、藏匿地、转移地、使用地、销售地"。

由于私募基金的投资者没有地域限制,在私募基金出现问题以后,任何地方的投资者都可能以刑事案件被害人的身份,成为当地公安机关的报案人,选择私募基金募集投资过程中涉嫌犯罪行为的实施地以及预备地、开始地、途经地、结束地等任何一个与投资者所在地有关联的地点,申请当地公安机关对外地的基金管理人进行异地管辖办案。

例如,前述的在西部山区民族自治州的公安局以合同诈骗罪名立案的私募基金,合同的双方当事人都是深圳注册的商事主体,案件管辖权却被以资金来源地在西部山区为由转移到外地,就是一个非常明显的例子。其他的几个案例,也都不是由私募基金管理人登记地或者犯罪嫌疑人所在地公安机关管辖,而是由投资人所在地公安机关实施跨省区的长臂管辖,无一例外。

在近几年各地对电信诈骗案件、互联网金融案件进行跨区域办案已成为常态的情况下,私募基金行业的刑事诉讼管辖在实际适用上是否会步其后尘,是一个需要警惕的新问题。

笔者在前面提到刑事案件被害人的"涉众""涉高"特征时指出,包括这些高净值人士在内的私募基金投资者,一旦投资失败,就有可能利用其所处的财富阶层、社会影响力对刑事诉讼的进程和结果构成影响。

第二篇

私募基金概论

第一章 私募基金

第一节 私募基金概述

一、基金概述

基金也叫投资基金,它是金融市场中资产管理的重要方式,是一种具有组合投资、专业管理、利益共享、风险共担四个特征的集合投资方式,基金主要通过向投资者发行受益凭证,也就是基金份额的方式,将社会上的资金集合起来,交给专业的基金管理机构,投资于各种资产,以实现投资者的保值增值目的。

投资基金所投资的资产既可以是金融资产,如股票、债券、外汇、股权,也可以是房地产、大宗能源、林权、艺术品等其他非金融资产。

按照资金募集方式,可以分为公募基金和私募基金。

公募基金是向不特定的投资者公开发行受益凭证进行资金募集的基金。公募基金一般在法律和监管部门的严格监管下,在基金的信息披露、利润分配、投资限制等方面有非常清晰、严格的行业规范。

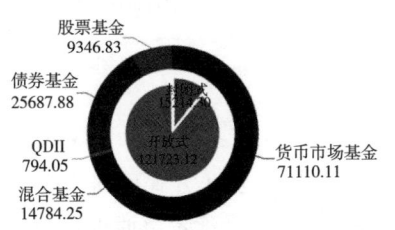

根据中基协的统计数据，截至 2019 年 12 月，我国共有 127 家公募基金管理人，合计管理公募基金产品 6544 只，基金规模合计 14.76 万亿元，基金份额合计 135279.5 亿份，基金净值合计 137772.94 亿元。

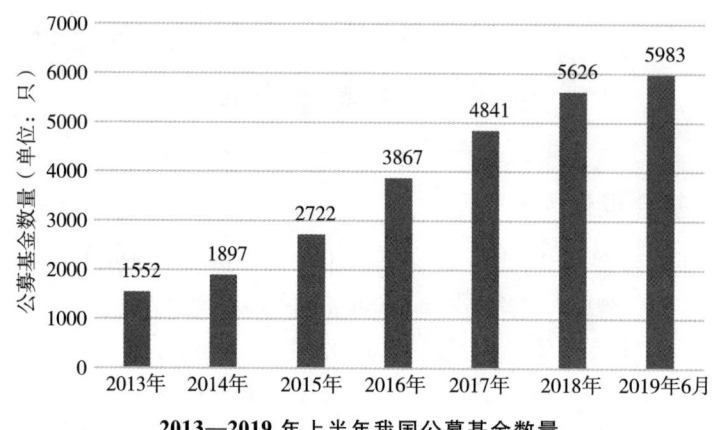

2013—2019 年上半年我国公募基金数量

私募基金是私下或者直接向特定投资者募集的资金，私募基金只能向少数的合格投资者采取非公开的方式募集，对投资者的投资能力和风险承受能力有一定的要求，同时与公募基金相比，在信息披露、投资限制等方面监管要求比较低，方式比较灵活。

私募基金的几种主要分类方法：

1. 按照投资对象的不同，分为私募证券投资基金、私募股权投资基金、风险投资基金、对冲基金、另类投资基金。

2. 按照运作方式的不同，分为开放式基金、封闭式基金。

3. 按照结构设计的不同，分为结构化基金、非结构化基金。

4. 按照组织形式的不同，分为契约型基金、公司型基金、有限合伙型基金。

关于私募基金行业数据详见本书第二篇第五章第五节"中国私募基金行业发展现状"。

二、私募基金的特点

一是基金募集方式的"私"。私募基金主要通过非公开方式面向少数机构投资者或者个人募集，其销售和赎回都是通过私下与投资者协商进行的。

二是基金投资对象的"私"。私募股权类投资基金一般投资于私有公司及非上市公司的股权，或者新三板挂牌公司，也有少数投资上市公司的情况,主要是参与上市公司的定向增发、协议转让、大宗交易、并购重组。

三是基金投资方式的"私"。私募基金的投资方式上继续凸显其非公开性特质,其多以私募私投的方式进行,较少涉及公开市场的操作(私募证券投资基金除外),一般无须披露交易细节,股权投资基金大多采用股权类权益性投资方式,较少涉及债权投资。

虽然私募股权基金不投资二级市场的公开操作,但是中基协重申,私募股权投资基金可以通过开立证券账户参与非公开发行、协议转让、大宗交易等方式,购买已上市公司股票,参与上市公司并购重组。

四是基金投资期限的"长"。根据基金的属性、投资的行业、投资项目、被投资公司的发展阶段、资本市场状况的不同,基金的期限设置也不同,私募股权类投资基金在投资到企业后,退出的投资期比较长,一般为3—5年甚至更长,风险投资、天使投资的投资期更是有5—7年甚至9年,为中长期投资。

五是流动性的"强与弱"。私募股权基金投资标的的流动性比较差,因为没有现成的市场供非上市公司的股权出让方与购买方直接达成交易,加之私募股权类基金一般为封闭型基金,投资者所持的基金份额很难快速变现,与之相反,私募证券类投资基金的流动性和变现能力就非常强,这和它投资于公开交易市场的证券是密不可分的。

三、与公募基金的区别

(一)募集方式不同

公募基金募集资金是通过公开发售的方式募集的,而私募基金则是通过非公开发售的方式募集的,这是私募基金与公募基金最主要的区别。

(二)募集对象不同

公募基金的募集对象是广大的社会公众,即社会不特定的投资者;而私募基金募集的对象是少数特定的投资者,包括机构和个人。

(三)投资限制不同

公募基金在投资品种、投资比例、投资与基金类型的匹配上有严格的限制,而私募基金的投资限制完全由协议约定。

(四)信息披露要求不同

公募基金对信息披露有非常严格的要求,其投资目标、投资组合等信息都要披露;而私募基金则对信息披露的要求很低,具有较强的保密性。

第二节 私募基金的主要分类方法

一、行业协会划分的九类基金

中基协根据国内私募基金的发展、备案、监管现状，发布了《有关私募投资基金"基金类型"和"产品类型"的说明》，关于各类私募投资基金的类型和分类如下表：

编号	基金类型	定义
1	私募证券投资基金	私募证券基金，主要投资于公开交易的股份有限公司股票、债券、期货、期权、基金份额以及中国证监会规定的其他证券及其衍生品种
2	私募证券类 FOF	私募证券类 FOF，主要投向证券类私募基金、信托计划、券商资管、基金专户等资产管理计划的私募基金
3	创业投资基金	创业投资基金，主要向处于创业各阶段的未上市成长性企业进行股权投资的基金（新三板挂牌企业视为未上市企业）；对于市场所称"成长基金"，如果不涉及沪深交易所上市公司定向增发股票投资的，按照创业投资基金备案；如果涉及上市公司定向增发的，按照私募股权投资基金中的"上市公司定增基金"备案
4	创投类 FOF	创投类 FOF，主要投向创投类私募基金、信托计划、券商资管、基金专户等资产管理计划的私募基金
5	私募股权投资基金	私募股权基金，指投资包括未上市企业和上市企业非公开发行和交易的普通股（含上市公司定向增发、大宗交易、协议转让等）、可转换为普通股的优先股和可转换债等的私募基金
6	私募股权类 FOF	私募股权类 FOF，主要投向股权类私募基金、信托计划、券商资管、基金专户等资产管理计划的私募基金
7	其他私募投资基金	其他类别私募基金，投资除证券及其衍生品和股权以外的其他领域的基金
8	其他私募 FOF	其他私募 FOF，主要投向其他类私募基金、信托计划、券商资管、基金专户等资产管理计划的私募基金
9	私募资产配置基金	私募资产配置基金应当主要采用基金中基金的投资方式进行证券、股权等跨类别资产配置投资，80%以上的已投基金资产应当投资于已备案的私募基金、公募基金或者其他依法设立的资产管理产品

二、按投资标的的四分法

通过上述分类，我们可以发现，如果以投资标的的底层资产为分类标准，私募基金可以分为私募证券投资基金、私募股权投资基金、创业投资基金和其他私募投资基金。

因为私募证券投资基金、私募股权投资基金、创业投资基金和其他私募投资基金在各自的类型中，都可分为基金和基金中基金（Fund of Funds，简称 FOF）两种类型。私募 FOF 是指可以通过母基金投资于本类私募基金、信托计划、券商资管、基金专户等资产管理计划的私募基金，FOF 不直接持有标的资产，而是通过所投资的基金间接持有标的资产，实际上是帮助投资者通过购买一只基金而持有"一篮子基金"，以达到分散投资、降低非系统性风险的目的。私募资产配置基金本身就是以 FOF 的形式投资于各类基金。

中基协对私募基金的详细分类法践行了对私募基金的"分类监管"原则。

为了使读者更直观地对私募基金有一个全面的了解，笔者对中基协的上述"8+1"的分类方法按照投资标的的不同进行了进一步的归类，私募基金的投资标的不外乎三类，即股权、证券、除前述两类之外的更为小众的其他资产标的。我们将 FOF 类母基金按照其投资标的的不同进行穿透之后再归类，即分别将私募证券类 FOF、创投类 FOF、私募股权类 FOF、其他私募 FOF 归类于其投资的子基金，即私募证券投资基金、创业投资基金、私募股权投资基金、其他私募投资基金。

创业投资基金的投资标的也属于股权类，其本质上与私募股权投资基金的投资标的一致，因此，私募投资基金的分类可以归纳为私募证券投资基金、私募股权投资基金、其他私募投资基金。

除了以上三类投资标的，第四类私募基金是资产配置类基金，由于前三类私募都不能"跨大类"投资，为了满足投资者对于分散投资、资产多元化配置的需求，特别设置了可以同时投资于一、二级市场的私募资产配置类基金，这样既符合了监管层对其他三类私募 FOF"专项经营"的要求，又满足了投资者和市场对多元化投资的需求。

三、按组织形式的三分法

私募基金的组织形式是指私募基金的存在形式，以及私募基金以什么样的载体来参与市场投资和运作，它是私募基金作为整体与投资人、托管人和其他各类参与主体发生基金法律关系的主体资格。我国的私募基金按照组织形式划分为以下三类：

1. 公司型私募基金，是指以公司的形式来组织和运作而形成的私募基金，私募基金管理人以基金公司的名义对外投资并承担投资风险和法律责任，投资者通过购买私募基金的份额而成为私募公司的股东，根据公司法和公司章程行使股东权利，享受股东的利益。

2. 契约型私募基金，是指当事人之间根据签订的私募基金合同，明确相互之间的权利和义务关系，并进行基金管理和运作的私募基金，契约型私募基金本身是不具有法人或者非法人企业形态的实体组织。

3. 合伙型私募基金，是以合伙企业的组织形式存在的私募基金。根据合伙企业法的规定，合伙企业分为普通合伙企业和有限合伙企业。在基金实务中，多为有限合伙型私募基金，其中，普通合伙人一般担任基金管理人和执行事务合伙人，基金投资者作为有限合伙人投入资金，不参与基金的管理运作，以其所持有的基金份额为限承担有限责任。

四、按结构层级的两分法

私募基金从结构层级的设计方法上可以分为两类：第一类是结构化基金，也称为分级基金；第二类是非结构化基金，也称为平层基金。

所谓结构化基金，是指在一个投资组合下对不同基金的收益权与风险责任进行分离定义，形成包括优先级和劣后级两级或者多级风险及收益层的结构，并且具有一定的差异化安排的多个基金份额的基金。

所谓非结构化基金，也称为平层基金，是指在风险与收益上不存在优先和劣后级别上的区分，所有的投资人都平等地享受"同等待遇"。

公司型基金采用非结构化的平层设计的比较多，而有限合伙型基金和契约型基金则大多数会采用结构化的分级设计。由于非结构化的平层基金特征易于理解，在这里着重介绍结构化的分级基金的具体特征。

优先级的基金份额通常称为 A 类份额，一般用于风险和收益比较低的基金份额，往往会约定一个基准的年收益率，相对劣后级的基金份额而言，其投资收益和风险更低。

劣后级的基金份额，通常称为 B 类份额，一般适用于对于投资收益期待比较高的高风险偏好的基金份额，投资者对于风险的承受能力比较强。

多层结构中的中间级基金份额，顾名思义是介于优先级和劣后级两者之间的基金份额。

基金份额层级	风险等级	特点
优先级（A类）	最低	风险低，收益也低
中间级（夹层级）	介于优先级和劣后级之间	风险与收益适中
劣后级（B类）	最高	为优先级份额提供劣后补足的安全垫，在出现亏损时，以劣后级基金份额净值为限，对优先级份额提供约定的补偿

对于私募基金管理人而言，每一个基金产品都有着众多的投资人，如果需要同时满足前述两类或者三类不同的风险偏好的不同投资者的需求，就需要进行基金的结构化设计。在结构化的基金产品中，作为劣后级的B类份额通常为基金的发起人或者项目公司的实际控制人，他们作为基金资金的实际使用人或者基金管理人，对项目公司有更多的了解和信心，愿意为A类份额提供劣后补足的安全垫，在基金投资出现亏损的时候，B类份额持有人以其持有的基金份额净值为限，对A类份额的投资款（根据合同约定，也可以是投资本金及合同约定的基金基准收益率的投资收益）提供基金合同约定的补偿。

以上市公司并购基金为例，结构化基金运作如下图所示：

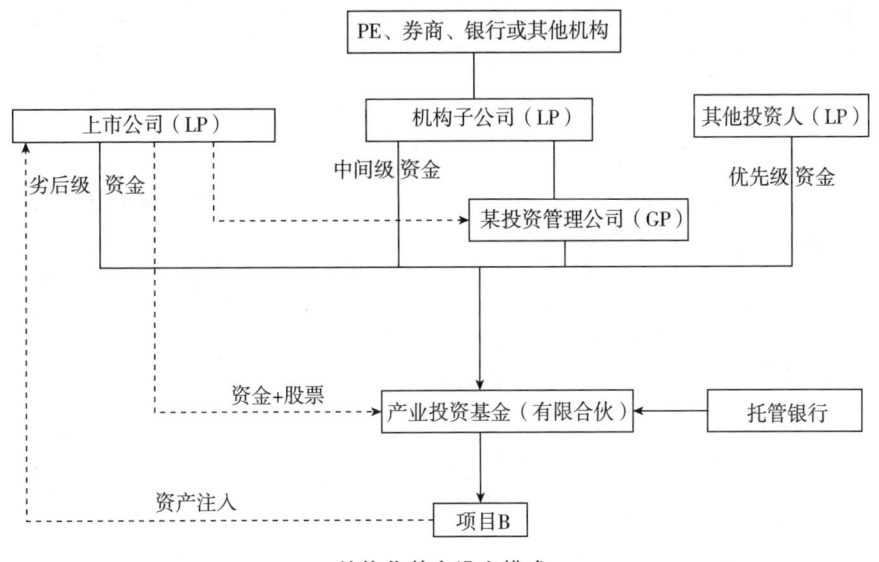

结构化基金设立模式

第三节 私募基金的四种主要形态

一、私募股权投资基金

与在公开性的二级市场进行基金投资管理与运作的私募证券投资基金不同，私募股权投资基金由于投资管理退出过程的非公开特征，其信息披露程度相对较低，且本身投资的便是未上市公司的股权类非标准资产，投资周期长，导致很多私募股权投资行为存在监管盲区。所以，相对私募证券投资基金而言，当前私募股权投资基金面临的各种问题更为突出，为了更有针对性地提出问题、解决问题，如果没有特别说明，本书中此后出现的私募基金可以理解为私募股权投资基金。

企业的发展周期与人的生命周期类似，可以比照人生阶段的婴幼儿期、青少年期、壮年期、中老年期，大致划分为几个阶段，比如种子期、初创期、成长期、扩张期和稳定期。每一个成长发展阶段的股权融资方式也有所不同，不同阶段对应的私募股权投资基金可以分为天使投资、风险投资、PE 投资以及上市前融资（Pre–IPO）、上市以后的再融资等。

国内通常有人把 PE 基金等同于广义的股权投资基金，即涵盖了企业成长各个阶段的所有形式的"私募股权投资"，相对于这个观点，笔者更认同狭义的股权投资基金说法，故本书所指 PE 基金均为狭义的私募股权投资基金，即投资于天使投资、创业投资之后的第 3 阶段的股权投资。

（一）天使投资基金

天使投资（Angel Investment）主要针对企业发展阶段的种子期和初创期，是风险投资的一种特殊形式，是针对高风险、高收益的初创企业的早期投资。

大多数的创业公司，在创业初期总是会面临着资金、技术和市场的种种困难，为了渡过这个比较艰难的启动期，很多创业团队都会尝试通过各种途径取得投资人的关注，比如说争取创业扶持资金、参加创业大赛、众筹融资等，以获得天使投资人的各种支持。

事实上，除了一些启动资金需求量比较大的项目，对于资金依赖程度不高的优秀创业团队而言，在种子期一般不会主动进行天使融资，都是尽量使用创业团队自有资金进行企业早期运作。这是基于两个方面的考虑：一方面是因为大多数的项目，不一定具有非常明晰的发展前景，很难吸引投资机构的注意和兴趣；另一方面是因为好的创业项目中的创业团队都会试图通过自己出资设立创业公司的方式，来给创业团队保留更多的股权，以利于在后期的股权投资阶段，换取更多的融资筹码。

（二）风险投资基金

风险投资（Venture Capital，缩写为 VC），简称风投，又称为创业投资，主要是指向初创企业提供资金支持并取得该公司股权的一种融资方式。投资对象多是处于创业阶段中后期的中小企业，而且多数为高新技术企业，投资的期限一般在五年以上。

VC 投资之所以被称为风险投资，是因为被投资企业在这个阶段存在巨大的不确定性，其管理层的不稳定性、市场的不确定性、技术的不成熟性、财务控制力的不足等诸多因素都给投资及其回报带来很大的风险。好在这个阶段的投资者一般不要求控股（但是多数机构会要求对被投资公司重大事项的一票否决权，以确保公司重大风险的可控），也比较少会要求创始团队为风险投资基金提供担保或者抵押，所以创业团队较少承担压力，但有的风险投资机构会要求创业团队，特别是实际控制人对风险投资基金作出书面的业绩承诺，有的还会要求创业团队签署对赌条款。

近一年来，私募股权和创投基金行业普遍面临募资困难、退出困难等问题，行业普遍反映，原来的《上市公司创业投资基金股东减持股份的特别规定》对创业投资基金适用反向挂钩政策条件要求偏严，建议加大减持优惠力度。经研究，为进一步鼓励、引导长期资金参与创业投资，促进创业资本形成，助力中小企业、科技企业发展，2020 年 3 月 6 日，证监会修订并发布《上市公司创业投资基金股东减持股份的特别规定》（以下简称《特别规定》），上海证券交易所、深圳证券交易所同步修订了实施细则，于 3 月 31 日正式实施。

《特别规定》完善了创投基金投资企业上市解禁期与上市前投资期限长短反向挂钩的制度安排。这是落实全面深化资本市场改革要求，把握市场发展形势，精准推动私募基金行业有效形成资本的重大供给侧制度完善。证监会主要对《特别规定》内容作了以下调整：

一是简化反向挂钩政策适用标准。明确创业投资基金项目投资时满足"早期企业""中小企业""高新技术企业"三个条件之一即可享受反向挂钩政策，并删除基金层面"对早期中小企业和高新技术企业的合计投资金额占比 50% 以上"的要求。

二是为激活大宗交易方式下受让方的交易动力，通过同步修订证券交易所实施细则，完善大宗交易环节反向挂钩政策，取消减持受让方锁定期限制。

三是加大对专注于长期投资的基金优惠力度，允许投资期限在五年以上的创业投资基金锁定期满后减持比例不受限制。

四是合理调整期限计算方式，投资期限截止点由"发行申请材料受理日"修改为"发行人首次公开发行日"。

五是拓宽享受反向挂钩政策的适用主体，在中基协依法备案的私募股权投资基金中参照适用。

中基协指出，《特别规定》强化四个突出：

一是突出尊重市场，从市场规律和投资本质出发，贯彻了将选择权交给市场的监管理念，让享受此政策的机构根据市场实际、专业判断、理性决策，有序把握减持节奏。

二是突出简化标准，明确"早期企业""中小企业""高新技术企业"三个政策适用被投企业类别，优化了投资期限计算的截止日认定标准，简化了申报流程和申报材料。

三是突出扩大范围，政策适用主体从创投基金拓宽至创投基金和私募股权基金。

四是突出时间价值，增设一档减持节奏，明确投资期限超过五年的项目减持节奏不受限制，取消大宗交易减持受让方锁定期限制，精准提升对耐心资本的支持力度。

可以预计，随着《特别规定》的实施，包括天使投资、VC 投资基金在内的创业投资基金将迎来更大的行业发展空间。

（三）PE 投资基金

PE 投资即 Private Equity，简称 PE。国内有人把 Private Equity（PE）翻译成私募股权投资或者私募股权基金，翻译者把 Private 的意义侧重于资金募集渠道的非公开发行的"私下"性质，笔者认为，可以更多地从投资对象的"私下性"这个角度来理解，Private Equity 的"私人股权"更多的是指非公众公司的股权，PE 主要是投资于非公开发行的公司股权而得名。

关于 PE 股权基金，有广义和狭义两种理解，广义上的 PE 投资基金涵盖了私募股权投资基金的所有类型，业内所说的 PE 多是狭义上的 PE 投资，是指投资于天使投资、创业投资之后的第 3 阶段的股权投资，PE 投资专门投资于已经表现出有上市可能性的处于成长扩张期的创业公司。从投资额来看，这个阶段投资的数额比天使投资、创业投资要大，它推动非上市公司的企业价值增长，最终通过上市、并购、管理层回购等方式出售所投资的公司股权，从而获利退出。

（四）Pre-IPO 投资基金

Pre-IPO 投资基金，是指在企业上市之前或预期企业可近期上市时而进入的股权投资基金，属于针对处于成熟期的企业的投资基金，其退出方式一般为企业上市后，从公开的资本市场通过出售目标公司的股票实现退出。同投资于种子期、初创期、成长期的三类私募基金不同，该基金选择的投资时间节点是在企业规模与盈收水平已达到了基本上符合上市水平的时候，因此，Pre-IPO 投资基金具有风险小、回收快的特点。

（五）私募股权投资基金的成功概率与过程管理

投资就其本质而言，是一个概率事件。Pre-IPO 投资阶段基本上是成功概率较大的事件，PE 也是成功机会相对较高的大概率事件，VC 和天使投资相对来说成功概率就要低很多。据统计，在种子期，机构投资的成功率在 1%~5%，个人投资者的种子期成功率就更低了，有可能是千分之几，天使阶段的机构投资者有 5%~10% 的成功率，VC 阶段的成功率在 10%~20%，PE 一般能做到 50% 左右，Pre-IPO 阶段一般在 70% 以上。处于不同的阶段，收益情况也是不一样的，每个阶段的回报率都是不同的。

我们一起来看一下软银基金投资阿里巴巴的经典案例：

11 月 6 日晚，当马云等阿里巴巴高管在香港举杯欢庆上市大获成功，雅虎酋长杨致远和软银创始人孙正义也一定喜上眉梢。

作为阿里巴巴集团的两个大股东，雅虎和软银在阿里巴巴上市当天账面上获得了巨额的回报，虽然他们都未套现。"这次没有一个股东套现。"马云告诉记者。阿里巴巴（1688.HK）招股说明书显示，软银持有阿里巴巴集团 29.3% 的股份，而在行使完超额配售权之后，阿里巴巴集团还拥有阿里巴巴公司 72.8% 控股权。由此推算，软银间接持有阿里巴巴 21.33% 的股份。

到收盘时，阿里巴巴股价达到 39.5 港元，市值飙升至 1980 亿港元（约 260 亿美元），软银间接持有的阿里巴巴股权价值 55.45 亿美元。若再加上 2005 年雅虎入股时曾套现 1.8 亿美元，软银当初投资阿里巴巴集团的 8000 万美元如今回报率已高达 71 倍。[①]

[①] 参见 21 世纪经济报道：《软银投资阿里巴巴 8000 万美元 回报率达 71 倍》，载新浪网，https：//tech.sina.com.cn/i/2007-11-08/00341839107.shtml，访问日期：2020 年 3 月 1 日。

这还只是13年前阿里巴巴赴香港上市的情况报道，如果单从孙正义的软银基金第一次投资马云的2000万美元到2014年9月19日阿里巴巴在美国纽约证券交易所上市后占股29.5%的来看（不包括之后向阿里巴巴的注资），这笔投资的回报率已超过1700倍，而后期阶段的其他投资者，能有几倍的回报率就已经非常不错了。

之所以有这样大的差异，是由于投资的企业所处发展阶段不同，各个阶段的成功概率也会不一样，正所谓收益与风险成正比。正是因为考虑到早期投资项目的长周期和高风险，所以为了进一步鼓励、引导长期资金参与创业投资，中国证监会于2020年3月6日出台了《特别规定》，以促进创业资本形成，助力中小企业、科技企业发展，精准推动私募基金行业有效形成资本的重大供给侧制度完善。

有一个非常有意思的类比，把私募基金投资与教育培训作一个对比。教育培训的特点是过程清晰、结果模糊，学员付完学费以后，老师按照教学大纲来教，学员能不能学有所成，培训机构并不负责，因为任何一个班级总有最好的学生和学习成绩最糟糕的学生。股权投资恰好是反过来的，过程非常模糊，结果是很清晰的，我想投资一家公司，可以列N个理由；如果想要否定一家公司，也可以列N个理由，没有绝对的统一标准，A机构的标准未必是B机构的标准，这就是为什么同一个项目在遭到一些投资基金抛弃的同时，又会得到另一批投资机构的青睐和追捧，但是无论股权投资的模糊过程是如何的戏剧性，投资机构们决策的理由又是如何的大相径庭，投资的结果却非常清晰：那就是N年以后，这笔投资要么赚钱、要么亏钱，盈亏多少都将会清清楚楚，因为要给投资人一个交代。

所以，私募投资基金是一个过程管理与结果管理并重的金融活动。相对完美的过程管理，虽然不一定就会有好的投资回报的结果，但是，非常糟糕的过程管理，却基本上不会有好的结果呈现。反之，对于有非常好的业绩呈现的股权投资基金，投资人往往会忽略对于投资管理过程的细节审视和苛责，而对于投资失败的股权基金，投资人对失败结果的迁怒却会转移到对过程的严格追责，正如本书第一篇第三章第三节"刑事风险新动向与办案实务观察"提及的那样——私募基金管理人的任何瑕疵都可能会成为投资人事后追责的理由。

二、私募证券投资基金

证券投资基金是一种利益共享、风险共担的集合证券投资方式，即通过发行基金单位集中投资者的资金，由基金托管人托管，由基金管理人管理和运用资金，从事可以公开交易的股票、债券等金融工具的投资基金。

2016年9月8日，中基协发布了《有关私募投资基金"基金类型"和"产品类型"的说明》，根据该规定，私募证券基金主要用于投资公开交易的股份有限公司的股票、债券、期货、期权、基金份额，以及证监会规定的其他证券及其衍生品种。

私募证券基金产品类型具体可分为五大类：

1. 权益类基金，是指根据合同约定的投资范围，投资于股票或股票型基金的资产比例高于80%（含80%）的私募证券基金。

2. 固收类基金，是指根据合同约定的投资范围，投资于银行存款、标准化债券、债券型基金、股票质押式回购以及有预期收益率的银行理财产品、信托计划等金融产品的资产比例高于80%（含80%）的私募证券基金。

3. 混合类基金，是指合同约定的投资范围包括股票、债券、货币市场工具但无明确的主要投资方向的私募证券投资基金。

4. 期货及其他衍生品类基金，是指根据合同约定的投资范围，主要投资于期货、期权及其他金融衍生品的私募证券投资基金。

5. 其他类基金。

三、其他类私募投资基金[①]

（一）其他类私募基金概况

根据《私募监管办法》第2条规定，私募投资基金，是指在中华人民共和国境内，以非公开方式向投资者募集资金设立的投资基金。私募基金财产的投资包括买卖股票、股权、债券、期货、期权、基金份额及投资合同约定的其他投资标的。

其他私募投资基金，是指私募基金的投资标的为前述的股权、证券及其衍生品以外的其他领域的更为小众的其他资产标的的私募基金。

2013年修订生效的《中华人民共和国证券投资基金法》，首次明确提出非公开募集证券投资基金（私募证券投资基金）概念。2014年2月7日《私募投资基金管理人登记和基金备案办法（试行）》实施，仅规定了私募证券、私募股权及创业投资基金进行登记备案的手续，并未提及其他类私募基金。

---

① 以下简称私募基金。

2016年9月6日,中基协发布《有关私募投资基金"业务类型/基金类型"和"产品类型"的说明》,在该文件中,基金类型在私募证券投资基金、私募股权投资基金/创业投资基金的基础上首次增加其他私募投资基金类型,即投资除证券及其衍生品和股权以外的其他领域的基金,并明确其他私募投资基金对应的产品类型包括红酒艺术品等商品基金、其他类基金。此后在私募基金登记备案系统及资产管理业务综合报送平台并行运行期间,以及资产管理业务综合报送平台全面启用阶段,产品备案均系按照上述基金类型及产品类型进行。

在2018年以前,私募其他类基金初步形成了十三大投资种类:(1)不良资产;(2)应收账款;(3)委托贷款;(4)租赁收益权;(5)票据收益权;(6)信托贷款;(7)股权收益权;(8)FOF;(9)股权加债权收益权;(10)信托收益权;(11)保理;(12)债权收益权;(13)文创(艺术品、影视)。

(二)借贷活动不属于其他类私募基金

2018年1月12日,中基协在其资产管理业务综合报送平台发布《私募投资基金备案须知》,明确了私募投资基金是一种由基金和投资者承担风险,并通过主动风险管理,获取风险性投资收益的投资活动。私募基金财产债务由私募基金财产本身承担,投资者以其出资为限,分享投资收益和承担风险。私募基金的投资不应是借贷活动。

2019年12月23日,中基协发布《私募投资基金备案须知》,再一次明确私募投资基金不应是借(存)贷活动。下列不符合"基金"本质的募集、投资活动不属于私募投资基金备案范围:

1. 变相从事金融机构信(存)贷业务的,或直接投向金融机构信贷资产;

2. 从事经常性、经营性民间借贷活动,包括但不限于通过委托贷款、信托贷款等方式从事上述活动;

3. 私募投资基金通过设置无条件刚性回购安排变相从事借(存)贷活动,基金收益不与投资标的的经营业绩或收益挂钩;

4. 投向保理资产、融资租赁资产、典当资产等《私募基金登记备案相关问题解答(七)》所提及的与私募投资基金相冲突业务的资产、股权或其收(受)益权;

5. 通过投资合伙企业、公司、资产管理产品(含私募投资基金,下同)等方式间接或变相从事上述活动。

按照《私募投资基金备案须知》的规定,以借贷关系或者变相的借贷关系设置的基金合同法律关系被排除在合法私募基金的范围之外，不能归属于其他类私募基金。目前能够备案的其他私募投资基金类型产品范围仅剩三类：（1）不良资产；（2）特殊资产投资（艺术品、红酒）；（3）影视投资。其中，不良资产排在首位。

四、私募资产配置基金

私募资产配置基金是底层标的为前述三类投资资产"混搭"的私募基金，与一般性私募基金相比，私募资产配置基金以FOF的方式"变相"突破了专业化经营的要求，其投资的底层标的可以是证券、股权、其他类资产。

根据中基协的要求，私募资产配置基金应当主要采用基金中基金（FOF）的投资方式，即私募资产配置基金中80%的已投资资金不能直接投资于底层资产，而应当投资于已备案的私募基金、公募基金或者其他依法设立的资产管理产品。在前述私募基金类型中，其他三类私募FOF都不能够"跨大类"投资，比如属于私募证券投资基金的FOF，不允许投资一级市场；属于私募股权、创业投资基金的FOF不允许投资二级市场。而私募资产配置基金虽然同样是以FOF的方式投资，但是可以突破以往中基协对其他三类私募FOF"专项经营"的要求，同时投资于一、二级市场。

私募资产配置基金的设置满足了基金投资者对于分散投资、资产多元化配置的需求。而且，私募资产配置基金对投资标的的跨类别性还极大地提高了基金经理在投资范围和投资策略上的灵活度。基金经理可以根据市场经济周期以及市场行情，使用更灵活多元的投资策略调整底层资产在一、二级市场的比重，对冲市场波动，为投资者创造更稳定的投资收益和令人满意的投资体验。

第四节 私募基金行业主体

一、私募基金法律关系中的当事人

（一）私募基金投资者

1. 私募基金投资者概述

私募基金投资者，也称为私募基金的份额持有人，是私募基金的出资人、基金财产的所有者，私募基金投资者根据其所持有的基金份额享有投资收益并承担投资风险。

私募基金投资者享有以下四个方面的权利：

（1）财产权利：基金财产收益权；参与分配清算后的剩余基金资产；依法转让或者申请赎回其持有的基金份额。根据《证券投资基金法》第3条的规定，与通过公开募集方式设立的基金的基金份额持有人按其所持基金份额享受收益和承担风险有所不同的是，通过非公开募集方式设立的基金的收益分配和风险承担由基金合同约定。

（2）决策、知情权：根据规定要求召开基金份额持有人大会或者合伙人大会，并行使表决权；查阅或者复制可以披露的基金信息资料。

（3）监督、追诉权：对于基金管理人、托管人、销售人等机构损害投资人合法权益的行为，可以依法提起诉讼。

（4）基金投资合同约定的其他权利。

2. 合格投资者

依据《私募监管办法》的相关规定，私募基金的合格投资者应当符合以下要求：

（1）私募基金应当向合格投资者募集，单只私募基金的投资者人数累计不得超过证券投资基金法、公司法、合伙企业法等法律规定的特定数量。

投资者转让基金份额的，受让人应当为合格投资者且基金份额受让后投资者人数应当符合前款规定。

（2）私募基金的合格投资者是指具备相应风险识别能力和风险承担能力，投资于单只私募基金的金额不低于100万元且符合下列相关标准的单位和个人：①净资产不低于1000万元的单位；②金融资产不低于300万元或者最近三年个人年均收入不低于50万元的个人。

金融资产包括银行存款、股票、债券、基金份额、资产管理计划、银行理财产品、信托计划、保险产品、期货权益等。

（3）以下投资者视为合格投资者：①社会保障基金、企业年金等养老基金，慈善基金等社会公益基金；②依法设立并在中基协备案的投资计划；③投资于所管理私募基金的私募基金管理人及其从业人员；④中国证监会规定的其他投资者。

以合伙企业、契约等非法人形式，通过汇集多数投资者的资金直接或者间接投资于私募基金的，私募基金管理人或者私募基金销售机构应当穿透核查最终投资者是否为合格投资者，并合并计算投资者人数。但是，符合本条第（一）、（二）、（四）项规定的投资者投资私募基金的，不再穿透核查最终投资者是否为合格投资者和合并计算投资者人数。①

（二）私募基金管理人

1. 私募基金管理人

私募基金管理人，是指基金设立以后，根据基金合同及相关法律法规的规定，以自己的专业知识与经验，对其所管理的基金进行科学管理决策，谋求基金资产增值升值，帮助基金投资者获得收益的专业机构。

基金管理人由依法设立的公司或者合伙企业担任，自然人不能登记为私募基金管理人。

2017年3月31日，中基协发布《私募基金登记备案相关问题解答（十三）》，明确要求落实专业化运营的要求，私募管理人只能在私募证券基金管理人、私募股权/创投基金管理人、其他类私募基金管理人三者之间选择，不得同时经营两种不同类型的私募基金。2018年8月29日，中基协又发布了《私募基金登记备案相关问题解答（十五）》，在已有的三类私募基金管理人分类的基础上，增加了一类即私募资产配置基金管理人。

截至2019年底，中基协存续登记私募基金管理人24471家，较2018年末存量机构增加23家，同比增长0.09%。

2. 私募基金管理人的管理人

一只私募基金的募集、投资、管理和退出，需要由私募基金管理人来实现，而私募基金管理人的上述管理活动，需要由私募机构的工作人员来完成，所以本书将私募基金管理人的内部人员，称之为"私募基金管理人的管理人"。

私募基金管理人的内部人员，包括内部股东、董事、监事以及其他高级管理人员和私募基金从业人员。②

（三）私募基金托管人

基金托管人，是指根据基金合同的约定，受私募基金发起人或者私募基金管理人的委托，直接控制和管理基金财产，并按照基金管理人指示进行具体资金运作的基金当事人。基金托管人由依法设立的商业银行或者券商等其

---

① 参见《私募监管办法》第11条、第12条、第13条。
② 关于私募基金从业人员的相关内容，详见本书第三篇第二章第三节"私募基金从业人员"。

他金融机构担任,并且要求取得证监会和银监会核准的托管人资格。

基金托管人是投资人权益的代表,是基金资产的名义持有人或管理机构。为了保证私募基金的资产安全,基金应当按照资产管理和保管分开的原则进行运作,并由专门的基金托管人保管基金资产。

关于基金托管人的职责,证券投资基金法和其他法律法规中都有明确规定:

《证券投资基金法》第三条 基金管理人、基金托管人和基金份额持有人的权利、义务,依照本法在基金合同中约定。基金管理人、基金托管人依照本法和基金合同的约定,履行受托职责。

《私募监管办法》第四条 私募基金管理人和从事私募基金托管业务的机构(以下简称私募基金托管人)管理、运用私募基金财产,从事私募基金销售业务的机构(以下简称私募基金销售机构)及其他私募服务机构从事私募基金服务活动,应当恪尽职守,履行诚实信用、谨慎勤勉的义务。

《私募监管办法》第二十一条 除基金合同另有约定外,私募基金应当由基金托管人托管。基金合同约定私募基金不进行托管的,应当在基金合同中明确保障私募基金财产安全的制度措施和纠纷解决机制。

《私募监管办法》第二十四条 私募基金管理人、私募基金托管人应当按照合同约定时,如实向投资者披露基金投资、资产负债、投资收益分配、基金承担的费用和业绩报酬、可能存在的利益冲突情况以及可能影响投资者合法权益的其他重大信息,不得隐瞒或者提供虚假信息。信息披露规则由基金业协会另行制定。

根据以上法律规定,基金托管人在基金运作中起到基金安全的"守护神"的作用,它的主要职责有:保管基金的全部资产;保管与基金有关的重大合同及相关凭证;根据基金管理人的投资指令办理基金名下的资金往来;根据基金管理人的指令及时办理清算交割事宜;根据基金合同及托管协议约定,制定基金投资监督标准与监督流程,对基金合同生效之后所托管基金的投资范围、投资比例、投资风格、投资限制、关联方交易等进行严格监督,及时提示基金管理人违规风险。

当发现基金管理人发出但未执行的投资指令或者已生效的投资指令违反法律、行政法规和其他有关规定,或者基金合同约定时,基金托管人应当依法履行通知基金管理人等程序,并及时报告中国证监会,持续跟进基金管理人的后续处理,督促基金管理人依法履行披露义务。基金管理人的上述违规失信行为给基金财产或者基金份额持有人造成损害的,基金托管人应当督促基金管理人及时予以赔偿。

基金托管人应当对所托管基金履行法律法规、基金合同有关收益分配约定情况进行定期复核,发现基金收益分配有违规失信行为的,应当及时通知基金管理人,并报告中国证监会。

私募基金以托管为常态,以不托管为特例。除基金合同或者合伙企业另有约定外,私募基金应当由私募基金托管人托管。

基金合同约定私募基金不进行托管的,应当在合同中明确保障私募基金财产安全的制度措施和纠纷解决机制。

2018年7月25日,《证券时报》以《私募跑路吓坏托管行!两大行业协会隔空喊话,焦点就是职责边界》[①]为题,报道了因4家私募基金管理人的实际控制人失联而引发的对托管银行责任义务的持续讨论,也将中基协和中国银行业协会推到了聚光灯下:

7月13日,中国证券投资基金业协会发布《关于上海意隆等4家私募基金管理人风险事件的公告》表示,中基协对于4家私募基金管理人的实际控制人失联一事高度关注,已要求相关备案私募基金的托管银行按照基金法和基金合同的约定,切实履行托管人职责,建立应急工作机制,统一登记相关私募基金投资者情况,做好投资者接待工作。托管银行已经采取临时止付、冻结账户等措施,以维护好基金账户资金安全。备案私募基金的投资者,可以按照托管银行公布的方式进行登记,提供基金合同、划款凭证、身份证明等材料信息。在私募基金管理人无法正常履行职责的情况下,托管银行要按照基金法和基金合同的约定,切实履行共同受托职责,通过召集基金份额持有人会议和保全基金财产等措施,尽最大可能维护投资者权益。

上述四方面针对托管银行的职责要求引发了市场热议,来自银行业协会和银行方面的分析人士表达了不同意见,银行业协会首席法律顾问甚至撰文针对上述四方面要求一一反驳。

两大协会就托管银行责任义务的边界问题进行隔空喊话,其法律上的争议点主要聚焦在以下四方面:

---

① 参见《私募跑路吓坏托管行!两大行业协会隔空喊话,焦点就是职责边界》,载每经网,http://www.nbd.com.cn/articles/2018-07-25/1238660.html,访问日期:2020年3月5日。

1. 4家私募基金的托管银行是否承担共同受托职责；
2. 托管银行是否具备召开基金份额持有人会议的职责；
3. 托管银行是否承担统一登记私募基金投资者情况的义务；
4. 托管银行是否承担保全基金财产的连带责任。

此次关于私募基金托管人法律责任的大讨论，暴露了私募基金相关领域的法律规则体系的不完善问题，也为后续的规则制定工作起到了很好的预警作用。

（四）其他私募基金服务机构

1. 私募基金销售机构

私募基金的销售，包括私募基金管理人直销、委托私募基金销售机构代销和互联网销售三种方式，私募基金管理人基于销售效率和比较优势的考虑，往往会把基金的销售环节外包给专业的基金销售机构负责。

根据《私募监管办法》第4条规定，私募基金管理人和从事私募基金托管业务的机构（以下简称私募基金托管人）管理、运用私募基金财产，从事私募基金销售业务的机构（以下简称私募基金销售机构）及其他私募服务机构从事私募基金服务活动，应当恪尽职守，履行诚实信用、谨慎勤勉的义务。

在遴选确定私募基金的销售机构以后，私募基金管理人应当与销售机构签订书面的代销合同，在合同中，应该对私募基金管理人与基金销售机构的权利义务进行明确划分，对涉及投资者利益的内容、履行特定对象确定程序、对投资者风险识别能力和风险承担能力评估程序等予以明确。

2. 其他基金业务外包服务机构

其他基金业务外包服务机构，是指为私募基金募集机构提供支付结算服务、私募基金募集结算资金监督、份额登记等与私募基金募集业务相关服务的机构。前述基金业务外包服务机构应当遵守中基协基金业务外包服务相关管理办法。

3. 中介服务机构

私募基金行业中的中介服务机构，主要包括会计师事务所、律师事务所。

二、私募基金监管组织体系

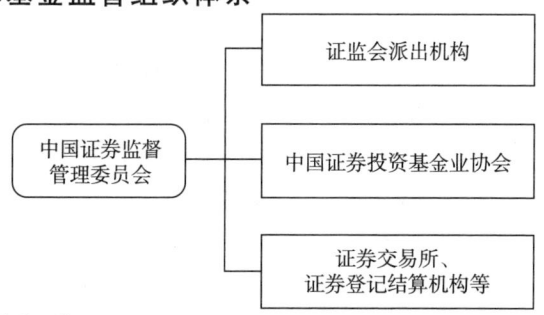

(一) 行政机关

根据《证券投资基金法》第 11 条 "国务院证券监督管理机构依法对证券投资基金活动实施监督管理；其派出机构依照授权履行职责" 的规定，私募基金行业的监管机构为中国证监会及其派出机构。

证监会在其部门规章《私募监管办法》中，对私募基金的监督管理作出了详细规定：

第五条　中国证监会及其派出机构依照《证券投资基金法》、本办法和中国证监会的其他有关规定，对私募基金业务活动实施监督管理。

设立私募基金管理机构和发行私募基金不设行政审批，允许各类发行主体在依法合规的基础上，向累计不超过法律规定数量的投资者发行私募基金。建立健全私募基金发行监管制度，切实强化事中事后监管，依法严厉打击以私募基金为名的各类非法集资活动。

建立促进经营机构规范开展私募基金业务的风险控制和自律管理制度，以及各类私募基金的统一监测系统。

第三十一条　中国证监会及其派出机构依法对私募基金管理人、私募基金托管人、私募基金销售机构及其他私募服务机构开展私募基金业务情况进行统计监测和检查，依照《证券投资基金法》第一百一十四条规定采取有关措施。

第三十二条　中国证监会将私募基金管理人、私募基金托管人、私募基金销售机构及其他私募服务机构及其从业人员诚信信息记入证券期货市场诚信档案数据库；根据私募基金管理人的信用状况，实施差异化监管。

第三十三条　私募基金管理人、私募基金托管人、私募基金销售机构及其他私募服务机构及其从业人员违反法律、行政法规及本办法规定，中国证监会及其派出机构可以对其采取责令改正、监管谈话、出具警示函、公开谴责等行政监管措施。

(二) 自律组织

根据《证券投资基金法》第10条"基金管理人、基金托管人和基金服务机构,应当依照本法成立证券投资基金行业协会(以下简称基金行业协会),进行行业自律,协调行业关系,提供行业服务,促进行业发展"的规定,以及《私募监管办法》第6条"中国证券投资基金业协会(以下简称基金业协会)依照《证券投资基金法》、本办法、中国证监会其他有关规定和基金业协会自律规则,对私募基金业开展行业自律,协调行业关系,提供行业服务,促进行业发展"的规定,私募基金行业的自律组织为中国证券投资基金业协会。

(三) 其他机构

上交所、深交所、中金所等交易所,以及中国证券登记结算有限公司、中央国债登记结算有限责任公司等证券登记机构,对私募证券投资基金的运作同样十分重要,从不同业务角度对私募证券投资基金实施自律管理。

证券交易所设有基金交易监控系统,对私募证券投资基金在证券市场的投资运作行为的合法合规性进行日常监控,重点监控涉嫌违法违规的交易行为。交易所在监控中发现私募基金交易行为异常,涉嫌违法违规的,可视情况采取电话提示、警告、约谈、公开谴责等措施,并向证监会报告。

第五节 中国私募基金行业发展现状

中基协是依据《证券投资基金法》和《社会团体登记管理条例》的有关规定设立的,由基金行业相关机构自愿结成的全国性、行业性、非营利性社会组织,是国内私募基金行业的自律组织和权威机构,中基协发布的数据报告为私募基金行业发展状况的权威数据,本节特从中基协发布的《中国私募投资基金行业发展报告(2019)》①中摘录相关数据,以帮助读者建立起对中国私募基金行业发展现状的直观认识。

---

① 参见中国证券投资基金业协会编:《中国私募投资基金行业发展报告(2019)》,中国财政经济出版社2019年版,第15~16页、第35~38页、第41页、第65~66页、第69页、第115页、第118页、第123页、第127页。

截至2018年末，在中基协登记的私募投资基金管理人数量为24448家，较上年末增长8.92%。在协会备案且正在运作的私募投资基金共74629只，较2017年末增长12.38%；基金规模为12.71万亿元，较2017年末增长10.5%。其中，私募证券投资基金整体规模2.14万亿元，较上年下降16.61%；私募股权投资基金整体规模8.71万亿元，较上年末增长0.39%。进一步分析可以看出，私募投资基金行业发展呈现出区域分布不均衡、单只产品规模小型化、市场优胜劣汰效应明显的特点；存在资金募集渠道不够通畅、税收体系待完善、行业形象有待提升等主要问题；展望未来，行业进入加速整合阶段，集中度进一步提高，国内外私募基金管理人将实现协同发展等趋势。

一、资管行业发展状况

（一）资管总貌

2018年4月27日，随着《关于规范金融机构资产管理业务的指导意见》的发布，各类资产管理产品面临着打破刚性兑付、去杠杆、净值化、去嵌套的压力和需求，通道属性较强的品类规模大幅下降，净值化的品种如公募基金等仍保持规模增长。

根据基金业协会[①]、信托业协会、保险业协会和银行业协会的数据汇总统计，2018年，全社会资产管理规模小幅收缩，年末合计95.62万亿元，较2017年末下降6.88万亿元。

（二）业务构成

2018年末，公募基金管理规模为13.03万亿元，非公募资产管理计划（含基金专户、券商资管计划、期货资管计划）共24.77万亿元，私募投资基金12.71万亿元，商业银行非保本理财计划22.04万亿元，保险公司万能险、投连险、管理企业年金、养老保障产品及其他委托管理资产共4.28万亿元。

（三）银行理财市场

2018年9月，中国银保监会正式下发《商业银行理财业务监督管理办法》，与"资管新规"充分衔接，共同构成银行开展理财业务需要遵循的监管要求。2018年12月2日，中国银保监会正式发布了《商业银行理财子公司管理办法》，银行理财子公司的定位横跨公募和私募业务，现阶段业务更多处于初始期，对于资管业态的实质性重大影响还有待更多时间体现。

---

① 即中国证券投资基金业协会，简称中基协。

(四)信托市场

截至 2018 年末,资产信托(包括单一和集合)余额 18.94 万亿元,比年初削减近 3 万亿元,"资管新规"提出了严控风险的底线思维,驱动行业调整,减少存量风险。严防增量风险,展望未来,信托行业正向财富管理、家族信托等多个方向探索和转型,其横跨一级市场和二级市场的特征,具有一定的竞争优势。

(五)公募基金

2018 年末,公募基金总规模合计约 13.03 万亿元,创下历年以来的新高,其大类产品线存量格局稳定,固定收益及被动产品线规模增量及增速均居前,债券指数型规模首破千亿,加之增值税开征、养老目标基金、职业年金业务也首次落地,展望未来,预计机构类业务热度不减,职业年金投资方兴未艾,养老目标基金为长期潜力品种。

(六)私募基金

2018 年末,私募基金规模 12.71 万亿元,较 2017 年末增加 1.81 万亿元,同比增长 26.27%。对于私募证券基金行业,银行理财相关领域的影响最为直接,银行理财资金委托外部投资(以下简称银行委外)为众多私募证券基金管理人提供了持续大量的资金来源,由于私募证券基金管理人的机制相对灵活,股权激励的灵活性和空间比较大,普遍采取"2+20%"的高费率,对于高端投资人才构成了较大的吸引,已有许多资深的投资经理创立资产管理公司并登记为私募基金管理人。2018 年 9 月发布的《商业银行理财业务监督管理办法》限制了银行理财资金只能与持牌金融机构合作,原有的银行委外模式面临挑战,在理财业务即将转向理财子公司的前景下,部分银行开始收缩委外业务,对部分私募基金管理人的资金来源构成一定挑战。不过未来理财子公司与私募证券基金管理者的合作还是有空间的,因为《商业银行理财子公司管理办法》第 32 条规定,银行理财子公司可以选择符合条件的私募基金管理人担任理财投资合作机构,随着银行理财子公司的陆续开业,私募证券投资基金管理人将迎来新的合作机会。

二、私募基金行业发展规模

(一)私募证券投资基金发展规模

2018 年私募证券投资基金行业平稳增长。2018 年末,国内私募证券投资基金整体规模 2.14 万亿元，较上年下降 16.61%；私募证券投资基金管理人数量为 8989 家，较 2017 年增加了 522 家。2016 年以来，管理人数量小幅增长，2017 年、2018 年增速分别为 5.89%和 6.17%。

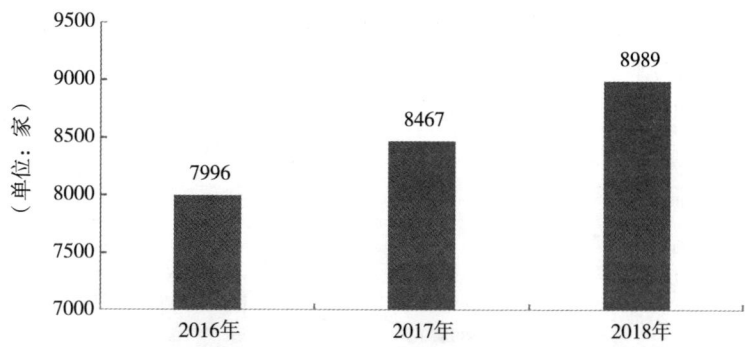

2016—2018 年私募证券基金管理机构数量变化

截至 2018 年末，已登记的私募证券基金管理人中，管理规模在 50 亿元以上的有 77 家，占 0.86%；管理规模 10 亿~50 亿元的有 266 家，占 4.07%；管理规模 1 亿~10 亿元的有 1116 家，占 12.42%。

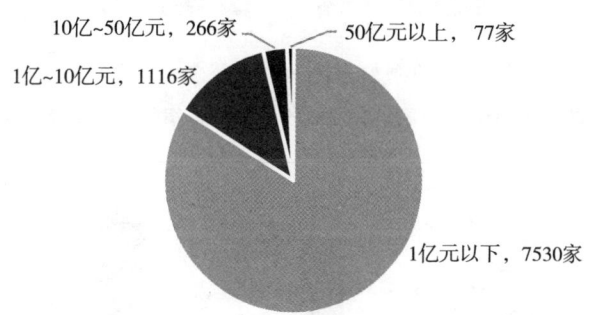

2018 年末私募证券基金管理人管理资产规模区间统计

资料来源：中国证券投资基金业协会 AMBERS 系统。

2018 年管理规模 50 亿元以上的管理人数量比 2017 年减少 11 家；2018 年管理规模 10 亿~50 亿元的管理人数量比 2017 年减少 45 家。

（二）私募股权投资基金发展规模

我国私募股权基金数量及规模实现平稳增长。协会备案统计数据显示，截至 2018 年末，已备案私募股权基金 33683 只，较 2017 年末增加 7484 只，同比增长 28.57%，增速下降 32.37%；基金规模 8.71 万亿元，较 2017 年末增加 1.81 万亿元，同比增长 26.27%，增速下降 41.13%。从第二季度开始，各季度末备案基金数量和规模增速下降更为明显。平均备案规模方面，截至 2018 年末，已备案私募股权基金平均规模为 2.59 亿元，相较 2017 年末 2.63 亿元的平均备案规模小幅下降。

2016—2018 年，我国 GDP 增速放缓，私募股权基金规模继续增长，占 GDP 比重不断提升，在建设现代金融体系和服务实体经济高质量发展中的作用日益增强。

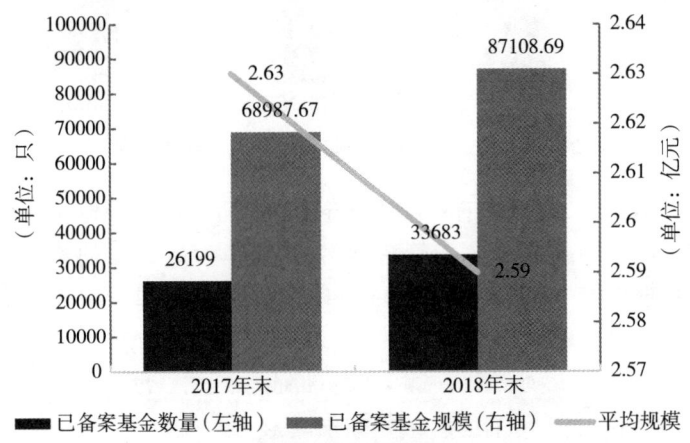

2017—2018 年中国私募股权投资基金备案基金数量及规模

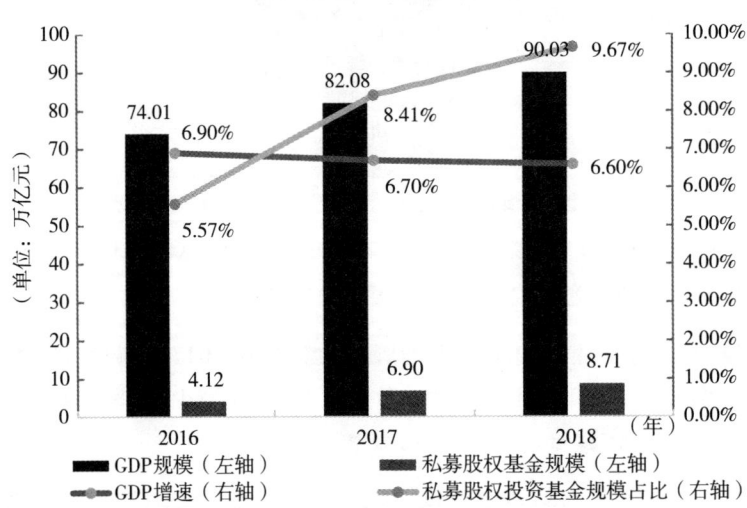

我国私募股权投资基金占 GDP 比重及年度变化

84

三、私募基金管理人组织形式

当前,我国私募证券基金管理人的组织形式主要有股份有限公司、有限责任公司和合伙企业(包括普通合伙企业、有限合伙企业)。截至 2018 年末,已登记的私募证券基金管理人组织形式以公司制为主,管理人数量共 8529 家,数量占比为 94.88%。

2016 年、2017 年、2018 年末的统计数据显示,已登记私募证券基金管理人中,公司制管理人数量占比一直维持在 90% 以上,且比例稳步增加,占据绝对主导地位。

四、私募基金管理人的区域分布

私募基金管理人选择工商注册地址,通常考虑当地的经济发展程度、税收优惠政策、人才集中度、交通便利程度等。

(一)私募证券投资基金管理人的区域分布

1. 注册地区分布

私募证券基金管理人注册地和办公地主要集中在一线城市和东南沿海经济发达地区,中西部占比较低。

截至 2018 年末,私募证券基金管理人注册地主要集中在上海、深圳、北京、浙江、广东;管理人数量合计 7197 家,占私募证券基金管理人总数量的 80.1%。有在管基金的管理人合计 6134 家,共管理基金 29105 只,占所有私募证券基金管理人管理基金总数量的 84.5%;管理基金规模 1.79 万亿元,占所有私募证券基金管理人管理基金规模的 87.1%。

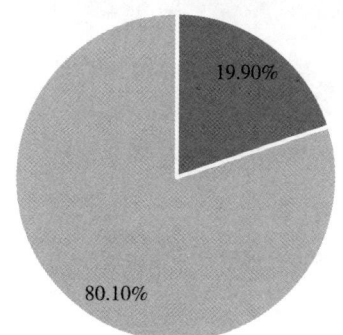

按注册地数量分布占比图

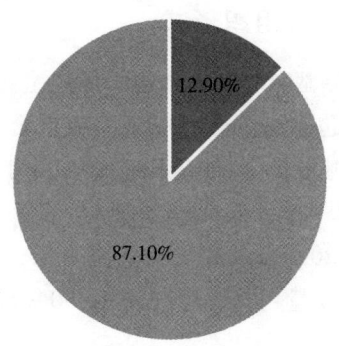

按注册地规模分布占比图

2. 办公地区分布

私募证券基金管理人办公地集中地区与注册地集中地区基本一致,主要在上海、北京、广东、深圳、浙江、江苏;管理人数量合计7372家,占私募证券基金管理人总数量的82%。有在管基金的管理人合计6479家,共管理基金30169只,占私募证券基金管理人管理基金总数量的82.7%;管理基金规模1.89万亿元,占所有私募证券基金管理人管理基金规模的92.2%。

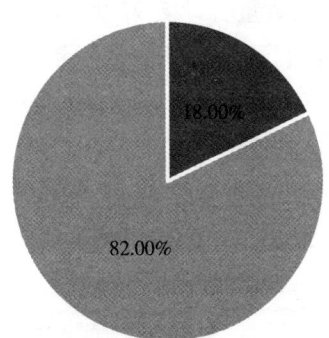

按办公地数量分布占比图

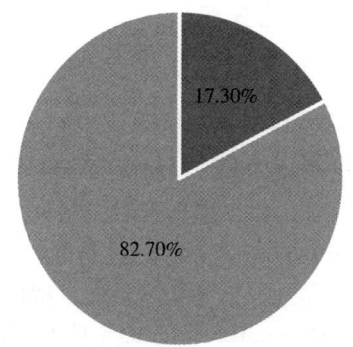

按办公地规模分布占比图

（二）私募股权投资基金管理人的区域分布

截至 2018 年末，已登记私募股权基金管理人中，注册地在北京、上海、深圳、浙江（除宁波）、江苏、广东（除深圳）的，数量合计占比 71.76%。其中，北京、上海、深圳私募股权基金管理人注册数量列全国前三位，分别为 2808 家、2349 家、2461 家，管理人数量合计占比 51.88%，管理基金规模合计占比 55.05%，管理基金数量合计占比 56.24%。

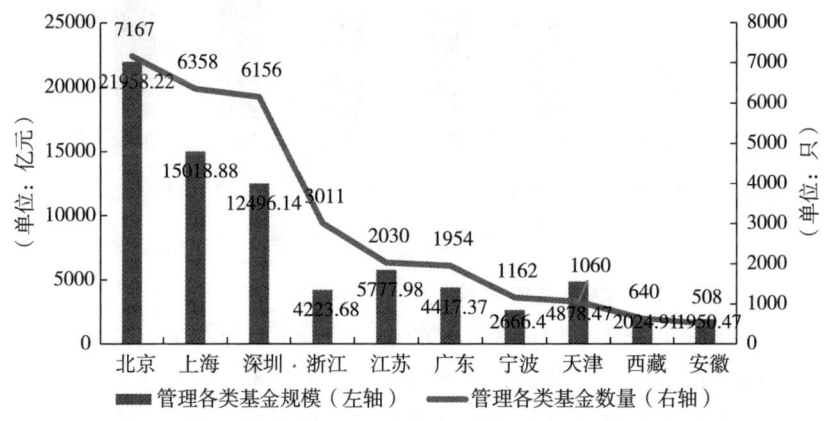

私募股权投资基金管理人按注册地区基金管理数量及规模分布图

五、私募基金投资者情况分析

(一) 国内高净值人群增长情况及其资产配置需求

1. 国内高净值人群继续增长，但增速放缓

国内高净值人群（资产超过 1000 万元）数量与可投资资产持续保持增长。根据招商银行和贝恩公司发布的《2019 中国私人财富报告》，截至 2018 年末，我国高净值人群数量为 197 万，持有的可投资资产总额为 61 万亿元。受到实体经济下行与资本市场波动的影响，增速均有所放缓。高净值人群数量年均复合增速从 2014—2016 年的 23% 降至 2016—2018 年的 12%，可投资资产规模年均复合增速从 2014—2016 年的 24% 下降至 2016—2018 年的 12%。

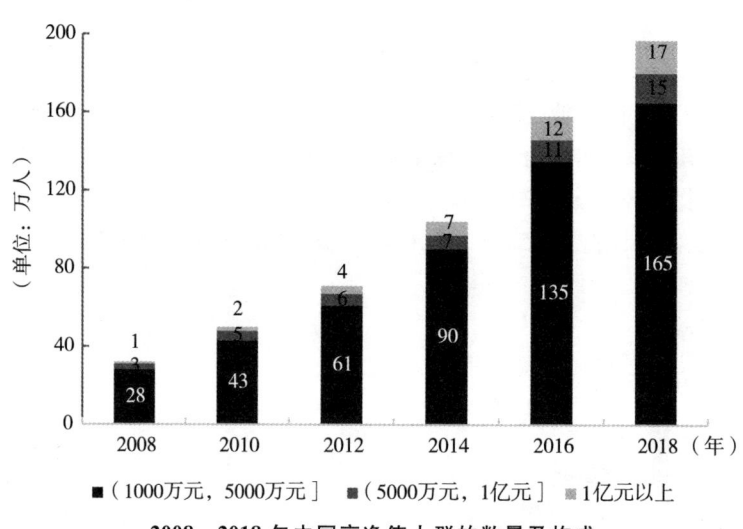

2008—2018 年中国高净值人群的数量及构成

2. 国内高净值人群存在较大的资产配置需求

在中国经济和资本市场过去几年的波动背景下，近年来高净值人群对市场的不确定性认识加深，收益预期下降，同时更注重通过配置来规避市场波动。在打破刚性兑付的大背景下，多类资产出现波动，高净值人群深刻体会到各类资产的潜在风险，理解到需在风险和收益之间做出权衡，财富增值需要依赖长期专业的配置和积累。在投资收益上，高净值群体意识到获得与过去十年同等收益率的难度不断加大，预期的收益率进一步降低，同时也能够

逐步接受单一资产类别的波动。

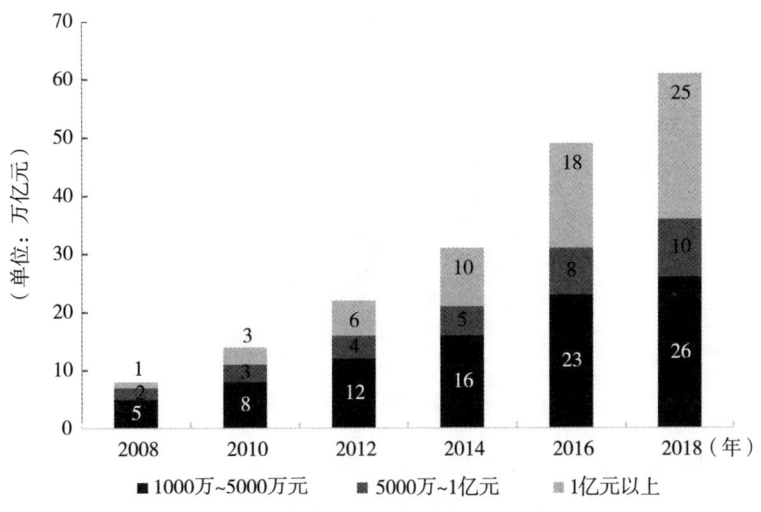

2008—2018 年中国高净值人群的可投资资产及构成

随着各类资产收益率的普遍下降，从对赌单一资产到多资产配置的观念转变已经深入人心，但是如何真正发挥配置的作用还是困扰大多数高净值人士的问题。相应地，高净值人士对于资产配置辅导的需求大大增加，如资产配置组合运行情况、各类资产的波动与风险情况、对组合中各类资产表现做清晰的归因分析。高净值人士希望财富管理机构能够提供定制化、实时化、动态化的资产配置方案。

（二）私募证券基金的投资者结构

1. 高净值个人客户为主，穿透计算金额占比过半

私募证券基金的投资者主要包括高净值个人客户、法人机构、私募基金、私募管理人及员工（跟投）和其他投资者。其中，其他投资者包括境内非法人机构（比如一般合伙企业）、证券公司及其子公司资管计划、基金公司及其子公司资管计划、期货公司及其子公司资管计划、商业银行理财产品、保险资管计划、信托投资计划、慈善和捐赠基金等。

高净值个人客户为第一大类投资者。截至 2018 年末，从全部私募证券基金来看，高净值个人客户金额占比最高，为 38.56%；私募基金和法人机构占比相对较高，分别为 24.86%、21.3%；私募管理人及员工（跟投）、其他投资者占比较低，分别为 4.67%、10.61%。

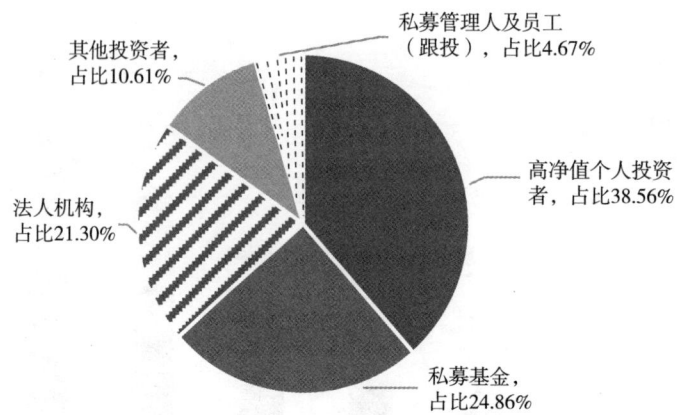

2018 年末私募证券基金的投资者结构

如果对上述投资者机构中的"私募基金"和"其他投资者"中的各类资管计划、信托计划、银行理财等金融产品进一步"穿透"至最终投资者,个人高净值客户金额占比更高,估计超过 50%。

2. 个人投资者占比有所波动,法人机构占比逐渐提升

从最近 4 年的投资者结构来看,以个人客户为主的结构未发生变化,但是个人客户占比呈现一定波动。2015 年底和 2017 年底个人客户占比分别为 43%、45%。2016 年底和 2018 年底个人客户占比分别为 37%、39%。其中,2015 年、2017 年股票市场呈现整体牛市或局部牛市,一定程度上反映了个人客户参与私募证券基金的程度受到股票市场波动的影响。

法人机构客户占比呈现持续提升趋势。其 2015 年、2016 年末占比分别为 12.92%、12.37%,这一比例在 2017 年、2018 年年末分别提升至 16.38%、21.3%。

3. 与美国对冲基金的投资者结构比较

与国内私募证券基金主要高净值个人客户为主的投资者结构不同,美国对冲基金的投资者主要为机构客户。其中,主要的机构客户包括养老金计划、非营利性组织和政府实体、金融机构和投资公司、主权财富基金和外国政府机构等。截至 2018 年第三季度末,在美国合格对冲基金(占美国全部对冲基金总资产规模的 80.79%)中,养老金计划为第一大机构客户,占比 24%;非营利性组织和政府实体为第二大机构客户,占比为 15.5%;金融机构和投资公司、主权财富基金和外国政府机构占比相对较小,分别为 8.5%、6.1%。上述四类机构客户合计占比 54.1%,而高净值个人客户

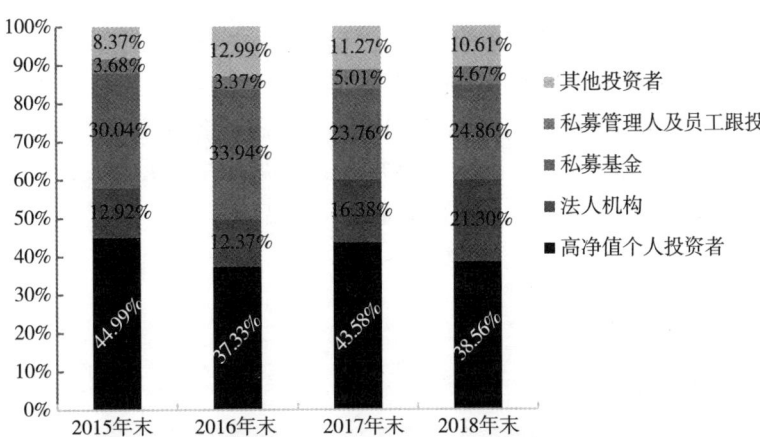

2015—2018 年末私募证券基金的投资者结构

（含美国和美国以外）占比仅为 13.7%。

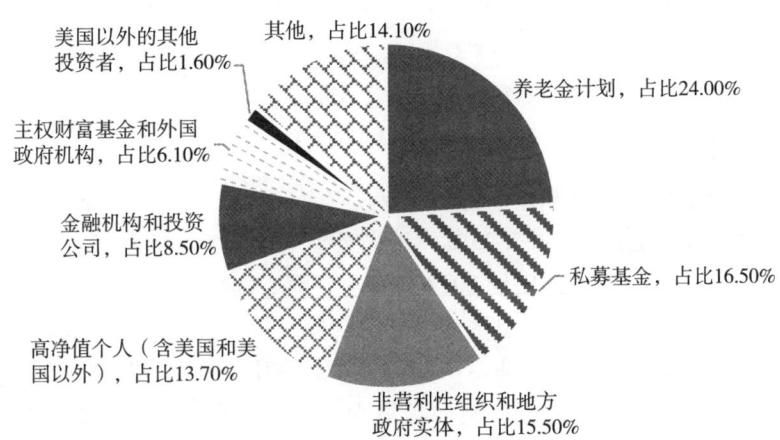

2018 年第三季度末美国合格对冲基金的投资者结构

美国合格对冲基金的投资者结构包括"私募基金"，如果对该部分"私募基金"的投资者进行穿透核查，机构客户的占比更高。

（三）私募股权基金的投资者结构

我国私募股权基金资金来源广泛，且较为集中。① 截至 2018 年末，居民投资者数量最多，占比 80.71%；其次是企业投资者，占比 15.47%。企业投资者出资金额最高，占比 51.17%；最后是各类资管计划，占比 32.81%；居民投资者出资占比 12.45%；财政资金占比 2.77%；养老及社会基金占比仅为 0.51%，显示长期资金明显不足。

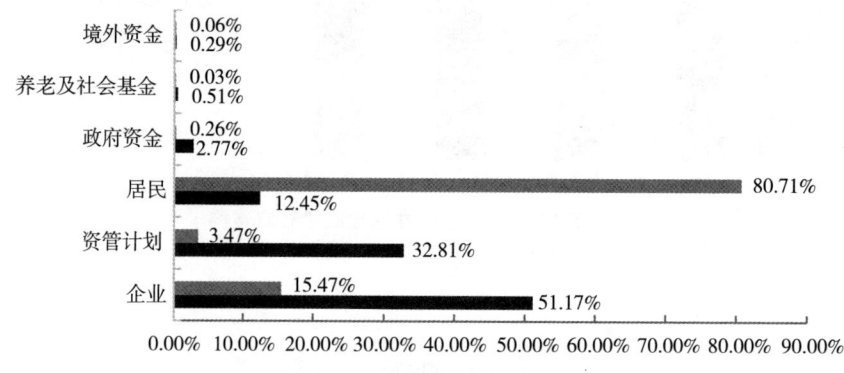

私募股权投资基金各类出资人结构占比

资料来源：中国证券投资基金业协会 AMBERS 系统。

2018 年当年新备案基金中仍是企业投资者出资最高，占比 46.11%；其次是各类资管计划，占比 35.25%；居民投资者出资占比 14.27%。企业和居民投资者出资金额和占比较 2017 年均有下降；各类资管计划出资金额也在减少，但占比有所提升。出资额下降与企业投资者债务风险、股票质押风险上升，居民投资者未来预期不明有关。养老及社会基金等长期资金出资占比则有所提高；政府资金出资额增幅最大，达 75.99%，占比提高 2.85 个百分点。由此可见，在市场总体出现"资金荒"的情形下，财政及政府引导基金承担了募资"兜底"角色，成为私募股权基金募资的重要来源。

---

① 出资人包括机构投资者和个人投资者。其中，机构投资者主要是企业（境内法人机构、境内非法人机构、本管理人跟投），政府资金（财政直接出资、政府类引导基金），境外资金（境外机构、QFII、RQFII 等），养老金（全国社保基金、基本养老金、企业年金等），社会基金（慈善基金、大学基金、捐赠基金等），资管计划（私募基金产品、证券期货经营机构资管计划、信托计划、商业银行理财产品、保险资产管理计划）；个人投资者主要是居民（自然人、员工跟投）。——笔者注

第六节 私募基金行业法律风险现状

2015年以来，我国私募投资行业得到蓬勃发展，行业影响力和社会知名度不断提高，在爆发式增长的同时，也不可避免地积聚了一定的法律风险，出现了部分私募基金管理人向不特定对象公开募集资金、违规宣传、虚构投资项目、设立资金池、违规内幕交易等行为，部分私募基金还涉嫌刑事犯罪。

为持续引导私募机构提高规范化运作水平，2015—2019年，证监会组织各证监局持续开展了私募基金专项检查执法活动，根据证监会对每年的专项检查执法情况的公开通报，2015—2019年，证监会累计对超过1723家私募基金开展了专项检查，从连续五年的专项检查执法情况来看，监管部门对于私募基金行业的监管力度在逐渐加大，专项检查私募基金管理人数量从2015年的140余家上升到2019年的497家，无论是从机构数量、基金数量还是管理规模来看，都呈递增趋势。在2015—2018年度检查过程中，中国证监会发现存在问题且采取移送公安或政府部门、行政处罚、监管措施、立案稽查的私募基金管理人有374家（2019年度被采取措施的私募基金管理人数据未披露），约占2015—2018年检查总数量的30.51%，如果包括登记备案信息不准确、更新不及时、合格投资者管理制度不健全不规范问题的私募基金管理人，占比将会显著增加。

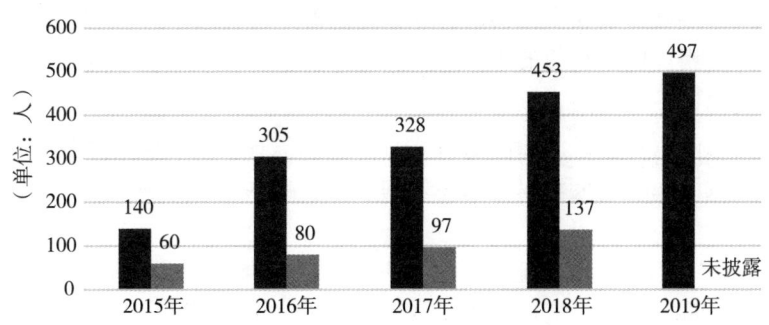

证监会私募基金专项检查情况分布

2019年11月2日，中国证监会通报了2019年私募基金专项检查执法情况。① 从证监会公布的情况来看，本次重点对交易合规性、流动性风险、非法集资风险，跨区域经营私募机构的业务和资金往来、产品嵌套情况，业务隔离、风险隔离等制度的有效性、自融自担和利益冲突等情况进行了检查。

本次检查发现，经过近几年的引导和发展，行业总体规范运作水平有所提升。通过检查，各证监局督促私募管理机构进一步完善优化组织架构、合规风控、财务管理等制度，宣传创投基金相关扶持政策，引导机构更好服务实体经济，充分发挥私募基金在多层次资本市场中的积极作用。

同时，本次检查也发现部分私募机构仍然存在违法违规问题。其中，部分私募机构涉嫌非法集资、挪用基金财产等严重违法违规行为；部分私募机构开展募新还旧、期限错配的"资金池"业务，偏离私募基金本源；部分私募机构存在公开宣传推介、向非合格投资者募集、承诺保本保收益等违规募集行为。

针对专项检查发现的问题，证监会依法对相关机构采取行政监管措施、立案稽查，或将相关涉嫌违法犯罪线索移送公安部门或地方政府。同时，证监会将上述违法违规问题及采取的监管措施记入资本市场诚信档案。

从近年来发生的私募基金行政处罚及刑事案件变化趋势来看，私募基金行业的法律风控质量仍有待提高。部分私募基金名为投资，实为高息揽存、利用"资金池"赚取巨额利差；名为股权投资，但通过强制回购等兜底条款或者抽屉协议藏污纳垢，实为单一项目的借贷业务，甚至以为实际控制人及其关联方自融为主要目的；部分私募基金变相从事 P2P 等类金融业务，有的私募基金管理人以非法占有基金资金为目的从事募集活动，② 使私募基金成为非法集资等违法犯罪现象的高发地带。

目前私募基金从业人员的总体年龄结构趋向年轻化，一些缺少金融服务经验和金融周期风险经历的年轻人开始进入基金行业，有的人在通过从业人员资格考试以后就试图直接担任高级管理人员，由于没有经历市场的洗礼，缺少对市场的敬畏、对法治的敬畏、对专业的敬畏、对风险的敬畏，难免行差踏错，成为私募基金法律风险多发的一个重要因素。

---

① 参见《证监会通报2019年私募基金专项检查执法情况》，载中国证券监督管理委员会官网，http://www.csrc.gov.cn/pub/newsite/zjhxwfb/xwdd/201911/t20191101_365369.html，访问日期：2020年3月8日。

② 参见中基协2019年下半年工作计划：《正视行业问题，再塑资管行业辉煌》，载东方财富网，https://baijiahao.baidu.com/s?id=1642487041913325083&wfr=spider&for=pc，访问日期：2020年3月8日。

第二章 私募基金的法律监管、内部控制与合规管理

第一节 私募基金的法律监管

一、私募基金的法律监管体系

根据《私募监管办法》第5条、第6条规定，中国证监会及其派出机构依照证券投资基金法和中国证监会的有关规定，对私募基金业务活动实施监督管理；中基协依照证券投资基金法、中国证监会有关规定和基金业协会自律规则，对私募基金业开展行业自律，协调行业关系，提供行业服务，促进行业发展。

所以，我国私募投资基金的监管体系是以中国证监会集中牵头、各省市的地方证监局进行属地管辖的全国范围内统一实施的行政监管，同时，中基协、上海证券交易所、深圳证券交易所、中国金融期货交易所、中国证券登记结算有限公司、中央国债登记结算有限公司等证券登记机构，分别从不同的业务角度对私募投资进行实施自律管理，

根据《证券投资基金法》第112条规定，中国证监会依法履行下列职责：

1. 制定有关证券投资基金活动监督管理的规章、规则，并行使审批、核准或者注册权；
2. 办理基金备案；
3. 对基金管理人、基金托管人及其他机构从事证券投资基金活动进行监督管理，对违法行为进行查处，并予以公告；
4. 制定基金从业人员的资格标准和行为准则，并监督实施；
5. 监督检查基金信息的披露情况；
6. 指导和监督基金行业协会的活动；
7. 法律、行政法规规定的其他职责。

根据《证券投资基金法》第113条规定，中国证监会依法履行职责，

有权采取下列措施：

1. 对基金管理人、基金托管人、基金服务机构进行现场检查，并要求其报送有关的业务资料；

2. 进入涉嫌违法行为发生场所调查取证；

3. 询问当事人和与被调查事件有关的单位和个人，要求其对与被调查事件有关的事项作出说明；

4. 查阅、复制与被调查事件有关的财产权登记、通讯记录等资料；

5. 查阅、复制当事人和与被调查事件有关的单位和个人的证券交易记录、登记过户记录、财务会计资料及其他相关文件和资料；对可能被转移、隐匿或者毁损的文件和资料，可以予以封存；

6. 查询当事人和与被调查事件有关的单位和个人的资金账户、证券账户和银行账户；对有证据证明已经或者可能转移或者隐匿违法资金、证券等涉案财产或者隐匿、伪造、毁损重要证据的，经国务院证券监督管理机构主要负责人批准，可以冻结或者查封；

7. 在调查操纵证券市场、内幕交易等重大证券违法行为时，经国务院证券监督管理机构主要负责人批准，可以限制被调查事件当事人的证券买卖，但限制的期限不得超过 15 个交易日；案情复杂的，可以延长 15 个交易日。

各地方证监局依照中国证监会的授权履行职责，负责对经营所在地在其辖区内的私募投资基金管理人实施属地管辖，对其经营活动进行日常监管，包括对私募基金风险监测、私募基金公司治理、企业内部控制、私募基金运作等活动进行日常的监管及各种现场检查。

二、私募基金的法律监管历程

2006 年，国家发改委发布《创业投资企业管理暂行办法》，首次对创业投资企业提出备案要求。

2011 年，国家发改委发布《关于促进股权投资企业规范发展的通知》，规范了股权投资企业的设立、资本募集与投资领域，提出了股权投资企业备案的要求。

2012 年，中国证券投资基金业协会成立，自此，中国证券投资基金行业有了自己的行业自律性组织。

2013 年 6 月 1 日，第十一届全国人民代表大会常务委员会第三十次会议修订的《证券投资基金法》正式施行，在第十章专门规范私募基金，这是在立法史上首次将私募基金纳入法律调整范围。

2013年，中央编办下发关于私募股权基金管理职责分工的通知，将私募基金划归证监会管理，自此，中国证监会正式取代发改委，全面监管私募基金行业。

2014年1月，中基协发布《私募投资基金管理人登记和基金备案办法（试行）》。

2014年5月，国务院下发《关于进一步促进资本市场健康发展的若干意见》，为私募基金的发展确定方向，文件中明确了应当建立健全私募基金发行制度、规范募集行为、对私募基金的发行不设立行政审批，按照功能监管、适度监管的原则，完善对各类私募基金的监管标准。

2014年8月，证监会根据证券投资基金法、《国务院关于进一步促进资本市场健康发展的若干意见》，制定并发布《私募投资基金监督管理暂行办法》。

2016年，中基协发布《关于进一步规范私募基金管理人登记若干事项的公告》，从登记备案环节入手，开始全面规范私募基金行业秩序。

2016年7月，证监会发布《证券期货经营机构私募资产管理业务运作管理暂行规定》，12月发布《证券期货投资者适当性管理办法》。

2017年1月，发改委发布《政府出资产业投资基金管理暂行办法》，明令禁止明股实债等变相增加政府债务的行为。

2017年3月，中基协发布《私募投资基金服务业务管理办法（试行）》，该办法规范了其他基金业务外包服务机构（包括基金募集、投资顾问、份额登记、估值核算、信息技术等）的服务业务，规定申请机构应当根据《私募投资基金服务机构法律意见书指引》的要求，在登记系统中上传《法律意见书》。

2017年6月，中基协发布《基金募集机构投资者适当性管理实施指引（试行）》，规范了基金募集机构募集行为，该指引明确将投资者适当性匹配作为募集程序的必备环节。

2018年1月5日，中国银监会发布《商业银行委托贷款管理办法》，要求商业银行不得接受委托人受托管理的他人资金发放委托贷款。从制度层面切断了私募基金通过委托贷款进行对外投资的渠道。

2018年1月12日，中基协发布《私募投资基金备案须知》，明确私募投资基金是一种通过主动风险管理获取风险性投资收益的投资活动，私募基金的投资不应当是借贷活动。

2018年3月，证监会发布《上市公司创业投资基金股东减持股份的特别规定》，明确创业投资基金所投资企业上市解禁期与投资期限反向挂钩政策。

2018年12月，中基协发布新版的《私募基金管理人登记须知》，由旧版的8个大项变为12个大项。

2019年12月23日，中基协更新了《私募投资基金备案须知》，主要变动内容包括五类私募基金备案范围的"负面清单"，明确募集完毕概念，增加私募股权类和私募资产配置类基金存续期不少于5年的要求，禁止刚性兑付、资金池、投资单元。

2020年3月6日，证监会修订并发布《上市公司创业投资基金股东减持股份的特别规定》，简化了反向挂钩政策适用标准，取消了大宗交易方式下减持受让方的锁定期限制和投资期限在五年以上的创业投资基金减持限制，并允许私募股权投资基金参照适用反向挂钩政策。

三、法律监管相对弱化的逻辑基础

2018年4月21日，中国证券投资基金业协会会长洪磊在2018年中国母基金百人论坛上发表了题为《私募基金自律管理的逻辑》[①]的主题演讲，演讲强调，私募基金的本质是向合格投资者提供的受托理财服务，必须遵循非公开募集原则，向合格的人推荐合格的产品，坚持投资者利益优先原则，防范利益冲突，坚持组合投资原则，避免投资标的单一带来的非系统风险，坚持投资人"收益自享、风险自担"原则，杜绝一切形式的"保底保收益"。私募基金与公募基金最大的不同是募集方式的不同，在受托人义务方面是完全一致的，只是因为其非公开性，投资者风险识别与风险承受能力更高以及投资者的谈判能力更强，而在监管与自律层面有了相对弱化的要求。尽管如此，将受托义务上升到法律层面，将受托责任转化为行为规范，防止私募基金各项活动背离本质，仍是自律管理的基础和重心。

笔者认同洪磊会长的前述表达，正是因为私募基金募集的非公开性，投资者的谈判能力相对较强，加上产品风险分级以及投资者风险偏好、产品风险等级匹配等投资者适当性管理程序的推行，投资者具有一定的反向选择与

---

① 参见李蕾、肖鸿月：《中基协洪磊：私募基金自律管理的逻辑》，载每日经济新闻，https://baijiahao.baidu.com/s?id=1598321588509870247&wfr=spider&for=pc，访问日期：2020年3月1日。

均势制约能力，这种反向选择与均势制约能力是私募基金行业适度监管与行业自律管理层面相对弱化的内在逻辑基础。

有学者指出，私募基金自律管理的逻辑是以诚信积累和约束为主线，以注册制为出发点，从私募基金登记备案到问题处理的全过程进行监督管理，中基协的工作重心除了事前登记备案以外，也在不断地完善和强化事中事后自律监管机制，事前备案登记包括机构登记、产品备案、会员管理和人员管理，事中监管包括私募基金的持续信息披露、舆情监测、中登数据交换、优化行业生态，事后监管包括投诉处理、纠纷调解、自律检查和纪律处分。[1]

四、考验智慧的"适度监管"原则

适度监管，是指私募基金不设行政审批，而是实行事中事后监管，充分发挥投资者和市场对私募基金管理人的约束，以及私募基金管理人的自我约束作用。适度监管就是私募基金不设行政审批，而是实行事中事后监管，充分发挥投资者和市场对私募基金管理人的约束，以及私募基金管理人的自我约束作用，监管层主要从资金募集、投资运作、信息披露等环节入手，提出原则性底线监管要求。

作为私募基金四大监管原则之一的适度监管原则，其内在机理在前面已有述及。证券投资基金法作为私募基金行业的最高阶的立法形式，共154条，用了绝大多数的篇章对公募基金作出相对清晰的法律规范，而对于私募基金，只是在第十章"非公开募集基金"中用了区区10个条文，对私募基金作了非常粗略的原则性规定。虽然在后续监管中，监管机构创造性地提出了适度监管原则，但是因为立法的原因，导致在许多环节上会出现无法可依的情况，以至于《资管新规》出现诸如"私募投资基金适用私募投资基金专门法律、行政法规，私募投资基金专门法律、行政法规中没有明确规定的，适用本意见"的规定，包括《资管新规》在内的许多规则成为私募基金法律监管体系的一个个"法律补丁"。

因为立法缺失的原因，加上受事中事后监管原则影响，对该行业的监管，或失之于严苛，又或失之于松懈，适度监管很难以做到"适度"。所以私募基金这种涉众型投资行业，监管难度之大，指望投资者和基金管理人这些市场主体进行博弈平衡和自我约束，注定是"书斋里的奢望"。涉众型列

---

[1] 参见耿志宏：《图解私募股权基金：法律实务操作要点与难点》，法律出版社2019年版，第36~37页。

车一旦失速脱轨，冲击的是社会秩序和经济稳定，这个油门和刹车系统只能掌握在监管层手里。是像 P2P 行业那样急刹车、熄火，还是适度调整到匀速、加速、减速，是对监管智慧的巨大考验。

第二节 私募基金管理人的内部控制

私募基金管理人内部控制，是指私募基金管理人为防范和化解风险，保证各项业务的合法合规运作，实现经营目标，在充分考虑内外部环境的基础上，对经营过程中的风险进行识别、评价和管理的制度安排、组织体系和控制措施。

私募基金的内部控制要遵循《私募投资基金管理人内部控制指引》的相关规定。

一、私募基金管理人内部控制总体目标

1. 保证遵守私募基金相关法律法规和自律规则。
2. 防范经营风险，确保经营业务的稳健运行。
3. 保障私募基金财产的安全、完整。
4. 确保私募基金、私募基金管理人财务和其他信息真实、准确、完整、及时。

二、私募基金管理人内部控制的原则

1. 全面性原则。内部控制应当覆盖包括各项业务、各个部门和各级人员，并涵盖资金募集、投资研究、投资运作、运营保障和信息披露等主要环节。
2. 相互制约原则。组织结构应当权责分明、相互制约。
3. 执行有效原则。通过科学的内控手段和方法，建立合理的内控程序，维护内控制度的有效执行。
4. 独立性原则。各部门和岗位职责应当保持相对独立，基金财产、管理人固有财产、其他财产的运作应当分离。
5. 成本效益原则。以合理的成本控制达到最佳的内部控制效果，内部控制与私募基金管理人的管理规模和员工人数等方面相匹配，契合自身实际情况。

6. 适时性原则。私募基金管理人应当定期评价内部控制的有效性,并随着有关法律法规的调整和经营战略、方针、理念等内外部环境的变化同步适时修改或完善。

三、私募基金内部控制五大要素

1. 内部环境。包括经营理念和内控文化、治理结构、组织结构、人力资源政策和员工道德素质等,内部环境是实施内部控制的基础。

2. 风险评估。及时识别、系统分析经营活动中与内部控制目标相关的风险,合理确定风险应对策略。

3. 控制活动。根据风险评估结果,采用相应的控制措施,将风险控制在可承受范围之内。

4. 信息与沟通。及时、准确地收集、传递与内部控制相关的信息,确保信息在内部、企业与外部之间进行有效沟通。

5. 内部监督。对内部控制建设与实施情况进行周期性监督检查,评价内部控制的有效性,发现内部控制缺陷或因业务变化导致内控需求有变化的,应当及时加以改进、更新。

> **【"私募基金内部控制五大要素"合规要点对应案例】**
>
> 上述"私募基金内部控制五大要素"合规要点,已在刑事司法实践中得到具体应用,成为国家审判机关裁判私募基金类犯罪案件的认定理由,参见案例:
>
> 第五篇第二章第四节案例"某私募基金管理人利用信息和资金优势,与13家上市公司董事长或者实际控制人合谋利用信息优势连续交易,构成操纵证券市场罪,被法院判处有期徒刑5年6个月,并处罚金"。

四、私募基金内部控制的九个重点

1. 注重培养合规与风控意识。私募基金管理人应当牢固树立合法合规经营的理念和风险控制优先的意识,培养从业人员的合规与风险意识,营造合规经营的制度文化环境,保证管理人及其从业人员诚实信用、勤勉尽责、恪尽职守。

【"注重培养合规与风控意识"合规要点对应案例】

上述"注重培养合规与风控意识"合规要点,已在刑事司法实践中得到具体应用,成为国家审判机关裁判私募基金类犯罪案件的认定理由,参见案例:

第四篇第三章第二节案例一"某私募基金管理人股东及实际控制人,以非法占有他人财物为目的募集私募基金,分别获刑并处罚金"。

2. 遵循专业化运营原则。私募基金管理人应当遵循专业化运营原则,主营业务清晰,不得兼营与私募基金管理无关或存在利益冲突的其他业务。

3. 防范不正当关联交易、利益输送。私募基金管理人应当健全治理结构,防范不正当关联交易、利益输送和内部人控制风险,保护投资者利益和自身合法权益。

4. 组织结构职责分明,建立防火墙制度与业务隔离制度。私募基金管理人组织结构应当体现职责明确、相互制约的原则,建立必要的防火墙制度与业务隔离制度,各部门有合理及明确的授权分工,操作相互独立。

5. 建立健全的激励约束机制。私募基金管理人应当建立有效的人力资源管理制度,健全激励约束机制,确保工作人员具备与岗位要求相适应的职业操守和专业胜任能力。

6. 对合规风控岗位的赋权与担责。私募基金管理人应当设置负责合规风控的高级管理人员。负责合规风控的高级管理人员,应当独立地履行对内部控制监督、检查、评价、报告和建议的职能,对因失职渎职导致内部控制失效造成重大损失的,应承担相关责任。

7. 建立科学的风险评估体系。私募基金管理人应当建立科学的风险评估体系,对内外部风险进行识别、评估和分析,及时防范和化解风险。

8. 建立业务操作流程,实现业务流程的控制。私募基金管理人应当建立科学严谨的业务操作流程,利用部门分设、岗位分设、外包、托管等方式实现业务流程的控制。

授权控制应当贯穿私募基金管理人资金募集、投资研究、投资运作、运营保障和信息披露等主要环节的始终。私募基金管理人应当建立健全授权标准和程序,确保授权制度的贯彻执行。

9. 建立独立运作,分别核算的财产分离制度。私募基金管理人应当建立完善的财产分离制度，私募基金财产与私募基金管理人固有财产之间、不同私募基金财产之间、私募基金财产和其他财产之间要实行独立运作，分别核算。

> **【"私募基金内部控制的九个重点"合规要点对应案例】**
>
> 　　上述"私募基金内部控制的九个重点"合规要点，已在刑事司法实践中得到具体应用，成为国家审判机关裁判私募基金类犯罪案件的认定理由，参见案例：
>
> 　　第四篇第三章第三节案例"北京某私募基金管理人实际控制人非法集资1000余万元，合同诈骗400万元，数罪并罚获刑16年，并处剥夺政治权利5年、罚金51万元"。
>
> 　　第四篇第三章第四节案例一"山东某私募基金项目，私募基金管理人实际控制人伪造行政机关公文进行募资，投后管理中挪用私募基金用于偿还其他项目欠款，案发后贿买他人作伪证，被法院以挪用资金罪、伪造国家机关公文罪、妨害作证罪数罪并罚6年6个月，并处罚金"。
>
> 　　第四篇第三章第五节案例一"某私募基金管理人区域经理利用职务便利，侵占私募基金90余万元，被法院判处有期徒刑3年"。

第三节　私募基金的合规管理

　　合规管理的"合规"，顾名思义，就是行事须合乎"规矩""规则""规范"之意。

　　合规之"规"，是指私募基金经营机构及其工作人员的经营管理和执业行为应符合的法律、法规、规章及规范性文件、行业规范和自律规则、公司内部规章制度，以及行业普遍遵守的职业道德和行为准则（以下统称法律法规和准则）。

一、合规管理的法律定义

　　关于合规管理的法律定义，中国证券监督管理委员会2017年第三次主席办公会议审议通过的《证券公司和证券投资基金管理公司合规管理办法》对此有明确的解释，其中：

　　第二条　在中华人民共和国境内设立的证券公司和证券投资基金管理公司（以下统称证券基金经营机构）应当按照本办法实施合规管理。

本办法所称合规，是指证券基金经营机构及其工作人员的经营管理和执业行为符合法律、法规、规章及规范性文件、行业规范和自律规则、公司内部规章制度，以及行业普遍遵守的职业道德和行为准则（以下统称法律法规和准则）。

本办法所称合规管理，是指证券基金经营机构制定和执行合规管理制度、建立合规管理机制、防范合规风险的行为。

本办法所称合规风险，是指因证券基金经营机构或其工作人员的经营管理或执业行为违反法律法规和准则而使证券基金经营机构被依法追究法律责任、采取监管措施、给予纪律处分、出现财产损失或商业信誉损失的风险。

第三条 证券基金经营机构的合规管理应当覆盖所有业务，各部门、各分支机构、各层级子公司和全体工作人员，贯穿决策、执行、监督、反馈等各个环节。

第四条 证券基金经营机构应当树立全员合规、合规从管理层做起、合规创造价值、合规是公司生存基础的理念，倡导和推进合规文化建设，培育全体工作人员合规意识，提升合规管理人员职业荣誉感和专业化、职业化水平。

（一）如何理解合规管理①

笔者认为，私募基金的合规管理有以下四层含义：

第一，有规可依。这需要立法层和监管层在国家法律、行政法规、部门规章等立法立规工作方面进一步强化，让私募基金管理人和从业人员有规可依，而不至于摸着石头过河。

第二，学规懂规。私募基金全行业需要切实加强学习，认真掌握私募基金行业的法律法规和规则规定，投资者也需要学习了解基金基本规则，知道如何维护自己的合法权利，如何监督私募基金管理人依法依规行事。

第三，遵守规则。对规则的遵守应当贯穿私募基金从诞生到退出的全过程，从私募基金管理人登记、私募基金备案的那一天起，一直到私募基金运作的募投管退四个环节，都要切实遵守相关规则，不存侥幸心理，不触碰监管红线。

---

① （1）囿于篇幅所限，本书并未穷尽私募基金的法律风控与合规管理的所有知识点，仅针对实践中多发的风险点和与私募基金刑事案例密切相关的内容作有针对性的阐述。（2）关于本书提到的私募基金管理人登记环节和私募基金备案、募集环节的合规要点及审核标准，由于中基协在不同的时期会出台不同的窗口指导意见，带有很强的时效性和可变性，涉及更具体的合规审核标准时，以中基协的最新窗口指导意见为准。
——笔者注

第四，违规须受罚担责。如《证券投资基金法》第十四章的第 119 条至第 151 条，用整个章节 33 个法律条文详细列举了基金法律责任，《私募监管办法》第九章整章对私募基金的参与主体的法律责任进行了明确的规定。

（二）互联网时代的合规需求

随着互联网技术的兴起，以及基金募集渠道的多样化，私募基金的投资者完全突破了基金管理人和投资项目所在地的地域局限，资金的融通已不分地界甚至国界，一个募投项目会集的是来自全国各地城乡乃至世界各地的投资者。

当 14 万亿量级的资金涌向私募基金管理人，当全国各地的投资者不分地域、不分职业争相成为私募基金"基民"的时候，一个相应的问题必定伴随而生：投资者把这些真金白银交付出去，资金的安全性能得到保证吗？自身的合法权益能得到保证吗？

一方面，在当今的互联网时代，不仅资金的募集路径、销售形式发生了根本性的变化，给新时代的私募基金合规管理带来了新的挑战；另一方面，由于人工智能和互联网技术的发展，也给私募基金的合规管理带来了新的机遇。比如在基金投资销售运作环节的合规管理与证据留存程序也会因此变得更加方便、快捷、高效。

（三）风险控制与合规管理的"动与静"

自 2012 年新的《证券投资基金法》确立了私募基金管理人的法律地位以来，私募基金行业得到迅猛发展，但是与此同时行业从业者的良莠不齐，各种问题频现，有的私募基金变成变相的公募，向不特定对象公开推荐，有的变相降低投资者的门槛，有的基金管理人将自有财产与基金财产混同，有的存在操纵市场、内幕交易，有的以固定回报非法吸收公众存款，还有的构成合同诈骗、集资诈骗罪等各种犯罪。各种法律风险层出不穷，尤其是对行业伤害最大、对基金投资者伤害最大的刑事法律风险频发[①]，对社会危害尤剧，不断创造涉案资金额和涉及投资者人数的新高。

在如此巨大的风险面前，无论是私募基金行业的监管层还是从业人员，都应更加关注行业的风险控制与合规管理。

所谓风险，学术上的定义是未来损失发生的一种不确定的状态，当这种损失尚未实际发生时，风险其实依然存在，这才是风险的本质。

面对不确定的、动态发生的风险，风险控制学应运而生。

---

① 详见第一篇"中国私募基金刑事法律风险报告"。

法律风控作为一个动态的概念，更多的是强调事中、事后的法律风险控制与危机处理。私募基金的法律风控，可以理解为是私募基金遇到风险之后的刹车系统，也是转向系统，刹车系统可以避免风险的扩大和伤害的继续，转向系统可以帮助涉事主体降低风险，远离风险，规避风险。

合规相对于风控而言，是一个相对静态的概念，可以理解为企业和员工对法律法规和规则的学习、掌握与遵守，合规管理强调事前的风险防范。

合规侧重的是企业、员工的行为与规则对照的符合性与一致性。这里所说的规则是一个广义的概念，既包括企业外部公权力机关所制定的所有的法律、行政法规、地方性法规、部门规章、司法解释、行业规范和自律规则等具有规范性效力的各种文件，也包括企业自身制定的各种内部规章制度等文件，以及行业公认并普遍遵守的职业道德和行为准则[①]（下文统称为"法律法规及规则"）。

（四）私募基金合规管理的程序价值

笔者在前文提到一个非常有意思的类比，即把私募基金投资与教育培训作一个对比。教育培训的生意特别好，它的特点是过程清晰、结果模糊。学员付完学费以后，老师按照教学大纲来教，每一个学员究竟是不是学通了学透了，毕业以后学员能不能学有所成，往往呈现出巨大的个体差异，这种结果上的差异化、模糊化，跟培训机构无太大关系。而私募基金恰好是反过来的，它的特点是过程非常模糊，结果却非常清晰。比如说想投资一家公司，可以列 N 个理由；想否定一家公司，也可以列 N 个理由，因为投资就是押注未来的不确定性，这里面没有一个绝对正确的统一标准答案，A 机构的标准未必是 B 机构的标准，无论投资理据如何多元不一，投资的结果却非常清晰：N 年以后，这笔投资要么赚钱、要么亏钱，盈亏多少都要清清楚楚，因为要给投资人一个交代。

所以从这个意义上说，私募基金合规管理的程序价值，就是把相对模糊、信息不对称的私募基金募投管退过程按照法律法规和规则的要求进行规范化、流程化、清晰化、可视化，让投资者无论最终结果是盈是亏，都能感受到程序的清楚、明白，这对投资者而言，是一个可以接受的交代；对私募基金机构和私募基金从业人员而言，在投资项目失败以后可能发生的法律风险面前，不失为一个最好的保护。

[①] 参见张东云：《证券公司合规管理》，中国金融出版社 2009 年版，第 9~10 页。中国证券投资基金业协会编：《证券投资基金》（下册），高等教育出版社 2015 年版，第 189 页。

二、私募基金合规管理的现实意义

（一）对投资者的意义

对广大的基金投资者而言，在进行基金投资之前，是否愿意去学习私募基金的法律法规，知晓金融市场尤其是基金市场各个主体的法律权利与义务，具有最基本的基金风险意识与基金知识，应是区分一个"合格投资者"是否真正"合格"的一个考量指标。

很遗憾的是，由于中国特色的投资土壤和维权困境，私募基金投资者并未建立起真正的法律风控意识与合规思维，无论是在事前、事中还是事后，部分投资者的表现隐映出我国基金行业特殊的发展水平与特色的不成熟的投资者文化：

事前（决定投资之前），投资靠人际关系，缺乏对基金运作、基金管理人投资风格以及投资项目的基本了解，盲目跟风，多属于情绪投资，非理性决策。

事中（基金投资运行期间），不知道如何依法行使投资者的法律权利，不知道如何在事中监督私募基金规范运作。

事后（在投资项目出现法律风险以后），往往是单方面依赖政府维稳压力，欠缺危机处理知识，不知道在第一时间拿起法律武器维权，导致投资风险敞口放大，多年积蓄付诸东流。有的投资者甚至铤而走险，采取违法的极端手段企图挽回损失，结果人财两空，被追究法律责任。

天津二中院2015年发布的《涉私募基金刑事审判白皮书》中的特点分析第一条就提到了该类案件的地域特点和投资者特征："案件发生地分散，影响范围辐射全国。私募基金公司的大量出现，一方面对引导民间投资、活跃资本市场、促进企业发展发挥了重要作用；另一方面也随之出现了一些通过诈骗投资者钱财进行募集资金、吸收存款的空壳公司。据统计，18起涉私募基金犯罪案件中有16起涉及空壳公司。18起案件当中公司注册地为滨海新区的有16件，虽然注册地集中，但案件发生地较为分散，影响范围辐射全国。为吸引更多的投资者，大多数犯罪分子打着天津滨海新区先行先试的旗号，到全国各地引诱不明真相的群众上当受骗。从已发生的案件来看，被害人分别来自天津、北京、河南、河北、山东、辽宁、陕西、青海、甘肃、江苏、湖南、安徽、内蒙古及新疆等多个省市区。部分犯罪分子甚至在当地设立分支机构，以吸引更多的投资群众。"

其中提到全国各地不明真相的上当受骗的投资者成为涉基金案件的被害人，从另一个角度侧证了私募基金法律风控知识的学习对于投资者的意义。

（二）对基金管理人的意义

中国改革开放40多年，中国多层次的资本市场建设不足20年，与经历了几百年市场经济的西方发达资本主义国家的中产阶级精英阶层相比，中国大多数民众对于投资的内涵还缺乏深刻的理解。一旦发生损失，大多数的民众往往不能心平气和地接受，他们会从投资以外的角度严格审视基金管理人，以期发现问题，找到法律上的归责事由，以最终迫使基金管理人给予经济补偿。这个时候，如果基金管理人平时的合规管理不严，瑕疵纰漏很多，一旦投资项目面临经济下行周期，可能会导致风险爆发。

从法律合规的角度，如果不进行提前的风险预防与合规管理，那些隐藏起来的风险在客观上将一直存在。

所以，对于私募基金管理人的风险意义而言，平时不懈怠的合规管理可以显著降低基金管理人未来发生法律风险的概率，尤其是在投资蜜月期"相看两不厌"的宽松平和环境下被掩盖起来的、未来发生投资损失以后在投资者严格审视和挑剔后可能成为司法机关归责理由的法律风险。

要解决前述的各种风险，排除在投资蜜月期埋下的"不合规炸雷"，唯一的正途就是加强合规学习，践行合规管理，大力提高私募基金管理人预防、识别和控制法律风险的能力。

（三）对基金从业者的意义

每一个基金从业人员，都需要通过中基协组织严格的专业考试和后续培训，方才可以成为令人羡慕的金融市场的"金领"阶层，其基金从业资格来之不易。然而私募基金一旦暴雷，基金从业者却首当其冲，司法机关及监管部门往往会根据基金从业者各自的岗位职责，按照《刑法》第31条的"直接负责的主管人员"和"其他直接责任人员"的法律定义，对涉案人员分别科以不同的法律责任。

作为基金从业人员，除了可能承担前述的工作职位上的法律责任，还有可能在财产上蒙受损失，沦为私募基金实际控制人违法行为的受害者，如前述提到中金国瑞基金涉嫌非法集资案，2020年2月17日《每日经济新闻》以《"伪私募"现形，中金国瑞基金涉非法集资案被风险警示，连公司员工都中招了》①为题，报道了私募基金普通员工成为私募基金违法犯罪行

---

① 参见杨建、谢欣：《"伪私募"现形，中金国瑞基金涉非法集资案被风险警示，连公司员工都中招了》，载每日经济新闻，https：//cj.sina.com.cn/articles/view/1649173367/624c637702000rkh7？from=finance，访问日期：2020年3月1日。

为受害者的悲惨故事：

近日，深圳市公安局福田分局发布《关于"中金国瑞"基金公司涉嫌非法吸收公众存款案的案件通报》，通报了该局对私募基金管理人深圳市中金国瑞基金管理有限公司涉嫌非法吸收公众存款罪案的侦查近况。通报载明，2020年2月7日深圳市人民检察院对犯罪嫌疑人秦某以涉嫌集资诈骗罪批准逮捕，对郑某明等9人以涉嫌非法吸收公众存款罪批准逮捕；警方已依法采取查封涉案房产、扣押车辆和冻结涉案账户等措施，并将继续追查涉案资产及资金；警方还将全力收集其他涉案人员的犯罪证据，并依法开展持续打击。

另据《券商中国》报道，2019年5月14日，秦某在内部会议上宣布产品清盘，不再募集资金以及正常兑付本金和收益。这在公司内部掀起轩然大波，因为有90%左右的员工都投资了自家公司的产品。

所以，基金从业人员如何建立法律合规意识，如何学会甄别及选择合法的私募机构，避免"去上班"变成"上班房"；在进入私募机构工作以后，如何克服业绩冲动，做到规范运作私募基金，这不仅仅是保护投资者利益的需要，也是私募机构长盛不衰的不二法门，更是每一个基金从业者自我保护的内在需求。

【"对基金从业者的意义"合规要点对应案例】

上述"对基金从业者的意义"合规要点，已在刑事司法实践中得到具体应用，成为国家审判机关裁判私募基金类犯罪案件的认定理由，参见案例：

第四篇第三章第一节案例一"湖北某私募基金管理人以公开方式募集资金3.2余亿元，单位被判处罚金40万元，法定代表人及分公司经理分别获刑9年和8年"。

第四篇第三章第一节案例三"某基金管理公司非法公开募集资金7.7亿元，被法院以非法吸收公众存款罪追究刑事责任，公司被判罚金，13名员工获刑，并处罚金"。

第四篇第三章第三节案例"北京某私募基金管理人实际控制人非法集资1000余万元，合同诈骗400万元，数罪并罚获刑16年，并处剥夺政治权利5年、罚金51万元"。

（四）对律师的意义

私募基金是近年来快速发展的一个新兴行业，至2019年底，中国私募基金行业管理的资金规模已达到14万亿元之巨，因为行业发展的迅速，加上法律调整的滞后性，私募基金行业的法律问题积累较多，私募基金的事前法律风险教育和风险防范，事中的私募基金投资运行的合规管理，事后的法律风险控制和危机处理，在许多细节问题上还属于认识盲区，处于摸索阶段，需要专业律师的帮助。此外，遍布全国的众多私募基金投资人的维权，也需要真正熟悉私募基金法律知识的律师介入，引导投资者走到依法处置的正确轨道上来。

诸如私募基金管理人的重要岗位，特别是合规岗位和风控岗位，需要律师的介入与协作。

在基金管理人登记和基金备案、募集的运作过程之中，需要律师的全程介入，并出具法律意见书。

在基金投资决策的过程中，需要律师运用专业知识进行法律尽职调查。

在基金出现问题，法律风险已酝酿发生之时，或者已出现法律风险之后，更需要熟悉基金法律风控的专业律师的帮助。

其中有许多新颖的法律专业问题，尤其是刑民交叉问题、行刑交叉问题，需要律师深入学习研究，以便于更好地为投资者客户、基金管理人客户做好事前、事中、事后的法律专业服务，帮助客户建立起合规投资、合规经营的法律风险防火墙，为私募基金行业贡献来自律师端的价值。

第三章　合伙型基金的治理结构与合规管理

第一节　私募基金的治理结构刍议

法学界对于中国私募基金的讨论一直侧重于它的合法地位和外部监管等问题。然而事实上，私募基金之所以不同于公募基金，关键在于其募集方式的非公开性与募集对象的特定性和有限性，这使私募基金获得了更多的灵活操作空间和更加宽松的监管环境，监管层所提出的适度监管、分类监管、行业自律原则，其底层逻辑正在于此。

与其他生产型企业不同，私募基金管理者的主营业务是基金投资，在基金投资运作过程之中，风险与收益曲线呈正向比例关系，高收益必然伴随着高风险。私募基金的治理机构的合规而高效，是私募基金管理人在面对高收益高风险的特定环境下的必然选择。因此非常有必要在理论上研究、在实践中探索和完善私募基金内部治理的架构模式和各项制度。

从另一个角度，私募基金和公募基金一样，都要在全力保障投资人利益的前提下，尽可能发挥基金管理人及其从业人员的积极性，以期达到私募基金各参与主体共同的预期收益。合理的私募基金内部治理结构可以起到平衡私募基金各关系主体的作用，保证私募基金的高效运作和市场的健康稳定。

近年来，私募基金行业出现历史性跨越式的发展，一方面是管理的基金资产规模节节高升，2019 年已经高达 13.74 万亿元。另一方面却是越来越多的私募基金爆雷，越来越多的私募基金管理人失联或爆雷，给私募基金行业带来了巨大的冲击，同时也对私募基金行业内部治理结构的合规管理提出了更迫切的要求。

为了保障私募基金管理人的高效运作，实现企业内部的权力制衡，避免从私募基金内部治理结构上埋下法律风险的隐患，私募基金管理人应当在确立适合自身特点的基金组织形式的基础上，依法建立和完善合规、合理的内部治理结构。

私募基金的组织形式，是指私募基金所采取的存在方式以及资金以什么样的载体去参与市场决策和运行，它是基金作为一个整体与其他的私募基金当事人发生法律关系的主体资格，是确定基金管理人与其他私募基金当事人之间关系以及基金内部运行机制的法律基础。

在我国，私募基金的组织形式主要包括合伙型基金、公司型基金、契约型基金三类，其中合伙型私募基金，在三种私募基金组织形式中占据绝对多数地位，而契约型私募基金因为其不具有法人和企业形态的实体组织形式，是当事人之间依据签订的契约（合同）来明确彼此的权利义务关系的基金，其本身不享有法律实体地位，无法进行法律意义上的自我管理。

由于公司法的立法时间以及公司治理的实践活动都远远早于有限合伙企业，所以对于公司型组织的内部治理结构，在国内学术界和实务界都是一个非常成熟的话题，故不做赘述。本书在此着重探讨在私募基金的组织形式中出现频次最多的合伙型基金的内部治理。

第二节　合伙型私募基金的治理机构与合规管理

虽然绝大多数的私募基金管理人都选择以公司制作为自己的组织形式，选择合伙制的比较少，但是即使是公司制的私募基金管理人，在设计、发行私募基金产品的时候，多数却会主动选择有限合伙企业作为基金产品的组织形式，所以，对合伙型基金的治理结构的研究具有重要的现实意义。

无论是哪一个组织形式，哪一个治理结构，都面临着不同的利益主体不同的利益诉求，在保证各方利益平衡的同时，需要对可能被滥用的权利进行遏制，更需要对管理人员制定相对合理的利益分配机制，以驱动私募基金博取更好的整体收益。在合伙型基金中，基金投资人和基金管理人也面临着公司治理结构同样的问题。其根本原因在于基金管理人和基金投资人有着不同的利益诉求，这是人人都有的"自私的基因"使然。比如，基金投资人通常希望基金管理人竭尽全力地管理好基金，帮助基金投资人实现利益最大化；而基金管理人则可能"自己利益优先"，想方设法利用基金的资源为自己谋利；基金投资人会要求基金管理人勤勉尽责地发掘项目价值，或者千方百计寻找更好的更多的项目，进入私募基金的底层资产池，使投资人有更多的投资机会；而基金管理人也许由于同时管理若干只基金，可能将其时间和精力分配到其他事务上，比如为其他存在竞争关系的基金选择项目，从而牺牺牲掉投资者利益,更有甚者,利用"老鼠仓"进行非法证券活动直接获取不法利益。

如何在合伙型基金内部构建一套有效的内部治理机制,从而实现基金投资人对基金管理人进行有效的激励和约束?本节尝试从"法定"治理结构和"协议"治理结构这两个维度予以分析。

一、合伙企业法确立的"法定"治理结构

为了规范合伙企业的行为,保护合伙企业及其合伙人、债权人的合法权益,维护社会经济秩序,促进社会主义市场经济的发展,2006年8月27日,全国人大常委会通过了《合伙企业法》。为适应股权投资行业的发展,同时为市场主体提供更多元的企业组织形式,合伙企业法引进了有限合伙企业制度,并在第三章以专章的形式对其进行详细规定。在合伙企业法中,关于有限合伙人和普通合伙人权利义务的规定构成了有限合伙制基金内部治理结构的基本架构,本书称之为合伙企业法确立的"法定"治理结构。

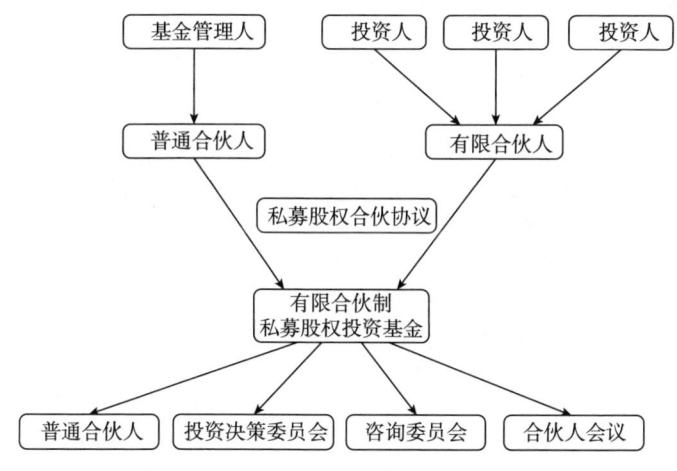

法定治理结构图解一:合伙制私募投资基金内部治理结构

在有限合伙制基金中,作为有限合伙人的基金投资人以认缴投资额为限,对有限合伙制基金的债务承担有限责任,作为普通合伙人的基金管理人对有限合伙制基金的债务承担无限连带责任;基金管理人有权执行合伙事务,基金投资人不得执行合伙事务,仅享有合伙企业法规定的有限合伙人基本权利和对于有限合伙制基金的监督权利,包括:决定基金管理人的入伙、

113

退伙权，对基金经营管理建议权，对基金财务会计报告的知悉权，基金利益受到侵害时享有衍生诉讼权等。

根据合伙企业法的规定，① 在有限合伙企业中，GP（General Partner 的英文缩写，即普通合伙人）具体负责整个合伙企业的经营管理和对外投资，承担无限连带责任。

LP 可以是很多词语的缩写，在有限合伙企业里则是 Limited Partner 的缩写，即有限合伙人。LP 只负责出资，不负责企业的具体经营管理，有限合伙人以其出资份额为限承担有限责任。

相对于公司制模式的私募基金，合伙制模式的优点在于减少了管理环节，可以合理地规划和配置基金内部的资源，激发有限合伙人的资金优势和普通合伙人的投资管理优势，如果在此基础上，建立起非常良好的利益激励和行为约束机制，建立起保障私募基金的整体目标得以实现的各种内部控制制度，就可以避免行为风险、减少资源浪费，同时合伙制的组织形式也有利于投资者合理避税。

除了前述的合伙制组织形式的优点，合伙制私募投资基金也存在明显的短板，由于合伙企业法并未对普通合伙人的基本义务作出可具操作性的规定。尤其在有限合伙制基金中，普通合伙人与有限合伙人在对公司事务的管理方面，在参与程度与话语权方面有着明显的不同，当基金管理人发生可能

---

① 《合伙企业法》第 2 条规定："本法所称合伙企业，是指自然人、法人和其他组织依照本法在中国境内设立的普通合伙企业和有限合伙企业。有限合伙企业由普通合伙人和有限合伙人组成，普通合伙人对合伙企业债务承担无限连带责任，有限合伙人以其认缴的出资额为限对合伙企业债务承担责任。"

第 61 条规定："有限合伙企业由二个以上五十个以下合伙人设立；但是，法律另有规定的除外。有限合伙企业至少应当有一个普通合伙人。"

第 67 条规定："有限合伙企业由普通合伙人执行合伙事务。执行事务合伙人可以要求在合伙协议中确定执行事务的报酬及报酬提取方式。"

第 68 条规定："有限合伙人不执行合伙事务，不得对外代表有限合伙企业。有限合伙人的下列行为，不视为执行合伙事务：（一）参与决定普通合伙人入伙、退伙；（二）对企业的经营管理提出建议；（三）参与选择承办有限合伙企业审计业务的会计师事务所；（四）获取经审计的有限合伙企业财务会计报告；（五）对涉及自身利益的情况，查阅有限合伙企业财务会计账簿等财务资料；（六）在有限合伙企业中的利益受到侵害时，向有责任的合伙人主张权利或者提起诉讼；（七）执行事务合伙人怠于行使权利时，督促其行使权利或者为了本企业的利益以自己的名义提起诉讼；（八）依法为本企业提供担保。"

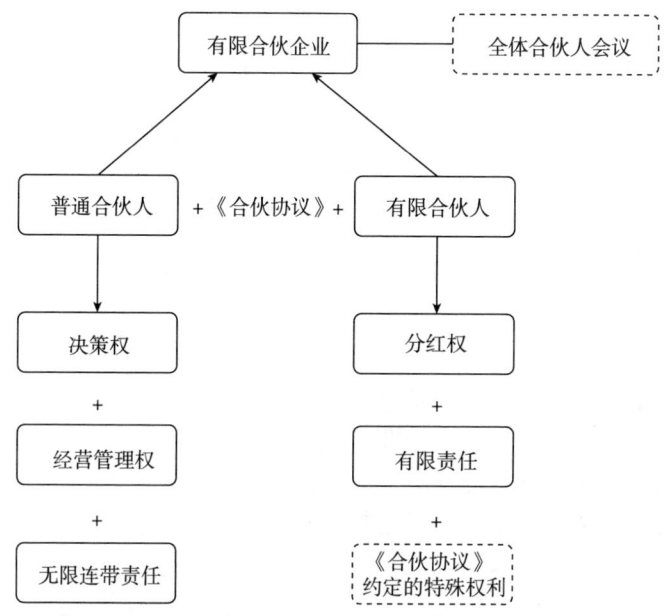

法定治理结构图解二：普通合伙人与有限合伙人的责权利

不利于基金投资人的行为风险时，合伙企业法缺乏明确的法律界定和责任追究。如何约束基金管理人的行为，以保障基金投资人的利益，是有限合伙制私募投资基金发展中面临的一个重要问题。另外，对于有限合伙制私募基金而言，由于私募基金与其他的从事生产经营类的有限合伙企业不同，私募基金只是投资而很少有机会对外发生或有的债务，所以说，这个无限责任制度并不必然能够促使基金管理人对基金尽职尽责地管理。当前，我国有限合伙制股权投资基金尚不具备公开发行企业债和公司债的主体资格，因此，在有限合伙制私募投资基金经营中，除了恶意而为，正常情况下极少有对外负债的，在没有对外负债的情况下，普通合伙人对合伙企业债权人承担无限连带责任的约定就成了徒具安慰性质的一纸空文。所以说，基金管理人对有限合伙制基金债务承担无限连带责任的制度设置，并不能构成对基金管理人有效的约束机制。

这是合伙企业法的"法定"治理结构的先天性缺陷。

因此，在合伙企业法建立的"法定"治理结构不完备的情况下，基金投资人和基金管理人可以通过签订合理的基金合伙协议，通过协议安排的内部治理结构来弥补"法定"治理结构的缺陷。

二、基金合伙协议构建的"约定"治理结构

"约定"治理结构,是指基金协议的当事人通过谈判协商,在基金合伙协议中,就基金的治理结构以及各方当事人的权利与义务关系等内容在法律不禁止的范围内进行进一步约定而构建起来的合伙企业治理结构,"约定"治理结构体现的是民事活动中的当事人意思自治原则,是相对于前面论述的法定治理结构的重要补充。

(一)应在基金合伙协议中明确私募基金管理人的忠实、注意义务

一是忠实义务,即普通合伙人对其他有限合伙人应当恪守诚实守信义务,应当利用自己的专业知识、管理经验和智慧,全心全意为包括普通合伙人和全体有限合伙人在内的有限合伙企业这一个集体服务,而不得一味追求普通合伙人的单方面利益。二是注意义务,即要求普通合伙人在执行合伙事务中要做到勤勉尽责,尽到管理人应尽的谨慎和注意义务,尽力避免重大过失或疏忽、渎职行为等。

之所以需要在协议中明确忠实、注意义务,是因为合伙企业法并未对普通合伙人的基本义务作出可具操作性的规定,因此有必要通过基金合伙协议对基金管理人的基本义务进行明确。

(二)通过基金合伙协议设计科学的薪酬激励和行为约束条款

受法律设置的法定治理模式的限制,有限合伙制基金中的基金投资人不能像股份有限公司中的股东那样,可以通过股东大会、参与董事会、积极参加公司决策等积极的方式来约束基金管理人。为了使自己的"有限责任"与普通合伙人的无限责任相区分,基金投资人多尽力避免直接参与基金事务的执行,因此无法像公司的股东一样采取行使股东会表决权的治理方式。为了约束、吸引普通合伙人对合伙企业的管理倾注更多的精力,通过在基金合伙协议中设置科学的薪酬激励和约束条款,以激发普通合伙人的投入积极性和自我约束的主动性,不失为一个正向的明智之举。

基金管理人的薪酬激励主要是由两大部分构成:一部分是相对固定的管理费(比如每年2%的管理年费);另一部分是相对可变的投资收益提成(比如基金退出时的收益部分的20%)。这类关于薪酬激励的协议安排主要是从正面角度激励基金管理人勤勉尽责,发挥其专业知识、经验及技能,使基金投资人和基金管理人都分享到可观的投资收益。对于行业通行的2%的管理年费及收益部分的20%的比例,双方当事人如果认为确有必要,可以

通过基金合伙协议进行相应的调整，充分体现当事人的意思自治原则，以能否充分调动基金管理人的积极性为依据。

但在一个完善的私募基金内部治理安排中，仅有正面激励条款是不够的，还需要设计一些反向约束条款，从负面角度来直接约束、防范私募基金管理人可能在故意或者过失状态下实施的损害投资人利益的行为。例如，可以在协议中严格限制基金债务的发生机制和程序，避免基金集体财产因为普通合伙人的不当行为而承担不应该有的风险；在基金管理约束方面，可以对单个投资项目的投资额度进行限制，防止基金管理人将基金资金过于集中投向少数几个项目，防止出现投资风险过于集中；可以在协议中约定限制关联性投资，以防止基金管理人利用管理的不同的股权投资基金作出有利于管理人单方面的机会主义行为等。再如，在基金管理人行为约束方面，可以禁止或者限制基金管理人出售其在有限合伙制基金中的投资份额，以避免基金管理人因为其基金份额减少而丧失追求基金利益最大化的内在动力；对基金管理人募集新的股权投资基金进行限制，防止基金管理人的精力和时间的过分分散以及可能发生"拆东墙补西墙"之类的法律风险。

【"《基金合伙协议》构建的'约定'治理结构"合规要点对应案例】

上述"基金合伙协议构建的'约定'治理结构"合规要点，已在刑事司法实践中得到具体应用，成为国家审判机关裁判私募基金类犯罪案件的认定理由，参见案例：

第五篇第二章第二节案例一"某私募基金管理人法定代表人以非法占有为目的募资后，仅将少量资金用于投资，以新偿旧，骗取投资款逾4000万元，被法院判处有期徒刑8年，并处罚金"。

三、合伙人大会制度对私募机构和投资者的意义

根据"法无禁止即可为"的私法原则，为了更好地规范私募基金运作，切实保护投资人的知情权和财产权利，合伙制私募基金可以在前述的"约定"治理结构中，通过基金合伙协议中的条款安排，建立合伙人大会制度。合伙人大会由全体合伙人组成，具体可以借鉴公司股东大会的职能规则，在关于合伙人大会的协议条款中赋予大会相应的职权。在保障私募基金管理人的执行效率的同时，保障投资者的知情权和重大事项决策权，以从制度上解决私募基金经常发生的滥用执行合伙人权利损害有限合伙人利益的问题，以

及投资者与公司内部管理层之间因为信息不对称而产生的不信任问题。

中外的历史经验和社会实践表明,权力的高度集中会带来决策与执行的高效率,但也往往会滋生独裁与腐败;而权力决策的过于民主化却又会带来机构运行的低效率,两者之间从来难以达到完美的平衡。同样,在企业内部治理结构设置和权力的分配方面也存在这样的困境,如何保证合伙企业的高效运作、决策灵活,如何通过合伙协议和合伙人大会赋予执行事务合伙人更高的决策权和执行力的同时,又要保证有限合伙人的财产安全,控制投资风险,这需要私募基金行业的各个参与主体在工作实践中不断地总结经验、探索创新。

第三篇

私募基金登记备案阶段法律风控与合规管理

依照法律法规和自律规则，设立私募基金管理机构和发行私募基金不设行政审批，允许各类发行主体在依法合规的基础上，向累计不超过法律规定数量的投资者发行私募基金。建立健全私募基金发行监管制度，切实强化事中事后监管，依法严厉打击以私募基金为名的各类非法集资活动。私募基金管理人应当在中基协进行登记，私募基金应当在中基协进行备案，私募基金从业人员应当取得从业资格。

协会为私募投资基金办理备案不构成对私募投资基金管理人（以下简称"管理人"）投资能力的认可，亦不构成对管理人和私募投资基金合规情况的认可，不作为对私募投资基金财产安全的保证。投资者应当自行识别私募投资基金投资风险并承担投资行为可能出现的损失。

新申请私募基金管理人登记、已登记的私募基金管理人发生重大事项变更的，均需提交中国律师事务所出具的法律意见书。

特别说明：关于本篇提到的私募基金管理人登记环节和私募基金备案环节的合规要点及审核标准，由于中基协在不同的时期会出台不同的窗口指导意见，带有很强的时效性和可变性，涉及更具体的合规审核标准时，以中基协的最新窗口指导意见为准。

第一章　私募基金登记环节法律风控与合规管理

第一节　私募基金管理人登记环节风控合规要点

一、私募基金管理人登记情况概览

（一）机构存续登记情况

截至2019年底，中基协存续登记私募基金管理人24471家，较2018年末存量机构增加23家，同比增长0.09%；存续备案私募基金81739只，较

2018年末在管私募基金数量增加7097只，同比增长9.51%；管理基金规模13.74万亿元，较2018年末增加9603.56亿元，同比增长7.52%。私募基金管理人在从业人员管理平台完成注册的全职员工17.65万人，其中取得基金从业资格的员工14.22万人。

（二）登记、变更及退补情况

自AMBERS系统上线以来，新登记私募基金管理人10538家，平均退回补正次数2.14次；新备案私募基金63013只，平均退回补正次数1.45次。2019年协会登记私募基金管理人1100家，平均退回补正次数2.27次；备案私募基金18617只，备案规模8520.26亿元，平均退回补正次数1.28次。此外，2019年协会办理通过私募基金管理人重大事项变更11640条，其中涉及实际控制人变更的重大事项变更1583条；办理通过私募基金产品重大事项变更14879条。

（三）机构注销情况

截至2019年底，中基协累计办理了15633家私募基金管理人的注销手续，其中，主动申请注销的私募基金管理人2742家，未按照《关于进一步规范私募基金管理人登记若干事项的公告》（以下简称"二五公告"）要求完成第一只私募基金产品备案被注销的私募基金管理人12199家，因违反协会自律规则被注销的私募基金管理人692家。2019年协会办理1072家私募基金管理人的注销手续，其中，主动申请注销的私募基金管理人479家，未按照"二五公告"要求完成第一只私募基金产品备案被注销的私募基金管理人97家，因违反协会自律规则被注销的私募基金管理人496家。

（四）私募基金清算情况

截至2019年底，中基协已累计办理清算的私募基金37444只，其中，自主发行类产品32287只，顾问管理类产品5157只（其中227只为解除投顾协议）。2019年清算私募基金10417只，其中，自主发行类产品9668只，顾问管理类产品749只（其中74只为解除投顾协议）。

二、私募基金管理人登记的规则体系

如前所述，除了证券投资基金法中的几条原则性规定，目前关于私募基金行业的最高位阶的立法是《私募监管办法》。①

从世界私募基金行业的行业惯例看，基金管理人发行基金的行为、投资人购买私募基金的行为原本属于当事人意思自治范围内的市场行为，但是在我国受金融行业和私募基金所处的发展阶段的影响，在投资者风险意识不强、私募基金管理人的自律与合规管理能力不足的情况下，在私募基金行业的法律法规和规则不完善的情况下，如果完全放任私募基金市场进行彻底的自主选择，势必滋生各种各样的法律问题和社会问题。站在市场监管的角度，基于对广大的中小投资者保护的考虑，中基协根据中国证监会在《私募监管办法》中的授权，从保护投资者利益、平衡各方信息、促成行业长远发展的角度，出台了一系列的行业行为管理办法和指引，以期构建和不断完善私募基金行业自律管理的规则体系。

以下是关于私募基金管理人登记的相关规则：

1. 《中华人民共和国证券投资基金法》；
2. 《私募投资基金监督管理暂行办法》；
3. 《私募投资基金信息披露管理办法》；
4. 《私募投资基金管理人内部控制指引》；
5. 《私募投资基金募集行为管理办法》；
6. 《私募投资基金合同指引》；
7. 《私募投资基金管理人登记和基金备案办法（试行）》；
8. 《私募基金登记备案相关问题解答（一）》；
9. 《私募基金登记备案相关问题解答（二）》；
10. 《私募基金登记备案相关问题解答（三）》；
11. 《私募基金登记备案相关问题解答（四）》；
12. 《私募基金登记备案相关问题解答（五）》；
13. 《私募基金登记备案相关问题解答（六）》；
14. 《私募基金登记备案相关问题解答（七）》；
15. 《私募基金登记备案相关问题解答（八）》；

---

① 《私募监管办法》第 7 条规定："各类私募基金管理人应当根据基金业协会的规定，向基金业协会申请登记，报送以下基本信息：（一）工商登记和营业执照正副本复印件；（二）公司章程或者合伙协议；（三）主要股东或者合伙人名单；（四）高级管理人员的基本信息；（五）基金业协会规定的其他信息。基金业协会应当在私募基金管理人登记材料齐备后的 20 个工作日内，通过网站公告私募基金管理人名单及其基本情况的方式，为私募基金管理人办结登记手续。"

16. 《私募基金登记备案相关问题解答（九）》；
17. 《私募基金登记备案相关问题解答（十）》；
18. 《私募基金登记备案相关问题解答（十一）》；
19. 《私募基金登记备案相关问题解答（十二）》；
20. 《私募基金登记备案相关问题解答（十三）》；
21. 《私募基金登记备案相关问题解答（十四）》；
22. 《私募基金登记备案相关问题解答（十五）》；
23. 《关于进一步规范私募基金管理人登记若干事项的公告》；
24. 《基金管理人登记法律意见书指引》；
25. 《关于落实〈关于进一步规范私募基金管理人登记若干事项的公告〉首批私募基金管理人注销事项相关工作安排的通知》；
26. 《私募基金登记备案常见问题解答》；
27. 《关于私募基金管理人注销相关事宜的公告》；
28. 《关于资产管理业务综合报送平台上线运行相关安排的说明》；
29. 《私募基金管理人登记须知（2018年12月）》；
30. 《私募投资基金备案须知（2019版）》。

【"私募基金管理人登记的规则体系"合规要点对应案例】

上述"私募基金管理人登记的规则体系"合规要点，已在刑事司法实践中得到具体应用，成为国家审判机关裁判私募基金类犯罪案件的认定理由，参见案例：

第五篇第二章第一节案例一"北京某私募基金管理人擅自改变募集资金用途，造成4800余万元损失，法定代表人获刑11年，并处罚金20万元"。

三、对申请登记私募机构的行为要求

（一）总体要求

申请机构在申请私募基金管理人登记、基金备案及持续信息更新中所提供的所有材料及信息（含资产管理业务综合报送平台填报信息，资产管理业务综合报送平台以下简称"AMBERS系统"）应当真实、准确、完整，不存在任何虚假记载、误导性陈述或重大遗漏。

（二）核查方式

根据《私募投资基金管理人登记和基金备案办法（试行）》第 8 条的规定，协会可以采取约谈高管人员、现场检查、向中国证监会及其派出机构、相关专业协会征询意见等方式，对私募基金管理人提供的登记申请材料进行核查，申请机构应当予以配合。

（三）向证监局报告

根据现行监管要求，请新登记完成的私募基金管理人自登记完成后的 10 个工作日内主动与注册地所属地方证监局取得联系。

（四）信息更新

申请机构在申请私募基金管理人登记、基金备案及持续信息更新中，应认真阅读 AMBERS 系统相关提示，申请材料在真实、准确、完整的前提下应保持与系统填报信息（AMBERS 系统和从业人员管理平台 http：//person.amac.org.cn/jump.html）一致，填报材料和系统信息应前后自洽，重要章程、制度文件、说明材料应签章齐全。

四、申请登记应具备的基本条件

申请机构应当按照规定具备开展私募基金管理业务所需的从业人员、营业场所、资本金等运营基本设施和条件，并建立基本管理制度。

根据监管要求，登记备案时需制定以下制度：基金募集相关制度（包括合格投资者管理、宣传推介、风险解释以及操作流程）、披露制度、交易制度（包括公平交易、内部交易记录）、项目投研决策制度、利益冲突防范制度（敏感信息隔离制度、从业人员买卖证券申报等）、风险控制制度，对于这些制度，法律合规人员应结合所在机构的自身特点和业务特点完成制定工作，外聘律师也可以提供相关制度的通用模板。

（一）内控基本要求

根据《私募投资基金管理人内部控制指引》以及私募基金登记备案相关问题解答相关要求，申请机构应当建立健全内部控制机制，明确内部控制职责，完善内部控制措施，强化内部控制保障，持续开展内部控制评价和监督。申请机构的工作人员应当具备与岗位要求相适应的职业操守和专业胜任能力。

(二) 资本金满足运营

作为必要合理的机构运营条件，申请机构应根据自身运营情况和业务发展方向，确保有足够的实缴资本金保证机构有效运转。相关资本金应覆盖一段时间内机构的合理人工薪酬、房屋租金等日常运营开支。律师事务所应当对私募基金管理人是否具备从事私募基金业务所需的资本金、资本条件等进行尽职调查并出具专业法律意见。

针对私募基金管理人的实收资本/实缴资本未达到注册资本/认缴资本的25%的情况，协会将在私募基金管理人公示信息中予以特别提示，并在私募基金管理人分类公示中予以公示。

(三) 办公地要求

申请机构的办公场所应当具备独立性。申请机构工商注册地和实际经营场所不在同一个行政区域的，应充分说明分离的合理性。申请机构应对有关事项如实填报，律师事务所需做好相关事实的尽职调查，说明申请机构的经营地、注册地分别所在地点，是否确实在实际经营地经营等事项。

(四) 财务清晰

根据《私募投资基金管理人内部控制指引》，申请机构应建立健全财务制度。申请机构提交私募登记申请时，不应存在到期未清偿债务、资产负债比例较高、大额或有负债等可能影响机构正常运作情形。申请机构与关联方存在资金往来的，应保证资金往来真实合理。

(五) 已展业情况

申请机构提交私募基金管理人登记申请前已实际展业的，应当说明展业的具体情况，并对此事项可能存在影响今后展业的风险进行特别说明。若已存在使用自有资金投资的，应确保私募基金财产与私募基金管理人自有财产之间独立运作，分别核算。

(六) 特殊目的载体

已登记私募基金管理人为某只基金的设立或投资目的，出资或派遣员工专门设立的无管理人员、无实际办公场所或不履行完整管理人职责的特殊目的载体（包括出于类似目的为某只有限合伙型基金设立的普通合伙人机构），无须申请私募基金管理人登记，但应当在私募基金管理人关联方中如实填报相关信息。

> **【"申请登记应具备的基本条件"合规要点对应案例】**
>
> 上述"申请登记应具备的基本条件"合规要点,已在刑事司法实践中得到具体应用,成为国家审判机关裁判私募基金类犯罪案件的认定理由,参见案例:
>
> 第五篇第二章第一节案例二"某基金管理公司法定代表人在明知公司没有融资能力的情况下,仍伙同他人与融资人签订《基金委托募集合作协议》,骗取资金服务费80万元,被法院判处有期徒刑1年2个月,并处罚金"。

五、高管人员及其他从业人员相关要求

关于高管人员及其他从业人员相关要求,详见本书第三篇第二章第三节"私募基金从业人员"。

六、私募机构名称及经营范围相关要求

（一）经营范围

根据《私募基金登记备案相关问题解答（七）》的要求,为落实《私募监管办法》关于私募基金管理人的专业化管理要求,私募基金管理人的名称和经营范围中应当包含"基金管理""投资管理""资产管理""股权投资""创业投资"等相关字样。

（二）冲突业务

为落实《私募监管办法》关于私募基金管理人防范利益冲突的要求,对于兼营民间借贷、民间融资、融资租赁、配资业务、小额理财、小额借贷、P2P/P2B、众筹、保理、担保、房地产开发、交易平台等业务的申请机构,因上述业务与私募基金属性相冲突,为防范风险,协会对从事冲突业务的机构将不予登记。

（三）专业化运营

根据《私募投资基金管理人内部控制指引》和《私募基金登记备案相关问题解答（十三）》的要求,私募基金管理人应当遵循专业化运营原则,主营业务清晰,不得兼营与私募基金管理无关或存在利益冲突的其他业务。

七、私募机构出资人及实际控制人相关要求

（一）严禁股权代持

申请机构出资人应当以货币财产出资。出资人应当保证资金来源真实合法且不受制于任何第三方。申请机构应保证股权结构清晰，不应当存在股权代持情形。

出资人应具备与其认缴资本金额相匹配的出资能力，并提供相应的证明材料。

（二）股权架构要求

申请机构应确保股权架构简明清晰，不应出现股权结构层级过多、循环出资、交叉持股等情形。协会将加大股权穿透核查力度，并重点关注其合法合规性。

（三）股权稳定性要求

申请机构应当专注主营业务，确保股权的稳定性。对于申请登记前一年内发生股权变更的，申请机构应详细说明变更原因。如申请机构存在为规避出资人相关规定而进行特殊股权设计的情形，协会根据实质重于形式原则，审慎核查。

申请机构的出资人、实际控制人不得为资产管理产品。

（四）实控定义

实际控制人应一致追溯到最后自然人、国资控股企业或集体企业、上市公司、受国外金融监管部门监管的境外机构。在没有实际控制人情形下，应由其第一大股东承担实际控制人相应责任。

八、私募机构关联方的合规要求

（一）关联方定义

申请机构若存在子公司（持股5%以上的金融机构、上市公司及持股20%以上的其他企业）、分支机构、关联方（受同一控股股东/实际控制人控制的金融机构、私募基金管理人、投资类企业、冲突业务企业、投资咨询及金融服务企业等），法律意见书应明确说明相关子公司、分支机构和关联方工商登记信息等基本资料、相关机构业务开展情况、相关机构是否已登记为私募基金管理人、与申请机构是否存在业务往来等。

(二) 关联方同业竞争

申请机构的子公司、分支机构或关联方中有私募基金管理人的，申请机构应在子公司、分支机构或关联方中的私募基金管理人实际展业并完成首只私募基金备案后，再提交申请机构私募基金管理人登记申请。

(三) 关联方为投资类公司

申请机构的子公司、分支机构或关联方存在已从事私募基金业务但未登记为私募基金管理人的情形，申请机构应先办理其子公司、分支机构或关联方私募基金管理人登记。

(四) 严禁规避关联方

申请机构存在为规避关联方相关规定而进行特殊股权设计的情形，协会根据实质重于形式原则，审慎核查。

(五) 同质化要求

同一实际控制人下再有新申请机构的，应当说明设置多个私募基金管理人的目的与合理性、业务方向区别、如何避免同业化竞争等问题。该实际控制人及其控制的已登记关联私募基金管理人需书面承诺，在新申请机构展业中出现违法违规情形时，应当承担相应的合规连带责任和自律处分后果。

同一实际控制人项下再有新申请机构的，申请机构的第一大股东及实际控制人应当书面承诺在完成私募基金管理人登记后，继续持有申请机构股权或实际控制不少于三年。

第二节 私募基金管理人登记中的律师及其法律意见书

自 2016 年 2 月《关于进一步规范私募基金管理人登记若干事项的公告》发布以来，新申请私募基金管理人登记、已登记的私募基金管理人发生重大事项变更的，均需提交中国律师事务所出具的法律意见书，法律意见书对申请机构的登记申请材料、工商登记情况、专业化经营情况、股权结构、实际控制人、关联方及分支机构情况、运营基本设施和条件、风险管理制度和内部控制制度、外包情况、合法合规情况、高管人员资质情况等逐项发表结论性意见。

重大事项变更包括变更控股股东、变更实际控制人、变更法定代表人/

执行事务合伙人，或者中基协审慎认定的其他重大事项。按照《关于进一步规范私募基金管理人登记若干事项的公告》，新申请私募基金管理人登记、已登记的私募基金管理人发生部分重大事项变更，需通过AMBERS系统提交律师事务所出具的法律意见书。

出具《法律意见书》的律师事务所及其经办律师的资质要求：

凡在中国境内依法设立，可就中国法律事项发表专业意见的律师事务所及其中国执业律师，均可受聘按照《私募基金管理人登记法律意见书指引》的要求出具《法律意见书》。

中基协鼓励私募基金管理人选择符合《律师事务所从事证券法律业务管理办法》相关资质要求的律师事务所及其执业律师出具《法律意见书》。

根据《中国证券投资基金业协会章程》的规定，作为基金服务机构的律师事务所可以申请成为中基协会员，但中基协未就律师事务所入会作出强制性要求。

律师事务所及其经办律师在对申请机构的风险管理和内部控制制度开展尽职调查时，应当核查和验证包括但不限于以下内容：

1. 申请机构是否已制定《私募基金管理人登记法律意见书指引》第四条第（八）项所提及的完整的涉及机构运营关键环节的风险管理和内部控制制度；

2. 判断相关风险管理和内部控制制度是否符合中基协《私募投资基金管理人内部控制指引》的规定。

3. 评估上述制度是否具备有效执行的现实基础和条件。例如，相关制度的建立是否与机构现有组织架构和人员配置相匹配，是否满足机构运营的实际需求等。

考虑到我国私募基金行业的发展现状，为支持私募基金管理人特色化、差异化发展，保障私募基金管理人风险管理和内部控制制度的有效执行，中基协鼓励私募基金管理人结合自身经营实际情况，通过选择在中基协备案的私募基金外包服务机构的专业外包服务，实现本机构风险管理和内部控制制度目标，降低运营成本，提升核心竞争力。

一、法律意见书的审查内容

经办执业律师及律师事务所应在充分尽职调查的基础上，就下述内容逐项发表法律意见，并就私募基金管理人登记申请是否符合中基协的相关要求发表整体结论性意见。不存在下列事项的，也应明确说明。若引用或使用其他中介机构结论性意见的应当独立对其真实性进行核查。

1. 申请机构是否依法在中国境内设立并有效存续。

2. 申请机构的工商登记文件所记载的经营范围是否符合国家相关法律法规的规定。申请机构的名称和经营范围中是否含有"基金管理""投资管理""资产管理""股权投资""创业投资"等与私募基金管理人业务属性密切相关字样；以及私募基金管理人名称中是否含有"私募"相关字样。

3. 申请机构是否符合《私募监管办法》第22条规定的专业化经营原则，说明申请机构主营业务是否为私募基金管理业务；申请机构的工商经营范围或实际经营业务中，是否兼营可能与私募投资基金业务存在冲突的业务、是否兼营与"投资管理"的买方业务存在冲突的业务、是否兼营其他非金融业务。

4. 申请机构股东的股权结构情况。申请机构是否有直接或间接控股或参股的境外股东，若有，请说明穿透核查后其境外股东是否符合现行法律法规的要求和中基协的规定。

5. 申请机构是否具有实际控制人；若有，请说明实际控制人的身份或工商注册信息，以及实际控制人与申请机构的控制关系，并说明实际控制人能够对机构起到的实际支配作用。

6. 申请机构是否存在子公司（持股5%以上的金融企业、上市公司及持股20%以上的其他企业）、分支机构和其他关联方（受同一控股股东/实际控制人控制的金融企业、资产管理机构或相关服务机构）。若有，请说明情况及其子公司、关联方是否已登记为私募基金管理人。

7. 申请机构是否按规定具有开展私募基金管理业务所需的从业人员、营业场所、资本金等企业运营基本设施和条件。

8. 申请机构是否已制定风险管理和内部控制制度。是否已经根据其拟申请的私募基金管理业务类型建立了与之相适应的制度，包括（视具体业务类型而定）运营风险控制制度、信息披露制度、机构内部交易记录制度、防范内幕交易、利益冲突的投资交易制度、合格投资者风险揭示制度、合格投资者内部审核流程及相关制度、私募基金宣传推介、募集相关规范制度以及（适用于私募证券投资基金业务）的公平交易制度、从业人员买卖证券申报制度等配套管理制度。

9. 申请机构是否与其他机构签署基金外包服务协议，并说明其外包服务协议情况，是否存在潜在风险。

10. 申请机构的高管人员是否具备基金从业资格，高管岗位设置是否符合中基协的要求。高管人员包括法定代表人执行事务合伙人委派代表、总经理、副总经理（如有）和合规风控负责人等。

11. 申请机构是否受到刑事处罚、金融监管部门行政处罚或者被采取行政监管措施；申请机构及其高管人员是否受到行业协会的纪律处分；是否在资本市场诚信数据库中存在负面信息；是否被列入失信被执行人名单；是否被列入全国企业信用信息公示系统的经营异常名录或严重违法企业名录；是否在"信用中国"网站上存在不良信用记录等。

12. 申请机构最近三年涉诉或仲裁的情况。

13. 申请机构向中基协提交的登记申请材料是否真实、准确、完整。

14. 经办执业律师及律师事务所认为需要说明的其他事项。

对于以上事项，法律合规人员及私募基金管理人的相关人员应如实向拟出具法律意见书的律师提供文件材料，并进行充分沟通、解释。在外部律师出具法律意见书初稿以后，法律合规人员应当审核初稿，合规人员不应向外部律师施加不恰当的压力，但应当就外部律师所不能充分了解的甲方实际情况，基于依法合规的立场与外部律师进行充分解释，以确保律师的法律意见书的表述真实、准确、完整。

二、律师出具法律意见书的相关要求

（一）私募基金管理人登记法律意见书

按照《关于进一步规范私募基金管理人登记若干事项的公告》的要求，新申请私募基金管理人登记、已登记的私募基金管理人发生部分重大事项变更，需通过"AMBERS系统"提交律师事务所出具的法律意见书。法律意见书应按照《私募基金管理人登记法律意见书指引》，对申请机构的登记申请材料、工商登记情况、专业化经营情况、股权结构、实际控制人、关联方及分支机构情况、运营基本设施和条件、风险管理制度和内部控制制度、外包情况、合法合规情况、高管人员资质情况等逐项发表结论性意见。

（二）私募基金管理人重大事项变更法律意见书

已登记的私募基金管理人申请变更控股股东、变更实际控制人、变更法定代表人/执行事务合伙人（委派代表）等重大事项或协会审慎认定的其他重大事项的，应提交私募基金管理人重大事项变更专项法律意见书，对私募基金管理人重大事项变更的相关事项逐项明确发表结论性意见，还应当提供相关证明材料，充分说明变更事项缘由及合理性；已按照基金合同、基金公司章程或者合伙协议的相关约定，履行基金份额持有人大会、股东大会或合伙人会议的相关表决程序；已按照《私募投资基金信息披露管理办法》相关规定和基金合同、基金公司章程或者合伙协议的相关约定，向私募基金投资者及时、准确、完整地进行了信息披露。

(三) 勤勉尽责要求

按照《私募基金管理人登记法律意见书指引》和《私募基金登记备案相关问题解答（八）》的要求，出具法律意见书的经办律师及律师事务所应当勤勉尽责，根据相关法律法规、《律师事务所从事证券法律业务管理办法》《律师事务所证券法律业务执业规则（试行）》及协会的相关规定，在尽职调查的基础上对指引规定的内容发表明确的法律意见，制作工作底稿并留存，独立、客观、公正地出具法律意见书，保证法律意见书不存在瞒报信息、虚假记载、误导性陈述及重大遗漏。

参照《律师事务所从事证券法律业务管理办法》和《律师事务所证券法律业务执业规则（试行）》的相关要求，律师事务所及其经办律师出具的法律意见书内容应当包含完整的尽职调查过程描述，对有关事实、法律问题作出认定和判断的适当证据和理由。

法律意见书的陈述文字应当逻辑严密、论证充分，所涉指代主体名称、出具的专业法律意见应具体明确。法律意见书所涉内容应当与申请机构系统填报的信息保持一致，若系统填报信息与尽职调查情况不一致的，应当作出特别说明。

三、律师出具法律意见书的注意事项

参照《律师事务所从事证券法律业务管理办法》和《律师事务所证券法律业务执业规则（试行）》的相关要求，律师事务所及其经办律师出具的法律意见书的要求内容应当包含完整的尽职调查过程描述，对有关事实、法律问题作出认定和判断的适当证据和理由。

律师事务所及其经办律师应当按照《私募基金管理人登记法律意见书指引》的要求，就各具体事项逐项发表明确意见，并就私募基金管理人登记申请是否符合中基协的相关要求发表整体结论性意见。

法律意见书的结论应当明晰，不得使用"基本符合条件"等含糊措辞。对不符合相关法律法规和中国证监会、中基协规定的事项，或已勤勉尽责仍不能对其法律性质或其合法性作出准确判断的事项，律师事务所及经办律师

应发表保留意见，并说明相应的理由。

律师事务所及其经办律师应当参照《律师事务所证券法律业务执业规则（试行）》的要求，根据实际需要采取合理的方式和手段，获取适当的证据材料。律师事务所及其经办律师可采取的尽职调查查验方式包括但不限于审阅书面材料、实地核查、人员访谈、互联网及数据库搜索、外部访谈及向行政司法机关、具有公共事务职能的组织、会计师事务所询证等。律师事务所及其经办律师应当制作并保存相关尽职调查的工作记录及工作底稿。

法律意见书应当包含律师事务所及其经办律师的承诺信息。例如，本所及经办律师依据《证券投资基金法》《律师事务所从事证券法律业务管理办法》和《律师事务所证券法律业务执业规则（试行）》等规定及本法律意见书出具日以前已经发生或者存在的事实，严格履行了法定职责，遵循了勤勉尽责和诚实信用原则，进行了充分的核查验证，保证本法律意见书所认定的事实真实、准确、完整，所发表的结论性意见合法、准确，不存在虚假记载、误导性陈述或者重大遗漏。本所及其经办律师同意将本法律意见书作为相关机构申请私募基金管理人登记或重大事项变更必备的法定文件，随其他在私募基金登记备案系统填报的信息一同上报，并愿意承担相应的法律责任。

四、对不予登记申请机构及所涉律师事务所、律师的自律措施

为切实维护私募基金行业正常经营秩序，敦促私募基金管理人规范运营，督促律师事务所勤勉尽责，真正发挥法律意见书制度的市场化专业制衡作用，进一步提高私募基金管理人登记工作的透明度，促进私募基金行业健康发展，在已登记的私募基金管理人公示制度基础上，中基协将进一步公示不予登记申请机构及所涉律师事务所、律师情况，并建立以下工作机制：

1. 中基协将定期对外公示不予办理登记的申请机构名称及不予登记原因，同时公示为该机构出具法律意见书的律师事务所及经办律师名单。

2. 律师事务所及经办律师为一家被不予登记机构提供私募基金管理人登记相关法律服务，且出具了肯定性结论意见的，中基协将通过电话沟通、现场约谈等多种途径及时提醒该律师事务所及经办律师相关业务的尽职、合规要求。

3. 律师事务所的经办律师累计为两家及以上被不予登记机构提供私募基金管理人登记相关法律服务，且出具了肯定性结论意见的，出于审慎考虑，自其服务的第二家被不予登记机构公示之日起三年内，中基协将要求由

该经办律师正在提供私募基金管理人登记相关法律服务的申请机构，提交现聘律师事务所的其他执业律师就申请机构私募基金管理人登记事项出具的复核意见；该申请机构也可以另行聘请其他律师事务所重新出具法律意见书。同时，中基协将有关情况通报相关经办律师任职的律师事务所。

4. 律师事务所累计为三家及以上被不予登记机构提供私募基金管理人登记相关法律服务，且出具了肯定性结论意见的，出于审慎考虑，自其服务的第三家被不予登记机构公示之日起三年内，中基协将要求由该律师事务所正在提供私募基金管理人登记相关法律服务的申请机构，重新聘请其他律师事务所就私募基金管理人登记事项另行出具法律意见书。同时，中基协将有关情况通报所涉律师事务所所在地的司法行政机关和律师协会。

5. 律师事务所及经办律师为已登记的私募基金管理人出具入会法律意见书或者其他专项法律意见书，存在虚假记载、误导性陈述或者重大遗漏，且出具了肯定性结论意见的，参照第二、三、四条原则处理。

律师事务所及经办律师为申请机构就私募基金管理人登记事项出具的法律意见为否定性结论意见，但申请机构拒绝向中基协提供的，律师事务所及经办律师可以将否定性结论意见及相关证明材料送达申请机构，同时抄送至中基协邮箱（pflegal@amac.org.cn，邮件以"申请机构名称—律师事务所名称/律师姓名—否定性结论意见"命名）。针对此种情形，相关机构经认定属于不予登记情形的，中基协将对外公示该机构信息，并注明律师事务所及经办律师发表了否定性结论意见。此种情形，不计入前述公示机制的累计案例次数。

中基协再次重申，私募基金管理人登记申请机构、律师事务所和其他中介服务机构，应当高度珍视自身信誉，审慎选择业务合作对象，评估合作对象的资质以及业务开展能力。在申请私募基金管理人登记和提供相关服务的过程中，诚实守信、勤勉尽责，不得损害自身、对方机构及投资者的合法权益。

第三节　私募基金管理人的重大变更事项

一、重大事项变更的范围

私募基金管理人申请重大事项变更，是指已登记的私募基金管理人申请变更控股股东、变更实际控制人、变更法定代表人/执行事务合伙人（委派代表）等重大事项或中基协审慎认定的其他重大事项。

二、需要出具《重大事项变更专项法律意见书》的情形

并不是所有的重大事项变更都需提供专项法律意见书，只有在私募基金管理人进行诸如控股股东、实际控制人、法定代表人/执行事务合伙人等重大事项的变更时，才需要提交律师出具的专项法律意见书。

至于私募基金管理人做的其他重大事项的变更，包括工商营业执照、组织机构代码证、税务登记证、机构名称、注册地址、经营范围、机构类型和业务类型、出资人、高级管理人员、基金托管人等其他重大事项变更时，则无须提交专项法律意见书。

三、关于重大事项变更的禁止性规定

根据《私募基金登记备案相关问题解答（十四）》的相关规定，自2017年11月3日起新申请登记的私募基金管理人，在备案完成第一只私募基金产品前，不允许进行法定代表人、控股股东和实际控制人的重大事项变更，不允许随意变更总经理、合规风控负责人等高级管理人员。

第二章　私募基金备案环节法律风控与合规管理

第一节　私募基金产品备案的合规要求

一、私募基金备案的基本流程

私募基金备案的基本流程如下：

1. 募集资金；
2. 募集结束后 20 个工作日内，申请基金编码；
3. 基金备案；
4. 协会办理；
5. 备案完成、公示。

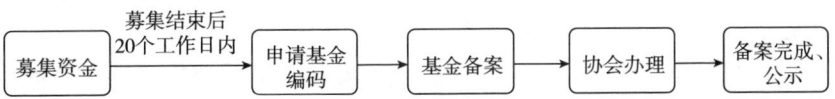

二、私募基金备案的规则体系

私募基金备案的规则体系主要包括：《证券投资基金法》《私募投资基金监督管理暂行办法》《证券期货投资者适当性管理办法》《证券期货经营机构私募资产管理业务运作管理暂行规定》《私募投资基金管理人登记和基金备案办法（试行）》《关于进一步规范私募基金管理人登记若干事项的公告》《私募投资基金合同指引》《私募投资基金募集行为管理办法》《私募投资基金信息披露管理办法》《证券期货经营机构私募资产管理计划备案管理规范（1—4 号）》《私募投资基金命名指引》《私募基金登记备案相关问题解答》等法律法规和自律规则。

【"私募基金备案的规则体系"合规要点对应案例】

上述"私募基金备案的规则体系"合规要点,已在刑事司法实践中得到具体应用,成为国家审判机关裁判私募基金类犯罪案件的认定理由,参见案例:

第四篇第三章第一节案例一"湖北某私募基金管理人以公开方式募集资金3.2余亿元,单位被判处罚金40万元,法定代表人及分公司经理分别获刑9年和8年"。

三、不属于私募投资基金备案范围的募集投资活动

私募投资基金不应是借(存)贷活动。下列不符合"基金"本质的募集、投资活动不属于私募投资基金备案范围:

1. 变相从事金融机构信(存)贷业务的,或直接投向金融机构信贷资产;

2. 从事经常性、经营性民间借贷活动,包括但不限于通过委托贷款、信托贷款等方式从事上述活动;

3. 私募投资基金通过设置无条件刚性回购安排变相从事借(存)贷活动,基金收益不与投资标的的经营业绩或收益挂钩;

4. 投向保理资产、融资租赁资产、典当资产等《私募基金登记备案相关问题解答(七)》所提及的与私募投资基金相冲突业务的资产、股权或其收(受)益权;

5. 通过投资合伙企业、公司、资产管理产品(含私募投资基金,下同)等方式间接或变相从事上述活动。

四、暂停备案的八种情形

协会在办理私募投资基金备案过程中,若发现管理人有下列情形之一的,在下列情形消除前可以暂停备案:

1. 被公安、检察、监察机关立案调查的;

2. 被行政机关列为严重失信人,以及被人民法院列为失信被执行人的;

3. 被中国证监会及其派出机构给予行政处罚或被交易所等自律组织给予自律处分,情节严重的;

4. 拒绝、阻碍监管人员或者自律管理人员依法行使监督检查、调查职

权或者自律检查权的;

5. 涉嫌严重违法违规行为,中国证监会及其派出机构建议的;

6. 多次受到投资者实名投诉,涉嫌违反法律法规、自律规则,侵害投资者合法权益,未能向协会和投资者合理解释被投诉事项的;

7. 经营过程中出现《私募投资基金登记备案问答十四》规定的不予登记情形的;

8. 其他严重违反法律法规和《私募基金管理人内部控制指引》等自律规则的相关规定,恶意规避《私募基金管理人登记须知》和本须知要求,向协会和投资者披露的内容存在虚假记载、误导性陈述或重大遗漏,经营管理失控,出现重大风险,损害投资者利益的。

五、私募基金备案的法律合规审查重点

法律合规人员在对私募基金产品备案进行合规审查和合规监测时,应重点关注以下几个问题:

（一）私募基金管理人职责要求

私募基金管理人应当遵循专业化运营原则,不得从事与私募投资基金有利益冲突的业务。管理人应当按照诚实信用、勤勉尽责原则,切实履行受托管理职责,不得将应当履行的受托人责任转委托。

私募投资基金的管理人不得超过一家。

私募基金由管理人募集设立,并作为第一责任人,私募基金管理人承担基金合同的受托责任,履行受托人义务,不得因委托募集免除其依法应当承担的责任。

（二）私募基金托管要求

私募基金以托管为常态,以不托管为例外。

除基金合同或合伙协议另有约定的除外,私募基金应当由基金托管人托管。

私募投资基金托管人（以下简称"托管人"）应当严格履行《证券投资基金法》第三章规定的法定职责,不得通过合同约定免除其法定职责。

基金合同和托管协议应当按照证券投资基金法、私募投资基金监督管理暂行办法等法律法规和自律规则明确约定的托管人的权利义务、职责,在管理人发生异常且无法履行管理职责时,托管人应当按照法律法规及合同约定履行托管职责,维护投资者合法权益。托管人在监督管理人的投资运作过程

中，发现管理人的投资或清算指令违反法律法规和自律规则以及合同约定的，应当拒绝执行，并向中国证券监督管理委员会和协会报告。

契约型私募投资基金应当由依法设立并取得基金托管资格的托管人托管，基金合同约定设置能够切实履行安全保管基金财产职责的基金份额持有人大会日常机构，或者基金受托人委员会等制度安排的除外。私募资产配置基金应当由依法设立并取得基金托管资格的托管人托管。

私募投资基金通过公司、合伙企业等特殊目的载体间接投资底层资产的，应当由依法设立并取得基金托管资格的托管人托管。托管人应当持续监督私募投资基金与特殊目的载体的资金流，事前掌握资金划转路径，事后获取并保管资金划转及投资凭证。管理人应当及时将投资凭证交付托管人。

【"私募基金托管要求"合规要点对应案例】

上述"私募基金托管要求"合规要点，已在刑事司法实践中得到具体应用，成为国家审判机关裁判私募基金类犯罪案件的认定理由，参见案例：

第四篇第三章第二节案例二"武汉某资产管理中心执行事务合伙人为偿还债务，虚构发行私募基金，诈骗500万元，获刑11年6个月，并处罚金16万元"。

（三）私募基金管理人的风险揭示义务

管理人应当向投资者披露私募投资基金的资金流动性、基金架构、投资架构、底层标的、纠纷解决机制等情况，充分揭示各类投资风险。

私募投资基金若涉及募集机构与管理人存在关联关系、关联交易、单一投资标的、通过特殊目的载体投向标的、契约型私募投资基金管理人股权代持、私募投资基金未能通过协会备案等特殊风险或业务安排，管理人应当在风险揭示书的"特殊风险揭示"部分向投资者进行详细、明确、充分披露。

投资者应当按照《募管办法》的相关规定，对风险揭示书中"投资者声明"部分所列的13项声明签字签章确认。管理人在资产管理业务综合报送平台（以下简称"AMBERS系统"）进行私募投资基金季度更新时，应当及时更新上传所有投资者签署的风险揭示书。经金融监管部门批准设立的金融机构和《募管办法》第32条第1款所列投资者可以不签署风险揭示书。

（四）刑事风险高发区：投资者人数限制及穿透核查

私募基金的投资者人数问题和投资资金合法性与汇聚性问题，是区分公募基金与私募基金的一个重要分界点，是历来合规审查的重点，是私募基金法律风险尤其是刑事法律风险的一个重要评价指标，从《中国私募基金刑事法律风险报告》收集的案例来看，关于私募基金投资者人数控制及投资者资金审查的合规问题，已成为私募基金刑事风险的高发区。

私募基金管理人及其律师在进行私募基金募集运作及合规审查时，一定要特别关注这个问题，并高度重视对投资者人数的审查，特别是对汇集多数投资者资金的变相违法行为的穿透核查。

2019年12月，中基协在《私募投资基金备案须知》中明确提出：

【穿透核查投资者】以合伙企业等非法人形式投资私募投资基金的，募集机构应当穿透核查最终投资者是否为合格投资者，并合并计算投资者人数。投资者为依法备案的资产管理产品的，不再穿透核查最终投资者是否为合格投资者和合并计算投资者人数。

管理人不得违反中国证监会等金融监管部门和协会的相关规定，通过为单一融资项目设立多只私募投资基金的方式，变相突破投资者人数限制或者其他监管要求。

【投资者资金来源】投资者应当确保投资资金来源合法，不得汇集他人资金购买私募投资基金。募集机构应当核实投资者对基金的出资金额与其出资能力相匹配，且为投资者自己购买私募投资基金，不存在代持。

募集资金的对象数量必须要符合法律的规定，不能为了迅速获取资金而盲目增加募资对象的数量。实践中，在募集资金的对象人数众多的情况下，一旦其募集资金的行为因违反相关法律法规中关于人数限制的规定被认定为公开集资，则该行为此时本身就已处在了刑事犯罪的边缘。

1. 关于投资者人数限制及穿透核查

关于投资者人数限制及穿透核查，散见于各法律规则之中。

（1）2019年12月28日第十三届全国人民代表大会常务委员会第十五次会议通过修订后的《证券法》，其中相关规定如下：

第九条　公开发行证券，必须符合法律、行政法规规定的条件，并依法报经国务院证券监督管理机构或者国务院授权的部门注册。未经依法注册，任何单位和个人不得公开发行证券。证券发行注册制的具体范围、实施步骤，由国务院规定。

有下列情形之一的，为公开发行：

（一）向不特定对象发行证券；

（二）向特定对象发行证券累计超过二百人，但依法实施员工持股计划的员工人数不计算在内；

（三）法律、行政法规规定的其他发行行为。

非公开发行证券，不得采用广告、公开劝诱和变相公开方式。

(2)《证券投资基金法》的相关规定：

第八十七条 非公开募集基金应当向合格投资者募集，合格投资者累计不得超过二百人。

前款所称合格投资者，是指达到规定资产规模或者收入水平，并且具备相应的风险识别能力和风险承担能力、其基金份额认购金额不低于规定限额的单位和个人。

合格投资者的具体标准由国务院证券监督管理机构规定。

(3)《公司法》的相关规定：

第二十四条 有限责任公司由五十个以下股东出资设立。

第七十八条 设立股份有限公司，应当有二人以上二百人以下为发起人，其中须有半数以上的发起人在中国境内有住所。

(4)《合伙企业法》的相关规定：

第六十一条 有限合伙企业由二个以上五十个以下合伙人设立；但是，法律另有规定的除外。

有限合伙企业至少应当有一个普通合伙人。

(5)《私募监管办法》的相关规定：

第十一条 私募基金应当向合格投资者募集，单只私募基金的投资者人数累计不得超过《证券投资基金法》《公司法》《合伙企业法》等法律规定的特定数量。

投资者转让基金份额的，受让人应当为合格投资者且基金份额受让后投资者人数应当符合前款规定。

通过以上相关法律规定，我们可以得知：法律明确限定了合格投资人的人数，单只私募基金的投资者人数累计不得超过证券法、公司法、合伙企业法、证券投资基金法等法律规定的数量上限，采用有限公司形式和有限合伙企业形式设立的私募基金，其投资者上限人数为50人；采用股份有限公司形式的私募基金，其投资者上限人数为200人；信托（契约）型基金不超过200人。

但现实的情况却非常复杂，有的私募机构找不到那么多的合格投资者，还有一些不符合条件的投资者也想进入资本市场掘金"玩上一把",所以,有的私募机构就想方设法剑走偏锋规避法律,比如有的私募基金管理人平台会玩"分合聚散""化整为零"的把戏,把若干个没有达到合格投资者要求的多个投资人的资金汇集到一个人的名下,变相突破合格投资者的条件限制和投资人人数限制;有的私募基金管理人把一个私募基金分拆、成立多家合伙企业吸收资金,从表面上看各个合伙企业的人数没有突破有限合伙制基金的合伙人不超过50人的人数限制,但实际上总的人数却已经远远超过50人的人数上限。此种情况是否构成非法集资犯罪,要具体情况具体分析。如果机构对每个投资者都进行了合格投资者审查,针对的仍然是特定的对象募集资金,只是人数超过了公司法、合伙企业法、证券投资基金法规定人数,那么该行为可能只是违反了上述法律规定,并不直接作为非法集资犯罪的人数认定上的入罪标准。如果私募机构在投资者人数超限的同时,没有履行特定对象的审查义务,而且采取的募集方式也涉嫌公开宣传,那么就很有可能被认定为非法集资。

除了对投资者人数的直接审查,私募基金募集过程中,表面上的投资者人数合规而实际上一个名义投资者背后汇集了多数投资者资金的情况往往不在少数,司法实践中大量的涉嫌非法吸收公众存款罪的案件之所以被认定犯罪,都是因为这个原因。例如天津市二中院在《私募基金刑事审判白皮书》中提到的"非法吸收公众存款罪的定罪率是100%",其中一个非常重要的因素,就是因为私募基金管理人在投资者人数上没有做好控制及穿透核查,当案发以后司法机关在投资者人数穿透核查的时候,发现私募基金管理人已突破了刑法规定的底线及投资者人数上限的要求因而构成犯罪。

2. 对以非法人形式汇集投资者资金的穿透核查

在做投资者人数的穿透核查时还要注意,以合伙企业、契约(信托合同)等非法人形式,通过汇集多数投资者的资金直接或者间接投资于私募基金的,需要明确该等合伙、信托是否已在中基协备案,如果已备案,应当在"投资者明细"中填写基金产品编码,如果没有备案,则应当穿透该等合伙或者信托契约,进一步核查最终投资者是否为合格投资者并合并计算投资者人数,并在"投资者明细"栏目中单独列表,填报该等合伙企业、契约型基金的投资者出资情况。但是,《私募监管办法》第13条列举的如下情形除外:

(1)社会保障基金、企业年金等养老基金,慈善基金等社会公益基金;

(2)依法设立并在中基协备案的投资计划;

(3) 投资于所管理私募基金的私募基金管理人及其从业人员；

(4) 中国证监会规定的其他投资者。

以合伙企业、契约等非法人形式，通过汇集多数投资者的资金直接或者间接投资于私募基金的，私募基金管理人或者私募基金销售机构应当穿透核查最终投资者是否为合格投资者，并合并计算投资者人数。但是，符合本条第（1）、（2）、（4）项规定的投资者投资私募基金的，不再穿透核查最终投资者是否为合格投资者和合并计算投资者人数。

> **【"刑事风险高发区：投资者人数限制及穿透核查"合规要点对应案例】**
>
> 上述"刑事风险高发区：投资者人数限制及穿透核查"合规要点，已在刑事司法实践中得到具体应用，成为国家审判机关裁判私募基金类犯罪案件的认定理由，参见案例：
>
> 第四篇第三章第一节案例一"湖北某私募基金管理人以公开方式募集资金3.2余亿元，单位被判处40万元罚金，法定代表人及分公司经理分别获刑9年和8年"。
>
> 第四篇第三章第一节案例三"某基金管理公司非法公开募集资金7.7亿元，被法院以非法吸收公众存款罪追究刑事责任，公司被判罚金，13名员工获刑，并处罚金"。
>
> 第四篇第三章第一节案例五"上海某私募基金管理人非法公开募集资金6.3余亿元，法定代表人和股东分别获刑7年和6年，并处罚金30万元和20万元"。

（五）私募基金类型的选择限制

在目前的中基协备案系统中，对基金类型选择进行了备案限制，备案的基金必须在私募证券基金、私募股权基金等类型中选择一种备案，不允许对两类投资范围都同时予以约定。

基金类型选择的依据是基金合同约定的投资范围。笔者赞同中基协的做法，认为这是对不同类型投资面临的不同的风险管理作出的合理安排，一方面基于不同基金类型的资金流动性存在巨大差异的考虑；另一方面也是基于不同类型私募基金之间的风险隔离与利益冲突防范的考虑，这样的限制措施非常有必要。

（六）涉及特殊风险的禁止性规定。

1. 禁止刚性兑付；

2. 禁止资金池；

3. 禁止投资单元。①

（七）已登记未备案的管理人首次申请备案要求

根据《关于进一步规范私募基金管理人登记若干事项的公告》的要求，公告发布之日前已登记且尚未备案私募基金产品的私募基金管理人应当在首次申请备案私募基金产品之前，补充提交私募基金管理人登记法律意见书，在提交的法律意见书办理通过以后，再按正常的流程提交私募基金备案。

（八）严控关联交易风险

私募投资基金进行关联交易的，应当防范利益冲突，遵循投资者利益优先原则和平等自愿、等价有偿的原则，建立有效的关联交易风险控制机制。上述关联交易是指私募投资基金与管理人、投资者管理的私募投资基金，同一实际控制人下的其他管理人管理的私募投资基金，或者与上述主体有其他重大利害关系的关联方发生的交易行为。

管理人不得隐瞒关联关系或者将关联交易非关联化，不得以私募投资基金的财产与关联方进行利益输送、内幕交易和操纵市场等违法违规活动。

私募投资基金进行关联交易的，应当在基金合同中明确约定涉及关联交易的事前、事中信息披露安排以及针对关联交易的特殊决策机制和回避安排等。

管理人应当在私募投资基金备案时提交证明底层资产估值公允的材料（如有）、有效实施的关联交易风险控制机制、不损害投资者合法权益的承诺函等相关文件。

（九）防范不同基金间的利益输送与利益冲突

管理人应当公平地对待其管理的不同私募投资基金财产，有效防范私募投资基金之间的利益输送和利益冲突，不得在不同私募投资基金之间转移收益或亏损。在已设立的私募股权投资基金尚未完成认缴规模 70% 的投资（包括为支付基金税费的合理预留）之前，除经全体投资者一致同意或经全体投资者认可的决策机制决策通过之外，管理人不得设立与前述基金的投资策略、投资范围、投资阶段均实质相同的新基金。

---

① 具体内容详见本书第四篇第一章第二节"私募基金产品开发环节合规管理"。

【"私募基金产品备案的合规要求"合规要点对应案例】

上述"私募基金产品备案的合规要求"合规要点,已在刑事司法实践中得到具体应用,成为国家审判机关裁判私募基金类犯罪案件的认定理由,参见案例:

第五篇第二章第二节案例二"北京某私募基金管理人未按合同约定使用募集资金,诈骗 350 余万元,法定代表人以集资诈骗罪获刑 10 年,并处罚金 10 万元"。

第二节 未依法履行登记备案义务的法律风险

一、登记备案是基金管理人的法定义务

根据《证券投资基金法》第 89 条、第 94 条的规定,担任非公开募集基金的基金管理人,应当按照规定向基金行业协会履行登记手续,报送基本情况。非公开募集基金募集完毕,基金管理人应当向基金行业协会备案。对募集的资金总额或者基金份额持有人的人数达到规定标准的基金,基金行业协会应当向国务院证券监督管理机构报告。非公开募集基金财产的证券投资,包括买卖公开发行的股份有限公司股票、债券、基金份额,以及国务院证券监督管理机构规定的其他证券及其衍生品种。

【"登记备案是基金管理人的法定义务"合规要点对应案例】

上述"登记备案是基金管理人的法定义务"合规要点,已在刑事司法实践中得到具体应用,成为国家审判机关裁判私募基金类犯罪案件的认定理由,参见案例:

第四篇第三章第二节案例二"武汉某资产管理中心执行事务合伙人为偿还债务,虚构发行私募基金,诈骗 500 万元,获刑 11 年 6 个月,并处罚金 16 万元"。

二、未依法履行登记备案义务的法律后果

(一)不得从事私募基金的募集活动

根据《募管办法》第 2 条规定,在中基协办理私募基金管理人登记的

机构可以自行募集其设立的私募基金,在中国证监会注册取得基金销售业务资格并已成为中基协会员的机构(以下简称基金销售机构)可以受私募基金管理人的委托募集私募基金。其他任何机构和个人不得从事私募基金的募集活动。

该办法所称募集行为包含推介私募基金,发售基金份额(权益),办理基金份额(权益)认/申购(认缴)、赎回(退出)等活动。

(二)不得使用"基金"或者"基金管理"字样或者近似名称进行证券投资活动

根据《证券投资基金法》第89规定,未经登记,任何单位或者个人不得使用"基金"或者"基金管理"字样或者近似名称进行证券投资活动。包括使用"基金"或者"基金管理"字样或者近似名称买卖公开发行的股份有限公司股票、债券、基金份额,以及国务院证券监督管理机构规定的其他证券及其衍生品种。

(三)可能面临行政处罚和刑事处罚的法律风险

根据《证券投资基金法》第133条、第134条[①],《私募投资基金监督管理暂行办法》第38条、第39条规定[②],私募基金管理人未履行登记义务、私募基金未依法备案,私募基金管理人及直接负责的主管人员和其他直

[①] 《证券投资基金法》第133条规定:"违反本法规定,未经登记,使用'基金'或者'基金管理'字样或者近似名称进行证券投资活动的,没收违法所得,并处违法所得一倍以上五倍以下罚款;没有违法所得或者违法所得不足一百万元的,并处十万元以上一百万元以下罚款。对直接负责的主管人员和其他直接责任人员给予警告,并处三万元以上三十万元以下罚款。"第134条规定:"违反本法规定,非公开募集基金募集完毕,基金管理人未备案的,处十万元以上三十万元以下罚款。对直接负责的主管人员和其他直接责任人员给予警告,并处三万元以上十万元以下罚款。"

[②] 《私募监管办法》第38条规定:"私募基金管理人、私募基金托管人、私募基金销售机构及其他私募服务机构及其从业人员违反本办法第七条、第八条、第十一条、第十四条至第十七条、第二十四条至第二十六条规定的,以及有本办法第二十三条第一项至第七项和第九项所列行为之一的,责令改正,给予警告并处三万元以下罚款;对直接负责的主管人员和其他直接责任人员,给予警告并处三万元以下罚款;有本办法第二十三条第八项行为的,按照《证券法》和《期货交易管理条例》的有关规定处罚;构成犯罪的,依法移交司法机关追究刑事责任。"第39条规定:"私募基金管理人、私募基金托管人、私募基金销售机构及其他私募服务机构及其从业人员违反法律法规和本办法规定,情节严重的,中国证监会可以依法对有关责任人员采取市场禁入措施。"

接责任人员可能面临行政处罚,有关责任人员可能被采取市场禁入措施,如果构成犯罪,将被依法追究刑事责任。

【"未依法履行登记备案义务的法律后果"合规要点对应案例】

上述"未依法履行登记备案义务的法律后果"合规要点,已在刑事司法实践中得到具体应用,成为国家审判机关裁判私募基金类犯罪案件的认定理由,参见案例:

第四篇第三章第二节案例二"武汉某资产管理中心执行事务合伙人为偿还债务,虚构发行私募基金,诈骗 500 万元,获刑 11 年 6 个月,并处罚金 16 万元"。

第五篇第二章第一节案例一"北京某私募基金管理人擅自改变募集资金用途,造成 4800 余万元损失,法定代表人获刑 11 年,并处罚金 20 万元"。

第三节 私募基金从业人员

之所以单列一节专门论述私募基金从业人员,是基于以下两个因素的考量:

第一,私募基金从业人员是推动基金合规管理的主要力量。私募基金行业的当事人主体,虽然从形式上表现为各类机构、公司法人以及有限合伙企业(法律明确禁止自然人以及个人独资企业、个体工商户登记为私募基金管理人),但是真正驱动着私募基金行业运行、影响这个行业的合规健康发展的关键性力量,一定是私募基金从业人员这个群体。

第二,私募基金从业人员也是基金法律风险的受害群体。一旦私募基金行业爆发风险,尤其是刑事法律风险,其中的受害者除了遭受资金损失的投资人,最大的受害者就是私募基金的从业人员,因为一旦涉及刑事风险,他们遭遇的就不仅仅是财产的损失,还有可能失去最宝贵的人身自由。即使被司法机关认定为单位犯罪而非个人犯罪,根据刑法规定,对于单位犯罪的负责任的主管人员和其他直接责任人员,仍然应当依法追究刑事责任。

所以,对几十万规模的私募基金从业人员(根据中基协的数据,截至 2019 年底,私募基金管理人在从业人员管理平台完成注册的全员职工 17.65 万人,其中取得私募基金资格的员工 14.22 万人,而实际上包含未注册在内的私募基金员工总人数要远远超过17.65万这个数量级）的关切，包括对其任职资格、专业胜任能力、诚信记录、合格管理意识、风险控制能力等方面的关注就具有非常必要、非常迫切的现实意义。

一、从业人员的范围

广义上的私募基金从业人员，包括私募基金的高级管理人员，私募基金的控股股东、实际控制人，以及在私募基金管理人内部从事其他岗位的工作人员。

行业内比较多提到的私募基金高管是狭义上的从业人员概念，私募基金的高管即高级管理人员。根据《私募投资基金管理人登记和基金备案办法（试行）》的规定，高级管理人员是指私募基金的法定代表人/执行事务合伙人（委派代表），董事长/执行董事，总经理、副总经理、合规风控负责人、财务负责人以及实际上履行上述职务的其他人员。

二、高管的定义与资格认定

（一）高管定义

根据《关于进一步规范私募基金管理人登记若干事项的公告》等的要求，从事私募证券投资基金业务的各类私募基金管理人，其高管人员（包括法定代表人/执行事务合伙人（委派代表）、总经理、副总经理、合规/风控负责人等）均应当取得基金从业资格。从事非私募证券投资基金业务的各类私募基金管理人，至少2名高管人员应当取得基金从业资格，其法定代表人/执行事务合伙人（委派代表）、合规/风控负责人应当取得基金从业资格。各类私募基金管理人的合规/风控负责人不得从事投资业务。

（二）资格认定

根据《私募基金登记备案相关问题解答（九）》的要求，高管人员通过协会资格认定委员会认定的基金从业资格，仅适用于私募股权投资基金管理人（含创业投资基金管理人）。

三、高管的任职要求

根据《私募基金登记备案相关问题解答（十二）》的要求，为维护投资者利益，严格履行"受人之托、代人理财"义务，防范利益输送及道德风险，私募基金管理人的高管人员应当勤勉尽责、恪尽职守，合理分配工作精力，在私募基金管理人登记及相关高管人员提出变更申请时，应当遵守以下要求：

1. 不得在非关联的私募机构兼职。

2. 不得在与私募业务相冲突业务的机构兼职。

3. 除法定代表人外，私募基金管理人的其他高管人员原则上不应兼职；若有兼职情形，应当提供兼职合理性相关证明材料（包括但不限于兼职的合理性、胜任能力、如何公平对待服务对象、是否违反竞业禁止规定等材料），同时兼职高管人员数量应不高于申请机构全部高管人员数量的1/2。

4. 私募基金管理人的兼职高管人员应当合理分配工作精力，协会将重点关注在多家机构兼职的高管人员任职情况。

5. 对于在一年内变更2次以上任职机构的私募高管人员，协会将重点关注其变更原因及诚信情况。

6. 私募基金管理人的高管人员应当与任职机构签署劳动合同。在私募基金管理人登记、提交高管人员重大事项变更申请时，应上传所涉高管人员的劳动合同及社保证明。

已登记机构应当按照上述规定自查私募基金管理人相关高管人员的兼职情况。协会将按照有关规定对私募基金管理人的高管人员的兼职情况进行核查，逐步要求不符合规范的机构整改。

【"高管的任职要求"合规要点对应案例】

上述"高管的任职要求"合规要点，已在刑事司法实践中得到具体应用，成为国家审判机关裁判私募基金类犯罪案件的认定理由，参见案例：

第四篇第三章第二节案例一"某私募基金管理人股东及实际控制人，以非法占有他人财物为目的募集私募基金，分别获刑并处罚金"。

第四篇第三章第五节案例一"某私募基金管理人区域经理利用职务便利，侵占私募基金90余万元，被法院判处有期徒刑3年"。

四、从业人员专业胜任能力与人数要求

1. 专业胜任能力。从事私募基金管理业务的相关工作人员应具备与岗位要求相适应的职业操守和专业胜任能力。负责私募合规/风控的高管人员，应当独立履行对内部控制监督、检查、评价、报告和建议的职能，对因失职

渎职导致内部控制失效造成重大损失的，应当承担相关责任。申请机构负责投资的高管人员，应当具备相应的投资能力。

2. 员工人数与兼职禁令。申请机构员工总人数不应低于5人，申请机构的一般员工不得兼职。

五、从业人员涉及刑事法律风险的数据分析

根据本书第一篇第二章"'私募基金管理人'搜索样本分析报告"的数据，在统计样本库的85个案件中，被告人（自然人）合计131人，各类涉案身份出现频次合计229次，其中基金销售业务人员（103次，占比44.98%）、中层管理人员（41次，占比17.9%）、法定代表人（27次，占比11.79%）、董监高（19次，占比8.3%）、实际控制人（17次，占比7.42%）、财务人员（10次，占比4.37%）、股东（6次，占比2.62%）、其他（6次，占比2.62%）。

本书第一篇第三章"私募基金管理人搜索样本分析报告"的全部85个案件中，同案被告人数量为1~5人的案件合计74件，占比87.06%；同案被告人数量为6~10人的案件合计7件，占比8.24%；同案被告人数量10人以上的案件合计4件，占比4.71%。

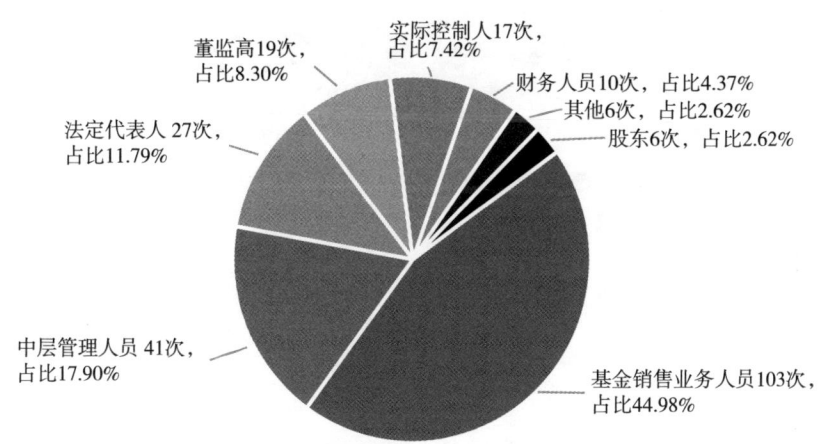

同案被告人身份分布图

数据来源：本书第一篇第三章"私募基金搜索样本分析报告"。

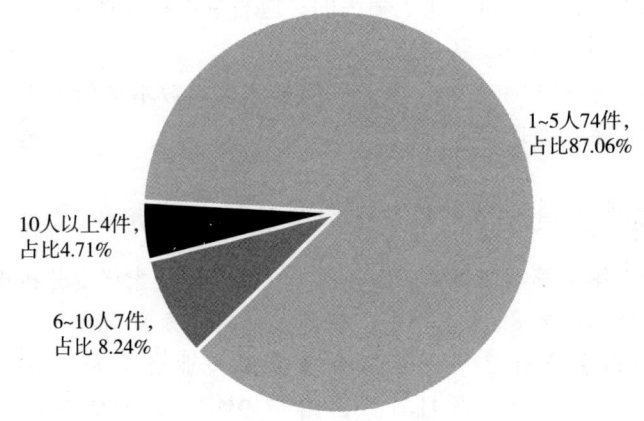

被告人人数分布图

数据来源:本书第一篇第三章"私募基金管理人搜索样本分析报告"。

第四篇

私募基金募集阶段法律风控与合规管理

第一章　私募基金募集阶段各环节合规管理

在《中国私募基金行业的刑事法律风险报告》的"私募基金管理人"样本库的85个案件中，私募基金募集阶段发生刑事风险的案件有74个，占比87.06%；募集和投资阶段均发生刑事风险的案件有10个，占比11.76%；管理阶段发生刑事风险的案件有1个，占比1.18%。由此可见，私募基金刑事风险发生在募集阶段的案件数量为84件，占比98.82%，是私募基金刑事风险绝对的高发环节。

第一节　私募基金募集行为的基本认识

一、私募基金募集行为的行业标准和业务规范

2016年4月15日，中基协发布了《募管办法》，作为行业自律机构对于私募投资基金募集行为管理的基本准则，从私募基金募集环节的募集主体、募集程序、账户监督、信息披露、合格投资者确认、风险揭示、冷静期、回访确认、募集机构和人员法律责任等方面，首次系统性地构建了一整套专业的、具有操作性的行业标准和业务规范。

《募管办法》对切实保护投资者合法权益、规范行业募集行为、塑造私募投资基金"卖者尽责、买者自负"的信托文化具有里程碑的意义。

该办法规定，在中基协办理私募基金管理人登记的机构可以自行募集其设立的私募基金，在中国证监会注册取得基金销售业务资格并已成为中基协会员的机构（以下简称基金销售机构）可以受私募基金管理人的委托募集私募基金。其他任何机构和个人不得从事私募基金的募集活动。

募集行为包含推介私募基金，发售基金份额（权益），办理基金份额（权益）认/申购（认缴）、赎回（退出）等活动。

二、私募基金募集应当履行的六大程序

1. 特定对象确定;
2. 投资者适当性匹配;
3. 基金风险揭示;
4. 合格投资者确认;
5. 投资冷静期;
6. 回访确认。

以上程序规定,即募集行为中私募机构应当履行的六项义务:

1. 在不特定对象群体中,通过投资者风险识别能力和风险承担能力问卷调查筛选出特定对象作为潜在客户;

2. 按照投资者适当性管理要求,针对特定对象推介与其风险识别和承担能力相匹配的私募基金产品;

3. 充分揭示私募基金产品的风险,既保证私募性,又提示风险性;

4. 募集机构须实质审查合格投资者相关资质,要求投资者出具合格投资者的相关证明后方可签署合同,明确禁止非法拆分转让;

5. 强制设置投资冷静期,借鉴行业最佳实践、国际惯例以及《保险法》的规定,募集机构在投资冷静期内不得主动联系投资者,根据基金合同,投资者在冷静期内有权解除基金合同;

6. 回访确认制度,由募集机构的非募集人员履行回访程序,进一步确认投资者的身份和真实投资意愿等,只有在确认成功后方能运用投资资金。回访确认制度不仅是"了解你的客户"原则的重要体现,更能遏制"飞单"给私募基金行业带来的负面影响。

三、私募基金募集实操十三步

结合相关规定及私募基金行业的实际操作经验,笔者认为,私募基金募集机构要完成一个基金产品的合规募集一般要经过以下十三个步骤,即设计基金产品、确定募集主体、开立募集结算资金专用账户、基金管理人推介、确认特定对象、基金风险评级、投资者适当性匹配、基金推介、基金风险揭示、合格投资者确认、签署基金合同、投资冷静期、回访确认。

四、私募基金募集的三对象与三层级

私募基金募集行为虽然有前述六大程序、十三个步骤，但是如果以募集对象的不同身份来划分，其在不同的阶段针对的对象应该可以划分为三群体，这三个群体在募集工作流程中呈现出三个层级（初始宣传层级、推荐产品层级、募集资金层级）的递进关系：

（一）初始宣传层级：不特定对象

向不特定对象宣传，募集机构可以通过合法途径向不特定对象宣传的内容仅限于私募管理人的品牌、投资策略、管理团队等信息。

（二）推荐产品层级：特定对象

向特定对象推荐具体私募基金产品，在通过调查问卷的方式完成特定对象确定程序后，募集机构可以向特定对象宣传推介具体私募基金产品。

（三）募集资金层级：合格投资者

向合格投资者募集资金，募集机构完成合格投资者确认程序后才可签署基金合同。

以上三个层级是具有先后顺序的递进关系，三个层级对应的不同对象应当建立一一对应关系，不可以出现错配。如果在募集资金层级没有向合格投资者募集，而是向不合格的特定对象募集；或者在推荐产品层级不对应特定对象，而是向不特定公众推荐，都可能会引发法律风险。

第二节　私募基金产品开发环节合规管理

一、私募基金产品开发的概念

私募基金管理人的核心业务是发行私募基金产品，募集投资基金，用于对外投资。其中，私募基金产品的开发设计位列核心业务的第一序列，体现了私募机构的顶层设计能力、募集能力、投资策略、投资特长，尤其是体现了私募机构与投资者之间权利义务的协议安排，以及在这种协议条款中包括的法律风控和合规管理能力。

私募基金管理人设计基金产品的时候，应当主要考虑募集市场与投资市场的环境变化、自身的业务特质、投资者的风险偏好与投资需求等多元因

素，来设计适合募投双方各自风格的基金产品，并且按照《投资者适当性管理办法》的要求，对产品进行评级，以匹配合适的投资者，私募基金应加强产品开发与产品分级的内部控制，建立相关制度。

在该阶段，法律合规管理主要体现在产品的组织形式的确定以及基金合同条款的设计两个方面，私募基金管理人应当根据基金产品及投资者的情况，在比较各种基金组织形式的优劣势以后，确定合适的基金产品组织形式，在法律规范的框架范围之内设计符合自身特色的基金合同。

二、私募基金产品组织形式的三个选项

私募基金产品的组织形式可以采取契约型、合伙型、公司型三种方式，与之相对应，契约型基金的表现形式为私募投资基金合同，合伙型基金的表现形式为合伙协议，公司型基金的表现形式为公司章程。

根据上述三种不同的私募基金产品形式，私募基金管理人可以会同外部专业律师，共同完成相应私募基金产品的法律文件，在完成产品的风险评级的基础上，做好产品的合同条款设计与合规审核。

三、契约型私募投资基金合同

私募基金管理人通过契约形式募集设立私募证券投资基金、私募股权投资基金、创业投资基金和其他类型投资基金的，应当参考《私募投资基金合同指引1号（契约型私募基金合同内容与格式指引）》制定私募投资基金合同。

私募基金进行托管的，私募基金管理人、基金托管人以及投资者三方应当根据本指引要求共同签订基金合同；基金合同明确约定不托管的，应当根据本指引要求，在基金合同中明确保障私募基金财产安全的制度措施、保管机制和纠纷解决机制。

基金合同不得含有虚假内容或误导性陈述。

对于该指引有明确要求的，基金合同中应当载明该指引规定的相关内容。在不违反基金法、私募办法以及相关法律法规的前提下，基金合同当事人可以根据实际情况约定该指引规定内容之外的事项。该指引某些具体要求对当事人确不适用的，当事人可对相应内容作出合理调整和变动，但管理人应在《风险揭示书》中向投资者进行特别揭示，并在基金合同报送中基协备案时出具书面说明。

契约型私募投资基金合同正文主要包括：前言，释义，声明与承诺，私募基金的基本情况，私募基金的募集，私募基金的成立与备案，客户资金的存放，私募基金的申购赎回与转让，当事人权利与义务，私募基金份额持有人大会及日常机构，私募基金份额的登记，私募基金的投资，私募基金的财产，交易及清算交收安排，私募基金财产的估值与会计核算，私募基金的费用与税收，私募基金的收益分配，信息披露与报告，风险揭示，私募基金合同的效力、变更、解除与终止，私募基金的清算，违约责任，争议的处理与解决，其他事项，等等。

四、合伙型基金的合伙协议

（一）合伙型基金合伙协议的基本要求

私募基金管理人通过有限合伙形式募集设立私募投资基金的，应当制定有限合伙协议（以下简称"合伙协议"）。合伙协议中应当载明符合《私募投资基金合同指引2号（公司章程必备条款指引）》规定的必备条款，该指引的必备条款未尽事宜，可以参考《私募投资基金合同指引1号（契约型私募基金合同内容与格式指引）》的相关内容。协议当事人订立的合伙协议应当满足相关法律、法规对合伙协议的法定基本要求。

合伙型基金合伙协议的内容包括：基本情况，合伙人及其出资，合伙人的权利与义务，执行事务合伙人，有限合伙人，合伙人大会，管理方式，托管事项，入伙，退伙，合伙人权益转让和身份转变，投资事项，利益分配及亏损分担，税务承担，费用和支出，财务会计制度，信息披露制度，终止、结算与清算，合伙协议的修订，争议解决，份额信息备份，报送披露信息等。

私募基金管理人及私募基金投资者应在合伙协议首页用加粗字体进行如下声明与承诺，包括但不限于：

私募基金管理人保证在募集资金前已在中基协登记为私募基金管理人，并列明管理人登记编码。私募基金管理人应当向投资者进一步声明，中基协为私募基金管理人和私募基金办理登记备案不构成对私募基金管理人投资能力、持续合规情况的认可；不作为对基金财产安全的保证。私募基金管理人保证已在签订本合同前揭示了相关风险；已经了解私募基金投资者的风险偏好、风险认知能力和承受能力。私募基金管理人承诺按照恪尽职守、诚实信用、谨慎勤勉的原则管理运用基金财产，不对基金活动的盈利性和最低收益作出承诺。

私募基金投资者声明其为符合《私募监管办法》规定的合格投资者，

保证财产的来源及用途符合国家有关规定,并已充分理解本合同条款,了解相关权利义务,了解有关法律法规及所投资基金的风险收益特征,愿意承担相应的投资风险;私募基金投资者承诺其向私募基金管理人提供的有关投资目的、投资偏好、投资限制、财产收入情况和风险承受能力等基本情况真实、完整、准确、合法,不存在任何重大遗漏或误导。

(二)合伙型基金合伙协议的必备条款

1. 基本情况。合伙协议应列明如下信息,同时可以对变更该等信息的条件作出说明:

(1)合伙企业的名称(标明"合伙企业"字样);

(2)主要经营场所地址;

(3)合伙目的和合伙经营范围(应含有"基金管理""投资管理""资产管理""股权投资""创业投资"等能体现私募投资基金性质的字样);

(4)合伙期限。

2. 合伙人及其出资。合伙协议应列明普通合伙人和有限合伙人的姓名或名称、住所、出资方式、出资数额、出资比例和缴付期限,同时可以对合伙人相关信息发生变更时应履行的程序作出说明。

3. 合伙人的权利义务。合伙协议应列明有限合伙人与普通合伙人的基本权利和义务。

4. 执行事务合伙人。合伙协议应约定由普通合伙人担任执行事务合伙人,执行事务合伙人有权对合伙企业的财产进行投资、管理、运用和处置,并接受其他普通合伙人和有限合伙人的监督。合伙协议应列明执行事务合伙人应具备的条件及选择程序、执行事务合伙人的权限及违约处理办法、执行事务合伙人的除名条件和更换程序,同时可以对执行事务合伙人执行事务的报酬(包括绩效分成)及报酬提取方式、利益冲突及关联交易等事项作出约定。

5. 有限合伙人。有限合伙人不执行合伙事务,不得对外代表合伙企业。但有限合伙人的下列行为,不视为执行合伙事务:

(1)参与决定普通合伙人入伙、退伙;

(2)对企业的经营管理提出建议;

(3)参与选择承办合伙企业审计业务的会计师事务所;

(4)获取经审计的合伙企业财务会计报告;

(5)对涉及自身利益的情况,查阅合伙企业财务会计账簿等财务资料;

(6)在合伙企业中的利益受到侵害时,向有责任的合伙人主张权利或者提起诉讼；

（7）执行事务合伙人怠于行使权利时，督促其行使权利或者为了合伙企业的利益以自己的名义提起诉讼；

（8）依法为合伙企业提供担保。

合伙协议可以对有限合伙人的权限及违约处理办法作出约定，但是不得作出有限合伙人以任何直接或间接方式，参与或变相参与超出前款规定的八种不视为执行合伙事务行为的约定。

6. 合伙人会议。合伙协议应列明合伙人会议的召开条件、程序及表决方式等内容。

7. 管理方式。合伙型基金的管理人可以是合伙企业执行事务合伙人，也可以委托给其他私募基金管理机构。合伙协议中应明确管理人和管理方式，并列明管理人的权限及管理费的计算和支付方式。

8. 托管事项。合伙企业财产进行托管的，应在合伙协议中明确托管机构的名称或明确全体合伙人在托管事宜上对执行事务合伙人的授权范围，包括但不限于挑选托管人、签署托管协议等。全体合伙人一致同意不托管的，应在合伙协议中明确约定本合伙型基金不进行托管，并明确保障投资基金财产安全的制度措施和纠纷解决机制。

9. 入伙、退伙、合伙权益转让和身份转变。合伙协议应列明合伙人入伙、退伙、合伙权益转让的条件、程序及相关责任，及有限合伙人和普通合伙人相互转变程序。

10. 投资事项。合伙协议应列明本合伙型基金的投资范围、投资运作方式、投资限制、投资决策程序、关联方认定标准及关联方投资的回避制度，以及投资后对被投资企业的持续监控、投资风险防范、投资退出、所投资标的担保措施、举债及担保限制等作出约定。

11. 利润分配及亏损分担。合伙协议应列明与合伙企业的利润分配及亏损分担方式有关的事项，具体可以包括利润分配原则及顺序、利润分配方式、亏损分担原则及顺序等。

12. 税务承担。合伙协议应列明合伙企业的税务承担事项。

13. 费用和支出。合伙协议应列明与合伙企业费用的核算和支付有关的事项，具体可以包括合伙企业费用的计提原则、承担费用的范围、计算及支付方式、应由普通合伙人承担的费用等。

14. 财务会计制度。合伙协议应对合伙企业的记账、会计年度、审计、年度报告、查阅会计账簿的条件等事项作出约定。

15. 信息披露制度。合伙协议应对本合伙型基金信息披露的内容、方式、频度等内容作出约定。

16. 终止、解散与清算。合伙协议应列明合伙企业终止、解散与清算有关的事项,具体可以包括合伙企业终止、解散的条件、清算程序、清算人及任命条件、清偿及分配等。

17. 合伙协议的修订。合伙协议应列明协议的修订事由及程序。

18. 争议解决。合伙协议应列明争议的解决方式。

19. 一致性。合伙协议应明确规定当合伙协议的内容与合伙人之间的其他协议或文件内容相冲突的,以合伙协议为准。若合伙协议有多个版本且内容相冲突的,以在中基协备案的版本为准。

20. 份额信息备份。订明全体合伙人同意私募基金管理人、份额登记机构或其他份额登记义务人应当按照中基协的规定办理基金份额登记（全体合伙人）数据的备份。

21. 报送披露信息。订明全体合伙人同意私募基金管理人或其他信息披露义务人应当按照中基协的规定对基金信息披露信息进行备份。

五、公司型基金的公司章程

（一）公司型基金章程的基本要求

公司型基金,是指投资者依据公司法,通过出资形成一个独立的公司法人实体（以下简称"公司"）,由公司自行或者通过委托专门的基金管理人机构进行管理的私募投资基金。公司型基金的投资者既是基金份额持有者又是公司股东,按照公司章程行使相应权利、承担相应义务和责任。

私募基金管理人通过有限责任公司或股份有限公司形式募集设立私募投资基金的,应当按照《私募投资基金合同指引2号（公司章程必备条款指引）》制定公司章程。章程中应当载明指引规定的必备条款,指引必备条款未尽事宜,可以参考《私募投资基金合同指引1号（契约型私募基金合同内容与格式指引）》的相关内容。投资者签署的公司章程应当满足相关法律、法规对公司章程的法定基本要求。

私募基金管理人及私募基金投资者应在公司章程首页用加粗字体进行如下声明与承诺,包括但不限于：

私募基金管理人保证在募集资金前已在中基协登记为私募基金管理人,并列明管理人登记编码。私募基金管理人应当向投资者进一步声明,中基协为私募基金管理人和私募基金办理登记备案不构成对私募基金管理人投资能力、持续合规情况的认可；不作为对基金财产安全的保证。私募基金管理人保证已在签订本合同前揭示了相关风险；已了解私募基金投资者的风险偏好、风险认知能力和承受能力。私募基金管理人承诺按照恪尽职守、诚实信用、谨慎勤勉的原则管理运用基金财产，不对基金活动的盈利性和最低收益作出承诺。

私募基金投资者声明其为符合《私募监管办法》规定的合格投资者，保证财产的来源及用途符合国家有关规定，并已充分理解本合同条款，了解相关权利义务，了解有关法律法规及所投资基金的风险收益特征，愿意承担相应的投资风险；私募基金投资者承诺其向私募基金管理人提供的有关投资目的、投资偏好、投资限制、财产收入情况和风险承受能力等基本情况真实、完整、准确、合法，不存在任何重大遗漏或误导。

(二) 公司型基金章程的必备条款

1. 基本情况。章程应列明公司的基本信息，包括但不限于公司的名称、住所、注册资本、存续期限、经营范围（应含有"基金管理""投资管理""资产管理""股权投资""创业投资"等能体现私募投资基金性质的字样）、股东姓名/名称、住所、法定代表人等，同时可以对变更该等信息的条件作出说明。

2. 股东出资。章程应列明股东的出资方式、数额、比例和缴付期限。

3. 股东的权利义务。章程应列明股东的基本权利、义务及股东行使知情权的具体方式。

4. 入股、退股及转让。章程应列明股东增资、减资、入股、退股及股权转让的条件及程序。

5. 股东（大）会。章程应列明股东（大）会的职权、召集程序及议事规则等。

6. 高级管理人员。章程应列明董事会或执行董事、监事（会）及其他高级管理人员的产生办法、职权、召集程序、任期及议事规则等。

7. 投资事项。章程应列明本公司型基金的投资范围、投资策略、投资运作方式、投资限制、投资决策程序、关联方认定标准及对关联方投资的回避制度、投资后对被投资企业的持续监控、投资风险防范、投资退出等。

8. 管理方式。公司型基金可以采取自我管理，也可以委托其他私募基金管理机构管理。采取自我管理方式的，章程中应当明确管理架构和投资决策程序；采取委托管理方式的，章程中应当明确管理人的名称，并列明管理人的权限及管理费的计算和支付方式。

9. 托管事项。公司财产进行托管的，应在章程中明确托管机构的名称或明确全体股东在托管事宜上对董事会/执行董事的授权范围，包括但不限于挑选托管人、签署托管协议等。

公司全体股东一致同意不托管的，应在章程中明确约定本公司型基金不进行托管，并明确保障投资基金财产安全的制度措施和纠纷解决机制。

10. 利润分配及亏损分担。章程应列明公司的利润分配和亏损分担原则及执行方式。

11. 税务承担。章程应列明公司的税务承担事项。

12. 费用和支出。章程应列明公司承担的有关费用（包括税费）、受托管理人和托管机构报酬的标准及计提方式。

13. 财务会计制度。章程应对公司的财务会计制度作出规定，包括记账、会计年度、经会计师事务所审计的年度财务报告、公司年度投资运作基本情况及重大事件报告的编制与提交、查阅会计账簿的条件等。

14. 信息披露制度。章程应对本公司型基金信息披露的内容、方式、频度等内容作出规定。

15. 终止、解散及清算。章程应列明公司的终止、解散事由及清算程序。

16. 章程的修订。章程应列明章程的修订事由及程序。

17. 一致性。章程应明确规定，当章程的内容与股东之间的出资协议或其他文件内容相冲突的，以章程为准。若章程有多个版本且内容相冲突的，以在中基协备案的版本为准。

18. 份额信息备份。订明全体股东同意私募基金管理人、份额登记机构或其他份额登记义务人应当按照中基协的规定，办理基金份额登记（公司股东）数据的备份。

19. 报送披露信息。订明全体股东同意私募基金管理人或其他信息披露义务人应当按照中基协的规定，对基金信息披露信息进行备份。

六、禁止设计"投资单元/子份额"模式

根据 2019 年 12 月 23 日中基协发布的《私募投资基金备案须知》第 15 条关于禁止投资单元的规定，管理人不得在私募投资基金内部设立由不同投资者参与并投向不同资产的投资单元/子份额，规避备案义务，不公平对待投资者。

如前所说，私募基金的本质是把不同投资偏好的投资者的资金汇聚在同一个基金平台上，一旦汇聚，无论是基金内部还是对外项目投资，投资者之

间并无彼此身份与权利义务上的差异,而过去的投资实践中为了迎合、吸纳个性投资者而出现的"投资单元/子份额"模式,无论是同一时期投资不同项目的"横向投资单元",还是投资不同时期目标资产的"纵向投资单元",在外部混同投资的同时,基金内部都将不同的投资者资金作为一个个独立的单元对应不同的资产,在基金内部设计不同的投资单元/子份额,对其实行单独运作、单独核算、单独处理收益与风险,并且由该投资单元/子份额的LP独立行使投资决策权。

就其本质而言,投资单元就是暗自设计在私募基金里的一个个可以分拆的独立的基金,由于没有进行独立的基金备案,所以被中基协将其定性为私募基金管理人规避备案义务,并且在客观上造成了原本平等的投资份额之间的不平等现象,属于不公平对待投资者,故而予以明确禁止。

七、禁止资金池模式

根据2019年12月23日中基协发布的《私募投资基金备案须知》中关于禁止资金池[①]的规定,管理人应当做到每只私募投资基金的资金单独管理、单独建账、单独核算,不得开展或者参与任何形式的"资金池"业务,不得存在短募长投、期限错配、分离定价、滚动发行、集合运作等违规操作。

> 【"禁止资金池模式"合规要点对应案例】
>
> 上述"禁止资金池模式"合规要点,已在刑事司法实践中得到具体应用,成为国家审判机关裁判私募基金类犯罪案件的认定理由,具体案例:
>
> 第五编第二章第一节案例一"北京某私募基金管理人擅自改变募集资金用途,造成4800余万元损失,法定代表人获刑11年,并处罚金20万元"。

八、禁止刚性兑付

是否存在刚性兑付问题是私募基金区别于金融机构存贷款业务的一个重要标志线,一些私募基金管理人为了迎合投资者的低风险甚至是零风险要

---

① 关于资金池问题的详细内容,见本书第四篇第一章第六节"私募基金的资金池问题"。

求，在基金产品设计时就留了"后门"，违规向投资者承诺保本保收益，实际上已经滑入非法集资违法犯罪的危险地带。

管理人及其实际控制人、股东、关联方以及募集机构不得向投资者承诺最低收益、承诺本金不受损失，或限定损失金额和比例。这一直以来是基金产品开发环节需要避免触碰的"雷区"，2019年12月23日中发布的《私募投资基金备案须知》重申了禁止刚性兑付的规定，投资者获得的收益应当与投资标的实际收益相匹配，管理人不得按照类似存款计息的方法计提并支付投资者收益。管理人或募集机构使用"业绩比较基准"或"业绩报酬计提基准"等概念，应当与其合理内涵一致，不得将上述概念用于明示或者暗示基金预期收益，使投资者产生刚性兑付预期。

私募证券投资基金管理人不得通过设置增强资金、费用返还等方式调节基金收益或亏损，不得以自有资金认购的基金份额先行承担亏损的形式提供风险补偿，变相保本保收益。

【"禁止刚性兑付"合规要点对应案例】

上述"禁止刚性兑付"合规要点，已在刑事司法实践中得到具体应用，成为国家审判机关裁判私募基金类犯罪案件的认定理由，参见案例：

第四篇第三章第一节案例三"某基金管理公司非法公开募集资金7.7亿元，被法院以非法吸收公众存款罪追究刑事责任，公司被判罚金，13名员工获刑，并处罚金"。

第四篇第三章第一节案例四"深圳某私募基金管理人公开募资1.4余亿元，3人获刑，并处罚金"。

第四篇第三章第一节案例五"上海某私募基金管理人非法公开募集资金6.3余亿元，法定代表人和股东分别获刑7年和6年，并处罚金30万元和20万元"。

第五篇第二章第二节案例一"某私募基金管理人法定代表人以非法占有为目的募资后，仅将少量资金用于投资，以新偿旧，骗取投资款逾4000万元，被法院判处有期徒刑8年，并处罚金"。

第五篇第二章第二节案例二"北京某私募基金管理人未按合同约定使用募集资金，诈骗350余万元，法定代表人以集资诈骗罪获刑10年，并处罚金10万元"。

九、禁止设计名股实债模式

名股实债融资（又称明股实债、名基实贷）一词既非法律名词，也不是专门的融资工具名称，名股实债融资一词表达的是这种名实不符的融资模式的内在实质性特征，以及合同双方在名义上的股权投资合同框架下的法律权利义务关系的内在逻辑。

名股实债交易结构的投资主体主要包含资管计划、信托计划和私募股权基金。

2017年2月13日，中基协发布《证券期货经营机构私募资产管理计划备案管理规范第4号——私募资产管理计划投资房地产开发企业、项目》，对明股实债进行了详细定义："明股实债，是指投资回报不与被投资企业的经营业绩挂钩，不是根据企业的投资收益或者亏损进行分配，而是向投资者提供保本保收益承诺，根据约定定期向投资者支付固定收益，并在满足特定条件后，由被投资企业赎回股权或者偿还本息的投资方式，常见的形式包括回购、第三方收购、对赌、定期分红等"。

由于名股实债类融资存在诸多风险，所以监管层对此持有非常明确的反对态度，本书在第二篇第一章第三节的"其他类私募投资基金"中特别提到：2018年1月12日，中基协在资产管理业务报送平台发布《私募投资基金备案须知》，对私募投资基金的备案工作进行了规范，首次明确提出2月12日起不再接受投资于委托贷款等从事借贷活动的基金备案，这标志着借贷将全面退出我国私募基金的业务领域。今后以名股实债等方式继续从事借贷业务的"地下基金工作者"，将面临越来越高的法律风险，对此，基金投资者和监管部门需要擦亮眼睛。

十、禁止多层嵌套——底层资产穿透核查

为了规避投资范围限制和分类监管，隐蔽资金来源，规避合格投资者制度和杠杆约束，一些私募基金管理人往往会对私募基金产品设计双层嵌套甚至是多层嵌套，以达到监管套利的目的，由于多层嵌套向上无法识别最终的投资者，向下无法识别投资的底层资产，最终因为未真实对应底层资产而出现投资目标"虚化"的现象，可能导致监管失灵，因而一直受到监管层的明确禁止。

根据《资管新规》第27条规定，对于多层嵌套私募基金产品，实行穿

透式监管,向上识别产品的最终投资者,向下识别产品的底层资产。穿透核查监管要求包含以下两个含义:

一是资产端穿透,即往底层资产①方向穿透,识别最终的底层资产类别,防止通过结构设计规避监管。底层资产穿透核查是私募基金合规运行的要求,也是分类监管脱虚向实的"靶向治疗"措施。

二是资金端穿透,即往最终客户方向穿透,识别私募基金的最终风险与受益主体,防止以投资份额代持方式汇聚多数投资者的资金或者将单一基金产品分开发行多只基金方式的私募产品公众化。

―― 【"禁止多层嵌套——底层资产穿透核查"合规要点对应案例】

上述"禁止多层嵌套——底层资产穿透核查"合规要点,已在刑事司法实践中得到具体应用,成为国家审判机关裁判私募基金类犯罪案件的认定理由,参见案例:

第四篇第三章第一节案例三"某基金管理公司非法公开募集资金7.7亿元,被法院以非法吸收公众存款罪追究刑事责任,公司被判罚金,13名员工获刑,并处罚金"。

―― 【"私募基金产品开发环节合规管理"合规要点对应案例】

上述"私募基金产品开发环节合规管理"合规要点,已在刑事司法实践中得到具体应用,成为国家审判机关裁判私募基金类犯罪案件的认定理由,参见案例:

第四篇第三章第六节案例"某私募基金传销组织省级总代发展下线400余人,涉案资金3000余万元,被法院判处有期徒刑3年,并处罚金100万元"。

第三节 《九民纪要》对基金产品设计的合规影响

2019年7月,最高人民法院第九次全国法院民商事审判工作会议指出,

---

① 虽然我国现行法律法规并未对底层资产作出明确规定,但是底层资产可以理解为对私募基金产品穿透后最终投向的资产。如《深圳证券交易所基础设施类资产支持证券挂牌条件确认指南》中有过如此定义:"底层资产,是指根据穿透原则在专项计划中作为专项计划现金流最终偿付来源的资产。"——笔者注

要辩证理解平等保护原则。要全面平等保护各种所有制经济、各类市场主体的合法权益，做到平等相待、一视同仁。同时要将平等保护与倾斜保护结合起来，对中小股东、金融消费者等特殊群体的倾斜保护，是对平等保护原则的必要补充。只有加大对特殊群体的保护，才能有效解决违法违规成本过低的问题，维护正常交易秩序。

在审理金融产品发行人、销售者以及金融服务提供者（以下简称卖方机构）与金融消费者之间因销售各类高风险等级金融产品和为金融消费者参与高风险等级投资活动提供服务而引发的民商事案件中，必须坚持"卖者尽责、买者自负"原则，将金融消费者是否充分了解相关金融产品、投资活动的性质及风险，并在此基础上作出自主决定作为应当查明的案件基本事实，依法保护金融消费者的合法权益，规范卖方机构的经营行为，推动形成公开、公平、公正的市场环境和市场秩序。

《全国法院民商事审判工作会议纪要》（以下简称《九民纪要》）已于2019年9月11日经最高人民法院审判委员会民事行政专业委员会第319次会议原则通过。在纪要的第五部分"关于金融消费者权益保护纠纷案件的审理"和第六部分"关于证券纠纷案件的审理"等处多次提及私募基金相关的裁判规则，对于私募基金募集及基金产品合同设计及投资管理环节的合规管理产生深远影响，对于私募基金包括募集阶段的合规管理及基金产品设计、基金合同的条款设计，提出更高的法律风险合规要求。

一、关于资管产品增信问题

（一）关于"对赌协议"的效力及履行

实践中俗称的"对赌协议"，又称估值调整协议，是指投资方与融资方在达成股权性融资协议时，为解决交易双方对目标公司未来发展的不确定性、信息不对称以及代理成本，而设计的包含了股权回购、金钱补偿等对未来目标公司的估值进行调整的协议。从订立"对赌协议"的主体来看，有投资方与目标公司的股东或者实际控制人"对赌"、投资方与目标公司"对赌"、投资方与目标公司的股东、目标公司"对赌"等形式。人民法院在审理"对赌协议"纠纷案件时，不仅应当适用合同法的相关规定，还应当适用公司法的相关规定；既要坚持鼓励投资方对实体企业特别是科技创新企业投资原则，从而在一定程度上缓解企业融资难问题，又要贯彻资本维持原则和保护债权人合法权益原则，依法平衡投资方、公司债权人、公司之间的利益。对于投资方与目标公司的股东或者实际控制人订立的"对赌协议",如无其他无效事由,认定有效并支持实际履行,实践中并无争议。但投资方与目标公司订立的"对赌协议"是否有效以及能否实际履行,存在争议。

关于投资方与目标公司签订合同的效力及履行,《九民纪要》强调了不仅应适用合同法的相关规定,还应适用公司法的相关规定,因为投资方已经是目标公司的股东了,这一点与一般的合同纠纷案件大不一样。如果只适用合同法的相关规定,或者只适用公司法的相关规定来处理这类案件,都会顾此失彼,有失公正。这类案件还应考虑投资方既是目标公司的股东,同时又是目标公司债权人的双重身份,在投资方的利益与公司债权人的利益发生冲突时,应优先保护谁的利益的问题。这也涉及如何处理好公司内部与外部的关系问题。①

投资方与目标公司订立的"对赌协议"在不存在法定无效事由的情况下,目标公司仅以存在股权回购或者金钱补偿约定为由,主张"对赌协议"无效的,人民法院不予支持,但投资方主张实际履行的,人民法院应当审查是否符合公司法关于"股东不得抽逃出资"及股份回购的强制性规定,判决是否支持其诉讼请求。

投资方请求目标公司回购股权的,人民法院应当依据《公司法》第35条关于"股东不得抽逃出资"或者第142条关于股份回购的强制性规定进行审查。经审查,目标公司未完成减资程序的,人民法院应当驳回其诉讼请求。

投资方请求目标公司承担金钱补偿义务的,人民法院应当依据《公司法》第35条关于"股东不得抽逃出资"和第166条关于利润分配的强制性规定进行审查。经审查,目标公司没有利润或者虽有利润但不足以补偿投资方的,人民法院应当驳回或者部分支持其诉讼请求。今后目标公司有利润时,投资方还可以依据该事实另行提起诉讼。

因此,在《九民纪要》的"对赌协议"效力认定中,划分为效力和履行两个层面。一方面在效力上予以认可,但另一方面要考虑"对赌协议"的可履行性,即应审查是否符合公司法关于"股东不得抽逃出资"及股份回购的强制性规定。

---

① 参见最高人民法院民事审判第二庭编:《〈全国法院民商事审判工作会议纪要〉理解与适用》,人民法院出版社2019年版,第113页。

> 【典型案例】
>
> 最高人民法院"对赌"纠纷第一案：苏州工业园区海富投资有限公司与甘肃世恒有色资源再利用有限公司、香港迪亚有限公司、陆波增资纠纷案［最高人民法院（2012）民提字第11号］
>
> 裁判要旨：在民间融资投资活动中，融资方和投资者设置估值调整机制（即投资者与融资方根据企业将来的经营情况调整投资条件或给予投资者补偿）时要遵守公司法和合同法的规定。投资者与目标公司本身之间的补偿条款如果使投资者可以取得相对固定的收益，则该收益会脱离目标公司的经营业绩，直接或间接地损害公司利益和公司债权人利益，故应认定无效。但目标公司股东对投资者的补偿承诺不违反法律法规的禁止性规定，是有效的。在合同约定的补偿条件成立的情况下，根据合同当事人意思自治、诚实信用的原则，引资者应信守承诺，投资者应当得到约定的补偿。①

（二）差额补足条款的效力认定问题

1. 劣后级受益人的责任承担

信托文件及相关合同将受益人区分为优先级受益人和劣后级受益人等不同类别，约定优先级受益人以其财产认购信托计划份额，在信托到期后，劣后级受益人负有对优先级受益人从信托财产获得利益与其投资本金及约定收益之间的差额承担补足义务，优先级受益人请求劣后级受益人按照约定承担责任的，人民法院依法予以支持。

信托文件中关于不同类型受益人权利义务关系的约定，不影响受益人与受托人之间信托法律关系的认定。

2. 关于第三方增信措施

信托合同之外的当事人提供第三方差额补足、代为履行到期回购义务、流动性支持等类似承诺文件作为增信措施，其内容符合法律关于保证的规定的，人民法院应当认定当事人之间成立保证合同关系。其内容不符合法律关于保证的规定的，依据承诺文件的具体内容确定相应的权利义务关系，并根据案件事实情况确定相应的民事责任。

---

① 参见最高人民法院民事审判第二庭编：《〈全国法院民商事审判工作会议纪要〉理解与适用》，人民法院出版社2019年版，第121页。

二、关于营业信托纠纷案件的审理

从审判实践看,营业信托纠纷主要表现为事务管理信托纠纷和主动管理信托纠纷两种类型。在事务管理信托纠纷案件中,对信托公司开展和参与的多层嵌套、通道业务、回购承诺等融资活动,要以其实际构成的法律关系确定其效力,并在此基础上依法确定各方的权利义务。在主动管理信托纠纷案件中,应当重点审查受托人在"受人之托,忠人之事"的财产管理过程中,是否恪尽职守,履行了谨慎、有效管理等法定或者约定义务。

(一)营业信托纠纷的认定

信托公司根据法律法规以及金融监督管理部门的监管规定,以取得信托报酬为目的接受委托人的委托,以受托人身份处理信托事务的经营行为,属于营业信托。由此产生的信托当事人之间的纠纷,为营业信托纠纷。

根据《关于规范金融机构资产管理业务的指导意见》的规定,其他金融机构开展的资产管理业务构成信托关系的,当事人之间的纠纷适用信托法及其他有关规定处理。

信托公司在资金信托成立后,以募集的信托资金受让特定资产或者特定资产收益权,属于信托公司在资金依法募集后的资金运用行为,由此引发的纠纷不应当认定为营业信托纠纷。如果合同中约定由转让方或者其指定的第三方在一定期间后以交易本金加上溢价款等固定价款无条件回购的,无论转让方所转让的标的物是否真实存在、是否实际交付或者过户,只要合同不存在法定无效事由,对信托公司提出的由转让方或者其指定的第三方按约定承担责任的诉讼请求,人民法院依法予以支持。

当事人在相关合同中同时约定采用信托公司受让目标公司股权、向目标公司增资方式并以相应股权担保债权实现的,应当认定在当事人之间成立让与担保法律关系。当事人之间的具体权利义务,根据《九民纪要》第71条的规定加以确定。

(二)保底或者刚性兑付条款无效

信托公司、商业银行等金融机构作为资产管理产品的受托人与受益人订立的含有保证本息固定回报、保证本金不受损失等保底或者刚性兑付条款的合同,人民法院应当认定该条款无效。受益人请求受托人对其损失承担与其过错相适应的赔偿责任的,人民法院依法予以支持。

实践中,保底或者刚性兑付条款通常不在资产管理产品合同中明确约定，而是以"抽屉协议"或者其他方式约定，不管形式如何，均应认定无效。

从性质上看，信托关系作为当事人之间的财产受托管理关系，是与传统的债权关系、股权关系并列的法律关系。信托法律关系强调委托人对受托人的信任以及受托人受托责任的履行，在受托人尽责管理的情形下，受托人在法律上既没有按照传统债权债务关系向委托人还本付息的义务，也没有按照传统股权关系向委托人支付股息的义务。根据《信托法》第 2 条的规定，信托是委托人基于对受托人的信任，将其财产权委托给受托人，由受托人按委托人的意愿以自己的名义，为受益人的利益或者特定目的，进行管理或者处分的行为。这一定义表明，在信托法律关系之中，委托人将信托财产委托给受托人，受托人以自己名义进行信托财产管理，但受托人管理信托财产的所有行为都是围绕受益人的利益，而不是为了自己的利益，受益人的信托利益是信托行为的起点和终点。信托财产不归入受托人的固有财产范畴，即信托财产价值金额不体现在受托人的资产负债表中，委托人与受托人既不构成债权债务关系，也不构成股权投资关系。因此，按照权利义务相一致的原则，受托人管理和运用受托财产所获得的利益归于受益人，则由此产生的损失后果亦应当由受益人承受。从这个角度来说，由受托人为受益人提供含有保证本息固定回报、保证本金不受损失等保底承诺，或者在信托合同和相关文件中约定刚性兑付条款的，均背离了信托法律关系的基本特点。

根据上述法律规定，金融机构作为资产管理产品的受托人不得承诺保底或者刚性兑付成为监管部门一贯的监管政策。《信托公司管理办法》第 34 条规定，信托公司开展信托业务，不得承诺信托财产不受损失或者保证最低收益。《信托公司集合资金信托计划管理办法》第 8 条规定，信托公司推介信托计划时，不得以任何方式承诺信托资金不受损失，或者以任何方式承诺信托资金的最低收益。《证券期货经营机构私募资产管理业务管理办法》第 4 条规定："证券期货经营机构不得在表内从事私募资产管理业务，不得以任何方式向投资者承诺本金不受损失或者承诺最低收益。投资者参与资产管理计划，应当根据自身能力审慎决策，独立承担投资风险。"第 51 条规定："披露资产管理计划信息，不得有下列行为：……（三）承诺收益，承诺本金不受损失或者限定损失金额或比例；……"尽管如此，实践中仍然未能彻底禁绝保底和刚性兑付承诺的现象。在本轮金融治理的过程中，打破刚性兑付已成为一种重要的监管议题。《关于规范金融机构资产管理业务的指导意见》在强调"卖者尽责、买者自负""打破刚性兑付"的同时，在第 19

条明确规定了刚性兑付的认定标准和相应的行为后果,经金融管理部门认定,存在以下行为的视为刚性兑付:(1)资产管理产品的发行人或者管理人违反真实公允确定净值原则,对产品进行保本保收益。(2)采取滚动发行等方式,使得资产管理产品的本金、收益、风险在不同投资者之间发生转移,实现产品保本保收益。(3)资产管理产品不能如期兑付或者兑付困难时,发行或者管理该产品的金融机构自行筹集资金偿付或者委托其他机构代为偿付。(4)金融管理部门认定的其他情形。经认定存在刚性兑付行为的,区分以下两类机构进行惩处:(1)存款类金融机构发生刚性兑付的,认定为利用具有存款本质特征的资产管理产品进行监管套利,由国务院银行保险监督管理机构和中国人民银行按照存款业务予以规范,足额补缴存款准备金和存款保险保费,并予以行政处罚。(2)非存款类持牌金融机构发生刚性兑付的,认定为违规经营,由金融监督管理部门和中国人民银行依法纠正并予以处罚。任何单位和个人发现金融机构存在刚性兑付行为的,可以向金融管理部门举报,查证属实且举报内容未被相关部门掌握的,给予适当奖励。外部审计机构在对金融机构进行审计时,如果发现金融机构存在刚性兑付行为的,应当及时报告金融管理部门。外部审计机构在审计过程中未能勤勉尽责,依法追究相应责任或依法依规给予行政处罚,并将相关信息纳入全国信用信息共享平台,建立联合惩戒机制。①

(三) 通道业务的效力

当事人在信托文件中约定,委托人自主决定信托设立、信托财产运用对象、信托财产管理运用处分方式等事宜,自行承担信托资产的风险管理责任和相应风险损失,受托人仅提供必要的事务协助或者服务,不承担主动管理职责,应当认定为通道业务。中国人民银行、中国银行保险监督管理委员会、中国证券监督管理委员会、国家外汇管理局《关于规范金融机构资产管理业务的指导意见》在第22条规定"金融机构不得为其他金融机构的资产管理产品提供规避投资范围、杠杆约束等监管要求的通道服务"的同时,也在第29条明确按照"新老划断"原则,将过渡期设置为截至2020年底,确保平稳过渡。在过渡期内,对通道业务中存在的利用信托通道掩盖风险、规避资金投向、资产分类、拨备计提和资本占用等监管规定,或者通过信托通道将表内资产虚假出表等信托业务,如果不存在其他无效事由,一方以信

---

① 参见最高人民法院民事审判第二庭编:《〈全国法院民商事审判工作会议纪要〉理解与适用》,人民法院出版社2019年版,第483页。

托目的违法违规为由请求确认无效的,人民法院不予支持。至于委托人和受托人之间的权利义务关系,应当依据信托文件的约定加以确定。

（四）受托人的举证责任

资产管理产品的委托人以受托人未履行勤勉尽责、公平对待客户等义务损害其合法权益为由,请求受托人承担损害赔偿责任的,应当由受托人举证证明其已经履行了义务。受托人不能举证证明,委托人请求其承担相应赔偿责任的,人民法院依法予以支持。

三、关于卖方机构的适当性义务

（一）适当性义务的定义、目的与适用规则

1. 适当性义务,是指卖方机构在向金融消费者推介、销售银行理财产品、保险投资产品、信托理财产品、券商集合理财计划、杠杆基金份额、期权及其他场外衍生品等高风险等级金融产品,以及为金融消费者参与融资融券、新三板、创业板、科创板、期货等高风险等级投资活动提供服务的过程中,必须履行的了解客户、了解产品、将适当的产品（或者服务）销售（或者提供）给适合的金融消费者等义务。

2. 卖方机构承担适当性义务是为了确保金融消费者能够在充分了解相关金融产品、投资活动的性质及风险的基础上作出自主决定,并承受由此产生的收益和风险。在推介、销售高风险等级金融产品和提供高风险等级金融服务领域,适当性义务的履行是"卖者尽责"的主要内容,也是"买者自负"的前提和基础。

3. 法律适用规则。在确定卖方机构适当性义务的内容时,应当以民法典合同编、证券法、证券投资基金法、信托法等法律规定的基本原则和国务院发布的规范性文件作为主要依据。相关部门在部门规章、规范性文件中对高风险等级金融产品的推介、销售,以及为金融消费者参与高风险等级投资活动提供服务作出的监管规定,与法律和国务院发布的规范性文件的规定不相抵触的,可以参照适用。

（二）适当性义务的责任主体与举证责任

1. 责任主体

金融产品发行人、销售者未尽适当性义务,导致金融消费者在购买金融产品过程中遭受损失的,金融消费者既可以请求金融产品的发行人承担赔偿责任,也可以请求金融产品的销售者承担赔偿责任,还可以根据《民法典》

第 167 条的规定,请求金融产品的发行人、销售者共同承担连带赔偿责任。金融产品的发行人、销售者请求人民法院明确各自的责任份额的,人民法院可以在判决发行人、销售者对金融消费者承担连带赔偿责任的同时,明确发行人、销售者在实际承担了赔偿责任后,有权向责任方追偿其应当承担的赔偿份额。

金融服务提供者未尽适当性义务,导致金融消费者在接受金融服务后参与高风险等级投资活动遭受损失的,金融消费者可以请求金融服务提供者承担赔偿责任。

2. 举证责任

在案件审理过程中,金融消费者应当对购买产品(或者接受服务)、遭受的损失等事实承担举证责任。卖方机构对其是否履行了适当性义务承担举证责任。卖方机构不能提供其已经建立了金融产品(或者服务)的风险评估及相应管理制度、对金融消费者的风险认知、风险偏好和风险承受能力进行了测试、向金融消费者告知产品(或者服务)的收益和主要风险因素等相关证据的,应当承担举证不能的法律后果。

(三)关于告知说明义务的严格规定

告知说明义务的履行是金融消费者能够真正了解各类高风险等级金融产品或者高风险等级投资活动的投资风险和收益的关键,人民法院应当根据产品、投资活动的风险和金融消费者的实际情况,综合理性人能够理解的客观标准和金融消费者能够理解的主观标准来确定卖方机构是否已履行了告知说明义务。卖方机构简单地以金融消费者手写了诸如"本人明确知悉可能存在本金损失风险"等内容主张其已履行了告知说明义务,不能提供其他相关证据的,人民法院对其抗辩理由不予支持。

(四)未尽适当性义务之诉的赔偿数额确定

卖方机构未尽适当性义务导致金融消费者损失的,应当赔偿金融消费者所受的实际损失。实际损失为损失的本金和利息,利息按照中国人民银行发布的同期同类存款基准利率计算。

金融消费者因购买高风险等级金融产品或者为参与高风险投资活动接受服务,以卖方机构存在欺诈行为为由,主张卖方机构应当根据《消费者权益保护法》第 55 条的规定承担惩罚性赔偿责任的,人民法院不予支持。卖方机构的行为构成欺诈的,对金融消费者提出赔偿其支付金钱总额的利息损失请求,应当注意区分不同情况进行处理:

1. 金融产品的合同文本中载明了预期收益率、业绩比较基准或者类似约定的，可以将其作为计算利息损失的标准。

2. 合同文本以浮动区间的方式对预期收益率或者业绩比较基准等进行约定，金融消费者请求按照约定的上限作为利息损失计算标准的，人民法院依法予以支持。

3. 合同文本虽然没有关于预期收益率、业绩比较基准或者类似约定，但金融消费者能够提供证据证明产品发行的广告宣传资料中载明了预期收益率、业绩比较基准或者类似表述的，应当将宣传资料作为合同文本的组成部分。

4. 合同文本及广告宣传资料中未载明预期收益率、业绩比较基准或者类似表述的，按照全国银行间同业拆借中心公布的贷款市场报价利率计算。

（五）卖方机构的免责事由

因金融消费者故意提供虚假信息、拒绝听取卖方机构的建议等自身原因导致其购买产品或者接受服务不适当，卖方机构请求免除相应责任的，人民法院依法予以支持，但金融消费者能够证明该虚假信息的出具系卖方机构误导的除外。卖方机构能够举证证明根据金融消费者的既往投资经验、受教育程度等事实，适当性义务的违反并未影响金融消费者作出自主决定的，对其关于应当由金融消费者自负投资风险的抗辩理由，人民法院依法予以支持。

四、关于场外配资

最高人民法院认为，将证券市场的信用交易纳入国家统一监管的范围，是维护金融市场透明度和金融稳定的重要内容。不受监管的场外配资业务，不仅盲目扩张了资本市场信用交易的规模，也容易冲击资本市场的交易秩序。融资融券作为证券市场的主要信用交易方式和证券经营机构的核心业务之一，依法属于国家特许经营的金融业务，未经依法批准，任何单位和个人不得非法从事配资业务。

（一）场外配资合同的效力

从审判实践看，场外配资业务主要是指一些 P2P 公司或者私募类配资公司利用互联网信息技术，搭建起游离于监管体系之外的融资业务平台，将资金融出方、资金融入方即用资人和券商营业部三方连接起来，配资公司利用计算机软件系统的二级分仓功能将其自有资金或者以较低成本融入的资金出借给用资人，赚取利息收入的行为。这些场外配资公司所开展的经营活动，本质上属于只有证券公司才能依法开展的融资活动，不仅规避了监管部门对融资融券业务中资金来源、投资标的、杠杆比例等诸多方面的限制，也加剧了市场的非理性波动。在案件审理过程中，除依法取得融资融券资格的证券公司与客户开展的融资融券业务外，对其他任何单位或者个人与用资人的场外配资合同，人民法院应当根据《证券法》第142条、《合同法司法解释（一）》第10条的规定，认定为无效。

（二）合同无效的责任承担

场外配资合同被确认无效后，配资方依场外配资合同的约定，请求用资人向其支付约定的利息和费用的，人民法院不予支持。

配资方依照场外配资合同的约定，请求分享用资人因使用配资所产生的收益的，人民法院不予支持。

用资人以其因使用配资导致投资损失为由请求配资方予以赔偿的，人民法院不予支持。用资人能够证明因配资方采取更改密码等方式控制账户使得用资人无法及时平仓止损，并据此请求配资方赔偿其因此遭受的损失的，人民法院依法予以支持。

用资人能够证明配资合同是因配资方招揽、劝诱而订立，请求配资方赔偿其全部或者部分损失的，人民法院应当综合考虑配资方招揽、劝诱行为的方式、对用资人的实际影响、用资人自身的投资经历、风险判断和承受能力等因素，判决配资方承担与其过错相适应的赔偿责任。

第四节　私募基金宣传推介环节合规管理

私募基金与公募基金的最大区别在于募集的非公开性，正是因为非公开性的募集方式，私募基金管理人在推荐基金产品时的宣传行为和推广渠道方面表现出与公募不同的特征。另外，从宣传对象上来说，私募基金募集宣传的对象也与公募基金不同，这种在宣传要求上的特殊化和募集资金对象的特定化，对于私募基金管理人资金募集的宣传推介提出了更高更严的要求。所以，私募基金管理人应当建立严格的内部控制制度，以保证募集宣传推广环节能够遵守监管部门的规定，同时避免因为在推广阶段的虚假宣传、不当宣传而触发法律风险。

一、合格投资者制度

要解决这个问题,首先必须得了解私募基金的合格投资者制度。

一般来说,公开发行的公募基金可以通过基金的公开性和政府机构的外部监管来实现对广大投资者的利益保护,而私募基金由于它的非公开性,却主要是通过对外部投资者的资格限定来实现或者达到这一种可筛选的、可限定的风险控制目标。

通过这种对投资者资格的限定、提高投资者准入门槛的风险管控方法,不仅可以提高金融市场的交易水平,还可以将私募基金与非法集资的违法犯罪活动进行实质性的区分,使金融市场得以稳定发展。所以,《证券投资基金法》第 87 条明确规定,非公开募集的基金应当向合格投资者募集,合格投资者累计不超过 200 人。所谓合格投资者,是指达到规定资产规模或者收入水平,并且具备相应的风险识别能力和风险承担能力、其基金份额认购金额不低于规定限额的单位和个人。

《私募监管办法》参考国际上通行的合格投资者标准,结合我国的实际情况,合格投资者是指具备相应风险识别能力和风险承担能力,投资于单只私募基金的金额不低于 100 万元且符合下列相关标准的单位和个人:(1)净资产不低于 1000 万元的单位;(2)个人金融资产不低于 300 万元或者最近三年个人年均收入不低于 50 万元。

这种对资产规模或收入水平和对单只基金最低认购额的双重标准,相比仅从对单只基金最低认购额把握合格投资者标准会更加全面。除了因为过低的合格投资者标准容易将不具备风险识别能力和承担能力的公众投资者卷入其中,进而引发非法集资的因素,从另一个角度来看,《私募监管办法》分别从静态金融资产规模和动态年均收入水平两个维度进行选择性规定,也为今后具有不具备 300 万元静态金融资产的稳定高收入的群体参与私募基金留有空间。

此外,考虑到一些机构投资者和管理人的内部关系人等具备专业能力,并能够识别和承担风险,《私募监管办法》参考国内资产管理行业的现有规定和境外经验,将四类投资者视为合格投资者:一是社保基金、企业年金、慈善基金;二是依法设立并受国务院金融监督管理机构监管的投资计划;三是投资于所管理私募基金的私募基金管理人及其从业人员;四是中国证监会认定的其他投资者。

> **【合格投资者制度"合规要点对应案例】**
>
> 上述"谁都可以买私募基金吗——合格投资者制度"合规要点,已在刑事司法实践中得到具体应用,成为国家审判机关裁判私募基金类犯罪案件的认定理由,参见案例:
>
> 第四篇第三章第一节案例二"北京某私募基金管理人委托第三方以公开方式募集资金4余亿元,对第三方募集资格及方式未尽审查义务,实际控制人获刑8年,并处罚金40万元"。

二、私募基金产品的推介程序

在特定对象确定程序完成以后,募集机构应当自行或者委托第三方机构对私募基金进行风险评级,根据私募基金的风险类型和评级结果,向投资者推介与其风险识别能力和风险承担能力相匹配的私募基金。募集机构应当采取合理方式向投资者披露私募基金信息,揭示投资风险,确保推介材料中的相关内容清晰、醒目。

(一)推介材料内容要求

私募基金推介材料内容应与基金合同主要内容一致,不得有任何虚假记载、误导性陈述或者重大遗漏。如有不一致的,应当向投资者特别说明。

私募基金推介材料内容包括但不限于:

1. 私募基金的名称和基金类型。

2. 私募基金管理人名称、私募基金管理人登记编码、基金管理团队等基本信息。

3. 中基协私募基金管理人以及私募基金公示信息(含相关诚信信息)。

4. 私募基金托管情况(如无,应以显著字体特别标注)、其他服务提供商(如律师事务所、会计师事务所、托管机构等),是否聘用投资顾问等。

5. 私募基金的外包情况。

6. 私募基金的投资范围、投资策略和投资限制概况。

7. 私募基金收益与风险的匹配情况。

8. 私募基金的风险揭示。

9. 私募基金募集结算资金专用账户及其监督机构信息。

10. 投资者承担的主要费用及费率,投资者的重要权利(如认购、赎回、转让等限制、时间和要求等）。

11. 私募基金承担的主要费用及费率。

12. 私募基金信息披露的内容、方式及频率。

13. 明确指出该文件不得转载或给第三方传阅。

14. 私募基金采取合伙企业、有限责任公司组织形式的，应当明确说明入伙（股）协议不能替代合伙协议或公司章程。说明根据合伙企业法或公司法，合伙协议、公司章程依法应当由全体合伙人、股东协商一致，以书面形式订立。申请设立合伙企业、公司或变更合伙人、股东的，并应当向企业登记机关履行申请设立及变更登记手续。

15. 中基协规定的其他内容。

【"推介材料内容要求"合规要点对应案例】

上述"推介材料内容要求"合规要点，已在刑事司法实践中得到具体应用，成为国家审判机关裁判私募基金类犯罪案件的认定理由，参见案例：

第四篇第三章第四节案例一"山东某私募基金项目，私募基金管理人实际控制人伪造行政机关公文进行募资，投后管理中挪用私募基金用于偿还其他项目欠款，案发后贿买他人作伪证，被法院以挪用资金罪、伪造国家机关公文罪、妨害作证罪数罪并罚 6 年 6 个月，并处罚金"。

（二）私募基金推介的禁止性规定

依照《募管办法》的规定，募集机构及其从业人员推介私募基金时，禁止有以下行为：

1. 公开推介或者变相公开推介。

2. 推介材料虚假记载、误导性陈述或者重大遗漏。

3. 以任何方式承诺投资者资金不受损失，或者以任何方式承诺投资者最低收益，包括宣传"预期收益""预计收益""预测投资业绩"等相关内容。

4. 夸大或者片面推介基金，违规使用"安全""保证""承诺""保险""避险""有保障""高收益""无风险"等可能误导投资人进行风险判断的措辞。

5. 使用"欲购从速""申购良机"等片面强调集中营销时间限制的措辞。

6. 推介或片面节选少于 6 个月的过往整体业绩或过往基金产品业绩。

7. 登载个人、法人或者其他组织的祝贺性、恭维性或推荐性的文字。

8. 采用不具有可比性、公平性、准确性、权威性的数据来源和方法进行业绩比较，任意使用"业绩最佳""规模最大"等相关措辞。

9. 恶意贬低同行。

10. 允许非本机构雇佣的人员进行私募基金推介。

11. 推介非本机构设立或负责募集的私募基金。

12. 法律、行政法规、中国证监会和中基协禁止的其他行为。

【"私募基金推介的禁止性规定"合规要点对应案例】

上述"私募基金推介的禁止性规定"合规要点，已在刑事司法实践中得到具体应用，成为国家审判机关裁判私募基金类犯罪案件的认定理由，参见案例：

第四篇第三章第一节案例五"上海某私募基金管理人非法公开募集资金6.3余亿元，法定代表人和股东分别获刑7年和6年，并处罚金30万元和20万元"。

第四篇第三章第三节案例"北京某私募基金管理人实际控制人非法集资1000余万元，合同诈骗400万元，数罪并罚获刑16年，并处剥夺政治权利5年、罚金51万元"。

第四篇第三章第四节案例二"某私募基金管理人法定代表人为增加基金发行推广的可信度，伪造行政机关公文，被法院以伪造国家机关公文罪判处有期徒刑6个月，并处罚金"。

第四篇第三章第六节案例"某私募基金传销组织省级总代发展下线400余人，涉案资金3000余万元，被法院判处有期徒刑3年，并处罚金100万元"。

第五篇第二章第二节案例二"北京某私募基金管理人未按合同约定使用募集资金，诈骗350余万元，法定代表人以集资诈骗罪获刑10年，并处罚金10万元"。

（三）关于媒介渠道选择的禁止性规定

依照《募管办法》的规定，募集机构不得通过下列媒介渠道推介私募基金：

1. 公开出版资料。

2. 面向社会公众的宣传单、布告、手册、信函、传真。

3. 海报、户外广告。

4. 电视、电影、电台及其他音像等公共传播媒体。

5. 公共、门户网站链接广告、博客等。

6. 未设置特定对象确定程序的募集机构官方网站、微信朋友圈等互联网媒介。

7. 未设置特定对象确定程序的讲座、报告会、分析会。

8. 未设置特定对象确定程序的电话、短信和电子邮件等通信媒介。

9. 法律、行政法规、中国证监会规定和中基协自律规则禁止的其他行为。

除了前述的禁止性规定，私募基金管理人还需要关注，执法部门主动排查涉嫌非法集资广告资讯已成为执法新常态。

以深圳为例，2018年11月27日《深圳晚报》的报道①显示，深圳市打击和处置非法集资领导小组办公室（以下简称市处非办）采取了一系列措施加大力度打击非法集资乱象。市处非办工作人员向记者介绍，非法集资活动涉及内容非常广泛，主要包括以"看广告、赚外快""消费返利"等为幌子，以投资境外股权、期权、外汇、贵金属等为幌子，以投资养老产业获取高额回报或免费养老为幌子，以私募入股、合伙办企业为幌子，以投资"虚拟货币""区块链"为幌子，以"扶贫""慈善""互助"为幌子和以投资"理财"公司为幌子。

为遏制非法集资活动的传播扩散，深圳制定了《深圳市2018年涉嫌非法集资广告资讯信息排查清理活动工作方案》，开展涉嫌非法集资广告资讯信息排查清理。此次排查工作共检查广告、信息100多万条，出动执法人员两万多人次，有效地控制了涉嫌非法集资内容的广告扩散。通过主动排查清理，深圳打掉涉嫌非法集资风险企业12家。

全国各地，类似深圳这样主动式清理排查正在成为非法集资领域的常态化执法动作，执法部门在常态化监测预警的同时，也在探索精准分层、分类的"靶向治疗"，重点对行业整体、不同地区、重点公司、重点业务等进行深度监测。

随着监管部门主动排查式执法的常态化，私募基金宣传推广环节的违法违规成本将日益提高。

---

① 参见深圳晚报：《深圳多措并举打击非法集资》，载新华网，http://k.sina.com.cn/article_1913382117_720be4e502000jr31.html，访问日期：2020年3月19日。

> **【"关于媒介渠道选择的禁止性规定"合规要点对应案例】**
>
> 上述"关于媒介渠道选择的禁止性规定"合规要点,已在刑事司法实践中得到具体应用,成为国家审判机关裁判私募基金类犯罪案件的认定理由,参见案例:
>
> 第四篇第三章第一节案例一"湖北某私募基金管理人以公开方式募集资金3.2余亿元,单位被判处罚金40万元,法定代表人及分公司经理分别获刑9年和8年"。
>
> 第四篇第三章第一节案例四"深圳某私募基金管理人公开募资1.4余亿元,3人获刑,并处罚金"。
>
> 第四篇第三章第一节案例五"上海某私募基金管理人非法公开募集资金6.3余亿元,法定代表人和股东分别获刑7年和6年,并处罚金30万元和20万元"。

三、特定对象确定程序

(一) 特定对象确定程序基本概念

在这里特别指出,私募基金的募集机构可以通过合法途径公开宣传,但是公开宣传的范围必须受到《募管办法》的严格约束,即仅限于私募基金管理人的品牌、发展战略、投资策略、管理团队、高管信息以及由中基协公示的已备案私募基金的基本信息,私募基金管理人应确保前述信息真实、准确、完整。

只有在履行特定对象确定程序以后,才可以对外(仅限于向特定对象)宣传推介私募基金。未经特定对象确定程序,私募机构不得对外推介私募基金。

募集机构在向投资者推介私募基金之前,应当采取问卷调查等方式履行特定对象确定程序,对普通投资者风险识别能力和风险承担能力进行评估(专业投资者只有在对其进行细化分类时才履行风险测评程序)。投资者应当以书面形式承诺其符合合格投资者标准。

投资者的评估结果有效期最长不得超过3年。募集机构逾期再次向投资者推介私募基金时,需重新进行投资者风险评估。同一私募基金产品的投资者持有期间超过3年的,无须再次进行投资者风险评估。

投资者风险承担能力发生重大变化时,可主动申请对自身风险承担能力进行重新评估。

（二）特定对象确定程序中的问卷调查

募集机构应建立科学有效的投资者问卷调查评估方法，确保问卷结果与投资者的风险识别能力和风险承担能力相匹配。募集机构应当在投资者自愿的前提下获取投资者问卷调查信息。问卷调查主要内容应包括但不限于：

1. 投资者基本信息。其中，个人投资者基本信息包括身份信息、年龄、学历、职业、联系方式等信息；机构投资者基本信息包括工商登记中的必备信息、联系方式等信息。

2. 财务状况。其中，个人投资者财务状况包括金融资产状况、最近三年个人年均收入、收入中可用于金融投资的比例等信息，机构投资者财务状况包括净资产状况等信息。

3. 投资知识，包括金融法律法规、投资市场和产品情况、对私募基金风险的了解程度、参加专业培训情况等信息。

4. 投资经验，包括投资期限、实际投资产品类型、投资金融产品的数量、参与投资的金融市场情况等。

5. 风险偏好，包括投资目的、风险厌恶程度、计划投资期限、投资出现波动时的焦虑状态等。

（三）普通投资者的风险承受能力分级

根据《基金募集机构投资者适当性管理实施指引（试行）》第26条的规定，专业投资者之外的，符合法律、法规要求，可以从事基金交易活动的投资者为普通投资者。基金募集机构要按照风险承受能力，将普通投资者由低到高至少分为C1（为风险承受能力最低级别）、C2、C3、C4、C5（为风险承受能力最高级别）五种类型。各风险类别的投资者特征如下表：

风险级别	风险定位	投资者特征
C1	低风险	投资者首要目标是保护本金不受损失和资产流动性；追求投资收益稳定性，不愿承担高风险以换取高收益
C2	中低风险	投资者愿意承担较小风险取得相对稳定的收益，愿意承担略低于市场平均水平的风险
C3	中风险	投资者愿意在风险较小的情况下获得一定的收益，愿意承受一定本金损失风险或市场平均风险
C4	中高风险	投资者比较注重长期投资收益；风险承受能力一般，投资产品业绩的波动会对投资者产生一定影响，但投资者愿意承受略高于市场平均水平的风险

续表

风险级别	风险定位	投资者特征
C5	高风险	投资者专注于长期增值及追求超高回报,并愿为此承受较大风险;短期投资波动不会对投资者造成较大影响

对最低风险级别的投资者的特别保护:对于该类投资者,不得购买高于其风险承受能力的基金产品或服务。

(四)如何设置在线特定对象确定程序

募集机构通过互联网媒介在线向投资者推介私募基金之前,应当设置在线特定对象确定程序,投资者应承诺其符合合格投资者标准。前述在线特定对象确定程序包括但不限于:

1. 投资者如实填报真实身份信息及联系方式。

2. 募集机构应通过验证码等有效方式核实用户的注册信息。

3. 投资者阅读并同意募集机构的网络服务协议。

4. 投资者阅读并主动确认其自身符合《私募监管办法》第三章关于合格投资者的规定。

5. 投资者在线填报风险识别能力和风险承担能力的问卷调查。

6. 募集机构根据问卷调查及其评估方法在线确认投资者的风险识别能力和风险承担能力。

【"特定对象确定程序"合规要点对应案例】

上述"特定对象确定程序"合规要点,已在刑事司法实践中得到具体应用,成为国家审判机关裁判私募基金类犯罪案件的认定理由,参见案例:

第四篇第三章第一节案例四"深圳某私募基金管理人公开募资 1.4 余亿元,3 人获刑,并处罚金"。

四、关于基金销售机构的特别规定

募集机构应当恪尽职守、诚实信用、谨慎勤勉,防范利益冲突,履行说明义务、反洗钱义务等相关义务,承担特定对象确定、投资者适当性审查、私募基金推介及合格投资者确认等相关责任。

私募基金管理人应当履行受托人义务，承担基金合同、公司章程或者合伙协议（以下统称基金合同）的受托责任。委托基金销售机构募集私募基金的，不得因委托募集免除私募基金管理人依法承担的责任。

私募基金管理人委托基金销售机构募集私募基金的，应当以书面形式签订基金销售协议，并将协议中关于私募基金管理人与基金销售机构权利义务划分以及其他涉及投资者利益的部分作为基金合同的附件。基金销售机构负责向投资者说明相关内容。

基金销售协议与作为基金合同附件的关于基金销售的内容不一致的，以基金合同附件为准。

任何机构和个人不得为规避合格投资者标准，募集以私募基金份额或其收益权为投资标的的金融产品，或者将私募基金份额或其收益权进行非法拆分转让，变相突破合格投资者标准。募集机构应当确保投资者已知悉私募基金转让的条件。

与私募基金的自行募集相比，委托募集存在基金的销售方和基金管理人分离的情形，更容易发生信息不对称和责任推诿的情形。有鉴于此，中基协从以下几个方面对私募基金的委托募集予以规范：

一是明确私募基金销售机构为在中国证监会注册取得基金销售业务资格且成为中基协会员的机构。其一，基金销售机构要具备基金销售业务资格，从会员自律角度出发，基金销售机构同时要成为中基协会员；其二，私募基金管理人委托销售的只能是机构，而非个人，这有利于促进财富管理行业向专业化、机构化升级。

二是明确私募基金管理人和私募基金销售机构的责任划分并有效告知投资者。为防范私募基金行业因募集和管理权责不清而产生责任推诿，对整个行业产生不利影响，《募管办法》特别规定私募基金管理人应当与基金销售机构签订基金销售协议，并将协议中关于私募基金管理人与私募基金销售机构权利义务划分，以及其他涉及投资者利益的部分作为基金合同的附件，且相关内容应当由募集机构如实全面地告知投资者。

三是设置基金销售机构履行报告与信息披露的义务。私募基金销售机构中基协除应履行本办法规定的募集机构的固有义务外，还应当负责如实地向投资者说明基金销售协议中关于私募基金管理人与私募基金销售机构中基协权利义务划分以及其他涉及投资者利益的内容，确保投资者知悉私募基金管理人与私募基金销售机构中基协之间责任分担的差异。

【"关于基金销售机构的特别规定"合规要点对应案例】

上述"关于基金销售机构的特别规定"合规要点,已在刑事司法实践中得到具体应用,成为国家审判机关裁判私募基金类犯罪案件的认定理由,具体案例:

第四篇第三章第一节案例二"北京某私募基金管理人委托第三方以公开方式募集资金 4 余亿元,对第三方募集资格及方式未尽审查义务,实际控制人获刑 8 年,并处罚金 40 万元"。

五、私募基金投资者的法定要求

(一)投资金额与资产要求

根据《募管办法》第 12 条规定,所谓私募基金的合格投资者,是指具备相应风险识别能力和风险承担能力,投资于单只私募基金的金额不低于 100 万元且符合下列相关标准的机构和个人:(1)净资产不低于 1000 万元的机构;(2)金融资产不低于 300 万元或者最近三年个人年均收入不低于 50 万元的个人。上述所谓金融资产,包括银行存款、股票、债券、基金份额、资产管理计划、银行理财产品、信托计划、保险产品、期货权益等。

根据《募管办法》第 13 条规定,下列投资者视为合格投资者:(1)社会保障基金、企业年金等养老基金,慈善基金等社会公益基金;(2)依法设立并在基金业协会备案的投资计划;(3)投资于所管理私募基金的私募基金管理人及其从业人员;(4)中国证监会规定的其他投资者。以合伙企业、契约等非法人形式,通过汇集多数投资者的资金直接或者间接投资于私募基金的,私募基金管理人或者私募基金销售机构应当穿透核查最终投资者是否为合格投资者,并合并计算投资者人数。但是,符合本条第(1)、(2)、(4)项规定的投资者投资私募基金的,不再穿透核查最终投资者是否为合格投资者和合并计算投资者人数。

(二)签署基金风险揭示书的要求

在投资者签署基金合同之前,募集机构应当向投资者说明有关法律法规,说明投资冷静期、回访确认等程序性安排以及投资者的相关权利,重点揭示私募基金风险,并与投资者签署风险揭示书。

私募基金管理人自行销售私募基金的，应当采取问卷调查等方式，对投资者的风险识别能力和风险承担能力进行评估，由投资者书面承诺符合合格投资者条件；应当制作风险揭示书，由投资者签字确认。私募基金管理人委托销售机构销售私募基金的，私募基金销售机构应当采取前述评估、确认等措施。

风险揭示书的内容包括但不限于：

1. 私募基金的特殊风险，包括基金合同与中基协合同指引不一致所涉风险、基金未托管所涉风险、基金委托募集所涉风险、外包事项所涉风险、聘请投资顾问所涉风险、未在中基协登记备案的风险等；

2. 私募基金的一般风险，包括资金损失风险、基金运营风险、流动性风险、募集失败风险、投资标的的风险、税收风险等；

3. 投资者对基金合同中投资者权益相关重要条款的逐项确认，包括当事人权利义务、费用及税收、纠纷解决方式等。

4. 逐项签字承诺：中基协为私募基金管理人和私募基金办理登记备案不构成对私募基金管理人投资能力、持续合规情况的认可；不作为对基金财产安全的保证。本人/机构承诺本次投资行为是为本人/机构购买私募投资基金。本人/机构承诺不以非法拆分转让为目的购买私募基金，不会突破合格投资者标准，将私募基金份额或其收益权进行非法拆分转让。

【"签署基金风险揭示书的要求"合规要点对应案例】

上述"签署基金风险揭示书的要求"合规要点，已在刑事司法实践中得到具体应用，成为国家审判机关裁判私募基金类犯罪案件的认定理由，参见案例：

第四篇第三章第一节案例五"上海某私募基金管理人非法公开募集资金6.3余亿元，法定代表人和股东分别获刑7年和6年，并处罚金30万元和20万元"。

（三）提供资产/收入证明，并接受问卷调查的要求

在完成私募基金风险揭示后，募集机构应当要求投资者提供必要的资产证明文件或收入证明。

募集机构应当合理审慎地审查投资者是否符合私募基金合格投资者标准，依法履行反洗钱义务，并确保单只私募基金的投资者人数累计不得超过

证券投资基金法、公司法、合伙企业法等法律规定的特定数量。

投资者须提供必要的资产证明文件或收入证明，客户投资前须接受问卷调查、风险测评、投资者适当性匹配等必经程序。

> 【"私募基金投资者的法定要求"合规要点对应案例】
>
> 上述"私募基金投资者的法定要求"合规要点，已在刑事司法实践中得到具体应用，成为国家审判机关裁判私募基金类犯罪案件的认定理由，参见案例：
>
> 第四篇第三章第一节案例一"湖北某私募基金管理人以公开方式募集资金3.2余亿元，单位被判处罚金40万元，法定代表人及分公司经理分别获刑9年和8年"。
>
> 第四篇第三章第一节案例二"北京某私募基金管理人委托第三方以公开方式募集资金4余亿元，对第三方募集资格及方式未尽审查义务，实际控制人获刑8年，并处罚金40万元"。
>
> 第四篇第三章第一节案例三"某基金管理公司非法公开募集资金7.7亿元，被法院以非法吸收公众存款罪追究刑事责任，公司被判罚金，13名员工获刑，并处罚金"。
>
> 第四篇第三章第一节案例五"上海某私募基金管理人非法公开募集资金6.3余亿元，法定代表人和股东分别获刑7年和6年，并处罚金30万元和20万元"。

六、关于投资者的资金安全

私募基金的投资者资金，亦称私募基金客户资金、私募基金募集结算资金，是指由募集机构归集的、在投资者资金账户与私募基金财产账户或托管资金账户之间划转的往来资金。

募集结算资金从投资者资金账户划出，到达私募基金财产账户或托管资金账户之前，属于投资者的合法财产。涉及私募基金募集结算资金专用账户开立、使用的机构不得将私募基金募集结算资金归入其自有财产。禁止任何单位或者个人以任何形式挪用私募基金募集结算资金。私募基金管理人、基金销售机构、基金销售支付机构或者基金份额登记机构破产或者清算时，私募基金募集结算资金不属于其破产财产或者清算财产。

募集机构或相关合同约定的责任主体应当开立私募基金募集结算资金专

用账户，用于统一归集私募基金募集结算资金、向投资者分配收益、给付赎回款项以及分配基金清算后的剩余基金财产等，确保资金原路返还。

募集机构应当与监督机构签署账户监督协议，明确对私募基金募集结算资金专用账户的控制权、责任划分及保障资金划转安全的条款。监督机构应当按照法律法规和账户监督协议的约定，对募集结算资金专用账户实施有效监督，承担保障私募基金募集结算资金划转安全的连带责任。

取得基金销售业务资格的商业银行、证券公司等金融机构，可以在同一私募基金的募集过程中同时作为募集机构与监督机构。符合前述情形的机构应当建立完备的防火墙制度，防范利益冲突。

《募管办法》第6条第2款规定，募集机构及其从业人员不得从事侵占基金财产和客户资金、利用私募基金相关的未公开信息进行交易等违法活动。

【"关于投资者的资金安全"合规要点对应案例】

上述"关于投资者的资金安全"合规要点，已在刑事司法实践中得到具体应用，成为国家审判机关裁判私募基金类犯罪案件的认定理由，参见案例：

第四篇第三章第一节案例一"湖北某私募基金管理人以公开方式募集资金3.2余亿元，单位被判处罚金40万元，法定代表人及分公司经理分别获刑9年和8年"。

第四篇第三章第一节案例二"北京某私募基金管理人委托第三方以公开方式募集资金4余亿元，对第三方募集资格及方式未尽审查义务，实际控制人获刑8年，并处罚金40万元"。

第四篇第三章第五节案例一"某私募基金管理人区域经理利用职务便利，侵占私募基金90余万元，被法院判处有期徒刑3年"。

第五篇第二章第二节案例一"某私募基金管理人法定代表人以非法占有为目的募资后，仅将少量资金用于投资，以新偿旧，骗取投资款逾4000万元，被法院判处有期徒刑8年，并处罚金"。

第五篇第二章第三节案例"北京某私募基金执行事务合伙人代表未经投资决策程序，违反约定资金用途，挪用资金2735万元，获刑4年6个月"。

第五节　投资者适当性制度与合规管理

一、投资者适当性制度概述

投资者适当性，是指基金募集机构在销售基金产品或者服务的过程中，根据投资者的风险承受能力销售不同风险等级的基金产品或者服务，把合适的基金产品或者服务卖给合适的投资者。

适当性制度是资本市场的一项基础制度，制定统一的适当性管理规定，规范、落实经营机构的适当性义务，是落实"依法监管、从严监管、全面监管"要求，加强资本市场法治建设、强化投资者保护的重要举措。

一是有利于完善投资者适当性管理工作。近几年，创业板、股转系统、金融期货、融资融券、私募基金等市场、业务、产品均建立了适当性制度，起到了积极效果。但相关要求散见于各市场或业务法规和自律规定，市场经营机构适当性义务不明确，缺乏统一清晰的监管底线要求，实践中部分机构对适当性制度执行不到位，导致实际风险承受能力低的投资者参与了较高风险的业务，遭受了损失。通过制定统一的适当性管理规定，规范分类分级标准、明确机构义务，能够有效解决以上问题。

二是符合加强创新监管和守住风险底线的要求。当前投资者和市场经营机构尚不成熟，监管法规和工作机制也在逐步完善，强化适当性管理有助于加强对市场创新的监管，防范和化解系统性风险。

三是适应我国强化投资者保护工作的实际需要。我国资本市场以中小投资者为主，一些投资者的知识储备、投资经验和风险意识不足，有必要通过适当性管理构筑保护投资者的第一道防线。通过督促落实适当性制度可以把监管要求和压力有效传导到一线经营机构，督促其将适当的产品或服务销售提供给适当的投资者，增强投资者保护主动性，提高服务质量和水平。

二、投资者适当性管理办法

为了规范证券期货投资者适当性管理，维护投资者合法权益，根据证券法、证券投资基金法、证券公司监督管理条例、期货交易管理条例以及其他相关法律、行政法规，中国证券监督管理委员会于 2017 年 2 月 21 日发布了《证券期货投资者适当性管理办法》（以下简称《适管办法》）。

《适管办法》作为我国证券期货市场首部投资者保护专项规章，是资本市场重要的基础性法律制度。《适管办法》明确将"向投资者销售公开或者非公开发行的证券、公开或者非公开募集的证券投资基金和股权投资基金（包括创业投资基金，以下简称基金）、公开或者非公开转让的期货及其他衍生产品，或者为投资者提供相关业务服务的"纳入其调整范畴。

《适管办法》共43条，针对适当性管理中的实际问题，作了以下主要制度安排：

一是形成了依据多维度指标对投资者进行分类的体系，统一投资者分类标准和管理要求。《适管办法》将投资者分为普通投资者和专业投资者两类，规定了专业投资者的范围，明确了专业投资者、普通投资者相互转化的条件和程序，规定经营机构可以对投资者进行细化分类，且应当制定分类内部管理制度。进一步规范了特定市场、产品、服务的投资者准入要求，明确考虑因素、主要指标、资产指标期间性等基本要求。由此，解决了投资者分类无统一标准、无底线要求和分类职责不明确等问题。

二是明确了产品分级的底线要求和职责分工，建立层层把关、严控风险的产品分级机制。《适管办法》规定，经营机构应当了解产品或服务信息，对产品或服务进行风险分级并制定分级内部管理制度，明确划分风险等级的考虑因素。规定由行业协会制定并定期更新本行业的产品风险等级名录，经营机构可以制定高于名录的实施标准。由此，建立了监管部门确立底线要求、行业协会规定产品名录指引、经营机构制定具体分级标准的产品分级体系，既给予了经营机构必要的空间，又有效防止了产品风险被低估而侵害投资者权益。

三是规定了经营机构在适当性管理各个环节应当履行的义务，全面从严规范相关行为。《适管办法》规定，经营机构应当了解投资者信息，建立投资者评估数据库并每年更新。提出适当性匹配的底线要求，细化动态管理、告知警示、录音录像等义务。明确经营机构在代销产品或委托销售中了解产品信息、制定适当性标准等义务，规定委托销售机构和受托销售机构依法共同承担责任。要求经营机构制定落实适当性匹配、风险控制、监督问责等内部管理制度，不得采取鼓励从业人员不适当销售的考核激励措施，定期开展自查，妥善保存资料。《适管办法》突出适当性义务规定的可操作性，细化具体内容、方式和程序，确保经营机构能够据此执行，避免成为原则性的"口号立法"。

四是突出对于普通投资者的特别保护，向投资者提供有针对性的产品及差别化服务。《适管办法》规定，普通投资者在信息告知、风险警示、适当性匹配等方面享有特别保护。经营机构向普通投资者销售高风险产品或者提供相关服务，应当履行特别的注意义务，不得向普通投资者主动推介不符合其投资目标或者风险等级高于其风险承受能力的产品或者服务。经营机构与普通投资者发生纠纷的，经营机构应当提供相关资料，证明其已向投资者履行相应义务。

五是强化了监管自律职责与法律责任，确保适当性义务落到实处。《适管办法》规定了监管自律机构在审核关注产品或者服务适当性安排、督促适当性制度落实、制定完善适当性规则等方面的职责。本着有义务必有追责的原则，针对每一项义务制定了相应的违规罚则，要求监管自律机构通过检查督促，采取监督管理措施、行政处罚和市场禁入措施等方式，确保经营机构自觉落实适当性义务，避免《适管办法》成为无约束力的"豆腐立法"和"没有牙齿的立法"。

《适管办法》的出台，并未限制投资者交易自由，而是让合适的投资者购买适当的产品，它将有可能让私募"野蛮融资"时代走向终结。《适管办法》的核心就是要求经营机构对投资者进行科学分类，将"了解客户""了解产品""客户与产品匹配""风险揭示"作为基本的经营原则，不了解客户就卖产品，不把风险讲清楚就卖产品，既背离基本道义，也违反了法律义务，将从自律、监管等各个层面给予相应的处罚。

三、私募机构履行投资者适当性义务的刚性约束

对私募基金管理人而言，一定要注意《适管办法》的刚性约束条款，这不仅仅是基金管理人合规管理的内在要求，还是法律要求，因此，如果履行不当，将可能被法院判决私募基金管理人承担法律责任。

（一）对私募机构的六条禁止令

禁止经营机构进行下列销售产品或者提供服务的活动：

1. 向不符合准入要求的投资者销售产品或者提供服务；

2. 向投资者就不确定事项提供确定性的判断，或者告知投资者有可能使其误认为具有确定性的意见；

3. 向普通投资者主动推介风险等级高于其风险承受能力的产品或者服务；

4. 向普通投资者主动推介不符合其投资目标的产品或者服务；

5. 向风险承受能力最低级别的投资者销售或者提供风险等级高于其风险承受能力的产品或者服务；

6. 其他违背适当性要求，损害投资者合法权益的行为。

（二）私募机构的事前告知义务

经营机构向普通投资者销售产品或者提供服务前，应当告知下列信息：

1. 可能直接导致本金亏损的事项；

2. 可能直接导致超过原始本金损失的事项；

3. 因经营机构的业务或者财产状况变化，可能导致本金或者原始本金亏损的事项；

4. 因经营机构的业务或者财产状况变化，影响客户判断的重要事由；

5. 限制销售对象权利行使期限或者可解除合同期限等全部限制内容；

6. 《适管办法》第29条规定的适当性匹配意见。

（三）告知、警示的形式及操作要求

经营机构对投资者进行告知、警示，内容应当真实、准确、完整，不存在虚假记载、误导性陈述或者重大遗漏，语言应当通俗易懂；告知、警示应当采用书面形式送达投资者，并由其确认已充分理解和接受。

《适管办法》第25条规定："经营机构通过营业网点向普通投资者进行本办法第十二条、第二十条、第二十一条和第二十三条规定的告知、警示，应当全过程录音或者录像；通过互联网等非现场方式进行的，经营机构应当完善配套留痕安排，由普通投资者通过符合法律、行政法规要求的电子方式进行确认。"

四、私募基金投资者的分类

基金募集机构要根据自然人投资者、机构投资者、金融机构理财产品的各自特点，向投资者提供具有针对性的投资者信息表。

投资者分为普通投资者与专业投资者。未对投资者进行分类的，要履行普通投资者适当性义务。

普通投资者在信息告知、风险警示、适当性匹配等方面享有特别保护。

（一）专业投资者

符合下列条件之一的是专业投资者：

1. 经有关金融监管部门批准设立的金融机构，包括证券公司、期货公司、基金管理公司及其子公司、商业银行、保险公司、信托公司、财务公司等；经行业协会备案或者登记的证券公司子公司、期货公司子公司、私募基金管理人。

2. 上述机构面向投资者发行的理财产品，包括但不限于证券公司资产管理产品、基金管理公司及其子公司产品、期货公司资产管理产品、银行理财产品、保险产品、信托产品、经行业协会备案的私募基金。

3. 社会保障基金、企业年金等养老基金，慈善基金等社会公益基金，合格境外机构投资者（QFII）、人民币合格境外机构投资者（RQFII）。

4. 同时符合下列条件的法人或者其他组织：

（1）最近一年末净资产不低于2000万元；

（2）最近一年末金融资产不低于1000万元；

（3）具有两年以上证券、基金、期货、黄金、外汇等投资经历。

5. 同时符合下列条件的自然人：

（1）金融资产不低于500万元，或者最近三年个人年均收入不低于50万元；

（2）具有两年以上证券、基金、期货、黄金、外汇等投资经历，或者具有两年以上金融产品设计、投资、风险管理及相关工作经历，或者专业投资者的高级管理人员、获得职业资格认证的从事金融相关业务的注册会计师和律师。

上述所谓金融资产，是指银行存款、股票、债券、基金份额、资产管理计划、银行理财产品、信托计划、保险产品、期货及其他衍生产品等。

专业投资者可以购买或接受所有风险等级的产品或服务。

（二）普通投资者

专业投资者之外的，符合法律、法规要求，可以从事基金交易活动的投资者为普通投资者。

基金募集机构按照风险承受能力，将普通投资者由低到高至少分为C1（为风险承受能力最低级别）、C2、C3、C4、C5（为风险承受能力最高级别）五种类型。

基金募集机构可以将C1中符合下列情形之一的自然人，作为风险承受能力最低级别投资者：

1. 不具有完全民事行为能力；

2. 没有风险容忍度或者不愿承受任何投资损失；

3. 法律、行政法规规定的其他情形。

五、基金产品或者服务风险等级划分

基金募集机构对基金产品或者服务的风险等级划分，可以由基金募集机构完成，也可以委托第三方机构提供。委托第三方机构提供基金产品或者服务风险等级划分的，基金募集机构应当要求其提供基金产品或者服务风险等级划分方法及其说明。

基金募集机构落实适当性义务不因委托第三方而免除。

基金产品或者服务的风险等级按照风险由低到高顺序，至少划分为 R1、R2、R3、R4、R5 五个等级。

基金募集机构可以根据实际情况在前述所列等级的基础上进一步进行风险细分。

基金产品或者服务存在下列因素的，要审慎评估其风险等级：

1. 基金产品或者服务合同存在特殊免责条款、结构性安排、投资标的具有衍生品性质等导致普通投资者难以理解的；

2. 基金产品或者服务不存在公开交易市场，或因参与投资者少等因素导致难以在短期内以合理价格顺利变现的；

3. 基金产品或者服务的投资标的流动性差、存在非标准资产投资导致不易估值的；

4. 基金产品或者服务投资杠杆达到相关要求上限、投资单一标的集中度过高的；

5. 基金管理人、实际控制人、高管人员涉嫌重大违法违规行为或正在接受监管部门或自律管理部门调查的；

6. 影响投资者利益的其他重大事项；

7. 协会认定的高风险基金产品或者服务。

六、普通投资者与基金产品或者服务的风险匹配

基金募集机构要制定普通投资者和基金产品或者服务匹配的方法、流程，明确各个岗位在执行投资者适当性管理过程中的职责。

匹配方法至少要在普通投资者的风险承受能力类型和基金产品或者服务的风险等级之间建立合理的对应关系，同时在建立对应关系的基础上将基金产品或者服务风险超越普通投资者风险承受能力的情况定义为风险不匹配。

基金募集机构要根据普通投资者风险承受能力和基金产品或者服务的风

险等级建立以下适当性匹配原则：

1. C1 型（为最低风险承受能力级别）普通投资者可以购买 R1 级基金产品或者服务；

2. C2 型普通投资者可以购买 R2 级及以下风险等级的基金产品或者服务；

3. C3 型普通投资者可以购买 R3 级及以下风险等级的基金产品或者服务；

4. C4 型普通投资者可以购买 R4 级及以下风险等级的基金产品或者服务；

5. C5 型（为风险承受能力最高级别）普通投资者可以购买所有风险等级的基金产品或者服务。

最低风险承受能力类别的普通投资者不得购买高于其风险承受能力的基金产品或者服务。

投资者风险承受能力等级与产品或服务风险等级相匹配的，证券经营机构应当与投资者签署确认适当性匹配结果；不匹配的，应当与投资者签署确认风险警示。在告知投资者不适合购买相关产品或者接受相关服务后，投资者主动要求购买风险等级高于其风险承受能力的产品或者接受相关服务的，证券经营机构在确认其在不属于风险承受能力最低类别的投资者后，应当就产品或者服务风险高于其承受能力进行特别的书面风险警示，投资者仍坚持购买的，可以向其销售相关产品或者提供相关服务。

除因遗产继承等特殊原因产生的基金份额转让之外，普通投资者主动购买高于其风险承受能力基金产品或者服务的行为，不得突破相关准入资格的限制。

适当性管理可以加强对投资者的事前保护，强化市场主体的适当性义务，同时体现"买者自负"原则。投资者适当性管理制度的实施，将有效降低投资者损失的事后监管成本和司法成本。

【"投资者适当性制度与合规管理"合规要点对应案例】

上述"投资者适当性制度与合规管理"合规要点，已在刑事司法实践中得到具体应用，成为国家审判机关裁判私募基金类犯罪案件的认定理由，参见案例：

第四篇第三章第一节案例二"北京某私募基金管理人委托第三方以公开方式募集资金 4 余亿元，对第三方募集资格及方式未尽审查义务，实际控制人获刑 8 年，并处罚金 40 万元"。

第六节　私募基金资金池问题

私募基金管理人在私募基金的募集环节应当加强合规管理，注意避免在私募基金募集过程中形成资金池业务。

2020年4月24日，《证券时报》记者发表题为《30亿巨资去哪儿了！起底持牌私募汇能金控"自融"骗局，财富被这样收割》[1]的报道，其中"自融自投，设立资金池，挪用客户资金"的标题赫然在目。

作为私募基金的发源地之一，深圳是名副其实的养"基"大户。在行业规模发展的同时，私募爆雷频发，堪称对中产阶级的一次"洗劫"。

4月17日，数位私募投资人向《证券时报》记者表示，他们所投资的汇能金控（全称：深圳市前海汇能金融控股有限公司）于2018年10月22日就出现兑付危机，董事长与实际控制人徐某及家族成员通过汇能金控平台不断发行新的产品募集资金，以借新还旧方式覆盖给投资者承诺的高收益回报率，与此同时还设立资金池，将资金挪作他用，甚至用于民间高利贷，最后资金链断裂。

2014年1月至2018年10月，汇能金控共发行75只私募基金产品，总募资85.94亿元，返还投资人本金总计55.85亿元，未兑付资金总计29.53亿元，吸收1507名投资人（去重）资金。

2019年4月，福田经侦以非法吸收公众存款罪对汇能金控进行立案侦查。2019年3月17日，汇能金控实控人徐某及妻子康某某涉嫌非法集资诈骗、汇能金控执行总裁杨某、汇能金控财富中心总监黄某某涉嫌非法吸收公众存款罪，由深圳市福田区人民检察院报送深圳市人民检察院审查起诉。

深圳证监局于2019年12月30日对汇能金控作出处罚，汇能金控发行深圳前海汇能天源贰号信息咨询企业（有限合伙）等24只私募基金产品，未在中基协办理备案手续就开始对外融资，除产品未备案之外，还存

---

[1] 参见罗曼：《30亿巨资去哪儿了！起底持牌私募汇能金控"自融"骗局，财富被这样收割》，载证券时报网，https://baijiahao.baidu.com/s?id=16648481262060987 46&wfr=spider&for=pc，访问日期：2020年4月24日。

在严重的挪用基金财产现象,其中,汇能深业泰然观澜玫瑰苑物业并购私募投资基金和并购私募投资基金二期是前海汇能担任基金管理人的契约型私募基金,分别募集资金1.501亿元和2.302亿元,合计3.803亿元,后前海汇能将上述基金财产全部转移至关联公司深圳前海汇能天宝投资管理企业(有限合伙)银行账户。

一、监管层关于私募基金资金池业务的规定

序号	文件名称	相关规定
1	《私募投资基金备案须知》	一、私募投资基金备案总体性要求 (十四)【禁止资金池】管理人应当做到每只私募投资基金的资金单独管理、单独建账、单独核算,不得开展或者参与任何形式的"资金池"业务,不得存在短募长投、期限错配、分离定价、滚动发行、集合运作等违规操作。
2	《证券期货经营机构私募资产管理业务运作管理暂行规定》	第九条 证券期货经营机构不得开展或参与具有"资金池"性质的私募资产管理业务,资产管理计划不得存在以下情形或者投资存在以下情形的其他资产管理产品: (一)不同资产管理计划进行混同运作,资金与资产无法明确对应; (二)资产管理计划在整个运作过程中未有合理估值的约定,且未按照资产管理合同约定向投资者进行充分适当的信息披露; (三)资产管理计划未单独建账、独立核算,未单独编制估值表; (四)资产管理计划在开放申购、赎回或滚动发行时未按照规定进行合理估值,脱离对应标的资产的实际收益率进行分离定价; (五)资产管理计划未进行实际投资或者投资于非标资产,仅以后期投资者的投资资金向前期投资者兑付投资本金和收益; (六)资产管理计划所投资产发生不能按时收回投资本金和收益情形的,资产管理计划通过开放参与、退出或滚动发行的方式由后期投资者承担此类风险,但管理人进行充分信息披露及风险揭示且机构投资者书面同意的除外。

续表

序号	文件名称	相关规定
3	中国人民银行、中国银行保险监督管理委员会、中国证券监督管理委员会、国家外汇管理局《关于规范金融机构资产管理业务的指导意见》	十五、金融机构应当做到每只资产管理产品的资金单独管理、单独建账、单独核算，不得开展或者参与具有滚动发行、集合运作、分离定价特征的资金池业务。 金融机构应当合理确定资产管理产品所投资资产的期限，加强对期限错配的流动性风险管理，金融监督管理部门应当制定流动性风险管理规定。 为降低期限错配风险，金融机构应当强化资产管理产品久期管理，封闭式资产管理产品期限不得低于90天。资产管理产品直接或间接投资于非标准化债权类资产的，非标准化债权类资产的终止日不得晚于封闭式资产管理产品的到期日或者开放式资产管理产品的最近一次开放日。 资产管理产品直接或者间接投资于未上市企业股权及其受（收）益权的，应当为封闭式资产管理产品，并明确股权及其受（收）益权的退出安排。未上市企业股权及其受（收）益权的退出日不得晚于封闭式资产管理产品的到期日。 金融机构不得违反金融监督管理部门的规定，通过为单一融资项目设立多只资产管理产品的方式，变相突破投资人数限制或者其他监管要求。同一金融机构发行多只资产管理产品投资同一资产的，为防止同一资产发生风险波及多只资产管理产品，多只资产管理产品投资该资产的资金总规模合计不得超过300亿元。如果超出该限额，需经相关金融监督管理部门批准。
4	中国证券投资基金业协会、中国证券监督管理委员会北京监管局《关于在北京市开展打击以私募投资基金为名从事非法集资专项整治行动的通告》	三、私募基金管理人应当遵守"坚持诚信守法，坚守职业道德底线；坚持私募原则，不变相进行公募；坚持投资者适当性管理，面向合格投资者募集资金"的三条底线，依法合规开展业务……不得开展资金池业务或利用资金池借新还旧，不得采用"P2P"或众筹等方式对外募集资金。
5	《证券投资基金行业严禁开展资金池业务》	中国证监会和协会严禁证券投资基金行业开展资金池业务，多次明令禁止，今后将继续按照实质重于形式的原则，对违规资金池业务进行整理，对涉及机构从严处理，对资金池业务进行全面清理，不留死角。

二、资金池业务的四个主要特征

涉及资金池业务的私募基金主要存在如下四个主要特征：

（一）滚动发行

滚动发行，是指私募基金管理人在私募产品存续期间通过不断地申购、赎回，进行滚动式基金发行，以实现资金的持续性募集，达到在资金端不断有资金流入，以保证短期兑付和长期投资的需要。

（二）集合（混同）运作

集合（混同）运作，是指利用统一集中管理的方法，将不同时间发行的各类产品所募集的资金，统一运用于符合基金投资范围的各类标的资产。该方法在将不同期限、不同类型产品募集的资金集合后，投资配置于多种底层资产进行集合运作，导致多个产品同时对应多项底层资产，资金与底层资产无法实现一一对应，以至于在资金端形成滚动发行的资金池，在资产端形成无法与其投资资金进行一一对应的期限错配并且分离定价的资产池。

（三）期限错配

期限错配，是指私募基金合同约定的投资期限，与资产端使用基金资金的期限不完全相同，典型的就是"募短投长""以短配长"，即私募基金合同约定的投资赎回期限短于基金实际投资运作的期限。

（四）分离定价

分离定价，是指产品在开放申购、赎回或滚动发行时，未按照规定与投资标的一一对应，未对底层资产进行合理估值，偏离了对应底层资产的实际收益率，与对应资产的实际收益率脱钩、分离定价，传达的是相对紊乱的定价信息。

三、不视为资金池业务的例外情形

根据《证券期货经营机构私募资产管理业务运作管理暂行规定》（中国证券监督管理委员会公告〔2016〕13号）第9条规定，在资产管理计划所投资产发生不能按时收回投资本金和收益的情形时，管理人在向机构投资者进行充分信息披露及风险揭示的情形下，可通过开放参与、退出或滚动发行的方式由后期机构投资者承担此类风险，该种情形将不被视作资金池业务。

四、防范资金池业务风险的合规措施

资金池业务的法律风险主要表现为流动性风险带来的兑付危机。

关于资金池的兑付风险,我们可以用"蓄水池"的蓄排水原理来帮助理解:假设一个蓄水池有 N 个进水口和 N 个出水口,蓄水池水位的高低、存水完全排空的时间,取决于进水口和排水口的水量增减的博弈。在私募基金资金池业务中,进水口代表着资金流入,即募集资金和对外投资的回款;出水口代表着资金流出,即产品兑付和投资付款。对于私募基金管理人来说,由于自身的资金量(自有水源)有限,如果涉足资金池业务,则将可能发生因为"水池"排空带来的兑付风险。

防范资金池的法律风险,可以从以下几个方面来采取措施:

(一) 实现资金端和资产端的一一对应与单独管理

产品募集的资金应按照约定的投资范围、投资策略和投资标准进行投资,实现每个产品应与其所投资的底层资产相对应、产品资金来源端和运用端的期限相匹配,并做到每个产品单独管理(即对每个产品进行独立的投资管理)、单独建账(即对每个产品建立投资明细账,确保投资的底层资产逐项清晰明确)、单独核算(即对每个产品单独进行会计账务处理,确保每个产品都有资产负债表、利润表、现金流量表等财务报表)。

(二) 对资产池进行网格化管理,对每一个底层资产分别合理估值

应对每个产品实现净值化管理,并按照有关规定及约定(包括但不限于估值的时间、方式、程序),及时对每一个投资标的的底层资产分别进行合理估值,防止多种底层资产进行集合运作,以充分反映各种底层资产的收益和风险,避免私募基金产品脱离其所对应投资的底层资产的实际收益率,而出现资金端与底层资产端的分离定价。

(三) 对投资者充分披露基金产品信息

在产品募集阶段以及产品运作阶段,应按照有关规则的规定及合同约定的信息披露的时间、方式、内容、频率,主动、真实、准确、完整、及时地向投资者披露产品相关信息,包括但不限于产品募集信息、交易模式、资金投向、杠杆水平、关联交易、收益分配、托管安排、投资账户信息和主要投资风险等内容。

因为存在前述"滚动发行、集合(混同)运作、期限错配、分离定价"而形成的资金池业务,容易滋生包括违约风险、违规风险、违法风险在内的

各种风险，是非法集资类违法犯罪的温床，轻则触碰监管红线，招致行政处罚，重则在资金沉淀后的使用资金过程中因为发生侵占、挪用、诈骗而构成刑事犯罪（如前述报道）。

【"私募基金资金池问题"合规要点对应案例】

上述"私募基金的资金池问题"合规要点，已在刑事司法实践中得到具体应用，成为国家审判机关裁判私募基金类犯罪案件的认定理由，参见案例：

第四篇第三章第一节案例五"上海某私募基金管理人非法公开募集资金6.3余亿元，法定代表人和股东分别获刑7年和6年，并处罚金30万元和20万元"。

第五篇第二章第一节案例一"北京某私募基金管理人擅自改变募集资金用途，造成4800余万元损失，法定代表人获刑11年，并处罚金20万元"。

第二章　私募基金募集环节法律风险分析

第一节　监管层视角的法律风险现状及主要问题

私募基金募集的过程，就是私募基金产品的销售过程。私募基金投资本身具有高风险和高收益的特性，这种风险特征也会直接影响到私募基金的募投管退各个环节，给私募机构带来各种风险的冲击。在私募基金的资金募集、登记备案、投资运作等各个环节中，资金募集是发起设立私募基金的一个重要环节，募集行为规范是防范违规风险的第一道防线，是事中监管的一项重要体现。

根据《中国私募基金刑事法律风险报告》的数据，在已发生的私募基金相关的刑事案件中，因为虚假宣传虚构事实、突破法定的募集投资者人数的上限、突破私募基金的非公开募集的底线而发生的诈骗类案件、非法吸收公众存款罪案件特征非常突出，这些在基金募集阶段发生的刑事案件，占报告中全部案件总量的 86.08%，可以说，募集阶段是私募基金刑事风险的重灾区。

在私募基金的各个流程中，募集阶段的法律风险最为集中。

为了防范私募基金募集阶段的法律风险，私募基金管理人应当梳理私募基金募集所有的环节，制定销售业务的风险控制管理办法，对于资金募集阶段的风险进行合规控制。

那么在监管层的眼里，私募基金募集阶段的法律风险是一个什么概念呢？中基协在《〈私募投资基金募集行为管理办法〉起草说明》[1] 中有着如下认识：

---

[1] 参见《关于发布〈私募投资基金募集行为管理办法〉的通知》，载中国证券投资基金业协会网，http://www.amac.org.cn/aboutassociation/gyxh_xhdt/xhdt_xhtz/201604/t20160415_1396.html，访问日期：2020 年 4 月 1 日。

《私募监管办法》自颁布以来,对促进各类私募投资基金(以下简称私募基金)健康规范发展起了非常重要的作用。根据《私募监管办法》第16条规定,私募基金管理人可以采取自行销售私募基金以及委托销售机构销售私募基金两种方式,由中基协按照不同类别私募基金的特点制定投资者风险识别能力和承担能力问卷、风险揭示书的内容与格式指引。据此,为加强保护私募基金投资者的合法权益,进一步规范私募基金的募集市场,中基协在对近年来私募基金在募集过程中的各种现象、问题研究和总结基础之上,制定了《募管办法》,以行业自律规则的形式发布实施。

随着私募基金行业发展的日益壮大,风险不断积聚,风险事件陆续暴露。截至2016年2月,中基协共办结236件(次)涉嫌违规的私募案件,案件涉及的主要违法违规类型表现为公开宣传、虚假宣传、保本保收益、向非合格投资者募集资金、非法集资、非法吸收公众存款等,其中,多数为发生在募集环节的问题。

一、基金募集环节的法律风险现状

(一)公开宣传或者变相公开宣传

在中基协办理自律案件、投诉举报以及与行政对接案件的过程中,发现一些机构公开或者变相公开宣传私募基金产品,主要表现为通过公司网站、微信公众号、工作人员拨打电话等方式公开宣传推介私募基金产品。

(二)虚假宣传

私募基金宣传推介过程中的虚假宣传主要表现在以下三个方面:

1. 募集机构与管理人混淆角色

私募基金管理人之所以委托银行、证券公司等机构为其募集资金,是因为可以利用银行、证券公司的客户资源实现基金产品的迅速募集。由于追求销售业绩或其他原因影响,基金销售机构的工作人员往往并未向投资者披露基金销售机构与该基金产品之间不存在投资管理关系的事实。一旦私募基金出现兑付危机或其他问题,这种将基金管理人与销售机构的角色混淆的做法极易诱发法律风险。

2. 虚假宣传重要信息

一些募集机构及其工作人员在宣传推介私募基金时存在虚假宣传的现象,如虚构托管机构、虚构担保机构、虚构律师事务所和会计师事务所等,利用投资者对此类机构的信任实现迅速募集的目的。

3. 以保本保收益引诱投资者

募集机构及其工作人员在宣传推介私募基金时以保证本金不受损失，许诺固定收益等方式诱使投资者进行投资，在基金合同收益分配部分写有"预期收益""预计收益"等字样，使投资者误以为自己所购私募基金为保障本金的固定收益产品。当前中国社会仍存在不少私募基金投资者虽满足合格投资者的财务要求，但缺乏法律与投资知识，不能分辨出募集相关人员的虚假宣传与引诱。一旦基金产品出现投资失败、兑付危机等风险，受蒙骗的投资者无法接受现实，由于募集人员的推介表述与基金合同内容不一致、证据不足等原因，这类投资者的权益诉求难以得到保障。

【"以保本保收益引诱投资者"合规要点对应案例】

上述"以保本保收益引诱投资者"合规要点，已在刑事司法实践中得到具体应用，成为国家审判机关裁判私募基金类犯罪案件的认定理由，参见案例：

第四篇第三章第一节案例一"湖北某私募基金管理人以公开方式募集资金3.2余亿元，单位被判处罚金40万元，法定代表人及分公司经理分别获刑9年和8年"。

第四篇第三章第一节案例二"北京某私募基金管理人委托第三方以公开方式募集资金4余亿元，对第三方募集资格及方式未尽审查义务，实际控制人获刑8年，并处罚金40万元"。

第四篇第三章第一节案例三"某基金管理公司非法公开募集资金7.7亿元，被法院以非法吸收公众存款罪追究刑事责任，公司被判罚金，13名员工获刑，并处罚金"。

第四篇第三章第一节案例四"深圳某私募基金管理人公开募资1.4余亿元，3人获刑，并处罚金"。

第四篇第三章第一节案例五"上海某私募基金管理人非法公开募集资金6.3余亿元，法定代表人和股东分别获刑7年和6年，并处罚金30万元和20万元"。

（三）向非合格投资者募集资金

个别募集机构资金募集不合规，违反《私募监管办法》的有关规定，未审查投资者是否满足合格投资者的相关条件，未对投资者的风险识别能力和风险承担能力进行鉴别，未履行投资者适当性审查义务。募集机构"只募钱不看人",向不具备相应风险识别能力和风险承担能力的投资者销售私募基金,甚至向非合格投资者募集资金,给投资者造成其无法承受的后果,严重危害社会的安定团结。

(四)部分从业人员非法售卖"飞单"

在私募基金募集相关环节中,存在一些从业人员未经正式授权即从事募集活动的现象,该类私募基金的风险一旦暴露,投资者维权将遭受重重阻碍。因此,相关人员售卖"飞单"的违法行为亟待遏制,默许从业人员非法售卖"飞单"的募集机构应承担相应的责任。

行业自律统计调查反映出私募基金行业缺乏规范指导,不法分子有机可乘,罔顾法律法规的规定,甚至假借私募的名义行非法集资之实。非法私募混淆视听,不仅严重损害投资者的个人权益,同时给整个行业带来负面影响,破坏私募行业成长的根基。

二、私募基金募集环节主要问题

(一)"募管权责不清"催生行业乱象

私募基金行业中,因募集和管理权责不清而产生纠纷的案例比比皆是,而由于私募基金行业的固有特点,"募""管"权责划分不清对管理人、募集机构、投资者甚至整个行业都会产生不利影响。

1. "募管权责不清"存在巨大道德风险

私募基金管理人遵循的投资理念不同、采取的投资方法各异,私募基金的投资风格多样。投资者需要挑选适合自己的私募基金管理人,而私募基金管理人也需要选择与产品风险相匹配的合格投资者。然而,一些受委托的募集机构,在销售费用的利诱下,利用信息不对称向投资者推销产品,却在基金出现投资风险后以非基金合同当事人为由,不承担募集和信息披露责任,让投资者承担最终的道德风险。有机构反映投资者频繁质疑管理人的投资决策和投资理念,在产品净值发生波动时甚至直接投诉管理人,使得双方的合作难以维系,而受委托的募集机构对投资者风险识别能力的把控和推介产品过程中的不尽责是造成以上问题的重要原因。

2. "募管权责不清"损害募集机构利益

实践中存在私募基金管理人通过委托银行、券商等机构代销私募基金为自身增信的现象,受委托的募集机构工作人员在销售基金过程中未履行应尽的告知义务,投资者不知晓其购买的基金产品与销售人员就职的机构之间并无投资管理的法律关系,以上私募基金产品一旦出现问题,投资者往往向受委托的募集机构要求兑付,这将对募集机构的日常工作和声誉造成不良影响。

3. "募管权责不清"难以有效实现非公开募集

私募基金必须以非公开方式募集设立,然而由于募管职责划分不清,法律关系界定不明,实践中,受私募基金管理人委托的募集机构向客户推销私募基金产品时很难保证募集的非公开性,存在相当高的行业风险。

(二)私募基金募集环节监管存在缺失

现有证券投资基金法、《私募监管办法》框架下,私募基金募集机构须履行合格投资者识别确认以及更高标准的信义义务,因此,对私募基金的募集监管要求应当比公募基金更为严格。当前,公募基金的销售机构须在中国证监会及其派出机构注册取得基金销售业务资格,但对私募基金的销售资质尚无明文规定。

现实中,私募基金募集主要通过管理人或第三方机构以产品销售的形式完成,在相关规则、罚则缺失的监管环境下,募集机构违规成本较低,导致本应由管理人承担的受托责任、投资者适当性审查等责任通过不同形式实现转移、混淆。不仅如此,募集机构应承担的责任同样得不到界定和履行,导致无法对其违规募集行为进行有效的防范。在违背甚至侵害投资者利益的行为发生后,更缺乏有效的追偿和救助机制。

(三)违法违规私募存在的主要原因

当前违法违规私募屡禁不止,一是在于私募行业规则体系不健全,对私募基金募集行为的监管存在缺失,违法违规成本低,驱使一些私募机构募集资金过程中游走于灰色地带;二是一些私募机构对现有证券投资基金法、《私募监管办法》框架下的法律法规认识不够充分,不能正确理解法律法规的规定,私募基金募集行为缺乏相关指导;三是投资者教育不到位,私募机构与投资者信息极度不对称也是造成违法违规私募机构能够屡屡得逞的重要原因。

行业要取得长足发展,必须走规范、合规的道路。私募基金不设行政审批,实行登记备案制,这意味着中基协担负着重大的事中事后监管职责。

第二节　私募基金募集环节法律风险浅析

私募基金刑事法律风险的爆发,最集中、最突出的环节就在于基金募集环节,根据《私募基金刑事法律风险报告》的数据,在募集环节触发的刑事案件的罪名主要包括非法吸收公众存款罪,合同诈骗罪,集资诈骗罪,伪造公司、企业、事业单位、人民团体印章罪,侵犯公民个人信息罪,诈骗罪,职务侵占罪,组织、领导传销活动罪,其中,案发数量最多的罪名是非法吸收公众存款和诈骗罪两类。

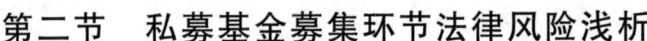

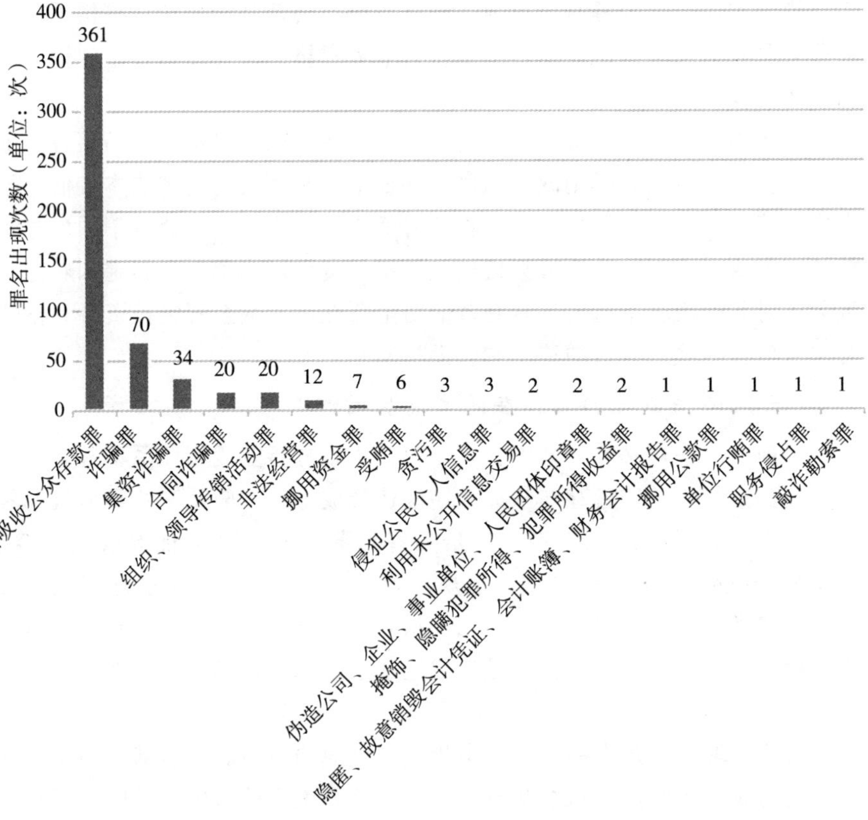

具体罪名频次分布图

通过分析具体罪名发案数量的分布数据,可以发现,具体罪名发案数量的头部集中现象非常明显,发案数量最多的前五大罪名分别是非法吸收公众存款罪（数量 361 件，占比 66.00%），诈骗罪（数量 70 件，占比 12.8%），集资诈骗罪（数量 34 件，占比 6.22%），合同诈骗罪（数量 20 件，占比 3.66%），组织、领导传销活动罪（数量 20 件，占比 3.66%），合计 505 件，占总发案数量的 92.32%。

2019 年 5 月 10 日，公安部召开了《关于通报打击和防范非法集资等涉众型经济犯罪工作情况》新闻发布会，通报公安机关打击和防范非法集资等涉众型经济犯罪工作情况。会议指出，当前非法集资等涉众型经济犯罪呈现以下特点：

受国内外复杂经济形势的影响，当前我国非法集资等涉众型经济犯罪形势总体上仍较为严峻，发案总量持续高位运行，特别是社会领域经济犯罪与专业领域经济犯罪相互叠加，如互联网金融领域发案突出，传统的经济犯罪和网络金融犯罪交织共生，使得犯罪破坏力倍增，严重破坏市场经济秩序和国家经济安全，给广大群众造成特别巨大的经济损失。

1. 案件总量高发，规模庞大。2018—2019 年第一季度，全国公安机关共立案侦查非法集资、传销等涉众型经济犯罪案件近 1.9 万起，涉案金额 4100 余亿元。涉案金额超过百亿元、涉及投资者超过百万人的"双百案件"屡有发生，严重损害人民群众切身利益，扰乱市场经济秩序。

2. 蔓延速度快，涉及面广。涉众型经济犯罪活动蔓延传播速度快，涉及领域广泛，商品营销、房产投资、教育培训等传统领域仍时有发案，一些新兴经济领域，如网络借贷、投资理财、养老服务、消费返利、虚拟货币、金融互助等，已成为涉众型经济犯罪"重灾区"。特别是非法集资活动在互联网金融领域呈行业性发案的特点，从东部向中西部迅速转移，几乎覆盖全国所有省份。

3. 犯罪手法翻新，欺骗性强。为攫取暴利，不法分子的犯罪手段花样翻新、不断升级，诱惑性、欺骗性、迷惑性很强。新类型新手法层出不穷。在资本市场领域，不法分子宣传"高手指导""大佬看盘""名家谈股"，诱导投资者充值购买平台虚拟币或礼品，通过"直播订阅""收费文章""付费问答"等名目诱骗投资者，具有很大迷惑性。

公安部相关负责人指出，在当前私募基金领域突出的经济犯罪有四类，其中第一类与第二类分别为"部分私募机构打着'私募基金'的幌子，实际上是从事着非法集资活动"和"个别的私募机构突破私募基金行业最重要的合格投资者底线，采取公开宣传的方式，从事非法集资犯罪活动"。可以看出，这两类行为模式对应的就是非法集资犯罪，尤其与判定非法集资犯罪中的基础罪名——非法吸收公众存款罪成立"四性"中的"非法性"与"公开性"相契合。

关于非法吸收公众存款罪的成立，2010年最高人民法院《关于审理非法集资刑事案件具体应用法律若干问题的解释》第1条规定，应同时具备以下"四性"特征：

1. 非法性：未经有关部门依法批准或者借用合法经营的形式吸收资金。
2. 公开性：通过媒体、推介会、传单、手机短信等途径向社会公开宣传。
3. 利诱性：承诺在一定期限内以货币、实物、股权等方式还本付息或者给付回报。
4. 社会性：向社会公众即社会不特定对象吸收资金。

在以上"四性"中，"非法性"是非法吸收公众存款罪的行为本质特征；"公开性"相对于私募的非公开性而言，强调外在特征；"利诱性"侧重于犯罪行为的经济特征；"社会性"则强调对公众投资者利益的保护。尽管2014年最高人民法院、最高人民检察院、公安部在《关于办理非法集资刑事案件适用法律若干问题的意见》中，对"向社会公开宣传"（即公开性）和"社会公众"（即社会性）的认定问题进行了一定程度的修改，但"四性"特征依然共同构成了非法吸收公众存款罪的成立标准。

与P2P网络借贷已被官方定性为"能关尽关，应退尽退"的命运不同，目前私募基金的价值已得到官方的肯定，被界定为直接融资的重要部分和创新资本形成的关键力量。在此背景下，对私募基金的刑事法律风险防控，既要坚持"惩治于已然"，坚决打击伪私募基金型的非法集资犯罪；同时，也要坚持"防患于未然"的监管态度，凸显刑事合规在刑事风险方面的重要作用，回归私募基金的本质特征。司法实践中，面对目前私募基金爆雷的严峻局面，就私募基金和非法集资区分的操作层面而言，需要在前端立足于既有的规则体系与规范，紧扣非法集资犯罪成立的"四性"，尤其是"非法性"与"公开性"进行判定。[①]

---

① 参见王新：《私募基金刑事法律风险防控的问题》，载中国普法网，http：//www.12348.gov.cn/pub/sfbzhfx/sfbzfpffzll/202001/t20200122_17397.html，访问日期：2020年4月17日。

第三章　私募基金募集环节刑事法律风险案例分析

第一节　非法吸收公众存款罪

【案例一】湖北某私募基金管理人以公开方式募集资金 3.2 余亿元，单位被判处罚金 40 万元，法定代表人及分公司经理分别获刑 9 年和 8 年[①]

关键词：私募基金管理人　法定代表人　分公司经理　非法吸收公众存款罪　单位犯罪

涉案人员身份：

1. 魏某某（第一被告人），湖北尚佳信润创业投资有限公司法定代表人
2. 徐某某（第二被告人），湖北尚佳信润创业投资有限公司十堰分公司经理

涉案私募基金管理人情况：湖北尚佳信润创业投资有限公司于 2015 年 2 月 15 日在中基协登记为私募基金管理人，于 2016 年 8 月 1 日被中基协依公告注销。

一审：

审理法院：十堰市茅箭区人民法院

案　　号：（2016）鄂 0302 刑初 121 号

裁判日期：2016 年 5 月 18 日

[①] 参见湖北尚佳信润创业投资有限公司、魏某某等犯非法吸收公众存款罪案，湖北省十堰市茅箭区人民法院（2016）鄂 0302 刑初 121 号刑事判决书。

基本案情

2012年5月15日,被告单位湖北尚佳信润创业投资有限公司在武汉市工商行政管理局武昌分局注册成立,注册编号420106000243894,住所武汉市武昌区秦园吉常楼5栋2-5-B号,注册资本3000万元(以下币种均为人民币),魏某某投资额1800万元,投资比例60%;宋某某投资额1200万元,投资比例40%;法定代表人为被告人魏某某,主营范围:创业投资业务;代理其他创业投资企业等机构或个人的创业投资业务;创业投资咨询业务;为创业企业提供创业管理服务业务;参与设立创业投资企业与创业投资管理顾问机构(国家有专项规定的项目经审批后或者凭有效许可证方可经营)。武汉市工商行政管理局武昌分局颁发《企业法人营业执照》。2013年5月30日,注册资本变更为10000万元,魏某某投资额6000万元,投资比例60%;宋某某投资额4000万元,投资比例40%。2015年4月14日,自然人股东由魏某某、宋某某变更为魏某某;企业类型变更为有限责任公司(自然人独资)。

2012年9月17日,被告单位湖北尚佳信润创业投资有限公司取得武汉市发展和改革委员会《已予备案通知》(武发改创备字17号)。2015年1月7日,武汉市发展和改革委员会作出武发改财贸函〔2015〕5号《武汉市发展和改革委关于取消湖北尚佳信润创业投资有限公司备案的通知》,该通知称,根据《创业投资企业管理暂行办法》,自取消备案之日起,该公司将不再享受应纳税所得额抵扣和豁免国有创业投资机构股权转持义务等有关政策优惠。2015年2月15日,中基协作出登记编号P1008621《私募投资基金管理人登记证明》。

2013年11月25日,被告人魏某某设立湖北尚佳信润创业投资有限公司十堰分公司。十堰市工商行政管理局颁发《营业执照》,营业场所在十堰市东岳路16号2栋1-1-1,负责人为被告人魏某某。2014年3月25日,被告单位湖北尚佳信润创业投资有限公司任命徐某某为十堰分公司经理。

2014年5月开始,被告人魏某某、徐某某在十堰市以湖北尚佳信润创业投资有限公司名义招聘客户经理以及业务员,通过组织宣讲活动、展示公司宣传册、口口相传等形式向社会公众宣传该公司私募基金业务,采用与投资人签订《湖北尚佳信润创业投资有限公司投资协议书》《还本付息计划书》《担保函》等,承诺每月按投资额的1.41%~1.5%支付利息的手段,吸引投资人投资"湖北尚佳信润创业投资基金"。

2015年12月20日,受公安机关委托,湖北嘉泰会计师事务有限公司作出嘉泰鉴字〔2015〕第3号《审计鉴定报告》，对湖北尚佳信润创业投资有限公司十堰分公司自2014年6月至2015年7月的财务账目、集资情况进行审计鉴定。审计鉴定结果，该公司自2014年6月至2015年7月，涉及吸收公众存款客户862人，金额324650000元；92人退还到期本金122650000元；9人因违约退还本金2150000元；支付利息17371028.11元；尚未退还766人的本金199850000元；支付佣金5961151元，其中，被告人徐某某收取佣金248830元。

另查明，2015年7月21日，被告人魏某某、徐某某到湖北省十堰市公安机关投案。

争辩焦点

1. 被告单位湖北尚佳信润创业投资有限公司对起诉书指控的事实无异议，罪名有异议。

辩称被告单位不构成犯罪，其理由是：（1）被告单位依法注册登记，取得发改委的备案以及中国证券投资基金协会备案等具备主体资格，没有任何抢占银行业务的故意和行为，没有扰乱金融管理秩序。（2）被告单位没有通过媒体、推荐会、传单、手机短信等途径向社会公开宣传，融资的对象是特定的，不是社会不特定公众。（3）被告单位筹集的资金主要用于生产经营活动，因经营亏损或者资金周转困难而引发的纠纷应按照民间借贷纠纷处理。

2. 被告人魏某某对起诉书指控的犯罪事实和罪名均无异议。

被告人魏某某辩护人提出的辩护意见是：（1）对公诉机关对本案指控的犯罪事实，辩护人基本没有异议，对指控的罪名不持异议。（2）对被告人魏某某应当认定为自首；被告人魏某某已退赃款1.4余亿元；被告人魏某某如实供述自己的犯罪行为，且当庭自愿认罪；被告人魏某某积极赔偿被害人大部分经济损失并取得谅解等从轻或者减轻的情节，故对被告人魏某某应当适用缓刑，对适用缓刑，既有利于减少投资人的损失，又有利于化解矛盾，可以组织对企业进行自救。（3）本案涉及民事退赔的主体应是湖北尚佳信润创业投资有限公司，而不是魏某某本人，更不是其家属。（4）退赔数额应减去已支付的利息、提成、分红等费用。

3. 被告人徐某某对起诉书指控的犯罪事实和罪名均无异议。

被告人徐某某辩护人提出的辩护意见是：（1）对公诉方指控被告人徐某某构成非法吸收公众存款罪的定性不持异议。（2）本案属于单位犯罪，而不是自然人犯罪，被告人徐某某的行为属于职务行为；被告人徐某某承担责任的数额为1031万元；公诉人提出被告单位十堰分公司由徐某某组织、筹建，并吸收3.2亿元资金存入其个人账户与事实不相符。（3）被告人徐某某系自首，应从轻或减轻处罚；又属于从犯，应从轻或减轻处罚；被告人徐某某系初犯，认罪态度好，主观恶性小，也是该案件的受害者，具备酌定情节，依法可从轻处理。（4）公安机关对本案的侦查有部分不合法的地方，存在选择性执法的行为，与湖北尚佳信润创业投资有限公司十堰分公司经营运作模式相同的湖北其他地方的被告单位，公诉机关均未指控，辩护人认为公安机关与公诉机关不应选择性执法。（5）本案的发生与相关政府部门的监管不力也有关系，不能简单地认为本案的发生只是湖北尚佳信润创业投资有限公司与被告人的单纯行为。（6）建议对被告人徐某某判处三年以下刑罚，并适用缓刑。

裁判结果

1. 被告单位湖北尚佳信润创业投资有限公司犯非法吸收公众存款罪，判处罚金50万元。

2. 被告人魏某某犯非法吸收公众存款罪，判处有期徒刑9年，并处罚金50万元。

3. 被告人徐某某犯非法吸收公众存款罪，判处有期徒刑8年，并处罚金40万元。

4. 被告人徐某某违法所得（佣金）248830元，依法予以追缴。

5. 查扣的作案工具（以随案移送清单为准）予以没收，上缴国库。

6. 责令被告单位湖北尚佳信润创业投资有限公司、被告人魏某某退赔违法所得并返还766名被害人（766名被害人退赔数额见湖北嘉泰会计师事务有限公司出具的嘉泰鉴字〔2015〕第3号审计鉴定报告，被害人本金尚未归还的，所支付的利息可予折抵本金；公安机关查封、扣押、冻结在案财物，依法处置后，按照被害人的退赔数额比例返还，不足部分继续予以追缴）。

刑事合规要点

要点1：未经国务院银行业监督管理机构批准，任何单位和个人不得从事吸收公众存款等商业银行业务。①

被告单位诉讼代表人提出被告单位依法取得发改委备案，具备主体资格，没有扰乱金融管理秩序的意见。法院经审理查明，被告单位湖北尚佳信润创业投资有限公司《企业法人营业执照》的主营范围与《创业投资企业管理暂行办法》第12条规定的创业投资企业的经营范围相同。所谓创业投资企业，是指在中华人民共和国境内注册设立的主要从事创业投资的企业组织；所称创业投资，是指向创业企业进行股权投资，以期所投资创业企业发育成熟或相对成熟后主要通过股权转让获得资本增值收益的投资方式。故被告单位的经营范围是"创业投资业务"而不是"吸收存款业务"。本案中，被告单位没有按照营业执照的主营范围和创业投资企业的经营范围进行创业投资企业的投资运作，而是吸收公众存款。

被告单位虽然取得了武汉市发展和改革委员会作出的《已予备案通知》，但取得备案说明被告单位具备《创业投资企业管理暂行办法》第9条规定的备案条件，其经营范围仍然是创业投资，本案中被告单位却以"备案"为名非法吸收公众存款。

非法吸收公众存款犯罪行为，是一种违反国家金融管理法律规定，向社会公众吸收资金，破坏金融秩序的行为。最高人民法院《关于审理非法集资刑事案件具体应用法律若干问题的解释》明确将"未经有关部门依法批准或者借用合法经营的形式吸收资金"作为非法吸收公众存款罪成立的四个条件之一，本案中被告人在未得到银监会批准的情况下，非法开展吸收公众存款的业务，成为法院认定其成立非法吸收公众存款罪的理由之一。

金融业务属于特许经营业务，② 未经批准不得擅自设立相关机构、开展相关业务。刑法分则中也特设两节破坏金融管理秩序罪和金融诈骗罪，③ 对于相关违法犯罪行为予以规制，同时这两节也是私募基金刑事法律风险高频

---

① 《银行业监督管理法》第19条规定，"未经国务院银行业监督管理机构批准，任何单位或者个人不得设立银行业金融机构或者从事银行业金融机构的业务活动"。

② 《非法金融机构和非法金融业务活动取缔办法》第3条规定："本办法所称非法金融机构，是指未经中国人民银行批准，擅自设立从事或者主要从事吸收存款、发放贷款、办理结算、票据贴现、资金拆借、信托投资、金融租赁、融资担保、外汇买卖等金融业务活动的机构。"

③ 《中华人民共和国刑法》第二编刑法分则第三章第四节"破坏金融管理秩序罪"和第五节"金融诈骗罪"共规定了43个罪名。

罪名的重点分布章节。

要点2：虽然私募基金管理人依法注册登记、私募基金在中基协依法备案，但该私募基金业务主体资格不能成为其金融违法活动的免责事由。①

被告单位诉讼代表人提出被告单位依法注册登记、取得武汉发展和改革委员会备案以及中基协备案，具备主体资格，没有扰乱金融管理秩序的意见。

经法院查明，2015年2月15日，被告单位在中基协取得《私募投资基金管理人登记证明》后，违反《私募监管办法》第11条、第12条、第14条、第15条的规定，以具备"注册登记""备案""私募投资基金管理人登记证明"等手续为名向投资者募资，主要违规内容包括：投资者人数累计不得超过证券投资基金法、公司法、合伙企业法等法律法规规定的特定数量；向"金融资产不低于300万元或者最近三年个人年均收入不低于50万元的个人"等不合格投资者吸收存款；在吸收公众存款过程中，采取多种手段，向不特定对象宣传推介；向投资者许诺高比例收益、给出明确还本付息或确定的回报约定等从事违反国家金融管理法律的规定，向社会公众吸收资金的行为。

私募基金管理人在中基协登记，私募基金在中基协备案，是监管部门对于基金活动进行行业监管的体现，并不能成为相关违法犯罪活动的免责理由。

> **知识链接**
>
> 前述刑事合规要点所涉及的私募基金犯罪责任承担知识，详见第三篇第二章第一节"私募基金产品备案的合规要求"之"二、私募基金备案的规则体系"。

要点3：对于私募基金管理人单位犯罪的刑事案件，除了对犯罪单位判处罚金之外，对犯罪单位中的两类人员，可以依法处刑。被告人有非法获利

---

① 中基协《私募投资基金备案须知》第1条"私募投资基金备案总体性要求"之"法律规则依据"规定，协会为私募投资基金办理备案不构成对私募投资基金管理人（以下简称"管理人"）投资能力的认可，亦不构成对管理人和私募投资基金合规情况的认可，不作为对私募投资基金财产安全的保证。投资者应当自行识别私募投资基金投资风险并承担投资行为可能出现的损失。因此，本案被告单位诉讼代表人提出的前述辩护意见未被法院采纳。

的，其本人对非法获利（或者法院依法确认的退赔额）负有退赔责任，被告人家属如有接受被告人转移的非法财物的，亦负有退赔义务。

被告人魏某某的辩护人提出本案涉及民事退赔的主体应是湖北尚佳信润创业投资有限公司，而不是魏某某本人，更不是其家属的意见。

法院经审理认定，被告人魏某某是被告单位湖北尚佳信润创业投资有限公司法定代表人、实际控制经营人，是被告单位实施非法吸收公众存款直接负责的主管人员。本案所吸收的资金按照被告人魏某某的要求除支付部分本息、违约金、佣金、工资、办公费等外，其余最终汇入被告人魏某某个人账户和被告人魏某某指定的账户，故被告人魏某某和被告单位应负退赔的责任。被告人魏某某的辩护人提出本案涉及民事退赔的主体应是湖北尚佳信润创业投资有限公司，而不是魏某某本人，更不是其家属的意见，其辩护意见本院不予采纳。

民法意义上的有限公司制度中的股东有限责任隔离制度，仅限于股东对公司法人的外部债务以其出资额为限承担有限责任，但是并不能以此屏蔽对其违法犯罪行为的刑事责任追究。司法机关在追究犯罪单位的刑事责任的同时，还将穿透犯罪单位的"有限责任屏障"。我国刑法从刑法总则和分则两个方面规定了单位犯罪的处罚：一是刑法总则第31条明确规定了单位犯罪的刑罚原则；二是在分则的十大类犯罪中有九类犯罪[①]设有单位犯罪的罪名。我国刑法对绝大多数的单位犯罪实行双罚制，即对于单位犯罪的，既对单位判处罚金，又对其直接负责的主管人员和其他直接责任人员判处刑罚。

> **知识链接**
>
> 前述刑事合规要点所涉及的私募基金犯罪责任承担知识，详见第二篇第二章第三节"私募基金的合规管理"之"二、私募基金合规管理的现实意义——（三）对基金从业者的意义"。

要点4：私募基金管理人应当对确定投资者人数进行审查，确保投资者总人数不超过法律规定的特定数量。

法院经审理认定，被告单位湖北尚佳信润创业投资有限公司未按《私

[①] 在我国刑法十大类犯罪中有九类犯罪设有单位犯罪的罪名，即危害国家安全罪；危害公共安全罪；破坏社会主义市场经济秩序罪；侵犯公民人身权利、民主权利罪；侵犯财产罪；妨害社会管理秩序罪；危害国防利益罪；贪污贿赂罪；渎职罪。——笔者注

募办法》第 11 条的规定向投资者募集，投资者人数累计超过了证券投资基金法、公司法、合伙企业法等法律法规规定的特定数量。

私募基金的投资者人数问题是区分公募基金与私募基金的一个重要分界点，是历来合规审查的重点，是私募基金刑事法律风险的一个重要评价指标。最高人民法院《关于审理非法集资刑事案件具体应用法律若干问题的解释》第 3 条规定，个人非法吸收或者变相吸收公众存款对象 30 人以上的，单位非法吸收或者变相吸收公众存款对象 150 人以上的，应当依法追究刑事责任。本案中，投资者人数超过 800 人，严重超过法定投资者上限，成为法院以非法吸收公众存款罪追究被告人刑事责任的理由之一。

---知识链接---

前述刑事合规要点所涉及的私募基金流程控制与合规管理基础知识，详见第三篇第二章第一节"私募基金产品备案的合规要求"之"五、私募基金备案的法律合规审查重点——（四）刑事风险高发区：投资者人数限制及穿透核查"。

要点 5：私募基金管理人应当履行合格投资者确认程序，不得向不合格投资者募集资金。①

法院经审理认定，被告单位湖北尚佳信润创业投资有限公司未按《私募监管办法》第 12 条的规定向投资者募集，而是向"金融资产不低于 300 万元或者最近三年个人年均收入不低于 50 万元的个人"② 等不合格投资者吸收存款。

合格投资者审查是私募基金募集资金的必经程序，目的在于将不具备风险识别能力和承担能力的公众投资者与私募基金相隔离，避免风险错配，引发非法集资风险。本案中，被告单位未履行合格投资者审查义务，直接向不合规投资者吸收资金，成为法院认定其成立非法吸收公众存款罪

---

① 《私募监管办法》第 12 条第 1 款规定，"私募基金的合格投资者是指具备相应风险识别能力和风险承担能力，投资于单只私募基金的金额不低于 100 万元且符合下列相关标准的单位和个人：（一）净资产不低于 1000 万元的单位；（二）金融资产不低于 300 万元或者最近三年个人年均收入不低于 50 万元的个人"。

② 判决书中法院认定的该部分表述应为笔误，"金融资产不低于 300 万元或者最近三年个人年均收入不低于 50 万元的个人"应为合格投资者的要求，而非"不合格投资者"，因此此处正确表述应为"金融资产低于 300 万元或者最近三年个人年均收入低于 50 万元"，特此说明。——笔者注

的理由之一。

> **知识链接**
>
> 前述刑事合规要点所涉及的私募基金流程控制与合规管理基础知识，详见第四篇第一章第四节"私募基金宣传推介环节合规管理"之"五、私募基金投资者的法定要求"。

要点6：私募基金管理人不得向不特定对象公开宣传推介私募基金。①

法院经审理认定，被告单位在吸收公众存款过程中，采取制作多种宣传画册、企业简介、招募说明书等书面形式向社会公开宣传；采取召开座谈会、推介会、答谢会等方式向社会公开宣传；采取口口相传的方式向社会不特定公众传播吸收资金的信息。上述行为均属于"向社会公开宣传"，其针对的对象为社会不特定公众。

最高人民法院、最高人民检察院、公安部《关于办理非法集资刑事案件适用法律若干问题的意见》明确，最高人民法院《关于审理非法集资刑事案件具体应用法律若干问题的解释》第1条第1款第2项中的"向社会公开宣传"，包括以各种途径向社会公众传播吸收资金的信息，以及明知吸收资金的信息向社会公众扩散而予以放任等情形。

非公开募集方式是私募基金的天然属性。本案中，被告单位作为私募基金管理人，在募集资金过程中采取多种公开方式进行宣传推介，符合最高人民法院《关于审理非法集资刑事案件具体应用法律若干问题的解释》第1条中"通过媒体、推介会、传单、手机短信等途径向社会公开宣传"的非法吸收公众存款罪的构罪要件，成为法院认定其成立非法吸收公众存款罪的理由之一。

> **知识链接**
>
> 前述刑事合规要点所涉及的私募基金流程控制与合规管理基础知识，详见第四篇第一章第四节"私募基金宣传推介环节合规管理"之"二、私募基金产品的推介程序——（三）关于媒介渠道选择的禁止性规定"。

---

① 《私募监管办法》第14条规定，"私募基金管理人、私募基金销售机构不得向合格投资者之外的单位和个人募集资金，不得通过报刊、电台、电视、互联网等公众传播媒体或者讲座、报告会、分析会和布告、传单、手机短信、微信、博客和电子邮件等方式，向不特定对象宣传推介"。

要点 7：私募基金管理人不得向投资者作出保本保息的承诺。[①]

法院经审理认定，被告单位湖北尚佳信润创业投资有限公司未按《私募监管办法》第 15 条的规定向投资者募集，向投资者许诺高比例收益、给出明确还本付息或确定的回报约定……被告单位承诺在一定期限内还本付息。

最高人民法院《关于审理非法集资刑事案件具体应用法律若干问题的解释》第 1 条规定中"承诺在一定期限内以货币、实物、股权等方式还本付息或者给付回报"符合非法吸收公众存款罪的构罪要件。本案中，被告单位通过向投资人许诺高额固定回报的方式，向投资者进行资金募集，成为法院认定其成立非法吸收公众存款罪的理由之一。

> **知识链接**
>
> 前述刑事合规要点所涉及的私募基金流程控制与合规管理基础知识，详见第四篇第二章第一节"监管层视角的法律风险现状及主要问题"中"一、基金募集环节的法律风险现状"之"（二）虚假宣传——3.以保本保收益引诱投资者"。

要点 8：私募基金管理人应当健全治理结构，防范利益输送，建立财产分离制度，严格按照协议约定使用基金财产，保护投资者利益。[②]

法院经审理认定，（1）被告单位与被害人签订的《湖北尚佳信润创业投资有限公司投资协议书》中约定的项目为湖北尚佳信润创业投资基金，投资领域主要为酒店服务业务、环境工程、矿产资源、绿色农业、设

[①] 《私募监管办法》第 15 条规定，"私募基金管理人、私募基金销售机构不得向投资者承诺投资本金不受损失或者承诺最低收益"。

[②] 《私募监管办法》第 23 条规定，"私募基金管理人、私募基金托管人、私募基金销售机构及其他私募服务机构及其从业人员从事私募基金业务，不得有以下行为：……（四）侵占、挪用基金财产"。

《私募投资基金管理人内部控制指引》第 7 条规定，"私募基金管理人应当牢固树立合法合规经营的理念和风险控制优先的意识，培养从业人员的合规与风险意识，营造合规经营的制度文化环境，保证管理人及其从业人员诚实信用、勤勉尽责、恪尽职守"。第 9 条规定，"私募基金管理人应当健全治理结构，防范不正当关联交易、利益输送和内部人控制风险，保护投资者利益和自身合法权益"。第 18 条规定，"私募基金管理人应当建立完善的财产分离制度，私募基金财产与私募基金管理人固有财产之间、不同私募基金财产之间、私募基金财产和其他财产之间要实行独立运作，分别核算"。

备制造、旅游服务、信息技术等领域，重点关注湖北省内高科技、高成长、高附加值的"瞪羚"企业等。本案中被告单位将吸收的资金主要用于退还部分本息和违约金、退还其他地区所吸收的公众存款、佣金、工资、办公经费等，并非主要用于湖北尚佳信润创业投资基金所列投资领域等生产经营活动。（2）非法吸收公众存款犯罪行为，是一种违反国家金融管理法律规定，向社会公众吸收资金，破坏金融秩序的行为。本案中，被告单位存在未经有关部门依法批准，借用合法经营的形式吸收资金；通过宣传画册、座谈会、口口相传等途径向社会公开宣传；承诺在一定期限内还本付息；向社会公众即社会不特定对象吸收资金等行为，应当认定为非法吸收公众存款，而非民间借贷纠纷。依据最高人民法院《关于审理非法集资刑事案件具体应用法律若干问题的解释》第1条规定，认定具备非法吸收公众存款的四个条件，被告单位诉讼代表人提出，被告单位筹集的资金主要用于生产经营活动，因经营亏损或者资金周转困难而引发的纠纷应按照民间借贷纠纷处理的意见，本院不予采纳。

私募基金管理人应当勤勉尽责地根据法律法规和合同约定适用基金财产，不得随意改变既定的投资方向。本案中，被告单位湖北尚佳信润创业投资有限公司未按照协议约定使用资金，而是将吸收来的资金用于退还本息、支付佣金、工资及办公经费，给投资人造成了巨额财产损失，符合最高人民法院《关于审理非法集资刑事案件具体应用法律若干问题的解释》第3条规定的非法吸收公众存款罪"个人非法吸收或者变相吸收公众存款，给存款人造成直接经济损失数额在10万元以上的，单位非法吸收或者变相吸收公众存款，给存款人造成直接经济损失数额在50万元以上的"的追责标准，成为法院追究其非法吸收公众存款罪刑事责任的理由之一。

> **知识链接**
>
> 前述刑事合规要点所涉及的私募基金流程控制与合规管理基础知识，详见第四篇第一章第四节"私募基金宣传推介环节合规管理"之"六、关于投资者的资金安全"，第五篇第一章第一节"私募基金投资运作的一般规定"。

【案例二】北京某私募基金管理人委托第三方以公开方式募集资金 4 余亿元，对第三方募集资格及方式未尽审查义务，实际控制人获刑 8 年，并处罚金 40 万元[①]

关键词：私募基金管理人　法定代表人　实际控制人　非法吸收公众存款罪　委托第三方以非公开方式募集资金　预期年化投资收益率

涉案人员身份：

高某某，中财鼎盛（北京）投资基金管理有限公司法定代表人、实际控制人

涉案私募基金管理人情况：中财鼎盛（北京）投资基金管理有限公司于 2014 年 4 月 29 日在中基协登记成为私募基金管理人，2015 年 1 月 20 日，中财鼎盛（北京）投资基金管理有限公司和其法定代表人高某某因未按规定如实填报登记信息、未按规定报告重大事项、未按规定配合中基协检查、涉嫌挪用资金、诈骗的情形严重侵害了投资者合法权益，被中基协作出公开谴责、加入黑名单的纪律处分。2019 年 12 月 27 日，因失联被中基协注销。

一审：

审理法院：北京市朝阳区人民法院

案　　号：（2016）京 0105 刑初 543 号

裁判日期：2017 年 4 月 17 日

二审：

审理法院：北京市第三中级人民法院

案　　号：（2017）京 03 刑终 415 号

裁判日期：2017 年 7 月 4 日

基本案情

被告人高某某于 2012 年 6 月成立中财鼎盛（北京）投资基金管理有限公司（以下简称中财鼎盛公司），其为实际控制人，公司经营地朝阳区北四环东路 6 号院等。2012 年至 2014 年 5 月，高某某及中财鼎盛公司通过汤某、王某甲等第三方公开宣传，并承诺高额返息，以投资上海宝山区政府保障房项目、天津河北区政府保障房项目、上海虹桥元一希尔顿酒店项目、南京长

---

① 参见高某某非法吸收公众存款案，北京市朝阳区人民法院（2016）京 0105 刑初 543 号刑事判决书，北京市第三中级人民法院（2017）京 03 刑终 415 号刑事裁定书。

江第三大桥项目等为名，成立相应的有限合伙，吸收社会不特定公众入伙。投资人通过第三方投资，投资款直接转入中财鼎盛公司或项目对应的有限合伙账户，中财鼎盛公司或有限合伙向投资人返款。162 名投资人投资 4 余亿元，收到返款 7000 余万元。

被告人高某某将投资款出借或投资，造成投资人资金不能收回。高某某于 2014 年 11 月 29 日被查获，2015 年 3 月 4 日被取保候审，同年 8 月 4 日经民警电话通知到案。公安机关冻结磐石市广源矿业有限公司在磐石市市场监督管理局注册登记的全部股权，查封于某朝阳区望京西园房产、朝阳区南湖东园房产，查封高某某朝阳区曙光西里房产、朝阳区阜通西大街房产，查封杨某甲、黄某天津市不动产 20 处。

被告人高某某于 2014 年 3 月 27 日向北京市人民检察院检举陈某乙涉嫌犯罪，并于 2014 年 8 月 11 日到北京市西城区人民检察院提供证言。陈某乙因犯受贿罪于 2016 年 5 月被判处刑罚。

一审争辩焦点

中财鼎盛公司属于合法私募，不存在违法行为；高某某不存在犯罪故意，没有实施犯罪行为；本案系单位行为，高某某不是实际控制人，仅仅是形式上的法定代表人；高某某具有重大立功表现。建议对高某某宣告无罪。

一审裁判结果

1. 被告人高某某犯非法吸收公众存款罪，判处有期徒刑 8 年，罚金人民币 40 万元（刑期从判决执行之日起计算；判决执行以前先行羁押的，羁押一日折抵刑期一日。取保候审前羁押的 96 日折抵刑期 96 日，即自 2015 年 8 月 4 日起至 2023 年 4 月 29 日止。罚金于本判决发生法律效力后 3 个月内缴纳）。

2. 责令被告人高某某退赔投资人的经济损失（投资人名单另附）。

3. 在案财物，依法处理（处理清单另附）。

二审争辩焦点

上诉人高某某的主要上诉理由为：其不是中财鼎盛公司的实际控制人，公司委托第三方以私募方式合法募资，渠道方对其隐瞒募资的实际情况，其行为不构成犯罪；原判所据证据之间存在矛盾，缺乏客观性、真实性，应予排除；其在取保候审期间，主动到案，具有自首情节；检举他人犯罪虽在其到案之前，但检举行为具有持续性，应认定具有立功情节；其积极退赔，本案大部分损失已经挽回。

高某某的辩护人的主要辩护意见为：高某某所在公司通过合法私募基金的方式募集资金，不构成非法吸收公众存款罪；高某某不是公司实际控制人，仅履行形式上的法定代表人义务；本案系单位犯罪，不是个人犯罪。

二审审理期间，上诉人高某某的辩护人向法庭提交了褚某、潘某、汪某、殷某、姚某、陆某、吕某、李某、华某等人出具的谅解书、撤回控告申请书，申请对高某某免予刑事处罚。

二审裁判结果

驳回高某某的上诉，维持原判。

刑事合规要点

要点1：私募基金管理人在基金募集过程中应当履行合格投资者确认程序，履行投资者适当性义务。①

私募基金的募集方式不同于公募基金的公开募集，私募基金的募集方式和范围受到了严格的限制，其应当在基金募集过程中应当履行合格投资者确认程序，履行投资者适当性义务。本案中，高某某及中财鼎盛公司并未严格审查投资人是否为合格的私募投资者，未履行适当性审查义务，成为法院认定委托方高某某成立非法吸收公众存款罪的理由之一。

---

① 《私募监管办法》第14条规定，"私募基金管理人、私募基金销售机构不得向合格投资者之外的单位和个人募集资金，不得通过报刊、电台、电视、互联网等公众传播媒体或者讲座、报告会、分析会和布告、传单、手机短信、微信、博客和电子邮件等方式，向不特定对象宣传推介"。第16条第1款和第2款规定，"私募基金管理人自行销售私募基金的，应当采取问卷调查等方式，对投资者的风险识别能力和风险承担能力进行评估，由投资者书面承诺符合合格投资者条件；应当制作风险揭示书，由投资者签字确认。私募基金管理人委托销售机构销售私募基金的，私募基金销售机构应当采取前款规定的评估、确认等措施"。第17条规定，"私募基金管理人自行销售或者委托销售机构销售私募基金，应当自行或者委托第三方机构对私募基金进行风险评级，向风险识别能力和风险承担能力相匹配的投资者推介私募基金"。法院经审理认定，高某某及中财鼎盛公司并未严格审查投资人是否为合格的私募投资者，未履行适当性审查义务，属于"只募资不看人"。

> **知识链接**
>
> 前述刑事合规要点所涉及的私募基金流程控制与合规管理基础知识，详见第四篇第一章第四节"私募基金宣传推介环节合规管理"之"一、合格投资者制度""五、私募基金投资者的法定要求"，第五节"投资者适当性制度与合规管理"。

要点 2：私募基金募集机构及从业人员在基金募集过程中，禁止承诺保本保息或采用类似表述。①

法院经审理认定，高某某及中财鼎盛公司的行为不属于私募基金。高某某及中财鼎盛公司入伙协议虽未直接写明保本付息，但其使用"预期年化投资收益率"字样，基于一般公众的普遍认知，该字样与保本保收益无异。

最高人民法院《关于审理非法集资刑事案件具体应用法律若干问题的解释》第 1 条明确规定，认定非法吸收公众存款或变相吸收公众存款的条件包括"承诺在一定期限内以货币、实物、股权等方式还本付息或者给付回报"。实务中，法院往往会根据私募基金宣传资料、基金合同对募集行为是否承诺还本付息进行认定。本案中，高某某及中财鼎盛公司在入伙协议中使用"预期年化投资收益率"字样，成为法院认定高某某构成非法吸收公众存款罪的理由之一。

> **知识链接**
>
> 前述刑事合规要点所涉及的私募基金流程控制与合规管理基础知识，详见第四篇第二章第一节"监管层视角的法律风险现状及主要问题"中"一、基金募集环节的法律风险现状"之"（二）虚假宣传——3. 以保本保收益引诱投资者"。

---

① 《募管办法》第 24 条第 3 项规定，募集机构及其从业人员推介私募基金时，禁止有以下行为：……（三）以任何方式承诺投资者资金不受损失，或者以任何方式承诺投资者最低收益，包括宣传"预期收益""预计收益""预测投资业绩"等相关内容。

要点3：私募基金管理人对受托基金销售机构应尽到严格的审查监督义务。①

法院经审理认定，被告人高某某及中财鼎盛公司委托第三方以非公开方式募集资金，亦未直接接触投资人，但其对委托的第三方是否具有私募资质并未进行严格审查，对其"独家授权"的汤某是否公开宣传及是否再委托其他渠道方，不闻不问，持放任态度，通过返点、返提成，下线发展下线的方式，吸收社会不特定公众的大量资金。所谓委托第三方非公开募集资金只是形式，实质上是为了融资，高某某及中财鼎盛公司对委托的第三方的行为负有不可推卸的责任。

私募基金的募集方式包括自行募集和委托募集，委托募集的受托方为在中国证监会注册取得基金销售业务资格并已成为中基协会员的机构。私募基金管理人委托第三方进行基金募集，不但应当对受托方的募集资质进行严格审查，还应当在募集过程中对第三方的实际募集方式进行必要的审查，不能做"甩手掌柜"。委托方应当在募集发起之前以书面形式明确双方的权利义务，在募集过程中对受托方的募集行为进行监督，否则一旦募集过程出现问题，委托方同样可能被卷入刑事风险。本案中，高某某及中财鼎盛公司委托汤某等第三方募集资金，但其未尽到应有的审查监督义务，成为法院认定其构成非法吸收公众存款罪的理由之一。

> **知识链接**
>
> 前述刑事合规要点所涉及的私募基金流程控制与合规管理基础知识，详见第四篇第一章第四节"私募基金宣传推介环节合规管理"之"四、关于基金销售机构的特别规定"。

要点4：私募基金管理人应当勤勉尽责，按照约定使用基金财产，不得以任何形式侵占、挪用私募基金财产。②

法院经审理认定，高某某及中财鼎盛公司并未完全按照入伙协议确定的

---

① 《募管办法》第7条规定，"私募基金管理人应当履行受托人义务，承担基金合同、公司章程或者合伙协议（以下统称基金合同）的受托责任。委托基金销售机构募集私募基金的，不得因委托募集免除私募基金管理人依法承担的责任"。

② 《募管办法》第23条规定，"私募基金管理人、私募基金托管人、私募基金销售机构及其他私募服务机构及其从业人员从事私募基金业务，不得有以下行为：……（四）侵占、挪用基金财产"。

资金用途使用投资款，而是将部分资金出借他人，有悖信托。投资人的投资款逐笔直接转入中财鼎盛公司及有限合伙的账户，返款亦由中财鼎盛公司及有限合伙支付，高某某是直接吸收资金还是委托他人吸收资金，在本案中并无本质区别。

私募基金合同是规定投资者与私募基金管理人之间权利和义务的重要文书，一般都明确限定了私募基金财产的特定用途，投资者在认购私募基金产品后，要持续关注私募基金产品的投资、运行情况，要求私募基金管理人按约定履行信息披露义务。本案中，高某某及中财鼎盛公司私自改变资金用途，违反合同约定将部分资金出借他人，这也成为法院认定其成立犯罪的理由之一。

> **知识链接**
>
> 前述刑事合规要点所涉及的私募基金流程控制与合规管理基础知识，详见第四篇第一章第四节"私募基金宣传推介环节合规管理"之"六、关于投资者的资金安全"，第五篇第一章第一节"私募基金投资运作的一般规定"。

【案例三】某基金管理公司非法公开募集资金7.7亿元，被法院以非法吸收公众存款罪追究刑事责任，公司被判罚金，13名员工获刑，并处罚金[①]

关键词：非法吸收公众存款罪　犯罪主体　法定代表人　其他直接责任人员　穿透核查最终投资者　合并计算投资者人数

涉案人员身份：

1. 卢某（第一被告人），深圳中汇盈信基金管理有限公司法定代表人、股东、总经理
2. 杨某甲（第二被告人），深圳中汇盈信基金管理有限公司副总经理
3. 杨某乙（第三被告人），深圳中汇盈信基金管理有限公司财务部总监
4. 余某（第四被告人），深圳中汇盈信基金管理有限公司风控部总监
5. 孙某（第五被告人），深圳中汇盈信基金管理有限公司东莞分部经理

---

① 参见卢某等非法吸收公众存款案，广州市天河区人民法院（2015）穗天法刑初字第1279号刑事判决书，广东省广州市中级人民法院（2016）粤01刑终2028号刑事裁定书。

6. 黄某甲（第六被告人），深圳中汇盈信基金管理有限公司渠道部经理

7. 聂某（第七被告人），深圳中汇盈信基金管理有限公司财务部出纳

8. 张某甲（第八被告人），深圳中汇盈信基金管理有限公司总经理助理

9. 陈某甲（第九被告人），深圳中汇盈信基金管理有限公司项目部助理

10. 甘某（第十被告人），深圳中汇盈信基金管理有限公司项目部助理

11. 廖某（第十一被告人），深圳中汇盈信基金管理有限公司财务部职员

12. 张某乙（第十二被告人），深圳中汇盈信基金管理有限公司项目部总监

13. 张某丙（第十三被告人），光大银行珠海分行营业部副总经理

涉案私募基金管理人情况：深圳某基金管理有限公司未向中基协进行私募基金管理人登记。

一审：

审理法院：广州市天河区人民法院

案　　号：（2015）穗天法刑初字第1279号

裁判日期：2016年9月12日

二审：

审理法院：广州市中级人民法院

案　　号：（2016）粤01刑终2028号

裁判日期：2017年3月20日

基本案情

2012年10月30日，被告单位深圳中汇盈信基金管理有限公司（以下简称"中汇盈信公司"）在广东省深圳市注册成立，以本市天河区华穗路"汇美大厦"2801室为实际经营地点，法定代表人为卢某，发起股东为卢某、杨某乙，后变更为卢某、深圳中汇盈信投资管理有限公司，经营范围受托管理股权投资基金（法律、行政法规、国务院决定禁止的项目除外，限制的项目必须取得许可后方可经营）；股权投资、投资管理（不含证券、期货、保险及其他金融业务）等。2012年11月12日，深圳中汇盈信进取九号合伙投资企业（有限合伙，以下简称"进取九号企业"）被批准设立，合伙人为杨某乙、卢某。2013年8月28日变更为合伙人为卢某、陈某乙、中汇盈信公司、杨某乙。

自2013年五六月份以来，中汇盈信公司、进取九号企业在未取得相关

银行、证券监督管理部门授权及许可的情况下，打着投资进取九号理财产品即可成为进取九号企业合伙人，并可获得7%～14%年化利率高额回报的旗号，以具有良好投资前景以及纵横天地公司及其关联公司承诺用位于本市天河区柯木塱的土地等进行抵押为由，先后以一期、二期、三期的形式不间断向社会不特定公众吸收投资款金额共计人民币774918500元（以下币种均为人民币），涉及万某等被害人共计312人次。上述投资款经由进取九号企业名下的银行账户转入纵横天地公司名下的银行账户，其间，该纵横天地公司名下的银行账户将部分款项返还进取九号企业名下的银行账户部分用以兑付到期本息，并以支付咨询费名义将投资款24%作为年化收益返还给中汇盈信公司名下的银行账户。其间，被告人卢某作为公司负责人，先后纠集被告人杨某甲、张某乙、杨某乙、余某等人作为公司的管理团队以及被告人孙某、张某丙、黄某甲等销售渠道人员进行经营和招揽客户投资，同时还招聘、雇请了被告人聂某、张某甲、陈某甲、甘某、廖某等财务及行政文职人员协助公司团队运作。

2014年八九月，因纵横天地公司经营陷入困境，进取九号企业项目无法兑付的到期投资款高达人民币数亿元，致使本案案发。2014年9月25日，被害人至中汇盈信公司实际经营地点主张权利，被告人黄某甲向公安机关报案，被告人张某甲、陈某甲、甘某、廖某等人在该公司等待民警到场处理。民警到场后，被告人卢某、张某乙、杨某乙、余某、孙某、张某丙经被告人张某甲、廖某等人电话通知后回到公司接受处理。同年9月29日，被告人杨某甲向公安机关投案，同年10月8日，被告人聂某向公安机关投案。

一审裁判结果

1. 被告单位深圳中汇盈信基金管理有限公司犯非法吸收公众存款罪，判处罚金40万元。

2. 被告人卢某犯非法吸收公众存款罪，判处有期徒刑8年，并处罚金20万元。

3. 被告人杨某甲犯非法吸收公众存款罪，判处有期徒刑2年11个月，并处罚金4万元。

4. 被告人张某乙犯非法吸收公众存款罪，判处有期徒刑2年11个月，并处罚金4万元。

5. 被告人杨某乙犯非法吸收公众存款罪，判处有期徒刑3年6个月，并处罚金 6 万元。

6. 被告人余某犯非法吸收公众存款罪，判处有期徒刑 2 年 11 个月，并处罚金 4 万元。

7. 被告人孙某犯非法吸收公众存款罪，判处有期徒刑 2 年 6 个月，并处罚金 3 万元。

8. 被告人张某丙犯非法吸收公众存款罪，判处有期徒刑 2 年 6 个月，并处罚金 3 万元。

9. 被告人黄某甲犯非法吸收公众存款罪，判处有期徒刑 2 年 6 个月，并处罚金 3 万元。

10. 被告人聂某犯非法吸收公众存款罪，判处有期徒刑 2 年 1 个月，缓刑 3 年，并处罚金 2 万元。

11. 被告人张某甲犯非法吸收公众存款罪，判处有期徒刑 2 年，缓刑 3 年，并处罚金 2 万元。

12. 被告人陈某甲犯非法吸收公众存款罪，判处有期徒刑 2 年，缓刑 3 年，并处罚金 2 万元。

13. 被告人甘某犯非法吸收公众存款罪，判处有期徒刑 1 年 11 个月，并处罚金 2 万元。

14. 被告人廖某犯非法吸收公众存款罪，判处有期徒刑 1 年 11 个月，并处罚金 2 万元。

15. 追缴本案违法所得，发还各被害人；不足以弥补的损失部分，责令被告单位及各被告人退赔。

二审争辩焦点

1. 上诉人卢某提出的上诉意见是：（1）其在本案中是从犯；（2）一审认定非法吸收公众存款的金额不准确；（3）没有犯罪的主观故意，社会危害性较小；（4）具有自首情节，请求二审法院对其从轻处罚。

其辩护人提出的辩护意见是：（1）卢某不构成非法吸收公众存款罪。（2）原判将中汇盈信公司列为被告不当，进取九号企业才是本案的主体。（3）进取九号企业依法成立，具有融资的合法性。（4）从资金流向可以看出卢某也是本案的受害者。涉案集资款全部流入纵横天地公司，被害人的损失应当由纵横天地公司补偿，卢某没有侵吞别人的款项，且纵横天地公司实际控制人陈某乙死亡后，卢某采取了一系列的挽救措施。（5）原判认定卢某有自首情节，但在量刑时并未体现。

2. 上诉人杨某甲提出的上诉意见是：其将亲友的资金投资到涉案项目，亦是本案的受害人。

3. 上诉人杨某乙提出的上诉意见是：（1）其不是中汇盈信公司、进取九号合伙企业的发起人；（2）原审判决量刑过重，请求二审法院对其从轻处罚。

4. 上诉人余某提出的上诉意见是：其是从犯，有自首情节，是初犯、偶犯，原审判决量刑过重。请求改判缓刑并减少罚金刑金额。

其辩护人提出的辩护意见是：（1）原判量刑过重，希望改判余某缓刑并减少判处罚金；（2）本案募集的资金全部流向纵横天地公司，余某没有使用过上述资金。原审判决"不足以弥补的损失部分，责令各被告人退赔"缺乏事实和法律依据，请求二审予以改判。

5. 上诉人孙某提出的上诉意见是：（1）其在本案中是从犯；（2）本案被害人并非不特定的公众，依法不构成非法吸收公众存款罪；（3）原审判决量刑过重。请求二审法院查清事实，依法改判。

6. 上诉人黄某甲提出的上诉意见是：其具有自首、立功情节，原审判决量刑过重。

7. 上诉人聂某提出的上诉意见是：其是从犯，具有自首情节，原审判决量刑过重。

8. 上诉人张某甲提出的上诉意见是：其不是中汇盈信公司的总经理助理，没有参与非法吸收公众存款的行为，原审判决量刑过重。请求二审改判其免予刑事处罚。

9. 上诉人陈某甲提出的上诉意见是：其系初犯、从犯，具有自首情节，原审判决量刑过重。

10. 上诉人甘某提出的上诉意见是：其没有犯非法吸收公众存款罪的故意，只是按照上级指示工作，请求二审法院查清事实，依法公正裁判。

11. 上诉人廖某提出的上诉意见是：（1）其入职时间短，按照上级指示工作，没有犯罪的主观故意；（2）其是从犯，具有自首、立功情节，原审判决量刑过重，请求二审法院依法对其改判免予刑事处罚并减免罚金刑。

二审裁判结果

驳回上诉，维持原判。

刑事合规要点

要点1：私募基金管理人应确保投资者人数不超过法定数量上限。①

法院经审理认定，非公开募集基金，以进行投资活动为目的设立的公司或者合伙企业，资金由基金管理人或者普通合伙人管理。设立私募基金管理机构和发行不设行政审批，允许各类发行主体在依法合规的基础上，向累计不超过法律规定数量的投资者发行私募基金。本案中，进取九号企业以有限合伙企业的方式设立，合伙企业法规定，有限合伙企业人数上限为50人，"进取九号企业"除普通合伙人外，有限合伙人依法不能超过48人，而本案的投资人远超法律规定的人数。另外，合伙企业法规定，有限合伙企业登记事项中应载明有限合伙人的姓名或者名称及认缴的出资数额，而本案的有限合伙人均未进行登记。

私募基金管理人在进行资金募集时，应当确保每一只私募基金的投资者人数不超出法定上限。本案中，涉案的投资者人数大于300人次，远超最高人民法院《关于审理非法集资刑事案件具体应用法律若干问题的解释》第3条"个人非法吸收或者变相吸收公众存款对象30人以上的，单位非法吸收或者变相吸收公众存款对象150人以上的"规定的应当依法追究刑事责任的标准，因而成为法院以非法吸收公众存款罪追究被告人刑事责任的理由之一。

本案中，法院多次直接引用《私募监管办法》，并以该部门规章作为认定犯罪事实的法律依据，私募基金管理人在刑事合规管理过程中，对于法律规则体系的学习和遵守显得尤为重要。

> **知识链接**
>
> 前述刑事合规要点所涉及的私募基金流程控制与合规管理基础知识，详见第三篇第二章第一节"私募基金产品备案的合规要求"之"五、私募基金备案的法律合规审查重点——（四）刑事风险高发区：投资者人数限制及穿透核查"。

要点2：私募基金管理人应当履行对合格投资者的穿透核查义务，不得

---

① 《私募监管办法》第11条规定，私募基金应当向合格投资者募集，单只私募基金的投资者人数累计不得超过证券投资基金法、公司法、合伙企业法等法律规定的特定数量。

向不合格投资者募集资金。①

法院经审理认定,中汇盈信公司并未审查投资者的资产状况,也未对投资人进行穿透核查,投资者中有70多人的投资额不满100万元,被害人李某乙也证实其投资金额中有其他人投入的资金。

除对投资者人数进行严格审查、合并计算外,私募基金管理人还应当对私募基金的投资者进行穿透核查,确定最终投资者是否为合格投资者。本案中,法院结合私募基未依法进行备案、未对投资人进行穿透核查等情况,认定涉案管理人假借私募基金之名,行非法吸收公众存款之实,符合最高人民法院《关于审理非法集资刑事案件具体应用法律若干问题的解释》第1条中"向社会公众即社会不特定对象吸收资金"的构罪要件,成为法院认定其成立非法吸收公众存款罪的理由之一。

> **知识链接**
>
> 前述刑事合规要点所涉及的私募基金流程控制与合规管理基础知识,详见第四篇第一章第二节"私募基金产品开发环节合规管理"之"十、禁止多层嵌套——底层资产穿透核查",第四节"私募基金宣传推介环节合规管理"之"五、私募基金投资者的法定要求"。

要点3:私募基金禁止刚性兑付,私募基金管理人不得向投资者承诺或变相承诺保本保息。②

法院经审理认定,本案中,众多被害人证实中汇盈信公司员工宣传进取九号企业有固定的高收益率,没有风险,可获得投资额7%~14%年化利息并兑付到期本息。

是否存在刚性兑付问题是私募基金区别于金融机构存贷款业务的一个重要标志线,一些私募基金管理人为了迎合投资者的低风险甚至是零风险要

---

① 《私募监管办法》第12条规定,"私募基金的合格投资者是指具备相应风险识别能力和风险承担能力,投资于单只私募基金的金额不低于100万元且符合下列相关标准的单位和个人:(一)净资产不低于1000万元的单位;(二)金融资产不低于300万元或者最近三年个人年均收入不低于50万元的个人"。第13条规定,"以合伙企业、契约等非法人形式,通过汇集多数投资者的资金直接或者间接投资于私募基金的,私募基金管理人或者私募基金销售机构应当穿透核查最终投资者是否为合格投资者,并合并计算投资者人数"。

② 《私募监管办法》第15条规定,"私募基金管理人、私募基金销售机构不得向投资者承诺投资本金不受损失或者承诺最低收益"。

求，在基金产品设计时就留了"后门"，违规向投资者承诺保本保收益，实际上已滑入非法集资违法犯罪的危险地带。

管理人及其实际控制人、股东、关联方以及募集机构不得向投资者承诺最低收益、承诺本金不受损失，或限定损失金额和比例。这一直以来是基金产品开发环节需要避免触碰的"雷区"，私募基金管理人应当按照规定向投资者充分披露相关信息，揭示基金风险，不承诺或变相承诺保本保收益。在本案中，中汇盈信公司在推介基金时承诺有固定的高收益，符合最高人民法院《关于审理非法集资刑事案件具体应用法律若干问题的解释》第1条规定的"承诺在一定期限内以货币、实物、股权等方式还本付息或者给付回报"的非法吸收公众存款罪的构罪要件，成为法院认定其成立非法吸收公众存款罪的理由之一。

> **知识链接**
>
> 前述刑事合规要点所涉及的私募基金流程控制与合规管理基础知识，详见第四篇第一章第二节"私募基金产品开发环节合规管理"之"八、禁止刚性兑付"，第二章第一节"监管层视角的法律风险现状及主要问题"中"一、基金募集环节的法律风险现状"之"（二）虚假宣传——3. 以保本保收益引诱投资者"。

要点4：私募基金从业人员应当加强风险识别能力，提高合规意识，甄别选择合规经营的私募机构，避免因具有私募机构直接负责的主管人员或者其他直接责任人员的工作身份而陷入刑事风险。[①]

本案中，进取九号企业未向中基协申请登记并在私募基金募集完毕后向中基协办理备案手续，因此，中汇盈信公司没有依法进行备案，即通过理财中介、银行及相关人员等社会渠道对外宣传推广，面向社会不特定公众吸收存款，其投资者人数远超私募基金对投资人数的规定，且未依法对投资者进行审核，众多投资者不符合私募基金"合格投资者"的规定，变相承诺支付固定回报，系假借私募投资基金名义吸收公众资金，依法应以非法吸收公

---

① 最高人民法院《关于审理单位犯罪案件具体应用法律有关问题的解释》第2条规定，"个人为进行违法犯罪活动而设立的公司、企业、事业单位实施犯罪的，或者公司、企业、事业单位设立后，以实施犯罪为主要活动的，不以单位犯罪论处"。《刑法》第15条规定，"单位犯罪的，对单位判处罚金，并对其直接负责的主管人员和其他直接责任人员判处刑罚"。

众存款罪论处。

1. 关于上诉人杨某甲提出自己将家人、亲友的款项投资到涉案项目，本身也是被害人的意见，法院认为，杨某甲作为公司的副总经理，明知公司募集资金行为违反法律规定，但仍积极参与，其行为依法构成非法吸收公众存款罪，其将亲友的资金投入进取九号企业项目，目的是获取固定的高额回报，并不影响其构成该罪。

2. 关于上诉人杨某乙提出自己不是中汇盈信公司、进取九号企业发起人的意见，法院认为，工商登记资料显示中汇盈信公司的发起股东为卢某、杨某乙；进取九号企业初次登记的合伙人为杨某乙、卢某，卢某、杨某乙对其二人发起、成立中汇盈信公司、进取九号企业的经过均供认在案，故杨某乙否认该事实，据理不足。

3. 关于上诉人张某甲提出自己不是总经理助理，没有参与非法吸收公众存款犯罪的意见，法院认为，上诉人卢某、杨某乙、黄某甲、聂某、陈某甲、甘某、廖某均指认张某甲是总经理助理，协助总经理工作，张某甲在侦查阶段对此亦供认在案，故认定张某甲参与非法吸收公众存款行为的证据充分。

4. 关于上诉人甘某、廖某分别提出自己只是根据领导的指使办事，没有犯罪故意的意见，法院认为，作为中汇盈信公司的员工，甘某参与了本案投资协议的制作流程，负责去银行办理出入账手续等财务工作，廖某负责公司与客户的银行转账工作，均是中汇盈信公司非法吸收公众存款行为的其他直接责任人员，依法应承担相应的刑事责任。

5. 关于上诉人余某的辩护人提出本案募集的资金全部流向纵横天地公司，余某没有使用过上述资金，一审判决"追缴违法所得发还各被害人，不足以弥补的损失部分，责令各被告人退赔"缺乏事实和法律依据的意见，二审法院认为，原审被告单位中汇盈信公司非法吸收公众存款，余某等人作为公司的主要负责人或其他负责人，应承担相应的刑事责任，《刑法》第64条规定，"犯罪分子违法所得的一切财物，应当予以追缴或者责令退赔"，故本案的被告单位以及被告人均应承担退赔责任。

二审法院最终认定，被告单位中汇盈信公司未经相关部门许可，非法吸收公众存款，数额巨大，其行为已构成非法吸收公众存款罪。上诉人卢某等11人，原审被告人张某乙、张某丙分别作为深圳中汇盈信公司直接负责的主管人员或者其他直接责任人员，其行为均已构成非法吸收公众存款罪。

关于犯罪主体的认定，法院通常根据在犯罪过程中，不同主体起到的不同作用进行综合认定。本案中，进取九号有限合伙企业是被告单位中汇盈信公司为实施犯罪而设立的项目，所以应当以犯罪行为人即中汇盈信公司作为犯罪主体，而不以设立的项目进取九号企业作为犯罪主体。

私募基金管理人作为私募基金项目中的核心主体，相关从业人员应当增强风险意识，增强甄别能力，加强自我保护，避免因单位涉刑使自己身陷囹圄。

--- 知识链接 ---

前述刑事合规要点所涉及的私募基金流程控制与合规管理基础知识，详见第二篇第二章第三节"私募基金的合规管理"之"二、私募基金合规管理的现实意义——（三）对基金从业者的意义"。

【案例四】深圳某私募基金管理人公开募资1.4余亿元，3人获刑，并处罚金[①]

关键词：基金管理　法定代表人　业务经理　非法吸收公众存款罪

涉案人员身份：

1. 曹某林（第一被告人），深圳市中星基金管理有限公司法定代表人、实际负责人

2. 凌某凤（第二被告人），深圳市中星基金管理有限公司业务经理

3. 李某宪（第三被告人），深圳市中星基金管理有限公司业务经理

涉案私募基金管理人情况：深圳市中星基金管理有限公司于2015年4月16日在中基协登记成为私募基金管理人，2019年2月22日，因失联被中基协注销。

一审：

审理法院：深圳市福田区人民法院

案　　号：（2016）粤0304刑初631号

裁判日期：2017年1月23日

[①] 参见曹某林等非法吸收公众存款案，广东省深圳市福田区人民法院（2016）粤0304刑初631号刑事判决书。

📝 基本案情

2011年11月4日，深圳市中星基金管理有限公司（以下简称中星基金公司）成立，住所为深圳市福田区星河世纪大厦某房，被告人曹某林为法定代表人及实际负责人，经营范围为受托管理股权投资基金，经济信息咨询，企业管理咨询，投资咨询（以上均不含证券期货、保险、金融业务及人才中介服务，不含法律、行政法规、国务院决定规定需前置审批和禁止的项目）。

2013年4月，被告人曹某林了解到江苏某建设集团有限公司（法定代表人史某康）因安徽省来安县安置小区工程项目建设需要募集资金，遂与江苏某建设集团有限公司协商后达成基金融资协议，由中星基金公司为江苏某建设集团有限公司募集资金，融资额度为人民币2亿元（以下币种均为人民币），江苏某建设集团有限公司支付募集资金总额的24%作为管理费给中星基金公司。江苏某建设集团有限公司以应收账款人民币5.88亿元质押给深圳市某一号投资企业（有限合伙），担保主合同金额人民币2亿元，并在中国人民银行征信中心进行了动产权属统一登记，登记期限3年，登记到期日为2016年4月24日。江苏某建设集团有限公司法定代表人史某康向深圳市某一号投资企业（有限合伙）出具不可撤销的连带责任保证书，保证主合同项下全部债务本金及由此产生的利息、罚息、复利、违约金、赔偿金和中星基金公司实现债权的费用。随后，中星基金公司以网站平台和员工对外宣传、拉拢银行客户经理招揽客户以及通过某公司等第三方渠道代售等方式，以10%～13.5%不等的预期年化收益率向社会不特定公众募集资金，并以合伙协议的方式承诺按季度付息，到期还本。中星基金公司将募集到的资金以深圳市某一号投资企业（有限合伙）名义委托中信银行股份有限公司深圳分行以委托贷款的方式向江苏某建设集团有限公司发放，委托贷款总金额为人民币2亿元，委托贷款期限为2013年6月9日至2014年12月9日，委托贷款用途为江苏某建设集团有限公司来安县安置小区工程项目的后续建设，贷款利率为12%，银行收取0.5‰的手续费，在每次放款时直接从放款账户中扣除。被告人凌某风、李某宪先后于2013年10月、2014年1月进入中星基金公司工作，均任职公司销售经理，负责宣传推广公司产品，吸引投资人投资，并从中获取提成。

根据现有资料并经委托审计，自2013年5月以来，中星基金公司非法吸收张某芹等174名投资人的投资款共计人民币1.4余亿元用于江苏某建设集团有限公司安置小区项目。其中，被告人凌某风非法吸收投资人林某某等人存款人民币 560 余万元，被告人李某宪非法吸收投资人庄某某等人存款人民币 170 余万元。后因江苏某建设集团有限公司资金链出现断裂，停止向中星基金公司还款，中星基金公司和第三方渠道自行偿还大部分投资款，部分投资人对被告人曹某林表示谅解，但截至目前仍有人民币 3000 万元左右投资款未能偿还。2014 年后，中星基金公司对江苏某建设集团有限公司、来安县城市基础设施开发有限公司、史某康提起民事诉讼，要求偿还投资欠款。

2015 年 8 月 31 日，被告人曹某林经公安机关传唤到案接受调查，2015 年 11 月 9 日、13 日，被告人凌某风、李某宪先后被抓获归案。

 争辩焦点

被告人曹某林承认控罪，但辩称：（1）江苏某建设集团有限公司协议应支付给中星基金公司的管理费为募集资金总额的 24%，而非 25%，其中 12% 用于支付投资人利息，另外 12% 用于支付渠道费用及中星基金公司的运营成本，但实际江苏某建设集团有限公司并未足额支付管理费，中星基金公司还将部分管理费用于垫付客户投资款；（2）其公司有对投资人投资涉案项目的风险提示，但其公司员工在实际的具体操作中其无法控制；（3）在江苏某建设集团有限公司资金链断裂后，中星基金公司有垫付投资人本息 2000 多万元，目前还有 30 人左右未偿还本金；（4）中星基金公司成立的初衷并不是以违法犯罪为目的，本案的起因是江苏某建设集团有限公司违约所致，其没有犯罪的主观故意；（5）现在正积极通过法律诉讼的方式挽回投资人损失，但是需要时间，其代表中星基金公司向投资人道歉。

被告人凌某风表示不清楚其行为是否构成犯罪，辩称：（1）其是中星基金公司业务员，并非公司高管，其没有参与中星基金公司的组建及江苏某建设集团有限公司项目的运作，其不是公司股东，也没有分红，更没有组建团队及发展下线；（2）其在寻找客户的过程中仅是通过朋友和熟人平安银行理财经理李某介绍，没有大面积进行推广，没有向客户承诺保本保息；（3）投资人的投资款无法收回不是由其决定的；（4）其看过中星基金公司的营业执照，但并不是很清楚公司的营业范围；（5）其没有犯罪的主观故意，其进入中星基金公司时公司有正规的营业执照，江苏某建设集团有限公司目也是真实存在的，其是在不知情的情况下触犯法律的，即便构成犯罪也是过失犯罪，如果法庭认定其有罪，其愿意接受惩罚；（6）其母亲年事已高，需要其照顾，其是家中独子，也是唯一经济来源，请求从轻处罚。

被告人李某宪表示不清楚其行为是否构成犯罪，辩称：（1）其是中星基金公司业务员，不是业务经理，所起作用很小，不应当认定其为主管人员和直接责任人员；（2）其参与本案是因为涉案项目为政府民生工程，项目融资承建方江苏某建设集团有限公司为优质企业，有应收账款质押文件、尽职调查报告，募集资金通过委托贷款方式发放给江苏某建设集团有限公司，通过规范的第三方渠道某公司进行融资，前期投资者资金得到了及时兑付，而且其本着对客户负责的态度，通过网络和其他渠道对项目情况进行为力所能及的调查，其并不清楚最后无法偿还投资人的投资款；（3）其工作内容为联系第三方渠道与中星基金公司达成合作意向，并不直接负责募集吸收资金，所以其不认为是在向社会公众吸收存款；（4）其有通过平安银行理财经理郭某获得了两个人的投资款共计人民币170万元，没有承诺保本保息，且有风险提示，中星基金公司返给其的提成为4.5%，其给郭某4%，其自己得0.5%，实际获利8500元；（5）得知项目出现问题，其都与同事积极努力安抚投资者的情绪，帮助追讨资金，其对投资者表示歉意；（6）其是独生子女，家有老人及小孩需要其抚养、照顾，请求对其从轻处罚。

裁判结果

1. 被告人曹某林犯非法吸收公众存款罪，判处有期徒刑4年，并处罚金20万元。

2. 被告人凌某风犯非法吸收公众存款罪，判处有期徒刑2年，并处罚金5万元。

3. 被告人李某宪犯非法吸收公众存款罪，判处有期徒刑1年3个月，并处罚金5万元。

4. 冻结于本案的违法所得约4629余元依法予以没收，上缴国库。

刑事合规要点

要点1：未经国务院银行业监督管理机构批准，任何单位和个人不得从事吸收公众存款等商业银行业务。[①]

法院经审理认定，中星基金公司的经营范围为受托管理股权投资基金等，均不含证券期货、保险、金融业务及法律、行政法规、国务院决定规定需前置审批和禁止的项目，中星基金公司在未经中国银行业监督管理委员会

[①] 《银行业监督管理法》第19条规定，"未经国务院银行业监督管理机构批准，任何单位或者个人不得设立银行业金融机构或者从事银行业金融机构的业务活动"。

许可的情况下从事金融业务。

金融业务作为特许经营业务，未经有关部门批准开展吸收公众存款等金融业务，是一种违反国家金融管理法律规定，破坏金融管理秩序的行为。最高人民法院《关于审理非法集资刑事案件具体应用法律若干问题的解释》明确将"未经有关部门依法批准或者借用合法经营的形式吸收资金"作为非法吸收公众存款罪成立的四个要件之一。本案中，被告人在未得到银监会批准的情况下，向社会不特定公众吸收资金，成为法院认定其成立非法吸收公众存款罪的理由之一。

要点 2：私募基金管理人不得向合格投资者之外的单位和个人募集资金，不得向投资者承诺保本保息。①

法院经审理认定，中星基金公司在未经中国银行业监督管理委员会许可的情况下从事金融业务，通过网站平台、第三方渠道代售、拉拢银行客户经理和员工对外向社会公开宣传，承诺按季度付息、到期还本（网站宣传及合伙协议中均有载明），向社会不特定对象吸收资金，应定性为非法吸收公众存款。

根据最高人民法院《关于审理非法集资刑事案件具体应用法律若干问题的解释》的规定，法院在认定非法吸收公众存款罪是否成立时，通常从主体非法、公开宣传、承诺还本付息或给付回报、向社会不特定公众吸收资金四个方面进行认定。本案中，中星基金公司在未经中国银行业监督管理委员会批准的情况下从事金融业务，以公开推介的方式向不特定投资者募集资金，并向投资人承诺按季度付息、到期还本的方式，符合最高人民法院《关于审理非法集资刑事案件具体应用法律若干问题的解释》第 1 条"通过媒体、推介会、传单、手机短信等途径向社会公开宣传""向社会公众即社会不特定对象吸收资金"和"承诺在一定期限内以货币、实物、股权等方式还本付息或者给付回报"的非法吸收公众存款罪的构罪要件，成为法院认定其构成非法集资的理由之一。

---

① 《私募监管办法》第 14 条规定，"私募基金管理人、私募基金销售机构不得向合格投资者之外的单位和个人募集资金，不得通过报刊、电台、电视、互联网等公众传播媒体或者讲座、报告会、分析会和布告、传单、手机短信、微信、博客和电子邮件等方式，向不特定对象宣传推介"。第 15 条规定，"私募基金管理人、私募基金销售机构不得向投资者承诺投资本金不受损失或者承诺最低收益"。

> **知识链接**
>
> 前述刑事合规要点所涉及的私募基金流程控制与合规管理基础知识，详见第四篇第一章第二节"私募基金产品开发环节合规管理"之"八、禁止刚性兑付"，第四节"私募基金宣传推介环节合规管理"之"二、私募基金产品的推介程序——（三）关于媒介渠道选择的禁止性规定""三、特定对象确定程序"；第二章第一节"监管层视角的法律风险现状及主要问题"中"一、基金募集环节的法律风险现状"之"（二）虚假宣传——3.以保本保收益引诱投资者"。

要点 3：私募基金管理人设立后，以实施犯罪为主要活动，应定性为自然人犯罪，不以单位犯罪论处。

关于本案为个人犯罪还是单位犯罪问题，最高人民法院《关于审理单位犯罪案件具体应用法律有关问题的解释》第 2 条规定，个人为进行违法犯罪活动而设立的公司实施犯罪的，或者公司设立后，以实施犯罪为主要活动的，不以单位犯罪论处。本案中，被告人曹某林设立中星基金公司后，主要从事为江苏某建设集团有限公司安置房项目非法吸收公众存款募集资金，故法院认为，本案不应以单位犯罪论处，应定性为个人犯罪。

【案例五】上海某私募基金管理人非法公开募集资金 6.3 余亿元，法定代表人和股东分别获刑 7 年和 6 年，并处罚金 30 万元和 20 万元[①]

关键词：非法吸收公众资金　法定代表人　股东　律师

涉案私募基金管理人情况：上海 B 有限公司是在中基协登记的私募基金管理人，旗下 U 企业（有限合伙）、L 企业（有限合伙）、H 企业（有限合伙）三只私募基金在中基协登记备案。

涉案人员身份：

1. 张某（第一被告人），上海 J 有限公司、Z 公司法定代表人
2. 闫某某（第二被告人），上海 J 有限公司股东、××事务所律师

[①] 参见张某等非法吸收公众存款、集资诈骗案，上海市浦东新区人民法院（2016）沪 0115 刑初 3632 号刑事判决书，上海市第一中级人民法院（2017）沪 01 刑终 1025 号刑事裁定书。

一审：
审理法院：上海市浦东新区人民法院
案　　号：（2016）沪 0115 刑初 3632 号
裁判日期：2017 年 5 月 17 日

二审：
审理法院：上海市第一中级人民法院
案　　号：（2017）沪 01 刑终 1025 号
裁判日期：2017 年 12 月 11 日

基本案情

2011 年 1 月，被告人张某、闫某某共同设立了上海 A 有限公司。2012 年 2 月，上海 A 有限公司更改企业名称为 Y 公司，法定代表人为张某，股东为张某、闫某某（2015 年 9 月，闫某某将其所持有的 Y 公司的股权予以转让）。

2013 年 6 月，被告人张某、闫某某共同设立了上海 B 有限公司（以下简称 B 公司），公司法定代表人为张某，股东为张某、闫某某（2015 年 7 月，闫某某将其所持有的 B 公司的股权转让给他人）。

2013—2015 年，被告人张某、闫某某违反规定，在未经法定程序、未经相关部门批准取得相应金融业务资质的情况下，决定以 B 公司、Y 公司的名义，向社会公众募集资金，所募集的资金由被告人进行投资运作。被告人通过业务员宣传推荐等途径传播吸收资金信息，并委托上海 C 有限公司（以下简称 C 公司）进行融资，以设立合伙企业招揽投资人出资成为合伙企业合伙人，与投资人签订入伙、合伙协议以及债权转让的形式，向社会公众募集资金共计人民币 6.3044 余亿元（以下所称币种均为人民币），并向投资人承诺固定收益（年化收益率在 7.5%～16% 不等），投资期限到期返本付息。具体分述如下：

2013 年 7 月至 12 月，以 W 公司特种船舶资产收益权计划项目与 77 名投资人签订《V 企业（有限合伙）合伙协议》《入伙协议》，吸收投资人钱款共计 1.188 亿元。

2013 年 12 月至 2014 年 7 月，以杭州天乐云都生态园项目与 120 名投资人分别签订了《U 企业（有限合伙）合伙协议》《T 企业（有限合伙）合伙协议》《S 企业（有限合伙）合伙协议》及相应的《入伙协议》，吸收投资人钱款共计 2.6399 亿元。

2014年2月至2015年7月，以嵊泗列岛旅游项目与70名投资人分别签订《P企业（有限合伙）合伙协议》《Q企业（有限合伙）合伙协议》《O企业（有限合伙）合伙协议》《M企业（有限合伙）合伙协议》《N企业（有限合伙）合伙协议》及相应的《入伙协议》，吸收投资人钱款共计3920万元。

2014年6月至10月，以长江南京航道工程局应收款收益计划项目与23名投资人签订《H企业（有限合伙）合伙协议》《入伙协议》，吸收投资人钱款共计3258万元。

2014年10月至2015年3月，以杭州西湖钱江陵园收益权项目与54名投资人分别签订《L企业（有限合伙）合伙协议》《K企业（有限合伙）合伙协议》《J企业（有限合伙）合伙协议》及相应的《入伙协议》，吸收投资人钱款共计7680万元。

2015年五六月，以上海三盛宏业债权转让项目与两名投资人签订《I企业（有限合伙）合伙协议》《入伙协议》，吸收投资人钱款共计170万元。

2014年8月至2015年10月，以设立的Y公司与投资人（共计1017人次）签订《债权转让之服务协议》，以转让杭州钱江陵园项目、长江南京航道工程局、上海三盛宏业债权转让项目等债权，吸收投资人钱款共计9737.8万元。

被告人将上述所募集的资金和下述从项目融资公司收回的还款8142余万元等，主要用于投入项目融资公司、归还投资人本息、支付融资渠道费、支付B公司、Y公司等公司的日常开支等。

被告人张某、闫某某吸收资金共计为630448000元，至案发已归还投资人本息193831240.38元，尚有436616759.62元未归还。

2015年10月27日，被告人张某在杭州市江干区某酒店被抓获；同年10月29日，被告人闫某某主动向深圳通心岭派出所投案。到案后，被告人张某如实供述了向社会公众吸收资金的事实，被告人闫某某仅供认作为B公司的法律顾问参与了融资项目的前期调查、洽谈，否认参与公司经营以及参与募集资金事实。

案发后，B公司及相关其他公司的银行账户被冻结，涉案用资方为借款所提供的担保物已被查封、冻结。

一审裁判结果

1. 对被告人张某犯非法吸收公众存款罪，判处有期徒刑7年，并处罚金30万元；

2. 被告人闫某某犯非法吸收公众存款罪，判处有期徒刑6年，并处罚金20万元；

3. 查封在案的赃款，按照集资参与人的集资比例发还；不足部分，向被告人张某、闫某某追缴或责令其退赔，其中出借给浙江××集团有限公司、嵊泗F有限公司、南京G有限公司、杭州H有限公司的资金及其孳息予以追缴。追缴或退赔的赃款，发还集资参与人。

二审争辩焦点

上诉人张某提出，其以B公司名义吸收的公众存款不应构成非法吸收公众存款罪，一审法院认定的Y公司非法吸收公众存款的数额有误，到案后其具有自首、立功表现，原判对其量刑过重，请求二审法院撤销一审判决，依法改判。

上诉人闫某某提出，其仅是B公司的法律顾问，不参与公司的经营管理，也没有参与募集资金，其行为不构成非法吸收公众存款罪；一审判决认定事实不清、证据不足，适用法律错误，请求二审法院撤销一审判决，宣告其无罪。其辩护人提出闫某某的行为不构成非法吸收公众存款罪，请求二审法院依法改判其无罪。

二审裁判结果

驳回上诉，维持原判。

刑事合规要点

要点1：虽然私募基金管理人依法注册登记、私募基金在中基协依法备案，但该私募基金业务主体公示信息不构成对私募基金管理人投资管理能力及持续合规情况的认可。①

法院经审理认定，虽然B公司作为私募基金的管理人将U企业（有限合伙）（投资于浙江××集团有限公司杭州天乐云都生态园项目）、L企业

---

① 《私募投资基金管理人登记和基金备案办法（试行）》第9条规定，"公示信息不构成对私募基金管理人投资管理能力、持续合规情况的认可，不作为基金资产安全的保证"。

（有限合伙）（投资于杭州钱江陵园有限公司杭州西湖钱江陵园项目二期工程）、H 企业（有限合伙）（投资于南京 G 有限公司龙岗新城项目）三只私募基金在中基协登记备案，但中基协对私募登记备案的信息不做实质性事前审查，公示信息也不构成对私募基金管理人投资管理能力及持续合规情况的一种认可。

私募基金的备案在我国实行"好人举手"制度，[①] 登记备案并不会对私募基金管理人的违法经营活动产生"豁免"效果。本案中，被告人以私募基金管理及部分私募基金已登记备案并公示，所以其属于合法的经营活动进行抗辩，法院并未予以采纳，在裁判的过程中法院主要根据私募基金的实际运营的状况综合判断被告私募基金管理人是否应当承担刑事责任。

> **知识链接**
>
> 前述刑事合规要点所涉及的私募基金流程控制与合规管理基础知识，详见第四篇第一章第四节"私募基金宣传推介环节合规管理"之"五、私募基金投资者的法定要求——（二）签署基金风险揭示书的要求"。

要点 2：私募基金管理人不得违反中国证监会等金融监管部门和中基协的相关规定，通过为单一融资项目设立多只私募投资基金的方式，变相突破投资者人数限制或者其他监管要求。[②]

法院经审理认定，张某等人为了规避合伙制基金的人数限制，成立多家合伙企业吸收资金，从表面上看各个合伙企业的人数没有突破有限合伙制基金合伙人 50 人的人数限制，但总的人数已远远超过人数上限。

最高人民法院《关于审理非法集资刑事案件具体应用法律若干问题的解释》第 3 条规定，"个人非法吸收或者变相吸收公众存款对象 30 人以上

[①] "好人举手"制度，就是声明"我是好人，我愿意自觉遵守规则规范的要求并接受监督"。"好人举手"制度的实质就是私募基金管理人的自律管理。——笔者注

[②] 中基协《私募投资基金备案须知》明确提出，"以合伙企业等非法人形式投资私募投资基金的，募集机构应当穿透核查最终投资者是否为合格投资者，并合并计算投资者人数。投资者为依法备案的资产管理产品的，不再穿透核查最终投资者是否为合格投资者和合并计算投资者人数。管理人不得违反中国证监会等金融监管部门和协会的相关规定，通过为单一融资项目设立多只私募投资基金的方式，变相突破投资者人数限制或者其他监管要求"。《私募监管办法》第 11 条规定，私募基金应当向合格投资者募集，单只私募基金的投资者人数累计不得超过证券投资基金法、公司法、合伙企业法等法律规定的特定数量。

的，单位非法吸收或者变相吸收公众存款对象150人以上的"，应当依法追究刑事责任的标准。本案中，被告人为了规避合伙企业50名合伙人的人数上限，成立多个合伙企业对同一个项目进行投资，投资者人数累计超过1000名，成为法院以非法吸收公众存款罪追究被告人刑事责任的理由之一。

> **知识链接**
>
> 前述刑事合规要点所涉及的私募基金流程控制与合规管理基础知识，详见第三篇第二章第一节"私募基金产品备案的合规要求"之"五、私募基金备案的法律合规审查重点——（四）刑事风险高发区：投资者人数限制及穿透核查"。

要点3：私募基金管理人不得向合格投资者之外的单位和个人募集资金，不得通过公众传播媒体或者其他公开方式，向不特定对象宣传推介。①

法院经审理规定，上诉人在吸收资金时根本没有了解投资人的财产信息，其集资行为指向根本没有针对性。私募融资根据规定必须以非公开的方式宣传，禁止公开推介或者变相公开推介。本案中，投资人大多通过亲友介绍、中介服务公司业务员的推荐以及Y公司业务员的介绍等"口口相传"的方式知晓上诉人吸收资金的信息而前来投资，这种口头宣传的方式通过上诉人、知情人、先行投资人对周围人员的广为传播，事实上在不特定人群中构成非法吸存信息的发散性传递，而上诉人根据涉案参与吸存投资的人数、所签订合同的数量可以判定吸存信息的广泛传播却未加以阻止，足以认定上诉人非法吸收公众存款的行为具有公开性。

最高人民法院《关于审理非法集资刑事案件具体应用法律若干问题的解释》第1条规定，"通过媒体、推介会、传单、手机短信等途径向社会公开宣传"和"向社会公众即社会不特定对象吸收资金"符合非法吸收公众存款罪的构罪要件。本案中，口口相传的募集方式被法院认为是放任吸收资

---

① 《私募监管办法》第14条规定，"私募基金管理人、私募基金销售机构不得向合格投资者之外的单位和个人募集资金，不得通过报刊、电台、电视、互联网等公众传播媒体或者讲座、报告会、分析会和布告、传单、手机短信、微信、博客和电子邮件等方式，向不特定对象宣传推介"。

所谓合格投资者，是指具备相应风险识别能力和风险承担能力，金融资产不低于300万元或最近三年个人年收入不低于50万元的个人以及净资产不低于1000万元的机构，且投资于单只私募基金的金额不低于100万元。

金的信息在不特定的范围内传播,从而认定私募基金管理人的募集方式具有公开性,不符合私募基金的募集要求,成为法院认定其构成非法集资的理由之一。

> **知识链接**
>
> 前述刑事合规要点所涉及的私募基金流程控制与合规管理基础知识,详见第四篇第一章第四节"私募基金宣传推介环节合规管理"之"二、私募基金产品的推介程序——(二)私募基金推介的禁止性规定、(三)关于媒介渠道选择的禁止性规定"和"五、私募基金投资者的法定要求"。

要点 4:私募基金管理人不得向投资者承诺归还本金和支付固定回报。①

法院经审理认定,上诉人与投资人签订的债权转让协议、入伙、合伙协议以及 Y 公司的承诺函、合伙企业的确认函等证据均可证实,上诉人承诺在一定期限内给予投资人固定的回报,并向投资人承诺返本付息,且约定的回报远高于正常的存储或理财产品的收益,完全符合非法吸收公众存款的利诱性特征。

本案中被告人向投资人承诺按季度付息、到期还本,并以此为诱饵向投资者进行资金募集,符合最高人民法院《关于审理非法集资刑事案件具体应用法律若干问题的解释》第 1 条规定的"承诺在一定期限内以货币、实物、股权等方式还本付息或者给付回报"的非法吸收公众存款罪的构罪要件,成为法院认定其成立非法吸收公众存款罪的理由之一。

> **知识链接**
>
> 前述刑事合规要点所涉及的私募基金流程控制与合规管理基础知识,详见第四篇第一章第二节"私募基金产品开发环节合规管理"之"八、禁止刚性兑付",第二章第一节"监管层视角的法律风险现状及主要问题"中"一、基金募集环节的法律风险现状——(二)虚假宣传——3. 以保本保收益引诱投资者"。

---

① 《私募监管办法》第 15 条规定,"私募基金管理人、私募基金销售机构不得向投资者承诺投资本金不受损失或者承诺最低收益"。

要点 5：私募基金管理人不得开展或者参与任何形式的资金池业务。①

法院经审理认定，上诉人设立资金池，募集的资金远远大于备案注册的金额，上诉人控制、支配资金的去向，根本没有向投资人披露所募集资金的真正去向。B 公司虽然有 3 只基金注册备案过，但其在募资运作上明显违反私募的相关法律规定，亦不符合私募的本质特征，不能认定其为合法。我国对金融行业有准入限制和经营范围限制，中国人民银行授权商业银行及其他吸收存款经营权的金融机构专营吸收存款的业务，本案上诉人及相关公司没有存款业务的经营权，且相应的融资行为也未依法履行相关融资法律程序，故具有非法吸收公众存款的非法性。

资金池业务存在"滚动发行、集合（混同）运作、期限错配、分离定价"等四大特征，容易滋生包括违约风险、违规风险、违法风险在内的各种风险，是非法集资类违法犯罪的温床。在本案中，私募基金管理人设立资金池募集超额资金，严重损害了社会的经济秩序和投资人的合法权益。

知识链接

前述刑事合规要点所涉及的私募基金流程控制与合规管理基础知识，详见第四篇第一章第六节"私募基金资金池问题"。

第二节　合同诈骗罪

【案例一】某私募基金管理人股东及实际控制人，以非法占有他人财物为目的募集私募基金，分别获刑并处罚金②

关键词：合同诈骗　股东　法定代表人　实际控制人　民事赔偿　自首

---

① 《私募投资基金备案须知》第 14 条"禁止资金池"规定，"管理人应当做到每只私募投资基金的资金单独管理、单独建账、单独核算，不得开展或者参与任何形式的'资金池'业务，不得存在短募长投、期限错配、分离定价、滚动发行、集合运作等违规操作"。

② 参见尹某某等合同诈骗案，四川省成都市青羊区人民法院（2017）川 0105 刑初 1496 号刑事判决书。

涉案人员身份：

1. 尹某某（第一被告人），深圳市某基金管理有限公司股东、法定代表人；四川某股权投资基金管理有限公司实际控制人

2. 陈某某（第二被告人），四川某股权投资基金管理有限公司实际控制人

涉案私募基金管理人情况： 深圳市某基金管理有限公司和四川某股权投资基金管理有限公司分别于 2014 年 5 月 26 日和 2015 年 4 月 10 日在中基协登记为私募基金管理人，并分别于 2016 年 7 月 31 日和 2016 年 8 月 1 日因未依法备案任何私募基金产品被中基协注销登记。

一审：

审理法院：成都市青羊区人民法院

案　　号：（2017）川 0105 刑初 1496 号

裁判日期：2018 年 2 月 13 日

基本案情

深圳市某基金管理有限公司（以下简称深圳某公司）成立于 2014 年 1 月 8 日，股东为被告人尹某某、刘某某、唐某某，法定代表人为尹某某。2014 年 11 月 25 日，股东变更为袁某、白某某。2015 年 1 月 14 日，法定代表人变更为白某某，并由白某某出任公司总经理，变更后公司实际控制人为白某某。2014 年 5 月 26 日，深圳某公司在中基协登记为私募基金管理人，后于 2016 年 7 月 31 日因未完成任何产品备案而被协会注销登记。四川某股权投资基金管理有限公司（以下简称四川某公司）成立于 2015 年 2 月 2 日，法定代表人为桂某某，实际控制人为被告人尹某某、陈某某，经营范围为受托从事股权投资的管理及相关咨询服务。2015 年 4 月 10 日在中基协登记为私募基金管理人，后于 2016 年 8 月 1 日因未依法备案任何私募基金产品被协会注销登记。成都市某企业管理中心（以下简称成都某管理中心）成立于 2014 年 3 月，执行事务合伙人为深圳某公司，委派代表为尹某某。

2015 年 3 月，在未取得白某某的同意下，被告人尹某某、陈某某商定以深圳某公司名义与成都某企业、四川某洗染服务有限公司（以下简称四川某洗染公司）签订股权投资协议，拟为四川某洗染公司募集资金 2500 万元。2015 年 6 月、8 月，尹某某以深圳某公司、成都某普惠企业管理中心的名义（下称成都某普惠，执行事务合伙人代表为唐某某），以投资四川某洗染公司项目为由，先后与被害人张某签订两份投资协议。协议约定，张某认购四川某洗染公司项目，成为成都某普惠的有限合伙人，基金存续期限为

1年，预期年化收益为10%。张某分别于2015年6月8日、8月25日通过卡号为中国银行的卡向成都某普惠卡号为招商银行的卡转款20万元、40万元（以下币种均为人民币）。张某汇至成都某普惠的60万元，后由尹某某转至其控制的文某某的账户，后尹某某先后通过文某某的账户向陈某某账户转款24.9万元，用于发放陈某某工资、购买雷克萨斯轿车等。文某某账户余额资金由尹某某取款用于发放工资以及支付房租等开支。

2015年底，因四川某洗染公司项目资金募集不理想，被告人尹某某和陈某某商议筹划证券基金，于是成立了以投资证券为内容的某睿信1号证券投资基金。同年12月25日，被告人尹某某、陈某某以四川某公司的名义与被害人张某签订某睿信1号证券投资基金合同，张某于同日通过其卡号为中国银行的卡向四川某公司账号转款30.3万元。张某转至四川某公司的30.3万元，后大部分转至文某某的账户。文某某账户上的资金，其中8万元由尹某某转至陈某某账户，剩余资金由尹某某取现消费。

2016年11月7日，被害人张某因未如期收到本金和收益遂报警。同年12月9日，公安机关将被告人尹某某抓获。当天，被告人陈某某在接到公安机关通知后主动到公安机关接受讯问，进行了如实供述。

本案在审理过程中，被告人尹某某、陈某某的家属与被害人张某就民事赔偿达成了协议，由被告人尹某某、陈某某支付应付款项90.3万元的80%、余款在一个月内付清，被害人张某对二被告人的行为予以谅解，请求法院从轻处罚并予以缓刑。现被告人尹某某、陈某某的家属已支付了应付款80%的款项。

争辩焦点

被告人尹某某、陈某某对起诉书指控的事实和罪名不持异议，当庭认罪，请求法院从轻处罚。被告人尹某某的辩护人提出对公诉机关的指控无异议，但被告人尹某某有自首情节，当庭认罪，其家属与被害人达成了协议，且已部分履行，取得了被害人的谅解，主观恶性不深，系初犯、偶犯等，请求法院从轻处罚并予以缓刑的辩护意见；被告人陈某某的辩护人提出对公诉机关的指控无异议，但被告人陈某某有自首情节，当庭认罪，其家属与被害人达成了协议，且已部分履行，取得了被害人的谅解，主观恶性不深，系从犯等，请求法院从轻处罚并予以缓刑的辩护意见。

裁判结果

1. 被告人尹某某犯合同诈骗罪，判处有期徒刑 3 年，缓刑 4 年，并处罚金 15000 元。

2. 被告人陈某某犯合同诈骗罪，判处有期徒刑 2 年零 4 个月，缓刑 3 年，并处罚金 10000 元。

刑事合规要点

要点：私募基金管理人及其从业人员应当履行诚实信用、谨慎勤勉的义务，切实维护投资者利益。[①]

法院经审理认定，被告人尹某某、陈某某以非法占有为目的，冒用他人名义签订合同，骗取对方当事人财物，数额巨大，其行为均已构成合同诈骗罪。

本案中，四川某公司系中基协登记的私募基金管理人，被告人尹某某、陈某某作为该私募机构的实际控制人，在未经同意的情况下，冒用深圳市某某基金管理有限公司的名称与投资者签订股权投资协议，骗取对方当事人财物，是一起典型的私募机构实控人冒用其他私募机构名义实施的合同诈骗案件。

> **知识链接**
>
> 前述刑事合规要点所涉及的私募基金流程控制与合规管理基础知识，详见第二篇第二章第二节"私募基金管理人的内部控制"之"四、私募基金内部控制的九个重点——1. 注重培养合规与风控意识"，第三篇第二章第三节"私募基金从业人员"之"三、高管的任职要求"。

[①] 《私募监管办法》第 3 条规定，"从事私募基金业务，应当遵循自愿、公平、诚实信用原则，维护投资者合法权益，不得损害国家利益和社会公共利益"。第 4 条规定，"私募基金管理人和从事私募基金托管业务的机构管理、运用私募基金财产，从事私募基金销售业务的机构及其他私募服务机构从事私募基金服务活动，应当恪尽职守，履行诚实信用、谨慎勤勉的义务"。

【案例二】武汉某资产管理中心执行事务合伙人为偿还债务，虚构发行私募基金，诈骗 500 万元，获刑 11 年 6 个月，并处罚金 16 万元①

关键词：虚构发行私募基金　合同诈骗　偿还个人债务　冒充托管账户

涉案人员身份：

文某（被告人），武汉中润融盛资产管理中心（有限合伙）执行事务合伙人

涉案私募基金管理人情况：中润融盛（北京）资产管理有限公司和武汉中润融盛资产管理中心（有限合伙）均未在中基协登记的私募基金管理人

一审：

审理法院：武汉市中级人民法院

案　　号：（2016）鄂 01 刑初 211 号

裁判日期：2017 年 8 月 29 日

二审：

审理法院：湖北省高级人民法院

案　　号：（2018）鄂刑终 27 号

裁判日期：2018 年 3 月 15 日

基本案情

2014 年 6 月，被告人文某因欠巨额债务，产生虚假发行一年期中润融盛程序化策略交易私募基金以募集资金用于还债的动机，并以保证本金和年税后收益率 12% 为饵，采取伪造募集资金凭证和将交通银行尾号为 5034 的普通账户冒充托管账户的欺骗手段，虚构自己已提供 400 万元（以下币种均为人民币）资金投入，且已募集到发行规模 2000 万元中的绝大部分资金，仅差几百万元即可发行基金的事实，于 2014 年 6 月至 8 月，诱使浙江永安资本管理有限公司（以下简称"永安资本公司"）、管某、顾某共计汇款 500 万元至其在交通银行的普通账户作为投资。500 万元到账后，文某立即将钱款转至其个人账户上，用于偿还前期债务和个人消费。

2015 年 11 月 16 日，被告人文某被公安机关抓获归案。

---

① 参见文某合同诈骗案，湖北省武汉市中级人民法院（2016）鄂 01 刑初 211 号刑事判决书，湖北省高级人民法院（2018）鄂刑终 27 号刑事裁定书。

一审争辩焦点

被告人文某对募集及转出 500 万元资金的事实无异议,但提出:(1) 所作的供述系在患有高血压的情况下,侦查人员以不给予治疗的言词威胁而非法取证所得,应予以排除;(2) 对被害人陈述及证人证言的真实性存在异议;(3) 未将普通账户冒充托管账户,未伪造募集资金凭证;(4) 其具有私募基金投资的相关资质,并未违反相关行业规定;(5) 应当构成职务侵占罪或挪用资金罪,不构成诈骗罪。

被告人文某的辩护人提出:(1) 公诉人举证的法律依据中一部分属管理型、行业性规定,而非法律法规,不能作为认定诈骗罪的法律依据;(2) 被告人文某不具有非法占有的目的,应构成挪用资金罪;(3) 被告人文某具有自首、初犯、主观恶性不大、偶犯、如实供述等法定减轻和酌定从轻情节。

一审裁判结果

1. 被告人文某犯合同诈骗罪,判处有期徒刑 11 年 6 个月,并处罚金 16 万元。
2. 涉案赃款 500 万元继续予以追缴,并按比例发还给被害人。
3. 公安机关从被告人文某处扣押的各类银行卡共 11 张,均由其依法处理。

二审争辩焦点

上诉人文某提出:(1) 其有发行私募基金的资质。(2) 没有将普通账户冒充托管账户。(3) 对黄某等证人的证言和相关书证的有效性和相关性有异议。(4) 对一审庭审程序(包括非法证据排除程序、法庭调查和质证程序)有异议。(5) 本人行为应构成挪用资金罪。(6) 有自首情节,且被害人有过错。(7) 原审判决罚金数额过高。

二审裁判结果

驳回上诉,维持原判。

刑事合规要点

要点1:担任非公开募集基金的基金管理人,应当按照规定向基金行业协会履行登记手续,明知无私募基金管理人资质的情况下,如仍从事相关行为,且未按规定履行登记、备案、托管等手续,将有可能涉及刑事风险。

依照2013年6月1日起施行的《证券投资基金法》第89条、第90条、第91条、第94条①及2014年2月7日起施行的《私募投资基金管理人登记和基金备案办法(试行)》第5条、②第6条的规定,以及《募管办法》第2条③、《私募监管办法》第7条④规定发行非公开募集基金及私募基金的管理人应当向基金行业协会履行登记、报备及托管等手续。

侦查机关经询问中基协的相关人员并在该协会网上进行查询,在基金从业人员资格信息公示表单内未发现上诉人文某的相关从业资料,机构名单中也未发现武汉中润融盛资产管理中心(以下简称"武汉中润融盛")。现有证据证明上诉人文某不具有基金管理人的资质,不具备发行私募基金的资格。

文某在明知无私募基金管理人资质的情况下,仍从事相关行为,且未按规定履行登记、备案、托管等手续,属于欺骗行为的部分内容。

本案中,被告人在不具备私募基金管理人资质的情况下,虚构发行私募基金,骗取对方当事人财物,成为法院认定其成立合同诈骗罪的理由之一。

---

① 《证券投资基金法》第89条规定,"担任非公开募集基金的基金管理人,应当按照规定向基金行业协会履行登记手续,报送基本情况"。第90条规定,"未经登记,任何单位或者个人不得使用'基金'或者'基金管理'字样或者近似名称进行证券投资活动"。第94条规定"非公开募集基金募集完毕,基金管理人应当向基金行业协会备案。对募集的资金总额或者基金份额持有人的人数达到规定标准的基金,基金行业协会应当向国务院证券监督管理机构报告。非公开募集基金财产的证券投资,包括买卖公开发行的股份有限公司股票、债券、基金份额,以及国务院证券监督管理机构规定的其他证券及其衍生品种"。

② 《私募投资基金管理人登记和基金备案办法(试行)》第5条规定,"私募基金管理人应当向基金业协会履行基金管理人登记手续并申请成为基金业协会会员"。

③ 《募管办法》第2条规定,"在中国证券投资基金业协会(以下简称中基协)办理私募基金管理人登记的机构可以自行募集其设立的私募基金,在中国证监会注册取得基金销售业务资格并已成为中国基金业协会会员的机构(以下简称基金销售机构)可以受私募基金管理人的委托募集私募基金。其他任何机构和个人不得从事私募基金的募集活动。本办法所称募集行为包含推介私募基金,发售基金份额(权益),办理基金份额(权益)认购/申购(认缴)、赎回(退出)等活动"。

④ 《私募监管办法》第7条规定,"各类私募基金管理人应当根据基金业协会的规定,向基金业协会申请登记"。

> **知识链接**
>
> 前述刑事合规要点所涉及的私募基金流程控制与合规管理基础知识，详见第三篇第二章第二节"未依法履行登记备案义务的法律风险"。

要点 2：私募基金以托管为常态，以不托管为例外，除基金合同或合伙协议另有约定的除外，私募基金应当由基金托管人托管。[①]

被告人文某为骗取投资款，称其在××银行开设了尾号为 5034 的资金托管账户，但经法院查明，武汉中润融盛确实在交通银行武汉汉正街支行开设了托管账户，双方签订了托管协议，但交通银行武汉汉正街支行于 2015 年 11 月 2 日提供的"调取证据通知书回函"证明，该托管账户从开户日起至 2015 年 11 月 2 日未发生账务类交易，即该托管账户实际上并未启用。上诉人文某向永安资本公司、管某、顾某等提供的所谓的托管账户性质，经交通银行武汉汉正街支行证明为一般账户。

因此，文某在不具备基金管理人资质的情况下，将普通账户冒充托管账户的事实清楚，证据确实、充分，成为法院认定其成立合同诈骗罪的理由之一。

> **知识链接**
>
> 前述刑事合规要点所涉及的私募基金流程控制与合规管理基础知识，详见第三篇第二章第一节"私募基金产品备案的合规要求"之"五、私募基金备案的法律合规审查重点——（二）私募基金托管要求"。

要点 3：私募基金管理人应当勤勉尽责，按照约定使用基金财产，不得以任何形式挪用私募基金。[②]

法院经审理查明，被告人文某在明知对外负有大量债务的情况下，以普

[①] 《证券投资基金法》第 2 条规定，"在中华人民共和国境内，公开或者非公开募集资金设立证券投资基金（以下简称基金），由基金管理人管理，基金托管人托管，为基金份额持有人的利益，进行证券投资活动，适用本法"；第 88 条规定，"除基金合同另有约定外，非公开募集基金应当由基金托管人托管"。《私募监管办法》第 21 条规定，"除基金合同另有约定外，私募基金应当由基金托管人托管"。

[②] 《私募监管办法》第 23 条规定，"私募基金管理人、私募基金托管人、私募基金销售机构及其他私募服务机构及其从业人员从事私募基金业务，不得有以下行为：……（三）利用基金财产或者职务之便，为本人或者投资者以外的人牟取利益，进行利益输送；（四）侵占、挪用基金财产"。

通账户冒充托管账户,并虚构自己提供 400 万元资金投入、已经募集 2000 万元私募基金中绝大部分资金等事实,骗取被害人投资款;同时,在收到被害人 500 万元资金后的当天或第二天便将钱转出用于归还前期债务、消费支出等,其后又通过伪造对账单等方式制造投资款仍在账上的假象,并向被害人宣称资金已被用于购买理财产品,来掩饰已将被害人的投资款用作他途的事实,并无履行私募基金协议、归还欠款的意思。因此,被告人文某及其辩护人提出的,其不具有非法占有的目的,应构成挪用资金、职务侵占等罪的辩护意见不成立。

本案中,被告人未将募集到的投资款按合同约定用途对外进行投资,而是通过将相关投资款转至武汉中润融盛账户,然后将该款项转入个人账户用于归还前期欠款、个人消费,是典型的在合同履行过程中,以非法占有他人财物为目的,骗取他人财物的行为,符合《刑法》第 224 条合同诈骗罪的构成要件。

> **知识链接**
>
> 前述刑事合规要点所涉及的私募基金流程控制与合规管理基础知识,详见第五篇第一章第一节"私募基金投资运作的一般规定"。

第三节 集资诈骗罪

【案例】北京某私募基金管理人实际控制人非法集资 1000 余万元,合同诈骗 400 万元,数罪并罚获刑 16 年,并处剥夺政治权利 5 年、罚金 51 万元[①]

关键词:集资诈骗 合同诈骗 非法吸收公众存款 非法占有集资款的主观故意

涉案人员身份:

1. 王某某(第一被告人),北京荣信投资管理有限公司实际控制人
2. 刘某某(第二被告人),北京荣信投资管理有限公司外部业务人员

---

① 参见王某某等集资诈骗案,北京市第三中级人民法院(2017)京 03 刑初 149 号刑事判决书,北京市高级人民法院(2018)京刑终 148 号刑事裁定书。

涉案私募基金管理人情况：北京荣信投资管理有限公司于 2015 年 7 月 9 日在中基协登记为私募基金管理人，于 2016 年 8 月 1 日被中基协依公告注销。

一审：

审理法院：北京市第三中级人民法院

案 号：（2017）京 03 刑初 149 号

裁判日期：2018 年 4 月 25 日

二审：

审理法院：北京市高级人民法院

案 号：（2018）京刑终 148 号

裁判日期：2018 年 8 月 15 日

基本案情

1. 2014 年 1 月，被告人王某某以其母亲张某的名义注册成立北京荣信投资管理有限公司（以下简称"荣信公司"）。2014 年 5 月至 2016 年 6 月，王某某作为荣信公司的实际控制人，明知荣信公司无实际经营项目和资金偿付能力，使用虚构的房产抵押债权及不具备担保资质的德盛昌投资担保有限公司（以下简称"德盛昌公司"）作虚假担保，以承诺高额返利、到期返本付息为诱饵，在本市朝阳区等地与 16 名被害人签订《出借咨询与服务协议》，扣除案发前已返还本息，造成被害人实际损失共计人民币 760 余万元（以下币种均为人民币）。被告人刘某某明知王某某利用荣信公司从事非法集资活动，为获取个人提成，仍积极介绍史某、袁某、李某等 14 名投资人向荣信公司投资共计 780 余万元，造成经济损失 600 余万元。

2016 年 8 月 30 日，被告人王某某被公安机关抓获归案。2017 年 4 月 13 日，被告人刘某某经公安机关电话通知到案。

2. 2015 年 9 月至 10 月，被告人王某某以合作经营荣信公司成立的荣信稳赢一号基金为名，与被害人宗某签订合作协议，约定宗某出资 400 万元并对基金拟投资的相关项目作技术把控。后王某某采取提供虚假银行资金托管证明的手段，谎称荣信稳赢一号基金募集的资金已到位，诱骗宗某依据协议支付投资款 200 万元。

一审争辩焦点

1. 被告人王某某在庭审中辩称：其案发前没见过用于抵押担保的房产证、他项权证等证件，吸收的投资款大部分用于公司经营和对外放贷，没有非法占有目的，其不构成集资诈骗罪；宗某给其的钱款是用于成立基金，招商银行的托管证明也是宗某让其出的，宗某对于钱款用途和基金尚未成立的情况均知情，其没有虚构事实，不构成合同诈骗罪。

被告人王某某的辩护人的辩护意见是：（1）王某某对外融资时未虚构事实或隐瞒真相，也未挥霍钱款，涉案钱款大部分用于公司经营，其主观上无非法占有目的，现有证据也不足以证明涉案虚假房产证件系王某某伪造、提供；（2）宗某支付200万元的目的是成立私募基金，与银行托管证明没有任何法律上的因果关系，王某某将款项挪作公司他用，没有非法占有，且王某某从未给宗某任何担保，对于担保事项，宗某在起诉书、检察院所作笔录、双方签订的合作协议中均未提及；（3）王某某与蔚某合作在太原开办分公司，每月给蔚某的钱款是工作补助，不是投资返息，不能将蔚某认定为本案被害人。综上，被告人王某某不构成集资诈骗罪和合同诈骗罪。

2. 被告人刘某某在庭审中辩称：对王某某交其保管的房产证、他项权证等证件的真假不知情，没有伙同王某某非法吸收公众存款的故意；其是本案最大受害人，损失也最多，请求法庭考虑上述事实对其公正判决。

被告人刘某某的辩护人的辩护意见是：（1）刘某某在吸收公众存款过程中对王某某提供的房产证、他项权证等证件为假是不知情的，其主观上没有与王某某共同骗取他人钱款的故意；（2）刘某某非法吸收公众存款的犯罪数额应按照投资人最初的投资额来认定，复投的资金不应计算在内，2015年6月以后，刘某某对投资人转投和续投的资金未再有提成，该部分资金也不应计入刘某某的犯罪数额；（3）不应将高某、宋某、姚某认定为刘某某介绍的投资人；（4）刘某某具有主动坦白、检举揭发王某某犯罪、认罪悔罪态度好等从轻情节。综上，请法庭考虑刘某某既是犯罪者又是受害者的双重身份，对其从轻或减轻处罚。

一审裁判结果

1. 被告人王某某犯集资诈骗罪，判处有期徒刑13年，剥夺政治权利3年，并处罚金40万元；犯合同诈骗罪，判处有期徒刑11年，剥夺政治权利2年，并处罚金11万元；决定执行有期徒刑16年，剥夺政治权利5年，并处罚金51万元。

2. 被告人刘某某犯非法吸收公众存款罪，判处有期徒刑 4 年，并处罚金 20 万元。

3. 责令被告人王某某退赔各集资诈骗被害人的经济损失（附被害人损失清单），被告人刘某某在其参与非法吸收公众存款罪范围内与被告人王某某承担连带退赔责任；责令被告人王某某退赔 200 万元发还被害人宗某。

4. 在案扣押的×京房权证海字第×××号房屋所有权证，×京房他证海字第3360××号房屋他项权证，×京房权证海字第×××号房屋所有权证，×京房他证海字第2850××号房屋他项权证，×京房权证昌字第×××号房屋所有权证，×京房他证昌字第4586××号房屋他项权证，×京房权证朝字第×××号房屋所有权证，×京房他证朝字第0536××号房屋他项权证存档备查。

二审争辩焦点

1. 王某某上诉提出：其未将集资款据为己有，仅用于公司经营和对外放贷，不具有非法占有的主观故意，一审判决定性不准，量刑过重，应以非法吸收公众存款罪对其定罪量刑；宗某支付投资款时知晓基金尚未成立，并认可其使用该款，其未欺骗宗某，不构成合同诈骗罪。

王某某的辩护人的辩护意见为：一审判决认定的事实不清，证据不足，适用法律有误，请求二审法院将本案发回重审。首先，王某某主观上不具有非法占有的目的，客观上未伪造、提供虚假房产证件，亦未携款潜逃或将吸收来的资金消费挥霍、转移隐匿，不构成集资诈骗罪；其次，被害人宗某不认为自己受到欺骗，王某某也不存在欺骗行为，不构成合同诈骗罪。

2. 刘某某上诉提出：一审判决认定其是为获取个人提成而积极介绍投资人投资荣信公司与实际不符，王某某的供述和宋某的证言不属实，宋某直接从公司获取提成，2015 年其介绍投资未获取提成，其还以个人名义为部分投资人做担保，这三种情况对应的吸存数额应予扣减，一审判决量刑过重。

刘某某的辩护人的辩护意见为：一审判决量刑过重，认定刘某某介绍投资的 780 万元中，投资人袁某、史某、易某等人在首期合同到期后主动增加投资，新增的二次投资与刘某某无关，不应计入其的犯罪数额，刘某某非法吸收公众存款实际不足 500 万元。

二审裁判结果

驳回上诉，维持原判。

刑事合规要点

要点 1：私募基金管理人不得隐瞒或者提供虚假信息进行资金募集。①

法院经审理查明，被告人王某某以其实际控制的荣信公司名义，推广投资理财业务、承诺支付高额返利及到期返本付息，其在基金未成立、募集资金未到位的情况下，使用虚构的房产抵押债权，并提供虚假的银行资金托管证明，向社会公众非法集资，且未将钱款用于约定事项。

本案中，被告人违反《私募监管办法》第 24 条的规定，通过提供虚假担保材料募集资金，骗取投资款后用于个人支配使用，符合最高人民法院《关于审理非法集资刑事案件具体应用法律若干问题的解释》第 4 条"以非法占有为目的，使用诈骗方法"的构罪要件，成为法院认定其成立集资诈骗罪的理由之一。

> **知识链接**
>
> 前述刑事合规要点所涉及的私募基金流程控制与合规管理基础知识，详见第四篇第二章第四节"私募基金宣传推介环节合规管理"之"二、私募基金产品的推介程序——（二）私募基金推介的禁止性规定"。

要点 2：私募基金管理人应当健全内部控制治理结构，防范利益输送，

---

① 《私募监管办法》第 24 条规定，"私募基金管理人、私募基金托管人应当按照合同约定，如实向投资者披露基金投资、资产负债、投资收益分配、基金承担的费用和业绩报酬、可能存在的利益冲突情况以及可能影响投资者合法权益的其他重大信息，不得隐瞒或者提供虚假信息"。第 38 条规定，"私募基金管理人、私募基金托管人、私募基金销售机构及其他私募服务机构及其从业人员违反本办法第七条、第八条、第十一条、第十四条至第十七条、第二十四条至第二十六条规定的，以及有本办法第二十三条第一项至第七项和第九项所列行为之一的，责令改正，给予警告并处三万元以下罚款；对直接负责的主管人员和其他直接责任人员，给予警告并处三万元以下罚款；有本办法第二十三条第八项行为的，按照《证券法》和《期货交易管理条例》的有关规定处罚；构成犯罪的，依法移交司法机关追究刑事责任"。

建立财产分离制度，严格按照协议约定使用基金财产，保护投资者利益。①

法院经审理认定，现有证据能够证明投资款用于向被害人返利、支付员工工资、提成及消费，而公司无经营收益偿付上述各项支出，王某某的行为致使集资款最终不能返还，证明其具有非法占有集资款的主观故意，符合集资诈骗罪的犯罪构成，对于给被害人造成的财产损失，王某某平应承担相应的刑事责任。

本案被告人在募集资金后将资金用于向投资人支付利息和日常经营开支，且公司并无经营收益，符合最高人民法院《关于审理非法集资刑事案件具体应用法律若干问题的解释》第4条第2款关于"以非法占有为目的"的认定情形之"集资后不用于生产经营活动或者用于生产经营活动与筹集资金规模明显不成比例，致使集资款不能返还的"的规定，成为法院认定其"具有非法占有集资款的主观故意"，成立集资诈骗罪的理由之一。

> **知识链接**
>
> 前述刑事合规要点所涉及的私募基金流程控制与合规管理基础知识，详见第二篇第二章第二节"私募基金管理人的内部控制"之"四、私募基金内部控制的九个重点"。

要点3：私募基金管理人的实际控制人以非法占有为目的，使用诈骗方法非法集资的同时又构成合同诈骗的，应依法予以数罪并罚。

法院经审理认定，被告人王某某明知其与宗某约定合作经营的荣信稳赢一号基金并未成立，仍虚构该基金已成立且资金已募集到位的事实，利用虚假的银行资金托管证明骗取宗某的信任，致使宗某产生错误认识并交付200万元合作投资款，后致钱款无法归还，可以认定王某某具有合同诈骗的主观故意和客观行为，其行为符合合同诈骗罪构成要件，应依法追究其刑事责任。

被告人王某某以非法占有为目的，使用诈骗方法非法集资，数额特别巨大，其行为已构成集资诈骗罪，依法应予惩处；其以非法占有为目的，在签

---

① 《私募投资基金管理人内部控制指引》第18条规定，"私募基金管理人应当建立完善的财产分离制度，私募基金财产与私募基金管理人固有财产之间、不同私募基金财产之间、私募基金财产和其他财产之间要实行独立运作，分别核算"。
《私募监管办法》第23条规定，"私募基金管理人、私募基金托管人、私募基金销售机构及其他私募服务机构及其从业人员从事私募基金业务，不得有以下行为：……（三）利用基金财产或者职务之便，为本人或者投资者以外的人牟取利益，进行利益输送；（四）侵占、挪用基金财产"。

订、履行合同过程中，骗取对方当事人钱款，数额特别巨大，其行为已构成合同诈骗罪，依法亦应予惩处，并与其所犯集资诈骗罪数罪并罚。

要点 4： 私募基金实控人非法集资情况下，从业人员可能涉及刑事法律风险与经济赔偿责任。

法院经审理查明，刘某某作为私募基金从业人员，明知王某某以荣信公司的名义进行非法集资活动，仍积极参与，其行为符合非法吸收公众存款罪的犯罪构成，应当以非法吸收公众存款罪承担刑事责任。刘某某辩称王某某的供述和证人宋某的证言不属实，无证据支持。一审法院以会计师事务所出具的《司法会计鉴定意见书》为基础，结合在案被害人陈述、相关书证等证据逐笔核算，对非法吸收公众存款的犯罪数额以所吸收的资金全额计算和认定，符合最高人民法院《关于审理非法集资刑事案件具体应用法律若干问题的解释》的有关规定，故认定的犯罪数额正确，量刑适当。刘某某与王某某事前约定提成比例，并在介绍投资后实际获取提成，其行为实施的出发点及主动性是否源于提成，不影响本罪的认定，亦不属于法定从轻处罚情节。故被告人刘某某在其参与非法吸收公众存款罪范围内与被告人王某某承担连带退赔责任。

> **知识链接**
>
> 前述刑事合规要点所涉及的私募基金流程控制与合规管理基础知识，详见第二篇第二章第三节"私募基金的合规管理"之"二、私募基金合规管理的现实意义——（三）对基金从业者的意义"。

第四节　伪造国家机关公文、证件、印章罪

【案例一】 山东某私募基金项目，私募基金管理人实际控制人伪造行政机关公文进行募资，投后管理中挪用私募基金用于偿还其他项目欠款，案发后贿买他人作伪证，被法院以挪用资金罪、伪造国家机关公文罪、妨害作证罪数罪并罚 6 年 6 个月，并处罚金①。

关键词： 伪造国家机关公文　挪用资金　妨害作证　包庇

---

① 参见郑某某、何某某挪用资金、伪造、变造、买卖国家机关公文、证件、印章案，山东省菏泽市牡丹区人民法院（2018）鲁 1702 刑初 618 号刑事判决书，山东省菏泽市中级人民法院（2018）鲁 17 刑终 480 号刑事判决书。

涉案人员身份：

1. 郑某某（第一被告人），山东华夏尧帝文化旅游发展有限公司、中隆华夏（北京）投资基金管理有限公司实际控制人
2. 何某某（第二被告人），中隆华夏（北京）投资基金管理有限公司经理
3. 陈某某（第三被告人），伪证证人

涉案私募基金管理人情况： 中隆华夏（北京）投资基金管理有限公司于2015年7月30日在中基协登记为私募基金管理人，于2018年8月17日被中基协注销。

一审：

审理法院：菏泽市牡丹区人民法院

案　　号：（2018）鲁1702刑初618号

裁判日期：2018年9月19日

二审：

审理法院：菏泽中级人民法院

案　　号：（2018）鲁17刑终480号

裁判日期：2019年1月13日

基本案情

被告人郑某某于2017年5月23日成立山东华夏尧帝文化旅游发展有限公司，注册资本1亿元（以下币种均为人民币），法定代表人系郑某甲，郑某某是该公司的实际控制人。2017年5月25日，山东华夏尧帝文化旅游发展有限公司与菏泽市牡丹区胡集镇人民政府签订尧舜禹文化园项目合作协议书、委托代建及项目回购协议书，双方约定菏泽市牡丹区胡集镇人民政府提供1000亩土地做该项目的用地，山东华夏尧帝文化旅游发展有限公司预先垫付相关资金。为筹备资金，郑某某用其实际控制的中隆华夏（北京）投资基金管理有限公司向中基协备案发行尧舜禹旅游产业私募投资基金2亿元，资金定向用于尧舜禹主题公园项目的开发和建设，中信证券股份有限公司是该基金的托管人。山东华夏尧帝文化旅游发展有限公司委托上海宸瀚财富投资管理有限公司"中投在线"产品部和中隆华夏（北京）投资基金管理有限公司员工张某乙销售上述基金。为了该基金产品更好的销售，被告人郑某某、何某某伪造了菏泽市牡丹区财政局的公文，并在销售基金过程中使用。上海宸瀚财富投资管理有限公司"中投在线"产品部和张某乙共计销售尧舜禹旅游产业私募投资基金1.342亿元，并将上述资金交中信证券股份

有限公司托管。按照基金管理人中隆华夏（北京）投资基金管理有限公司的指令，中信证券股份有限公司分别于2017年7月18日、7月20日、8月8日、9月1日分4次将上述私募基金划拨给山东华夏尧帝文化旅游发展有限公司。被告人郑某某为了开发房地产，于2017年6月27日成立其是实际控制人的菏泽陶城置业有限公司，该公司于2017年8月11日与菏泽市定陶区人民政府签订合作协议，约定菏泽陶城置业有限公司应在协议签订后缴纳土地保证金，郑某某于2017年8月30日通过山东华夏尧帝文化旅游发展有限公司账户代菏泽陶城置业有限公司转给菏泽市定陶区财局账户5000万元，同年9月1日定陶区财局账户收到上述钱款。被告人郑某某还分别于2017年8月28日、9月7日、9月25日挪用山东华夏尧帝文化旅游发展有限公司私募基金共计人民币270万元，用于偿还其在西安开发房地产所拖欠的工程款。郑某某、何某某伪造牡丹区财政局公文被发现后，二人以贿买方法指使被告人陈某某作伪证，陈某某明知郑某某、何某某犯罪而作假的证明试图帮助二人逃避法律追究。

一审争辩焦点

被告人郑某某对公诉机关指控的罪名及犯罪事实均无异议，但其认为通过山东华夏尧帝文化旅游发展有限公司账户转给菏泽市定陶区财政局的5000万元不构成挪用资金。

被告人何某某对公诉机关指控的罪名及犯罪事实均无异议，辩解其在共同犯罪中属从犯，请求对其从轻处罚。被告人陈某某对公诉机关指控的罪名及犯罪事实均无异议；其辩护人的辩护意见是，陈某某归案后认罪、悔罪，请求对其从轻处罚。

一审裁判结果

1. 被告人郑某某犯挪用资金罪，判处有期徒刑5年；犯伪造国家机关公文罪，判处有期徒刑1年，并处罚金20000元；犯妨害作证罪，判处有期徒刑1年，决定执行有期徒刑6年6个月，并处罚金20000元。

2. 被告人何某某犯伪造国家机关公文罪，判处有期徒刑10个月，并处罚金20000元；犯妨害作证罪，判处有期徒刑1年，决定执行有期徒刑1年7个月，并处罚金20000元。

3. 被告人陈某某犯包庇罪，判处有期徒刑1年。

4. 被扣押在公安机关的涉案财物退回山东华夏尧帝文化旅游发展有限公司。

二审争辩焦点

被告人郑某某以原判认定转入荷泽市定陶区财政局的 5000 万元不属挪用资金及量刑重为由提出上诉。

被告人何某某以自己不构成伪造国家机关公文罪为由提出上诉。

二审裁判结果

1. 维持一审中被告人郑某某犯挪用资金罪、妨害作证罪的定罪量刑、所犯伪造国家机关公文罪的定罪及附加刑部分及第二项、第三项、第四项，即被告人郑某某犯挪用资金罪，判处有期徒刑 5 年；犯妨害作证罪，判处有期徒刑 1 年，犯伪造国家机关公文罪，并处罚金 20000 元。被告人何某某犯伪造国家机关公文罪，判处有期徒刑 10 个月，并处罚金 20000 元；犯妨害作证罪，判处有期徒刑 1 年，决定执行有期徒刑 1 年 7 个月，并处罚金 20000 元。被告人陈某某犯包庇罪，判处有期徒刑 1 年。被扣押在公安机关的涉案财物退回山东华夏尧帝文化旅游发展有限公司。

2. 撤销一审对郑某某犯伪造国家机关公文罪的量刑主刑部分及决定执行刑罚部分，即"判处有期徒刑 1 年""决定执行有期徒刑 6 年 6 个月，并处罚金 20000 元"。

3. 上诉人（原审被告人）郑某某犯伪造国家机关公文罪，判处有期徒刑 9 个月，并处罚金 20000 元，与其所犯挪用资金罪，判处有期徒刑 5 年，犯妨害作证罪，判处有期徒刑 1 年并罚，决定执行有期徒刑 6 年 3 个月，并处罚金 20000 元（二审已缴纳）。

刑事合规要点

要点 1：私募基金管理人不得隐瞒或者提供虚假信息用于资金募集。[1]

---

[1] 《募管办法》第 6 条规定，"募集机构应当恪尽职守、诚实信用、谨慎勤勉，防范利益冲突，履行说明义务、反洗钱义务等相关义务，承担特定对象确定、投资者适当性审查、私募基金推介及合格投资者确认等相关责任。募集机构及其从业人员不得从事侵占基金财产和客户资金、利用私募基金相关的未公开信息进行交易等违法活动"。《私募投资基金信息披露管理办法》第 11 条规定，"信息披露义务人披露基金信息，不得存在以下行为：……（二）虚假记载、误导性陈述或者重大遗漏"。《私募监管办法》第 24 条规定，"私募基金管理人、私募基金托管人应当按照合同约定，如实向投资者披露基金投资、资产负债、投资收益分配、基金承担的费用和业绩报酬、可能存在的利益冲突情况以及可能影响投资者合法权益的其他重大信息，不得隐瞒或者提供虚假信息。信息披露规则由基金业协会另行制定"。

法院经审理认定，被告人郑某某、何某某为了山东华夏尧帝文化旅游发展有限公司私募基金产品更好的销售，伪造了菏泽市牡丹区财政局的公文，后郑某某又将山东华夏尧帝文化旅游发展有限公司募集来的定向资金挪用用于经营活动，且挪用资金数额巨大。郑某某、何某某伪造牡丹区财政局公文被发现后，二人以贿买方法指示被告人陈某某作伪证，陈某某明知郑某某、何某某犯罪而作假的证明帮助二人逃避法律追究，故被告人郑某某的行为构成挪用资金罪、伪造国家机关公文罪、妨害作证罪，被告人何某某的行为构成伪造国家机关公文罪、妨害作证罪，被告人陈某某的行为构成包庇罪，公诉机关指控罪名成立。

本案中，被告人伪造公文，用于私募基金推介销售，违反推介材料不得有虚假记载、误导性陈述或者重大遗漏的禁止性规定和恪尽职守、诚实信用的行为规范，符合《刑法》第280条第1款伪造国家机关公文、证件、印章罪的构成要件，因此被法院追究刑事责任。

--- 知识链接 ---

前述刑事合规要点所涉及的私募基金流程控制与合规管理基础知识，详见第四篇第一章第四节"私募基金宣传推介环节合规管理"之"二、私募基金产品的推介程序——（一）推介材料内容要求"。

要点2：私募基金管理人应当健全内部控制治理机制，防范利益输送，建立财产分离制度，严格按照协议约定使用基金财产，保护投资者利益。①

被告人郑某某用其实际控制的中隆华夏（北京）投资基金管理有限公司向中基协备案发行尧舜禹旅游产业私募投资基金2亿元，资金定向用于尧舜禹主题公园项目的开发和建设。被告人郑某某为了开发房地产，于2017年6月27日成立其是实际控制人的菏泽陶城置业有限公司，该公司于2017年8月11日与菏泽市定陶区人民政府签订合作协议，约定菏泽陶城置业有限公司应在协议签订后缴纳土地保证金，郑某某于2017年8月30日通过山

---

① 《私募投资基金管理人内部控制指引》第18条规定，"私募基金管理人应当建立完善的财产分离制度，私募基金财产与私募基金管理人固有财产之间、不同私募基金财产之间、私募基金财产和其他财产之间要实行独立运作，分别核算"。《私募监管办法》第23条规定，"私募基金管理人、私募基金托管人、私募基金销售机构及其他私募服务机构及其从业人员从事私募基金业务，不得有以下行为：……（四）侵占、挪用基金财产"。

东华夏尧帝文化旅游发展有限公司账户代菏泽陶城置业有限公司转给菏泽市定陶区财政局账户 5000 万元，同年 9 月 1 日定陶区财局账户收到上述钱款。被告人郑某某还分别于 2017 年 8 月 28 日、9 月 7 日、9 月 25 日挪用山东华夏尧帝文化旅游发展有限公司私募基金共计 270 万元，用于偿还其在西安开发房地产所拖欠的工程款。

本案中，山东华夏尧帝文化旅游发展有限公司账户内的私募资金定向用于尧舜禹主题公园项目的开发和建设，郑某某被告人作为私募基金管理人的实际控制人，利用职务上的便利，将募集的资金私自挪用其实际控制的公司资金进行营利活动，其行为符合《刑法》第 272 条第 1 款"公司、企业或者其他单位的工作人员，利用职务上的便利，挪用本单位资金归个人使用或者借贷给他人"的规定，成为法院认定其构成挪用资金罪的理由之一。

> **知识链接**
>
> 前述刑事合规要点所涉及的私募基金流程控制与合规管理基础知识，详见第二篇第二章第二节"私募基金管理人的内部控制"之"四、私募基金内部控制的九个重点"。

【案例二】 某私募基金管理人法定代表人为增加基金发行推广的可信度，伪造行政机关公文，被法院以伪造国家机关公文罪判处有期徒刑 6 个月，并处罚金①

关键词： 伪造国家机关公文　法定代表人　市人民政府文件

涉案人员身份：

季某某，上海某投资管理有限公司法定代表人

杨某某，刻章店老板

黄某某，刻章店员工

涉案私募基金管理人情况： 上海某投资管理有限公司于 2015 年 1 月 29 日向中基协登记成为私募基金管理人。

一审：

审理法院：启东市人民法院

案　　号：（2019）苏 0681 刑初 619 号

裁判日期：2019 年 12 月 2 日

---

① 参见季某某、杨某某等伪造变造买卖国家机关公文、证件、印章案，江苏省启东市人民法院（2019）苏 0681 刑初 619 号刑事判决书。

基本案情

启东市水利市政工程有限公司于 2016 年委托被告人季某某经营的上海某投资管理有限公司发行私募基金以筹集资金。为增加基金发行推广的可信度，2017 年初某日，被告人季某某至被告人杨某某经营的建校文印社，先后要求杨某某伪造启东市人民政府文件一份、启东市审计局文件一份，被告人杨某某指使其店内员工被告人黄某某通过 Photoshop 软件制作上述文件交给季某某，季某某支付杨某某制作费用 10 元（以下币种均为人民币）。后季某某将上述伪造的文件在上海某投资管理有限公司发行私募基金时对外宣传使用。

被告人季某某于 2018 年 8 月 15 日被启东市公安局民警抓获，被告人杨某某、黄某某被于 2018 年 8 月 16 日启东市公安局民警抓获。被告人季某某、黄某某归案后如实供述了自己的犯罪事实，并自愿认罪认罚。审理期间，被告人杨某某自愿认罪认罚，并退缴违法所得 10 元。

裁判结果

1. 被告人季某某犯伪造国家机关公文罪，判处有期徒刑 6 个月，缓刑 1 年，并处罚金 6000 元（已预缴）。
2. 被告人杨某某犯伪造国家机关公文罪，判处拘役 5 个月，缓刑 6 个月，并处罚金 5000 元（已预缴）。
3. 被告人黄某某犯伪造国家机关公文罪，判处拘役 4 个月，缓刑 5 个月，并处罚金 4000 元（已预缴）。
4. 被告人杨某某退缴在案所得 10 元，予以没收、上缴国库。

刑事合规要点

要点：私募基金管理人不得隐瞒或者提供虚假信息用于资金募集。①

---

① 《私募投资基金信息披露管理办法》第 11 条规定，信息披露义务人披露基金信息，不得存在以下行为：（二）虚假记载、误导性陈述或者重大遗漏。《私募监管办法》第 24 条规定，私募基金管理人、私募基金托管人应当按照合同约定，如实向投资者披露基金投资、资产负债、投资收益分配、基金承担的费用和业绩报酬、可能存在的利益冲突情况以及可能影响投资者合法权益的其他重大信息，不得隐瞒或者提供虚假信息。信息披露规则由基金业协会另行制定。

私募基金管理人应当如实履行管理人的信息披露义务，不得伪造变造项目材料，进行虚假陈述。本案中，私募基金管理人法定代表人为增加基金发行推广的可信度，伪造市人民政府文件一份、审计局文件一份，后将上述伪造的文件在公司发行私募基金时对外宣传使用，上述事实符合《刑法》第280条第1款伪造国家机关公文、证件、印章罪的构成要件，因此被法院追究刑事责任。

> **知识链接**
>
> 前述刑事合规要点所涉及的私募基金流程控制与合规管理基础知识，详见第四篇第一章第四节"私募基金宣传推介环节合规管理"之"二、私募基金产品的推介程序——（二）私募基金推介的禁止性规定"。

第五节 职务侵占罪

【案例一】某私募基金管理人区域经理利用职务便利，侵占私募基金90余万元，被法院判处有期徒刑3年[①]

关键词：区域经理　职务便利　侵占公司私募基金

涉案人员身份：

金某，深圳某资产管理集团有限公司通化分公司区域经理

涉案私募基金管理人情况：深圳某资产管理集团有限公司于2014年8月14日在中基协登记为私募基金管理人。

一审：

审理法院：通化市东昌区人民法院

案　　号：（2018）吉0502刑初389号

裁判日期：2019年2月1日

📑 基本案情

被告人金某于2017年10月被任命为深圳某资产管理集团有限公司通化分公司区域经理，其在2018年1月至5月，委托曹某某等员工在白山市抚

[①] 参见金某职务侵占案，吉林省通化市东昌区人民法院（2018）吉0502刑初389号刑事判决书。

松地区开展业务。曹某某等人在与理财客户签订合同之后,应金某要求将购买基金所涉款项共 94 万元(以下币种均为人民币)汇入金某指定的账户,被金某用于网络赌博、偿还高利贷,其间金某支付给曹某某工资 101417 元。2018 年 4 月,金某向本案受害单位某资产管理集团有限公司申请租房款 10 万元,但并未向租赁场地业主支付,其用于个人网络赌博、偿还高利贷等用途。

争辩焦点

被告人金某对通化市东昌区人民检察院指控的犯罪事实无异议,但对涉案金额有异议,认为实际涉案金额应为 83.8583 万元。辩护人提出的辩护意见是:(1)本案公诉机关指控的 94 万元基金款中的 10.1417 万元被告人金某并未私自占有,而是依据公司规定给付了董某某返点工资,不宜认定为金某职务侵占的金额。(2)金某系自首,应依法从轻或减轻处罚。(3)金某犯罪情节较轻,主观恶性小。(4)金某认罪悔罪态度好。

裁判结果

1. 被告人金某犯职务侵占罪,判处有期徒刑 3 年。
2. 追缴被告人金某违法所得 93.8583 万元返还被害单位。

刑事合规要点

要点:私募基金管理人及其从业人员应当勤勉尽责,健全内部控制治理结构,保护投资者利益,防范私募基金从业人员利用职务之便,为个人牟取私利。①

私募基金管理人应当健全内部控制制度,完善募集资金的入账和投资制度,通过制度层面的建设防范内部人员职务犯罪的发生。本案中,被告人利用职务便利,要求理财客户将投资款汇入被告人指定的账户,将本单位财物非法占为己有,被其用于网络赌博、偿还高利贷,符合《刑法》第 271 条第 1 款规定的职务侵占罪的构成要件,成为被法院追究刑事责任的理由。

---

① 《私募监管办法》第 23 条规定,"私募基金管理人、私募基金托管人、私募基金销售机构及其他私募服务机构及其从业人员从事私募基金业务,不得有以下行为:……(三)利用基金财产或者职务之便,为本人或者投资者以外的人牟取利益,进行利益输送;(四)侵占、挪用基金财产"。

> **知识链接**
>
> 前述刑事合规要点所涉及的私募基金流程控制与合规管理基础知识，详见第二篇第二章第二节"私募基金管理人的内部控制"之"四、私募基金内部控制的九个重点"，第三篇第二章第三节"私募基金从业人员"之"三、高管的任职要求"，第四篇第一章第四节"私募基金宣传推介环节合规管理"之"六、关于投资者的资金安全"。

【案例二】 海南某融资项目经手人利用职务便利，与其他员工串通设立投资管理公司，并伪造投资方印章，以资管计划服务费的名义收取 1500 万元，均被判 10 年以上有期徒刑[①]

关键词：伪造印章　职务侵占
涉案人员身份：
1. 姚某某（第一被告人），海航机场集团有限公司融资项目经手人
2. ××（第二被告人），海航机场集团有限公司员工
3. 谢某（第三被告人），海航机场集团有限公司员工
一审：
审理法院：海口市美兰区人民法院
案　　号：（2016）琼 0108 刑初 56 号
裁判日期：2017 年 3 月 16 日

基本案情

2014 年 5 月，被告人姚某某、××共谋成立海南汇鑫通投资管理有限公司（以下简称汇鑫通公司），由姚某某提供公司成立信息、××找来山西人潘某担任公司法定代表人，委托海口京财会计有限公司王某甲办理公司注册业务。2014 年 5 月 13 日，汇鑫通公司成立。

2014 年 6 月，海航机场集团有限公司（以下简称海航机场集团）10 亿元融资项目启动，姚某某担任该项目的直接经手人。经谢某等人介绍，中国长城资产管理公司（以下简称长城资产公司）同意参与海航机场集团 10 亿

---

① 参见姚某某、××等职务侵占案，海南省海口市美兰区人民法院（2016）琼 0108 刑初 56 号刑事判决书。

元融资项目,并由长城资产公司长春办事处(以下简称长城资产长春办)牵头洽谈、长城资产公司海口办事处(以下简称长城资产海口办)负责与海航机场集团签订相关合同。长城资产公司与海航机场集团洽谈10亿元融资项目期间,姚某某、谢某等商议通过签订三方资产管理协议的方式将海航机场集团的1500万元转至汇鑫通公司账户后,由姚某某、谢某等人所得。2014年9月,海航机场集团与长城资产海口办签订了《债权转让协议》《债务重组协议》《财务顾问服务协议》等,确定长城资产公司对海航机场集团10亿元债务进行重组相关事项。在签订上述协议期间,姚某某在向其领导汇报称海航机场集团需要与长城资产长春办、汇鑫通公司签订三方《资产管理协议》,约定长城资产公司对海航机场集团进行债务重组期间,由汇鑫通公司负责项目协调,并对海航机场集团的资产进行监督管理,资产管理费用为债务重组本金的1.5%。之后,姚某某以三方已同意签订《资产管理协议》为由,将《资产管理协议》呈报海航机场集团审批、盖章。在长城资产长春办未同意签订三方《资产管理协议》情况下,姚某某持一份盖有长城资产长春办印章、汇鑫通公司印章、海航机场集团印章的《资产管理协议》到海航机场集团,办理资产管理费付款手续。2014年9月19日,海航机场集团依照《资产管理协议》约定,将1500万元支付至汇鑫通公司账户。该1500万元到账后,按照姚某某、谢某要求,××分三次将800万元转账到谢某提供的公司账户,剩下700万元由××、姚某某等人共同花销。

案发后,被告人姚某某、××于2015年5月5日主动到案接受调查,公安机关从被告人姚某某、××二人居住的卧室保险柜中扣押到北京兆亿利投资管理有限公司印章1枚、"全某"名章1枚、中国长城资产管理公司长春办事处印章1枚、"汪某"名章1枚、海航机场集团有限公司印章1枚、"董某某"名章1枚等物品,从姚某某处扣押其名下的大众牌汽车1辆、人民币290元、美元551元、港币550元、手机1部等物品,从××处扣押到其名下的保时捷汽车1辆、人民币1120元、港币1530元、美元200元、新加坡币850元、手表1块、戒指2枚、手机1部等物品;从谢某鸣处扣押到××用赃款购买的本田牌奥德赛轿车1辆。2015年5月31日,被告人谢某主动到案接受调查。审查起诉期间,被告人谢某退回赃款人民币200万元。

经海口市公安司法鉴定中心鉴定,从长城资产长春办调取的印章、总经理名章与从海航机场集团调取的《资产管理协议》中的"中国长城资产管理公司长春办事处"印章及总经理"汪某"名章非同一印章印文。

争辩焦点

被告人姚某某对公诉机关指控的上述犯罪事实及罪名有异议,其辩解称其建议××成立汇鑫通公司是为了让××在海南搞项目,与海航机场集团10亿元项目无关联,其行为不构成职务侵占罪。

被告人××对公诉机关指控的犯罪事实及罪名有异议。其辩解称其没有与姚某某共谋商量成立汇鑫通公司,汇鑫通公司给谢某转账的800万元不是由其转的,其行为不构成犯罪。

被告人谢某对公诉机关指控的犯罪事实无异议,但其辩解称三方资产管理协议中资产管理费1500万元都是其与龚某介绍人来海口和海航洽谈10亿元融资项目的介绍费用,请求法庭对其作出公正判决。被告人谢某的辩护人提出被告人谢某的行为不构成职务侵占罪。

裁判结果

1. 被告人姚某某犯职务侵占罪,判处有期徒刑12年。
2. 被告人××犯职务侵占罪,判处有期徒刑11年。
3. 被告人谢某犯职务侵占罪,判处有期徒刑10年。
4. 扣押在案的2001410元予以退还被害单位海航机场集团有限公司。
5. 责令被告人姚某某、××、谢某退赔被害单位海航机场集团有限公司12998590元;扣押在案的美元751元、港币2080元、新加坡币850元、大众牌汽车1辆、本田牌奥德赛轿车1辆、保时捷汽车1辆、手机2部、手表1块、戒指2枚均用于折抵上述退赔款项。
6. 扣押在案的伪造的北京兆亿利投资管理有限公司印章1枚、"全某"名章1枚、中国长城资产管理公司长春办事处印章1枚、"汪某"名章1枚、海航机场集团有限公司印章1枚、"董某某"名章1枚均予以没收销毁,扣押在案的其他物品由公安机关依法处理。

刑事合规要点

要点: 融资项目各方均应做好尽职调查,防范不法分子以资管服务的名义内外勾结，进行职务侵占和利益输送。①

法院经审理查明，2014年9月，海航机场集团与长城资产海口办确定，长城资产公司对海航机场集团10亿元债务进行重组的相关事项。长城资产公司与海航机场集团洽谈10亿元融资项目期间，姚某某、谢某等商议通过签订三方资产管理协议的方式将海航机场集团的1500万元转至汇鑫通公司账户后，由姚某某、谢某等人所得。姚某某向其领导汇报称，海航机场集团需要与长城资产长春办、汇鑫通公司签订三方《资产管理协议》，协议约定：债务重组期间，由汇鑫通公司负责项目协调并对海航机场集团的资产进行监督管理，资产管理费用为债务重组本金的1.5%。之后，姚某某以三方已同意签订《资产管理协议》为由，将《资产管理协议》呈报海航机场集团审批、盖章。在长城资产长春办未同意签订三方《资产管理协议》情况下，姚某某持一份盖有长城资产长春办印章、汇鑫通公司印章、海航机场集团印章的《资产管理协议》到海航机场集团，办理资产管理费付款手续。2014年9月19日，海航机场集团依照《资产管理协议》约定，将1500万元支付至汇鑫通公司账户。该1500万元到账后，按照姚某某、谢某要求，××分三次将800万元转账到谢某提供的公司账户，剩下700万元由××、姚某某等人共同花销。

本案中，被告人利用经办项目的职务便利，以其实际控制的公司向供职公司提供资管服务并且收取资管服务费的名义将本单位的资产据为己有，其行为构成职务侵占罪（本案的罪名问题存在一定的探讨空间）。

在进行项目运作时（特别是多方参与的项目），无论融资方还是投资方，应当加强风险防范意识，必要时可聘请包括律师、会计师在内的专业团队开展尽职调查，做好交易架构的法律审核，可以有效防范诸如本案中的签署《财务顾问服务协议》之后又冒出一个三方《资产管理协议》的情形，避免融资方内部工作人员利用关联公司侵占公司资产的情况发生。

---

① 《刑法》第371条第1款规定，"公司、企业或者其他单位的人员，利用职务上的便利，将本单位财物非法占为己有，数额较大的，处五年以下有期徒刑或者拘役；数额巨大的，处五年以上有期徒刑，可以并处没收财产"。

> **知识链接**
>
> 前述刑事合规要点所涉及的私募基金流程控制与合规管理基础知识,详见第五篇第一章第二节"法律尽职调查中的合规与风控要点"之"二、法律尽职调查核心要点"。

第六节 组织、领导传销活动罪

【案例】某私募基金传销组织省级总代发展下线400余人,涉案资金3000余万元,被法院判处有期徒刑3年,并处罚金100万元①

关键词: 私募基金管理人　组织、领导传销活动罪

涉案人员身份:

冯某,传销组织省级总代

涉案私募基金管理人情况: 北京东方财星国际资本管理有限公司于2014年4月23日在中基协登记成为私募投资基金管理人,2018年1月24日因失联被中基协注销的私募基金管理人登记。

一审:

审理法院:安康市汉滨区人民法院

案　　号:(2018)陕0902刑初209号

裁判日期:2019年7月25日

二审:

审理法院:安康市中级人民法院

案　　号:(2019)陕09刑终141号

裁判日期:2019年12月31日

---

① 参见冯某组织、领导传销活动案,陕西省安康市汉滨区人民法院(2018)陕0902刑初209号刑事判决书,陕西省安康市中级人民法院(2019)陕09刑终141号刑事裁定书。

📝 基本案情

2011年9月8日,马某某(贵州省黔东南州凯里市司法机关管辖)与他人共同出资在北京市注册成立北京东方财星国际资本管理咨询有限公司,法人代表为马某某。该公司成立后至2015年底,马某某相继以北京东方财星国际资本管理咨询有限公司与他人合伙成立了多家下属子公司,其中有北京中科泰能科技有限公司、国宏汽车集团有限公司、库车杰丰果业有限公司、国宏普惠电子商务集团有限公司、北京因为所以餐饮管理有限公司、天津中科荔能科技发展有限公司等公司,这些子公司又成立了多家分公司,形成了"国宏众筹集团"。其中,2013年12月24日,马某某在北京市工商管理局海淀分局注册成立了北京国宏金桥财星创业投资中心(有限合伙),注册合伙人陈某甲、周某甲(由贵州省黔东南州凯里市司法机关管辖)、北京东方财星国际资本管理有限公司。成立该公司后,2014年1月,马某某以"中科泰能"镍碳电池(高能镍碳超级电容电池)、库车杰丰果业等项目为名,成立了私募股权基金即北京国宏金桥财星创业投资中心,同年4月23日,北京东方财星国际资本管理有限公司正式获得中基协颁发的《私募投资基金管理人登记证书》,在中基协备案一只基金(基金全称:北京国宏金桥财星创业投资中心,简称:国宏金桥),成为开展私募证券投资、股权投资、创业投资等私募基金业务的私募基金管理人。至此,以马某某为首,以陈某甲、赵某某、林某某、赵某某、刘某、赵某、王某(又名王某丙)、高某、周某甲、王某某、林某甲、谭桂林(均由贵州省黔东南州凯里市司法机关管辖)为管理层的私募基金组织架构正式形成。在上述管理层人员中,马某某、赵某某、林某某、刘某、王某、赵某、赵某某7人私下研究并制定协议,以募集资金总额的30%作为佣金(返利款),并按照发展会员的业绩层层发放给各级代理人,同时还商定在整个传销组织体系中设定11个点位(即会员账号),将11个点位置于整个传销组织体系中的顶层,并将这11个点位所产生的奖金平均分为8份,其中"国宏统一支配"(实为马某某)获取2份,林某某、赵某某、刘某、王某、赵某、赵某某各获取1份,待每月发放奖金时,由7人按照各自所持份额来分派这11个点位的奖金。该××组××层在全国各地组织召开项目投资说明会、推介会、报告会,以国家部委领导、专家、学者共同发起的"国宏金桥基金"为宣传噱头,通过报刊、电视、互联网等公众传播媒体向社会不特定、不合格的投资者大量募集资金,违反证券投资基金法的相关规定进行私募。该组织制定有"国宏金桥基金"投资运营收益规则,规则中对投资人身份级别进行划分,即投资一手3万元,可成为信息专员,对应奖励3万积分,多投多积分累加计算;投资3手9万元,可成为信息主管;投资6手18万元,可成为信息经理;投资90万元,可成为市级代理;投资180万元,可成为省级代理。根据该规则,凡是购买国宏金桥基金的会员,在购买基金后,可选择两种收益方式:第一种是等到国宏金桥到期或者投资项目上市后进行置换收益;第二种是"传递信息",在等待预期收益的同时,会员可以通过发展其他人投资国宏金桥基金来赚取网上"会员平台"设置好的各项奖励津贴:信息津贴、合作津贴、管理津贴、领导津贴。奖励的津贴以积分体现,1积分=1元,可提现也可"兑冲"(复投)。"国宏金桥基金"的奖励模式和发展会员的模式,即:一个会员必须有A、B区两个市场来运营发展会员,当两个市场形成1∶1比例时,发展下线的会员就获取8%的奖励,即3万积分的8%等于2400元,以此类推。在取得省、市代理级别后按照投资人身份证区划获取1%的身份证识别奖励。诱使已登记入会的会员为获取收益,在各项津贴的吸引下,积极发展下线会员获取高额酬金。根据上述规则,该组织聘请浙江省杭州市卡洛德科技有限公司研发了"众筹基金"会员管理系统,(服务器位于香港),该系统具有"会员登记""会员查询""结算奖金""推荐关系图""网络布局图""分公司数列表"等多项功能,所有投资者的层级关系、获取酬金情况、酬金结算、酬金提现等都通过该系统网上操作完成。2015年4月底,马某某意识到其上述行为违反了证券投资基金法关于私募基金募集人数、宣传方式、合同内容的规定,于是为规避法律责任,停止"国宏金桥基金"的募资,但为了继续获取利益,同年5月,马某某便以投资"中科泰能第二期""国宏汽车"为名,改用"北京国宏金桥因为所以餐饮管理有限公司"开设并管理的全国连锁"因为·所以咖啡屋(店)",以会员购买"因为·所以消费众筹卡"成为会员的方式,进行"消费即返本,分红消费式回报奖励众筹"来吸引他人购买"因为·所以消费众筹卡"。马某某指派林某某、王某对"国宏金桥基金"原有的"众筹基金"会员管理系统进行了升级,添加了与"因为·所以消费众筹卡"会员信息相衔接的功能,将会员投资金额由原来的3万元一手变为4.5万元一手,积分仍为3万元,将信息专员改为预备召集人,信息主管改为单店召集人,信息经理改为区县召集人,市级代理改为市总召集人,省级代理改为省总召集人。经公安机关侦查破案后认定,马某某等人通过投资"国宏金桥基金""国宏消费众筹"方式,在全国层层发展会员,形成层级结构为6级41层的"金字塔"形网络传销组织。该组织发展注册会员有31784个,××组××层,共收取传销资金 23.1795 亿元，现已被依法冻结资金 2.96 亿元（以下币种均为人民币）。

2014 年 3 月，被告人冯某通过上线其姐冯某甲（由陕西省平利县司法机关管辖）介绍，投入"国宏金桥基金"一手 3 万元成为"国宏金桥基金"会员。自 2014 年 3 月 21 日至 2016 年 5 月 31 日，被告人冯某以自己名字及身份证号码分别注册 6 个会员号，为了填补自己下线层级位置，发展自己的市场业绩，2014 年 11 月 19 日至 2015 年 8 月 18 日，以妻子袁某某名义注册 5 个会员号投资 117 万元；2015 年 3 月 17 日至 2015 年 9 月 9 日，以儿子冯某乙名义投资 27 万元。陆续共投资 381 万元。其中，2014 年 8 月 16 日被告人冯某用会员号 18522228 累计投资 180 万元，从而获取了陕西省总代理级别，改用"北京国宏金桥因为·所以餐饮管理有限公司"后为省总召集人，并申请取得为其他会员报单、负责收款汇款、以"众筹召集人"与发展的会员签订"国宏众筹因为·所以入会协议书"的资格。为了便于宣传、扩大影响，2015 年 6 月 23 日，冯某在西安市注册成立了"陕西星财商贸有限公司"，积极宣传、介绍该项目投资模式，邀上线人员或自己亲自组织会员，参加西安市、汉滨区、石泉县等地的推介讲解会议，传递信息，宣传公司的发展及奖励规则，动员已投资人积极发展下线。通过召集会议及建立微信群将"国宏"公司的发展动态通报投资人，直接或间接发展下线会员。通过公司会员平台中设定好的系统条件在会员平台上积极发展自己的 A、B 区市场，以获取公司各项奖励。被告人冯某直接发展下线会员冯某丙、张某甲、舒某某、代某某、冯某丁等人，其下线三层会员刘某甲、石某某等人，下线四层会员刘某乙、李某、陈某乙等人，下线五层会员姚某某、夏某某等人，下线六层会员曹某甲、王某甲等人，下线七层会员曹某、王某乙、汪某等人，下线八层会员张某丙。截至 2016 年 6 月，该平台被贵州省黔东南州凯里市公安局立案查获了后台电子数据，并经福建中正司法鉴定中心对该传销组织会员平台电子数据进行鉴定，被告人冯某投资 381 万元，获取奖金总额 3114298 元（分），提现为 0，其下线会员数 412 人，层级为八层。下线会员投资总金额 31770000 元（分）。"积分转账到分公司"的业务积分总额为 3501945，当前剩余业务积分为 10128。

另查明，2017 年 7 月 24 日安康市公安局汉滨分局决定对冯某涉嫌组织、领导传销活动案立案侦查。同年 8 月 8 日，公安机关到冯某实际居住地，将冯某口头传唤至汉滨公安分局办案中心依法讯问，当日冯某被刑事拘留。

争辩焦点

被告人冯某辩称对公诉机关指控的事实无异议。其辩护人提出：（1）对公诉机关指控被告人的事实无异议。（2）被告人冯某丙行为虽具备组织、领导传销活动罪一些特征，但不能就此认定为被告人的行为构成组织、领导传销活动犯罪。被告人没有骗取财物的主观故意；涉案公司及被告人并不是以发展人员的数量作为计酬或者返利依据；本案被告人及涉案公司并未限制其他投资人收回投资，投资人退出是完全自愿的；本案被告人及涉案公司成立有合法正规的经营场所、涉案公司有大量的实体项目。（3）如果被告人的行为构成组织、领导传销活动罪，被告人具有自首、从犯的从轻、减轻量刑情节，请求对被告人在有期徒刑五年以下量刑，并适用缓刑。

一审裁判结果

被告人冯某犯组织、领导传销活动罪，判处有期徒刑3年，并处罚金100万元。

二审争辩焦点

上诉人（原审被告人）冯某上诉理由主要有：（1）对事实及证据无异议，认为其行为虽具备组织、领导传销活动罪的一些特征，但其没有骗取财物的主观故意，涉案公司及上诉人并不是以发展人员的数量作为计酬或者返利依据，公司并未限制投资人收回投资，投资人退出时完全自愿。上诉人及涉案公司成立有合法正规经营场所，有大量实体项目。（2）原判认定其具有自首、从犯等减轻量刑情节，充分说明其认罪态度非常好。其没有获得一分利益，本身也是受害人。综上，请求二审人民法院减轻处罚。

其辩护人辩护意见主要有：（1）冯某没有假借推销商品和提供服务的名义，要求参加者以缴纳费用或者购买商品、服务等方式获得加入资格的方式募集资金，既不具有假借名义之嫌。截至2016年，马某某共向国宏汽车、中科泰能、杰丰果业等有关企业投入资金9亿元用于生产经营，且投资的企业中不少已开始获得盈利。（2）冯某没有实施依据"人头"作为计算报酬的行为，不具有依据"人头"计算报酬之嫌。国宏模式的计酬方式完全是依据投资人实际投入的资金和其所发展的会员实际投入资金的数量为基数按照确定的计酬比例进行计算的。（3）冯某没有实施"引诱、胁迫参加者继续发展他人参加"的行为，不具有"引诱、胁迫参加者继续发展他人参加"

之嫌。(4)冯某没有骗取任何人的财物,不具有骗取财物之嫌。(5)冯某没有实施任何扰乱经济秩序的行为,不具有扰乱了经济社会秩序之嫌。综上,冯某的行为不构成组织、领导传销活动罪,不应当受到相应的刑罚,请求二审人民法院判决冯某无罪。

二审裁判结果

驳回上诉,维持原判。

刑事合规要点

要点1:私募基金管理人在基金推介募集环节应该做到合规管理,如果存在虚假宣传、公开推介的违规行为,将可能成为法院认定其构成犯罪的事实理由。

法院认定,以马某某为首,以陈某甲等人(均由贵州省黔东南州凯里市司法机关管辖)为管理层的私募基金组织架构正式形成以后,该××组××层在全国各地组织召开项目投资说明会、推介会、报告会,以国家部委领导、专家、学者共同发起的"国宏金桥基金"为宣传噱头,通过报刊、电视、互联网等公众传播媒体向社会不特定、不合格的投资者大量募集资金,违反证券投资基金法的相关规定进行私募。被告人冯某通过上线冯某甲(由陕西省平利县司法机关管辖)介绍,投入"国宏金桥基金"一手3万元成为"国宏金桥基金"会员。

依照《募管办法》的规定,募集机构及其从业人员推介私募基金时,禁止公开推介或者变相公开推介;禁止推介材料虚假记载、误导性陈述或者重大遗漏;私募基金的募集机构可以通过合法途径公开宣传,但是公开宣传的范围必须受到《募管办法》的严格约束,只有在履行特定对象确定程序以后,才可以对外(仅限于向特定对象)宣传推介私募基金。未经特定对象确定程序,私募机构不得对外推介私募基金。本案被告人的行为,显然违反了上述要求。

— 知识链接 —

前述刑事合规要点所涉及的私募基金募集阶段的法律风控与合规管理基础知识,详见第四篇第一章第四节"私募基金宣传推介环节合规管理"之"二、私募基金产品的推介程序——(二)私募基金推介的禁止性规定"。

要点 2：私募基金管理人及其从业人员应当加强私募基金产品开发环节的和基金募集环节的合规管理，从产品结构和商业模式上严格区分合法私募基金募集与传销类违法犯罪行为的界限。①

法院经审理认定，"国宏金桥基金"信息人员是投入 3 万元购买 1 手就是信息员；投入 9 万元购买 3 手就是信息主任；投入 21 万元购买 7 手就是信息经理；投入 180 万元购买 60 手，并缴纳 60 万元保证金就是基金 LP（有限合伙人），也叫"省召集人"。随后以投资"中科泰能""国宏汽车为名"，改用"北京国宏金桥因为·所以餐饮管理有限公司"开设并管理的全国连锁"因为·所以咖啡店"名义，以会员购买"因为·所以消费众筹卡"进行"消费即返本，分红消费式回报奖励众筹"来吸引他人购买消费卡，会员级别累计购买 1～2 手以上会员卡即可成为预备召集人，累计购买 3～5 手以上的会员卡后即可成为单店召集人，累计购买 6～25 手以上的会员卡后即可成为区县召集人，累计购买 26～45 手（每手 4.5 万元）以上的会员卡后即可成为市总召集人，累计购买 46 手（每手 4.5 万）以上（不封顶）的会员卡后即可成为省总召集人。投资后将该项目介绍分享给其他人进行投资称为动态市场，只有推荐发展投资人才能获得公司的各项奖励。公司奖励都是奖励积分，积分可以提现，1 积分等于人民币 1 元，积分也可以用于投资。从发展会员吸引投资模式可以看出，该公司无论以基金还是众筹等经营活动为名，要求参加者缴纳一定的费用获得会员资格，即××组××层级，以发展下线人员（会员）的数量和缴纳费用的数额作为返利（积分）依据，而积分可以提现也可以用于投资。该组织扰乱经济社会秩序，其行为符合组织、领导传销活动罪构成要件。

从本案发展会员吸引投资模式可以看出，以基金、众筹为名，要求参加者缴纳一定的费用获得会员资格，以发展下线人员（会员）的数量和缴纳费用的数额作为返利（积分）依据，该基金管理人的运作模式不符合私募基金合规要求，符合组织、领导传销活动罪构成要件，成为被告人被法院追究刑事责任的理由之一。

---

① 《刑法》第 224 条规定，"组织、领导以推销商品、提供服务等经营活动为名，要求参加者以缴纳费用或者购买商品、服务等方式获得加入资格，并按照一定顺序组成层级，直接或者间接以发展人员的数量作为计酬或者返利依据，引诱、胁迫参加者继续发展他人参加，骗取财物，扰乱经济社会秩序的传销活动的，处五年以下有期徒刑或者拘役，并处罚金；情节严重的，处五年以上有期徒刑，并处罚金"。

知识链接

前述刑事合规要点所涉及的私募基金流程控制与合规管理基础知识，详见第四篇第一章第二节"私募基金产品开发环节合规管理"

第五篇

私募基金投资与管理退出阶段法律风控与合规管理

第一章 私募基金投资环节法律风控与合规管理

对私募机构而言，投资运作是指私募基金管理人从项目筛选到项目投资的全过程，投资运作是整个机构业务的核心，需要对其进行严格的合规控制，防范因为这一过程出现问题给私募机构和投资人带来风险和损失。

第一节 私募基金投资运作的一般规定

同一私募基金管理人管理不同类别私募基金的，应当坚持专业化管理原则；管理可能导致利益输送或者利益冲突的不同私募基金的，应当建立防范利益输送和利益冲突的机制。

私募基金管理人、私募基金托管人、私募基金销售机构及其他私募服务机构及其从业人员从事私募基金业务，不得有以下行为：

1. 将其固有财产或者他人财产混同于基金财产从事投资活动；
2. 不公平地对待其管理的不同基金财产；
3. 利用基金财产或者职务之便，为本人或者投资者以外的人牟取利益，进行利益输送；
4. 侵占、挪用基金财产；
5. 泄露因职务便利获取的未公开信息，利用该信息从事或者明示、暗示他人从事相关的交易活动；
6. 从事损害基金财产和投资者利益的投资活动；
7. 玩忽职守，不按照规定履行职责；
8. 从事内幕交易、操纵交易价格及其他不正当交易活动；
9. 法律、行政法规和中国证监会规定禁止的其他行为。

私募基金管理人、私募基金托管人应当按照合同约定，如实向投资者披露基金投资、资产负债、投资收益分配、基金承担的费用和业绩报酬、可能存在的利益冲突情况以及可能影响投资者合法权益的其他重大信息，不得隐瞒或者提供虚假信息。信息披露规则由中基协另行制定。

在私募股权投资基金的投资流程之中，对项目池里的投资项目进行筛选和初步审查，对项目进行尽职调查、进行项目研讨，与被投资方进行合同谈判、私募基金管理人内部审核并最终签约是私募基金投资的三部曲，其中，法律尽职调查是对投资项目进行法律风险识别与控制的最重要环节。

【"私募基金投资运作的一般规定"合规要点对应案例】

上述"私募基金投资运作的一般规定"合规要点，已在刑事司法实践中得到具体应用，成为国家审判机关裁判私募基金类犯罪案件的认定理由，参见案例：

第四篇第三章第一节案例一"湖北某私募基金管理人以公开方式募集资金3.2余亿元，单位被判处罚金40万元，法定代表人及分公司经理分别获刑9年和8年"。

第四篇第三章第一节案例二"北京某私募基金管理人委托第三方以公开方式募集资金4余亿元，对第三方募集资格及方式未尽审查义务，实际控制人获刑8年，并处罚金40万元"。

第四篇第三章第二节案例二"武汉某资产管理中心执行事务合伙人为偿还债务，虚构发行私募基金，诈骗500万元，获刑11年6个月，并处罚金16万元"。

第五篇第二章第二节案例一"某私募基金管理人法定代表人以非法占有为目的募资后，仅将少量资金用于投资，以新偿旧，骗取投资款逾4000万元，被法院判处有期徒刑8年，并处罚金"。

第五篇第二章第二节案例二"北京某私募基金管理人未按合同约定使用募集资金，诈骗350余万元，法定代表人以集资诈骗罪获刑10年，并处罚金10万元"。

第五篇第二章第四节案例"某私募基金管理人利用信息和资金优势，与13家上市公司董事长或者实际控制人合谋利用信息优势连续交易，构成操纵证券市场罪，被法院判处有期徒刑5年6个月，并处罚金"。

第五篇第二章第五节案例"上海某私募基金管理人创始人利用公募基金基金经理向其泄露的非公开股票交易信息，通过趋同交易非法获利4000余万元，被法院以利用非公开信息交易罪判处5年9个月，并处罚金4000万元"。

第二节　法律尽职调查中的合规与风控要点

一、法律尽职调查基本概念

法律尽职调查，简称法律尽调，是指在股权转让、增资扩股、并购重组、证券发行等重大公司行为中，由私募基金管理人委托外部律师对目标公司的主体合法性存续、企业资质、资产和负债、对外担保、重大合同、关联关系、纳税、环保、劳动关系、重大诉讼等一系列关注项进行的法律调查，以及在调查基础上作出的法律结论。

（一）法律尽职调查的主要内容

法律尽职调查主要包括以下内容：企业的设立及其合法程序，股权结构演变及公司治理，主营业务及资质的许可，关联交易及同业竞争，主要资产情况，重大债权债务，公司治理及规范运作，税收及政策性补贴，劳动及社会保障，环保，质量安全等方面的合法合规性，涉诉（包括民事诉讼/仲裁、行政处罚、刑事处罚）等情况。

（二）法律尽职调查的"证伪"原则

律师在受私募机构的委托进行尽职调查时，在做到以实事求是的原则对目标企业进行客观公正的调查的同时，尤其是要注意遵循法律尽职调查活动特有的证伪原则。证伪原则是相对于证实原则而言的，是指律师在进行尽职调查时，应该站在调查"说谎者"的立场，对目标公司提供的商业计划书、各种资料与经营数据以怀疑的眼光，循着"审核材料——发现问题——提出怀疑——调查取证——证伪——获得风险点"的思路进行尽职调查，用律师执业中积累的专业经验和尽职调查中发现的事实，来发现目标企业现存的以及以后可能蕴含的风险点，通过法律风险揭示，帮助委托人在投资决策时规避项目潜在的法律风险。

需要特别提示的是，法律尽职调查的证伪原则与律师在执业活动中参加法庭调查时的查明事实真相遵循的证实原则相比，有很大的出发角度差异。

（三）法律尽职调查要解决定性问题

与会计师事务所进行的财务经济调查不同的是，财务尽职调查解决的是财务数据方面的定量问题，如公司营收数据的多少、净利润的高低、公司资产、产品库存、应收账款等项目的核对和确认工作。而法律尽职调查解决的是公司主体资质的合法性、公司股权变更的合法性、经营行为的合法性、是否存在环保、税务、劳动关系方面的违法问题，包括实体和程序意义上的合法性问题。

用一句话总结，财务尽职调查解决的是定量问题，法律尽职调查解决的是定性问题。

（四）法律尽职调查要提出解决方案

在做法律尽职调查的时候，优秀的律师不仅仅能通过尽职调查发现问题、提示风险，还能够利用自己的专业能力和执业经验，帮助委托人提出眼前问题的解决方案，以促进交易，增加财富。

一些实操经验不足的律师，虽然具有发现问题的能力，但是在发现问题以后只是简单地帮助委托人屏蔽掉所有的风险，同时试图把所有的法律风险转移至合同对方当事人承受，这样的做法表面上看简单高效，也确实是避免了委托人的法律风险，但是由于其没有区分重大核心利益（风险）与非重大非核心利益（风险），也没有提出建设性的解决方案，结果上并不利于交易的达成。

二、法律尽职调查核心要点

（一）对目标公司（含目标公司关联方）的主体资格审查

重点核查公司的营业执照，公司设立至今的全套工商档案（包括但不限于公司设立以来的历次变更、年度报告、各种警示信息），公司的经营范围及历次变更情况，是否属于特种行业，是否履行行政审批手续，有无限制经营，等等。

（二）公司股东（包括实际控制人）的情况核查

重点核查股东的身份信息，股东协议中的权利与义务安排，有无抽屉协议等特别约定，有无客户和供应商持股，有无员工代持或者激励计划，有无股份支付的安排，等等。

（三）公司的出资及演变情况核查

主要包括公司的注册资本的认缴与实缴情况，股权出资方式（是实物出资还是现金出资，以非现金资产折价方式入股的是否履行了评估手续，以其他财产权利折价入股的是否履行了该项财产权的权利转移手续），是否有验资报告，是否有减资情况，减资过程是否合法，以及历次股权转让及增资扩股情况的审查，等等。

（四）对外投资及重大的资产变化核查

主要包括对重大对外投资和目标公司重大资产变化的内部决策的程序合

法性、外部的审批与授权手续、交易价格的合理性与公允性等情形的核查。

(五) 资产与负债的核查

重点核查公司的有形资产与无形资产、现有债务与或有负债等，包括银行存款余额、重要生产经营设备、土地房产、知识产权、承租与出租情况、负债种类、违约情况、偿债能力、其他应付账款、有无抵押担保、有无股权质押等。

(六) 关联交易与同业竞争

关联交易是虚构交易等财务造假违法行为的主要手法，也是资本市场监管层近年来的关注和打击重点，要注意核查关联交易的主体资格与关联关系、关联交易的协议内容、关联交易决策程序的合法性、交易价格的公允性、交易业务的独立性、交易行为的合理性、与关联方是否存在同业竞争关系等，还要关注合同的履行情况、财务支付及货物进出的对应性，以避免落入虚构交易的财务陷阱。

(七) 知识产权的核查

基于知识产权对于科技类公司的重要性（围绕知识产权的法律措施已经成为公司与公司之间、甚至是国与国之间经济竞争的重要手段），除了在前述"资产与负债"环节对知识产权作常规性的资产核查之外，在此对知识产权做专门的重点核查，主要审查公司知识产权的注册、登记和备案情况，知识产权的取得方式及保护期限，是否缴纳年费，权属构成，质押担保情况，许可类型、许可方式、许可对象、纠纷解决机制等。

(八) 重大合同的核查

重点从合同的基本面、合同的真实性、合同双方是否存在关联关系、合同本身的商业风险等几个维度进行核查。具体来说，可以从合同的法律关系性质、合同的基本条款、合同的签章与授权、合同期限、合同的履行、解除与终止、违约责任、争议解决条款等方面审查合同的基本面；从合同双方当事人的商业逻辑、对方企业的征信与涉诉情况、合同条款的完备性等方面审查合同的真实性；从合同的关联方与客户供应商名单是否有重合关系、是不是前员工、是否不正常的设定或者豁免其保证责任、定价标准是否合理等方面来审核合同是否存在隐形的关联关系和利益输送关系；从双方有无真实的交易背景、有无现金交易、有无其他资金往来、有无履行招投标程序、有无抽屉协议、是否存在商业贿赂等方面审查合同是否存在重大商业风险。

(九) 公司治理的核查

重点核查公司三会（股东会、董事会、监事会）的提名任职程序、议事规则、决策程序，三会的分权与监督机制的落实情况，核查董事、监事、高级管理人员包括独立董事的履历、审查其是否存在公司法等法律法规明确禁止担任前述任职的情形，是否存在违反竞业禁止约定的行为（包括在目标公司任职之前的竞业禁止约定是否得到遵守，以及在目标公司任职期间是否违反公司关于竞业禁止规定的情形）等。

（十）税务方面的核查

税务相关的尽职核查包括对于日常经营的税务核查，资本运作方面的税务核查，税收优惠情况和税务违法情况的核查。

（十一）环保方面的合规核查

随着国家对环保立法的日益重视，生产经营企业涉及环保的违法成本逐渐提高，因为环保违法事件的涉众性，环保问题不仅仅影响到目标公司未来的上市之路，更可能终结私募基金的退出之途。

环保方面的合规核查，包括对日常经营业务是否属于污染行业、对环保的内控制度、环保应急预案、环评、环保验收、是否办理批准手续、环保的回收政策、环保设施、环保的投入、职业病、排放许可、排放物范围、排放物的检测设备、排放总量控制、危险废物的处置方式和最终去向、排污费、回收与利用、环境污染事故造成的侵权纠纷、行政处罚和刑事处罚等。

（十二）质量技术与安全生产核查

了解相关的国家行业规定，核查公司的质量技术资质、认证备案是否到期等情况，核查质量事故纠纷及处罚情况，核查安全生产的资质，安全认证管理制度与风控措施，核查安全生产事故、违法违规情况及行政处罚、刑事处罚。

（十三）劳动人事调查

核查劳动合同的签订情况，核查全体员工的社保公积金覆盖情况、缴费比例，核查劳务派遣的人数、合同、岗位，核查职工代表大会制度，核查禁业限制情况，核查劳动纠纷及行政处罚情况等。

（十四）诉讼与仲裁核查

包括对目标公司三类主体（即公司主体、公司股东与实际控制人、公司董监高）是否存在重大违法行为、是否涉及诉讼与仲裁进行全面核查，如有，进一步核实是否有查封、扣押、冻结，进一步核查案件的诉讼时效、执行时效、案件性质、诉讼阶段，涉及行政处罚的需要查明行政处罚原因及结果、诉讼成本分摊情况。

> **【"法律尽职调查核心要点"合规要点对应案例】**
>
> 上述"法律尽职调查核心要点"合规要点,已在刑事司法实践中得到具体应用,成为国家审判机关裁判私募基金类犯罪案件的认定理由,参见案例:
>
> 第四篇第三章第五节案例二"海南某融资项目经手人利用职务便利,与其他员工串通设立投资管理公司,并伪造投资方印章,以资管计划服务费的名义收取1500万元,均被判10年以上有期徒刑"。

三、法律尽职调查的基础文件

法律尽职调查的基础文件包括尽职调查清单及尽职调查报告,尽职调查报告是根据尽职调查收集来的资料、数据进行系统性的专业分析判断得出的法律结论,根据尽职调查收集到的资料数据进行法律分析、判断、定性的过程,是律师参与尽职调查的核心价值,尽职调查报告是这种价值的表现形式。

尽职调查清单是律师展开专业法律调查工作的第一手数据来源和分析基础。

四、法律尽职调查清单(参考模板)

以对一个科技类有限责任公司的尽职调查清单为例,实际运用时可以根据项目需要自行增减调查项目。

(一)公司的基本情况

1	公司(包括子公司)的基础文件资料		
请提供下列文件		有	无
(1)公司最新的营业执照正副本;			
(2)公司银行开户许可证(含基本账户及外汇账户)、外汇登记证;			
(3)公司对外贸易经营者备案登记文件、进出口企业/产品备案登记文件、公司海关进出口货物收发货人报关注册登记证书、公司高新技术企业证书(若有);			
(4)公司对外投资(含境外公司)主体信息资料。			
备注			

2	公司（包括子公司）的历史沿革情况		
请提供下列文件		有	无
（1）公司全套工商登记档案（包括：企业基本信息查询单、历次登记备案的全套工商内档、历年工商年检/报资料，上述文件请在登记注册的工商管理部门打印、加盖工商查询章，并提供盖章原件）；			
（2）公司最近两年（指××年、××年，下同）的审计报告；设立及历次增资的验资报告（已在工商档案中有的可以不再单独提供）；			
（3）公司历次变更的批准文件、章程（已在工商档案中有的可以不再单独提供）；			
（4）公司历次变更的营业执照副本（已在工商档案中有的可以不再单独提供）；			
（5）公司历次变更时的内部决策机构（如董事会、股东会）的决议文件、外部的批准文件（已在工商档案中有的可以不再提供）；			
（6）与公司历次改制、性质及组织类型变更等有关的有权政府部门批准文件、审计报告、评估报告、合同/协议、会议纪要、内部决策文件等（已在工商档案中有的可以不再单独提供）；			
（7）与公司历次股本、股权结构变动相关的有权政府部门的批准文件（已在工商档案中有的可以不再单独提供）；			
（8）与公司历次股本、股权结构变动相关的股权转让协议、增资或减资协议（已在工商档案中有的可以不再单独提供）、对赌协议；			
（9）公司现有自然人股东身份证明文件以及企业股东营业执照、章程或合伙协议、境外企业股东主体资格证明文件、章程等（已在工商档案中有的可以不再单独提供）。			

（二）业务情况

3	公司（包括分、子公司）的业务情况		
请提供下列文件		有	无
（1）公司从事业务的说明，包括关于公司目前所从事的业务、业务模式、行业地位、竞争优劣势及主要业务流程的书面说明或相关资料（加盖公章）；			
（2）公司从事业务取得的经营许可证书、资质证书及其他行政许可文件；			
（3）公司最近两年每年合同金额前10名的销售合同、对公司生产经营具有重大影响的合同、客户与公司是否存在关联关系以及合同履行情况说明；			
（4）公司采购模式的说明，包括但不限于采购流程、主要采购物料、最近两年每年的前5名供应商名称（前5名供应商以采购金额计）、交易金额、是否存在关联关系、所供应物料及与该等供应商的采购合同（各1份）；			
（5）公司是否存在中国大陆以外经营的说明，若有，请提供合法经营证明文件（包括商务部门批准文件、所在国家或地区的批准文件、当地经营许可文件等）；			

3	公司（包括分、子公司）的业务情况		
请提供下列文件		有	无
（6）公司是否与其他单位共同进行业务合作，若有，请提供业务合作协议及相关资料；			
（7）贵司境外投资企业的基本情况说明、业务合同及相关资料。			
备注			

（三）公司治理情况

4	公司的治理机构		
请提供下列文件		有	无
（1）公司的组织机构图和机构职能说明；			
（2）公司所有分支机构（指分公司、办事处等不具有独立法人资格的组织）的名单、主管部门或工商登记机关批准文件及其与公司之间关系的说明。			
备注			

5	公司（包括分、子公司）的人员		
请提供下列文件		有	无
（1）公司截至××年××月××日的在岗人员情况统计、员工花名册（可按职能或部门统计）；			
（2）公司签订劳动合同情况的书面说明，并抽样提供（基层、中层、高层各5份）劳动合同，以及保密协议、竞业限制协议样本各一份；			
（3）若公司存在劳务派遣用工的，请提供公司与劳务派遣公司签署的协议、劳务派遣公司的营业执照、劳务派遣资质证书、劳务派遣公司为各员工缴纳社会保险、住房公积金的名单及单据；			
（4）公司社会保险证书、住房公积金开户证明文件，以及社会保险、住房公积金缴纳情况、缴纳基数、比例的说明，并提供最近两年缴纳社会保险、住房公积金的凭证；			
（5）公司人事管理制度（包括但不限于员工手册、聘用、加班、离职等制度）以及员工工作休息时间、基本工资、加班工资标准说明；			
（6）现任董事、监事、高级管理人员领薪、任职情况说明（包括是否在其他单位兼职），并请董事、监事、高级管理人员如实填写附件调查表；			
（7）公司最近两年董事、监事、高级管理人员变动情况的说明。			
备注			

(四) 公司的财务资料

6	公司（包括子公司）的财务情况		
请提供下列文件		有	无
(1) 公司财务人员名单及其兼职情形和是否在外单位领取薪金的说明；			
(2) 公司的银行账户清单（盖章），并提供银行开户证明文件；			
(3) 公司在人民银行打印的企业信用报告；			
(4) 公司最近两年及最近一期期末前10名其他应收款、其他应付款明细（包括对方、金额、形成原因）及相关凭证；			
(5) 公司最近两年营业外支出、营业外收入明细（包括金额、发生原因）；			
(6) 公司现行的各项内部控制管理制度，包括但不限于财务制度、资金管理制度、对外担保及融资决策制度、采购及销售制度等；			
(7) 公司是否存在与股东及关联企业共用银行账户、是否存在股东及关联企业占用公司资金资产、是否存在将资金存入股东及关联企业的账户、是否通过股东及关联企业账户进行交易的说明；			
(8) 公司最近两年及最近一期（截至××年××月××日）财务报表。			
备注			

(五) 公司的资产

7	公司（包括分、子公司）的固定资产权属		
请提供下列文件		有	无
(1) 公司截至目前拥有所有权的房屋建筑物清单及其所有权证书；			
(2) 公司截至目前没有取得房屋所有权证书或有关证书、没有变更至公司的房屋建筑物清单（若有），以及未能办理房屋所有权证书的说明。若为受让取得，请公司提供相关的房屋买卖协议、转让方的房屋所有权证书及购买发票或支付凭证；若为自建取得，请提供建设用地规划许可证、建设工程规划许可证、建设工程施工许可证、国有土地使用权证、建设及环保竣工验收报告、建设及环保竣工验收备案登记表等相关文件资料；			
(3) 公司如存在租赁使用他人的房屋建筑物之情形，请提供:	房屋租赁协议；		
	房屋租赁备案或许可文件；		
	房屋所有权证书；		

续表

7	公司（包括分、子公司）的固定资产权属		
请提供下列文件		有	无
（4）公司有无将其房屋建筑物出租给他人使用的情形的说明，若有，请提供有关的租赁合同；			
（5）公司主要生产经营设备清单，同时说明设备的名称、供应商、购置价格、净值等情况，并提供购置合同及发票；			
（6）公司拥有的房屋、主要生产经营设备的取得方式、依据、取得时间；			
（7）上述财产是否存在产权纠纷，若有，请提供有关产权纠纷的文件；如无纠纷则请出具书面说明；			
（8）上述财产是否设定抵押或其他担保方式的说明；若有，请提供有关的主债权合同、担保合同和抵押登记证明文件；			
（9）公司设立以来是否发生重大收购、出售资产的说明（金额50万元以上）。			

8	公司（包括分、子公司）在建（土建）工程情况		
请提供下列文件		有	无
公司若有在建（土建）工程，请提供：	在建工程所在土地使用权证书、立项、规划、用地、开工的批准文件和许可证。		
备注			

9	公司（包括子公司）的无形资产情况		
请提供下列文件		有	无
（1）公司拥有的专利、非专利技术、商标、软件著作权、国有土地使用权的证书或说明；			
（2）若公司正在申请专利、商标注册，请提供有关申请受理文件及申请进展说明；			
（3）公司通过受让方式获得专利、非专利技术、商标、软件著作权或其他知识产权的，提供购置协议及购买款支付凭证；			
（4）是否存在他人许可公司使用/公司许可他人使用专利与非专利技术、注册商标、软件著作权等的说明；			
（5）公司是否拥有国有划拨土地使用权的说明，若有，请提供有关使用协议、使用权证书；			

续表

9	公司（包括子公司）的无形资产情况			
请提供下列文件			有	无
（6）若公司存在租赁使用土地的情形，请提供：		有关部门对公司土地使用处置方案的批复；		
		土地使用权租赁合同及租赁价格定价依据；		
		公司取得的土地他项权利证书。		
（7）公司是否存在特许经营权，若有，请提供相关协议及备案文件				
（8）上述公司拥有所有权或经营权的财产是否存在产权纠纷，若有，请提供有关产权纠纷的文件；如无纠纷则请出具书面说明；				
（9）上述财产是否设定抵押、质押或其他担保方式的说明；若有，请提供有关的主债权合同、担保合同和抵押登记证明文件；				
（10）公司是否存在使用他人专利与非专利技术、注册商标、软件著作权等的说明；若有，请提供有关协议、该等无形资产证书以及说明公司使用该等无形资产的情况。				
（11）公司网站备案证书。				
备注				

（六）公司的重大债权债务

10	公司（包括子公司）将要履行、正在履行的重大合同（50万元以上或对公司有重大影响，若50万元以上的合同较少，公司可根据具体情况确定重大标准并说明重大标准确定理由）			
请提供下列文件			有	无
（1）公司将要或正在履行的重大合同：	销售合同、招标公告/投标邀请书（若有）、中标通知书（若有）；			
	银行借款合同及担保合同，以及除银行借款外的其他融资合同及相应的担保文件；			
	采购合同（包括劳务、原材料采购等），若为劳务采购合同，请提供劳务供应商的营业执照、施工劳务资质；			
	框架性或战略性的合作协议；			
	代理合同；			
	技术或专利许可、转让、合作开发合同；			
	其他重要合同。			

续表

10	公司（包括子公司）将要履行、正在履行的重大合同（50万元以上或对公司有重大影响，若50万元以上的合同较少，公司可根据具体情况确定重大标准并说明重大标准确定理由）		
	（2）公司截至××年××月××日前10名应收款之债务人、应付款之债权人清单，并列明该等债权、债务的余额、期限、形成原因及所依据的合同/协议等，提供形成该等债权、债务的主要书面合同/协议及相关凭证等文件；		
	（3）公司是否存在虽已履行完毕但可能存在潜在纠纷的重大合同或公司对外出具的承担重大责任的承诺；		
	（4）公司与债权人之间签订的债务清偿文件。		
备注			

11	公司（包括子公司）提供担保的情况		
请提供下列文件		有	无
（1）公司是否就自身债务向有关债权人提供担保的说明，若有，请提供所签署的主债务合同和担保合同，及为上述担保而办理的抵押、质押登记文件；			
（2）公司是否存在为其他单位（包括子公司）和个人提供担保的说明，若有，请提供所签署的主债务合同和担保合同，及为上述担保而办理的抵押、质押登记文件；			
（3）公司对是否存在或有负债的书面说明。			
备注			

（七）关联交易和同业竞争

关联方包括下述关联法人和关联自然人：

1. 关联法人：包括公司的子公司，公司控股股东及实际控制人直接或间接控制的除公司及公司所属子公司以外的法人或其他组织，其他持有公司5%以上股权的法人或其他组织，由下述"关联自然人"直接或间接控制或由"关联自然人"持股20%以上或担任董事、高级管理人员的除公司及公司所属子公司以外的法人或其他组织，以及根据实质重于形式的原则认定的其他与公司有特殊关系，可能导致公司利益对其倾斜的法人或其他组织。

2. 关联自然人：指直接或间接持有公司5%以上股权的自然人，公司的董事、监事和高级管理人员，前述人士关系密切的近亲属，以及根据实质重于形式的原则认定的其他与公司有特殊关系，可能导致公司利益对其倾斜的自然人。

具有以下情形之一的关联法人或关联自然人视同为公司的关联方:

1. 根据与公司或其关联方签署的协议或作出的安排,在协议或安排生效后,或在未来12个月内,将具有上述情形之一的。

2. 过去12个月内,曾经具有上述情形之一的。

12	公司的关联方		
请提供下列文件		有	无
(1) 公司实际控制人、董事、监事、高级管理人员、持有公司5%以上(含5%)股权的自然人股东填写的附件调查表;			
(2) 与公司关联法人的营业执照副本、公司章程或合伙协议、最近一期财务报表或审计报告(若有)、主营业务情况;			
(3) 与公司最近两年曾有关联关系的关联法人、个体工商户的名单(包括原持股比例、退出原因及相关工商登记资料)及其关联关系描述;			
(4) 与公司最近两年曾有关联关系的关联自然人名单及其关联关系描述。			
备注			

13	关联交易情况		
请提供下列文件		有	无
(1) 公司最近两年与关联方之间的关联交易说明(包括定价方式和依据、每年交易总额);			
(2) 公司最近两年与关联方的关联交易的合同、协议、内部决策文件等相关文件;			
(3) 公司是否存在通过关联交易或其他形式向关联方转移资产或垫付资金、支付费用的情况,若有,请公司出具书面说明;			
(4) 公司截至××年××月××日与关联方之间应收、应付、其他应收、其他应付款项的余额,以及该等款项可回收性的说明;			
(5) 公司预计未来可能与关联方发生的关联交易情况。			
备注			

（八）重大资产变化及收购兼并情况

14	公司（包括子公司）的重大资产变化及收购兼并情况		
请提供下列文件		有	无
（1）除增资扩股、减少注册资本之外，公司设立以来是否发生过合并、分立的情况；若有，请公司出具书面说明，并提供包括但不限于相关的协议、决议、营业执照、公司章程、验资报告、工商变更登记文件、职工安置文件；			
（2）公司设立以来是否发生过收购、出售资产的情况；若有，请公司出具书面说明，并提供包括但不限于相关的协议、决议、资产评估报告、资产处置方案、有关政府主管部门的批复等；			
（3）公司是否拟进行资产置换、资产剥离、资产出售或收购等行为；若是，请公司提供相关的决议、有关政府主管部门的批复、合同、协议、资产评估报告、资产处置方案，并提供相关主体最近的财务报告等文件；			
（4）与前述重组资产相关的业务描述。			
备注			

（九）公司税收、环保、质量、安全生产

15	公司（包括分公司、子公司）正在执行的税种、税率和享受税收、财政优惠的情况		
请提供下列文件		有	无
（1）公司正在执行的税种和税率的书面说明以及公司设立以来税种和税率变化情况说明；			
（2）公司最近两年享受税收优惠所依据的法律、法规、规范性法律文件或者有权政府部门的批准文件、公司在税务部门办理的税收优惠备案文件，并对具体情况作出书面说明；			
（3）公司最近两年享受财政补贴的依据文件、政府批准/备案文件、银行进账单。			
备注			

16	公司的环境保护、质量技术监督、安全生产等情况		
请提供下列文件		有	无
(1) 公司在环境保护、安全生产方面所采取的措施的有关文件、制度或书面说明；			
(2) 公司排放污染物许可证及其副本、最近两年排污费缴纳凭证；建设项目的环境影响评价文件及环保部门的批复，建设项目竣工验收文件及环保部门的批复，环保部门对公司日常经营进行环保监测、检查出具的报告，与固体废物、危险废物收集单位的协议以及收集单位的营业执照、经营资质证书；			
(3) 公司环境体系认证证书（若有）；			
(4) 公司正在执行的生产作业质量技术标准以及公司产品取得的境内外质量认证、许可等证书（若有）；			
(5) 公司质量体系认证证书（若有）；			
(6) 公司成立至今产品质量事故、环境污染事故、安全生产事故的所有文件，包括但不限于事故汇报、认定报告、主管部门处罚文件等（若有）。			
备注			

（十）诉讼、仲裁、行政处罚及其他

17	其他相关文件		
请提供下列文件		有	无
(1) 公司及子公司设立以来是否被工商、税务、土地、建设、房屋、环保、质量、安全生产等主管部门处罚的说明，若有，请提供有关处罚文件并说明公司执行处罚文件以及公司内部整改情况；			
(2) 公司及子公司设立以来是否存在涉嫌犯罪被司法机关立案侦查或存在严重损害社会公共利益的情形，若有，请出具书面说明；			
(3) 公司、子公司、持有公司5%（含5%）以上股权的股东以及公司实际控制人、公司董事和高级管理人员是否存在未了结或可预见的诉讼、仲裁和行政处罚的说明，若有，提供起诉书或仲裁申请书、传票、判决或裁定书、裁决书、执行申请书、执行结果通知书相关法律文件复印件，以及截至目前进展情况的书面说明；			
(4) 公司是否正在被有关部门、机关调查，若有，请说明并提供相关文件；			
(5) 公司发展战略、整体经营目标、主要业务的经营目标的有关文件及董事会关于发展战略的会议记录和决议；			
(6) 其他对公司经营活动、资产权属有重大影响的政府批准文件、正在履行的其他重要合同、协议或安排相关的文件。			
备注			

> 【"法律尽调中的合规与风控要点"合规要点对应案例】
>
> 上述"法律尽职调查中的合规与风控要点"合规要点，已在刑事司法实践中得到具体应用，成为国家审判机关裁判私募基金类犯罪案件的认定理由，参见案例：
>
> 第四篇第三章第五节案例二"海南某融资项目经手人利用职务便利，与其他员工串通设立投资管理公司，并伪造投资方印章，以资管计划服务费的名义收取1500万元，均被判10年以上有期徒刑"。

第三节 投后管理

投后管理是私募基金投资环节的专业术语，也称投资后的管理，是私募投资基金募投管退四个阶段之一，是指私募投资基金对已投资项目进行动态的财务监管和信息跟踪，包括对被投资企业进行不定期的走访核查、及时发现风险点并进行合规风控管理，规范被投资企业的生产经营、内部治理尤其是财务管理，同时为其提供各种增值服务的一系列活动。

投后管理是整个股权投资周期中持续时间最长，投入精力最多的阶段，私募项目从投资交割之后一直到项目退出之前，都属于投后管理的期间，有的投资项目（如天使投资）的时间周期长达七年甚至更久。

投后管理的合规运作能够有效减少和消化潜在的投资风险，以保障投资的远期退出，实现投资目标的最终达成，因此，投后管理对于整个基金投资工作具有十分重要的意义。

投后管理大致可以分为增值服务和风险监管两个方面。这两个方面的工作重心应分别根据投资周期的长短、企业发展阶段的不同，以及买方市场与卖方市场的势能相互转换的不同而各有侧重。比如，对于稳健型创业团队，私募基金应该给予更多的增值服务；而对于高歌猛进的激进型团队，投资基金则需要更侧重于风险监管方面的工作。对于强势的创业团队，侧重于风险监管，确保资金安全；对于弱势的创业团队，更多的是给予增值服务，如各种创业扶持。

一、对被投资企业的增值服务

增值服务要求私募基金在为被投资企业服务的过程中,为其提供各个方面的服务与支持,力求被投资企业的发展决策程序合法,企业价值不断提升,从而保护私募基金的投资利益。从增值服务板块上划分,对被投资企业的增值服务可以分为公司治理、业务发展和资本运作三个方面,这三个模块的增值服务,分别对应企业不同的发展阶段,在不同的发展阶段确定不同的服务重心,对应不同的增值服务,精准施策,层层递进,最终实现被投资企业的价值增长。

具体来说,增值服务包括资本运作支持、战略规划支持、人力资源支持、运营管理支持、市场营销支持等方面。

基于对私募基金投资者的利益保护和获利退出的关注,以及对被投资企业的发展过程关注的需要,私募基金管理人需要在基金退出之前的相当长的一段时间里,以被投资企业的股东和战略伙伴的身份,陪同着企业一起成长,关心和帮助企业健康发展。通过投后管理为基金的运行决策提供支撑,尽可能地以主动管理的姿态去降低项目的潜在风险,通过投后管理为项目公司的增值赋能,主动创造获利退出的机会。

对于受到资金追捧的优秀拟上市企业而言,筛选股权投资机构的一个重要考量是资金之外的增值服务能力。

二、对被投资企业的风险监管

投后风险监管,包括对被投资企业的财务监管、信息跟踪和决策管理,是私募基金风险控制与合规管理的重要环节,投资后风险监管的疏忽和缺失,将直接影响到基金的获利退出。

私募基金作为外部财务投资人,一般不会实际参与被投资企业的日常经营管理活动,但是基于对私募基金投资者的利益保护和获利退出的关注,基于对私募投资基金风险控制的考虑,需要向被投资企业派驻董事、监事会成员,推动被投资企业建立完善的法人治理结构,规范企业经营决策程序,监督被投资企业严格履行投资协议规定的各项义务,参与被投资企业的重大战略决策,① 督促被投资企业定期向私募基金管理人提交公司季度报告、年度报告,并对被投资企业的季度报告、年度报告进行投后分析,私募基金管理层应当对投后分析报告进行风险评估审核,以决定增值服务和风险监管的深度,以及基金退出的时机。

一般而言,越是早期的私募投资基金,其参与到被投资企业的程度就越深,如孵化器阶段的孵化基金管理人,起到的是创业引导阶段的创业导师的作用。对于已经到了PE阶段,尤其是Pre-IPO阶段的私募基金,由于被投资企业已形成了一定规模,管理已经逐步规范,企业的上市方向已经确定,私募基金的风险监管参与程度也就相应地降低。

投资管理阶段与私募基金退出的决策是密不可分的,它是一个动态的连续的专业活动,尤其是对于早期投资项目而言,要随时评估,动态调整,在投后管理阶段随时做好是否加大投资进行领投、是否行使反稀释条款进行跟投或者清盘退出的风险管理。

三、私募基金从业人员的合规管理

私募基金管理人及其工作人员在进行私募基金管理过程中,应当严格遵守法律法规、规范性文件及行业准则的合规要求,保证公司的法人人格独立、财产独立,确保基金财产独立于私募基金管理人、独立于私募基金实控人,确保基金财产独立于其他基金财产,并与底层资产一一对应,同时进行严格的自律控制,坚决隔离基金与基金之间、公司与个人之间的非法利益关联,防止引发挪用资金罪、职务侵占罪、内幕交易罪等涉及私募基金财产所有权与处分权方面的犯罪。

在进行投后管理的过程中,任何违反相关法律导致犯罪的行为,都将引发从业人员自身及私募基金管理人的刑事法律风险,公安部在前述的新闻发布会中提及的"个别私募机构及从业人员违反法律规定,实施内幕交易和操纵市场等犯罪",主要就是指私募投资基金投后管理阶段的刑事法律风险。

---

① 参与被投资企业的重大战略决策,不仅仅是在基金投资协议里约定的私募基金拥有目标公司的董事会席位的问题,在投资实践中,有的私募股权基金还会要求对被投资企业拥有重大事项决策的一票否决权,以监控和防范企业出现大的决策风险。

第四节　私募基金退出

私募基金退出环节是私募投资基金募、投、管、退四个阶段之中的最后一个环节，是基金投资者变现的关键环节。只有通过退出环节，才能实现投资获利的初始目的，否则在投资过程中产生的所有账面盈利都只能成为一种叫"浮盈"的纸上富贵。

基金退出的重点在于退出的时机和退出的方式。

一、私募基金退出的时机选择依据

从退出的时机来看，既要考虑到当时被投资企业的资金运行状况和盈利能力，还要分析当时整体的宏观经济环境。

关于私募基金退出的时机选择，应考虑以下三个因素：

（一）以被投资企业的盈利曲线为据

盈利能力是企业经营业绩的最为直观、最为重要的一个指标，也是投资机构选择退出时间的关键所在。所有的投资都是投资未来，私募基金更是如此。如果被投资企业的利润在未来一段时间内，呈明显的稳定增长态势，私募基金管理人就应当继续持有对该企业的股份（股权）；如果企业的盈利能力较差，且逆转无望，无法达到协议预定的目标，甚至陷入连续亏损状态，需要持续投资输血"续命"，则应该及时选择退出。

投资实践中，有的私募基金在成为被投资企业的小股东后，为了帮助被投资企业走出困境，不惜以私募基金或者是私募基金管理人的身份，继续对目标公司追加股权投资和债权融资，甚至为被投资企业对外融资提供担保，结果越陷越深，不能自拔，这样的例子比比皆是，教训深刻。

（二）以被投资企业的生命周期为据

企业的生命周期一般包括初创期、成长期、扩张期、成熟期和衰退期五个阶段，相对应的股权投资基金也可以分为种子基金、天使基金、VC创投基金、PE基金、Pre-IPO基金，一般而言，私募基金投资退出的最佳时机选择是在企业的扩张期以后，因为刚开始的初创期和成长期一般是向企业注入资金，是播种的季节，不大可能及时获得投资收益，被投资企业的现金流也常常处于入不敷出的状态，即使是实现盈利也无法向公司股东分配当期利润，而是通过利润转增注册资本等方式来提高项目公司的库存备货与对外经营垫资能力，以改善公司的现金流，因此很难在这个阶段退出。进入扩张期以后，企业的生产经营状况逐步稳定下来，基金可以在这个时期根据企业的盈利状况选择适当的退出时机。

扩张期的企业处于快速上升阶段，在这个时期实现退出，可以达到投资回报的最大化目标。

（三）以行业生命周期与产业政策为据

行业的生命周期，是指被投资企业所处行业的发展周期，要判断被投资企业所在的行业是朝阳产业还是夕阳产业，对于明显属于淘汰没落或者产能过剩的行业的项目公司，基本上要考虑放弃投资。另外，需要关注政策环境的变化，因为产业政策变化对一些行业的发展具有根本性的影响，如前些年蓬勃发展的P2P行业，最近两年就遭到了产业政策和司法政策的强力整肃与全面清理，许多私募基金甚至是上市公司涉及P2P投资的，不仅仅是因为刚性兑付而造成经济上的损失惨重，一些机构还因此涉及刑事法律风险，被追究刑事责任。

如果私募基金所投资的企业属于政策扶持产业，就有可能获得更快的长期发展，因此可以适当延长对股权的持有；相反，如果是国家不支持甚至是调控的行业，则应当果断地选择退出。

正如《史记·货殖列传》所言："论其有余不足，则知贵贱。贵上极则反贱，贱下极则反贵。贵出如粪土，贱取如珠玉。财币欲其行如流水。"关于投资退出的时机选择，也要力求做到"贵出如粪土，贱取如珠玉。财币欲其行如流水"，以达到投资收益最大化的目的。

二、私募基金退出的方式选择

基金退出的方式主要有IPO退出、新三板挂牌退出、股权转让退出、股权回购退出、并购退出、清算退出等。

退出后或者基金到期后，投后管理团队应该执行基金清算，进行利润分配。例如，依照通常的"二八分红"的行业惯例，私募机构作为普通合伙人即基金的管理人，将获取投资收益的20%，基金的投资者作为有限合伙人，将获得投资收益的80%。

（一）IPO退出

IPO（Initial Public Offering），即首次公开发行股票，IPO退出，是指被

投资企业顺利上市后的投资退出方式。

IPO退出是长期以来最受青睐的退出方式。

对于私募基金机构来说,通过被投资公司顺利上市后的公开市场溢价退出获得超常的投资回报的同时,作为上市公司的投资机构的成功"战绩"也有利于提高私募基金管理人的影响力和美誉度。

在被投资企业首发上市后到私募基金的投资锁定期届满之前,私募机构应该对项目公司进行必要的调研、考察,并且对投资结果进行分析论证,向投资决策委员会递交《项目退出建议书》,就项目公司的运营情况、交易市场情况、基金投资价值评估、退出的时间节点、退出额度、价格区间等情况进行综合分析评定,由投资决策委员会作出退出决定。

(二) 新三板挂牌退出

正如本书资本市场概论中所述,新三板是全国多层次资本市场的重要组成部分,相对于主板、创业板而言的第三板,故被称为新三板,全称全国中小企业股份转让系统,是继上海证券交易所、深圳证券交易所之后的第三家全国性证券交易场所,是国内非上市公司重要的股权交易平台。新三板挂牌退出,是指通过新三板平台进行股权转让的退出方式,是最近几年新兴起的退出方式。

(三) 股权转让退出

股权转让退出,是指通过将基金中目标公司的股权转让给外部第三方,以达到基金套现退出的目的。

常见的股权转让方式有私下协议转让、在区域股权交易中心公开挂牌转让等。私募基金管理人应重点关注股权转让的机会(在达到基金投资的阶段性目标后为了早日退出变现,有时候需要主动寻找外部投资机构受让股权);关注私募基金投资协议约定的各种私募基金股东优先权的行使,一旦触发投资协议约定的股权转让优先权时,决定是否启动股权转让退出程序。

(四) 股权回购退出

股权回购退出,是指根据私募基金与被投资企业的控股股东或者实际控制人签订的股权回购协议,由投资企业的控股股东、管理层对私募基金的股权投资按照双方商定的价格购回股权,以实现基金退出的目的。

相对于IPO退出而言,通过管理层回购退出的方式的投资收益率会比较低,这种退出方式通常适应于那些经营日趋稳定,但是上市无望的企业。

私募基金管理人应当重点关注股权回购的触发条件是否满足,一旦基金投资协议约定的股权回购条件触发,就应当启动股权回购退出的决策程序,开始股权回购谈判,以确保私募基金投资人利益,并且锁定风险。

(五) 并购退出

并购退出,是指被投资企业被第三方(包括上市公司或者其他企业)并购(包括协议转让股权和整体收购)的情况下,投资基金通过向并购方进行股权转让的方式实现退出。

并购退出的本质是,私募股权投资机构将其所持有的股权向外部第三方转让,不过这种转让方式并不是向前述"(三)股权转让退出"中的新晋小股东转让股权。主并购方发起对目标公司的并购,通常会谋取整体并购或是通过并购取得被并购企业的大股东地位。并购退出平均收益率通常会比IPO退出要低一些,但是在成熟的欧美私募股权市场,并购退出是私募基金最主要的退出方式,在中国由于资本市场不够发达,创业者的守业观念甚至是代际传承的思想比较重等因素,并购市场还不够成熟,但是未来的发展空间非常巨大。

(六) 清算退出

清算退出是投资失败的非主动退出方式,是指对于已确认项目失败、按前述五种方式主动获利退出无望的投资项目,通过对投资对象依法清算,以尽可能多地收回投资的残留资本价值的退出方式。

在经济下行周期,项目投资失败率居高不下,尤其是对于早期的天使投资项目、创业投资项目而言,失败率更是达到惊人的90%以上,私募基金管理人尤其需要重视在项目失败的情况下,如何实现项目退出。

私募基金管理人在前期做项目选择以及投资管理的过程中,应当提前筹划退出预案,并随着相关事项的变化及时完善退出事宜。投资管理团队要综合考虑退出的程度、退出的方式、退出的时机选择等因素,以避免损失最大化为标准,一旦判断基金投资可以实现退出降损,就应该果断执行退出方案。

在投资失败退出时,私募基金管理人尤其要注意与基金投资者进行真实、准确、完整、及时的信息披露,以全面的信息沟通和积极的退出挽损姿态,争取获得基金投资者的理解,避免发生非理性对抗甚至是卷入法律风险,将投资失败对投资者和私募基金管理人的不利影响降到最低程度。

三、中国私募基金退出现状与对策

（一）私募基金退出情况分析

根据中基协发布的《中国私募投资基金行业发展报告（2019）》，截至2018年末，私募基金累计退出案例13545个，累计退出本金7320.52亿元，直接退出金额10721.13亿元。

私募基金的退出方式以并购和上市为主。其中，并购方式包括协议转让和整体收购，实际退出金额分别为3399.02亿元和360亿元，合计实际退出金额3759.02亿元，在所有退出方式中占比达到35.06%；上市退出，包括境内IPO、境内上市（除IPO以外）、境外上市三种方式，实际退出金额分别为1687.9亿元、808.61亿元、39.1亿元，合计实际退出金额2535.61亿元，在所有的退出方式中占比23.65%。并购退出通常投入时间比较少，复杂程度比较低，且操作灵活，在A股IPO现状延续、境外中概股价格下行的情况下，并购将成为私募股权基金的重点退出途径之一。2018年全年退出案例数量最多的前5大行业分别是计算机运用、资本品、原材料、房地产、医药生物，金额最大的前5大行业分别是房地产、计算机运用、其他金融资本品、交通运输业。在退出回报倍数方面，2018年退出回报倍数最高的前5大行业分别是半导体、医药生物、传媒、家庭与个人用品、计算机及电子设备，退出回报率分别为2.18倍、2.13倍、2.02倍、1.9倍、1.89倍。2017年退出回报倍数最高的前5大行业分别是电信行业、零售业、食品与主要用品、零售能源、耐用消费品与服装行业，退出回报倍数分别为3.18倍、2.48倍、2.00倍、1.93倍、1.90倍，从增量上看，退出回报倍数排名前5的行业相较2017年发生了明显变化，主要集中在高科技和民生消费品行业。

截至2018年末，创投基金投资案例共退出4708个，发生退出行为6706个，退出本金586.59亿元，实际退出金额1374.18亿元。创投基金主要以协议转让、企业回购、被投资企业分红等方式退出。

根据中基协调查问卷数据统计结果显示，2018年当年实现整体退出的回报情况并不乐观。2018年，未有退出项目的创投基金管理人占比67.22%，整体退出回报水平低于预期的创投基金管理人占比8.44%，整体退出回报水平与预期无明显差异的创投基金管理人占比19.61%，整体退出回报水平超出预期的创投基金管理人占比4.72%。

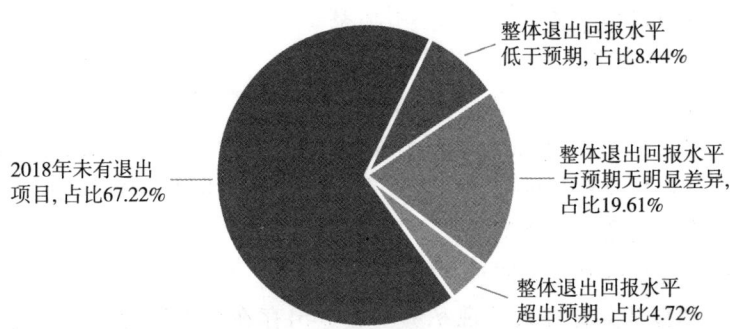

2018 年创投基金管理人实现整体退出回报分布图

资料来源：中国证券投资基金业协会调查问卷。

项目期限（年）	退出本金（亿元）	实际退出金额（亿元）
[0, 1)	53.50	77.83
[1, 2)	187.36	236.07
[2, 4)	151.84	378.54
[4, 7)	147.16	453.90
[7, +∞)	46.75	227.81

资料来源：中国证券投资基金业协会 AMBERS 系统。

通过分析以上数据可知，创投基金整体呈现项目持有期限越长，退出金额越高的趋势。2018 年末，创投基金投资案例在退出持有时间为 1~2 年、2~4 年、4~7 年的投资项目退出平均账面回报倍数分别为 1.26 倍、2.49 倍和 3.08 倍，7 年以上项目的平均账面回报倍数更是达到了 4.87 倍。

（二）问题私募投资基金退出的"深圳模式"

随着近年来互联网金融行业的社会问题大面积爆发，司法机关在全国为期三年的扫黑除恶专项斗争中对于暴力催收、软暴力、非法放贷等法律问题进行重新定义。许多参与 P2P 的私募基金频频爆雷，在项目投资出现问题后，如何最大程度上保护投资者的利益，维护社会稳定，规范退出程序，提高投资者的清偿比例，是整个行业面临的新课题。

2019 年 9 月 5 日，深圳市私募基金协会为规范引导深圳市辖区内问题私募投资基金有序退出，发布了《深圳市问题私募投资基金退出操作参考（试行）》（以下简称《退出操作参考》）。作为全国第一个指导问题私募基金退出的操作参考意见，深圳市私募基金协会的许多做法与创新值得其他地方学习，也值得私募基金管理人学习借鉴。

《退出操作参考》明确了以下几个问题：

1. 界定了什么是问题私募基金

《退出操作参考》所称问题私募基金，是指依照基金合同约定或依据相关法律法规及行业自律规则，基金管理人与其他参与主体无法化解纠纷，存在涉众风险等问题的私募基金。

界定问题私募基金有四种方式：

（1）私募基金管理人发现私募基金退出存在重大风险，且短期内依照现有条件无法解决的；

（2）投资者与私募基金管理人及其他相关主体就私募基金退出安排无法达成一致意见，存在重大投资损失的；

（3）私募基金监管部门和行业自律协会在检查工作中发现私募基金存在重大问题的；

（4）其他影响私募基金退出的重大风险情形。

2. 明确了私募基金退出的相关参与主体及其具体职能

《退出操作参考》中明确了私募基金退出的相关参与主体，包括私募基金管理人、基金托管人以及私募基金份额持有人（以下简称投资者）等。退出参与机构为清退工作组（以下简称清退组）、投资者大会、投资者监督委员会（以下简称投监会）。

（1）清退组是私募基金退出过程中的执行机构，负责退出期间私募基金的日常工作。清退组成员由私募基金管理人代表、专业中介机构代表组成，成员人数应不少于5人。其中，私募基金管理人代表不少于3人，专业中介机构代表应不少于2人。清退组应于成立之日起60日内组织清产核资，制定退出方案及退出工作时间计划。

（2）投资者大会是私募基金退出中的权力机构，代表全体投资者的利益。对事关全体投资者共同利益的重大事项，通过投资者大会进行表决。投资者依据基金合同、汇款凭证等证明材料对剩余基金份额进行确认。

（3）投监会是私募基金退出过程中的常设监督机构，代表投资者大会监督私募基金退出活动。

3. 明确提出引入律师事务所等专业中介机构

《退出操作参考》明确提出私募基金在退出过程中应引进律师事务所、会计师事务所等专业中介机构进行清产核资，对兑付方案的内容和制定原则提供详尽的指导，有利于保护投资者利益，降低私募机构出现二次违约的风险。律师事务所、会计师事务所是持牌的专业服务提供者，其独立性高、合规意识强，有主管部门监督。专业中介机构介入，有助于提升兑付方案的中立性和可行性。

4. 清退组牵头制定退出方案

《退出操作参考》提到，清退组应结合私募基金运营情况、资产情况及基金类型等因素，牵头制定有针对性的退出方案，并将退出方案留存，供投资者查阅。

附：

深圳市问题私募投资基金退出操作参考（试行）

第一章 总则

第一条 为引导我市辖区问题私募投资基金（下称"私募基金"）有序退出，规范退出流程，减少退出过程中的资产贬损，提高清偿比率，维护各参与主体的合法权益，根据《中华人民共和国证券投资基金法》《私募投资基金监督管理暂行办法》等相关法律法规及行业自律规则，制定本操作参考。

第二条 本操作参考适用的范围为实际经营地在我市辖区的私募基金管理人所设立的私募基金。所称问题私募基金是指依照基金合同约定或依照相关法律法规及行业自律规则，基金管理人与其他参与主体无法化解纠纷，存在涉众风险等问题的私募基金，包括如下情形：

（一）私募基金管理人发现私募基金退出存在重大风险，且短期内依照现有条件无法解决的；

（二）投资者与私募基金管理人及其他相关主体就私募基金退出安排无法达成一致意见，存在重大投资损失的；

（三）私募基金监管部门和行业自律协会在检查工作中发现私募基金存在重大问题的；

（四）其他影响私募基金退出的重大风险情形。

第三条 私募基金退出期间应当遵守法律法规，遵循公开、公正、公平，自愿平等、市场化协商的原则，采取先行试点，总结经验，逐步完善，再行推广的方式实施。

第四条 私募基金退出的相关参与主体包含私募基金管理人、基金托管人以及私募基金份额持有人（下称"投资者"）等。退出参与机构为清退工作组（下称"清退组"）、投资者大会、投资者监督委员会（下称"投监会"）。

第五条 私募基金退出程序分为一般程序和简易程序。私募基金退出原则上适用一般程序，依照本操作参考第二章至第九章规定开展相应工作。符合本操作参考第十章规定的，可视情况适用简易程序。

第二章 清退组

第六条 清退组是私募基金退出过程中的执行机构，负责退出期间私募基金的日常工作。

第七条 清退组成员由私募基金管理人代表、专业中介机构代表组成，成员人数应不少于5人。其中，私募基金管理人代表不少于3人，由私募基金管理人的实际控制人、法定代表人、高级管理人员以及实际履行基金管理职务的其他人员（如合规风控负责人、基金经理、投资经理、项目负责人等）担任。专业中介机构代表应不少于2人，由私募基金管理人聘请的会计师事务所、律师事务所分别委派专业人员担任。

第八条 清退组可根据需要聘请其他专业机构，如资产评估机构、行业自律组织等协助退出工作。

第九条 清退组履行如下工作职责：

（一）对基金项目进行清产核资并出具资产情况说明，编制资产明细表；配合相关部门对私募基金产品、资金、数据等相关信息进行核查和监督；

（二）管理基金合同、基金资产、财务帐册、文书档案、印章证照等相关资料；

（三）向投监会就清退组设立和工作开展进行说明，公布清退组成员的名单、工作电话和工作邮箱；

（四）组织投资者进行基金份额的确认和登记，组织召开投资者大会，组织投资者通过投票等方式对重大事项进行表决；

（五）制定、执行退出方案；

（六）定期向投资者进行信息披露、解答疑问；

（七）收集、整理投资者及其他相关各方的意见，建立与投资者、投监会成员的沟通调解机制；

（八）参与私募基金退出的其他工作。

清退组应于成立之日起六十日内组织清产核资，制定退出方案及退出工作时间计划。

第十条 清退组组长为必备职位，原则上应由私募基金管理人的实际控制人或法定代表人担任。清退组成员超过5人的，可设副组长，由专业中介机构代表人员担任。

第十一条　清退组的任何决议须经全体清退组成员三分之二以上同意，决议通过后应形成会议纪要，备存供投监会及投资人查阅。

第三章　投资者大会

第十二条　投资者大会是私募基金退出中的权力机构，代表全体投资者的利益。对事关全体投资者共同利益的重大事项，通过投资者大会进行表决。

第十三条　投资者依据基金合同、汇款凭证等证明材料对剩余基金份额进行确认。投资者自成功确认之日起成为投资者大会成员，享有投资者大会的投票、选举和表决的权利。

第十四条　投资者大会的表决方式可采取现场投票、网络投票、通讯投票、邮寄投票等有效形式进行，依照本操作参考规定的表决规则进行。

第四章　投监会

第十五条　投监会是私募基金退出过程中的常设监督机构，代表投资者大会监督私募基金退出活动。

第十六条　投监会成员经投资者大会选举产生，原则上应由3至7人奇数位组成。同时，设置2至4人候补成员，候补成员在候补期间不参与投监会工作，投监会成员辞去或被免去职务时，由候补成员依序增补进入投监会；候补成员不足的，由投资者大会投票进行增选。

第十七条　投监会候选人采取自荐方式产生，投监会成员经投资者大会选举产生。投监会成员人数由清退组依据投资者总人数确定。如有特殊情形，可酌情增减投监会成员人数，但原则上投监会成员不超9人。

第十八条　投监会成员应符合以下基本条件：

（一）应为自然人，自然人投资者应年满十八周岁，具备完全民事权利能力和民事行为能力，且为私募基金合同签署人本人，或签署机构委派的代表；

（二）有时间和能力胜任投监会工作；

（三）具备法律、会计、基金、证券、房地产等相关专业从业知识；

（四）无违法犯罪记录，近三年内无不良信用记录；

（五）不存在其他不适宜担任投监会成员的情形。

机构投资者至多可委派一名经合法授权的代表竞选投监会成员，所委派代表需符合上述规定。

第十九条　投监会成员的选举系重大事项，需按本参考规定的表决规则通过投票确定。若经两次投票均未达到通过标准，则以两次投票的累计得票数高低顺序确定投监会成员。若投票后的投监会成员超过拟选人数的，以得票数高低顺序确定投监会成员。投监会成员确定后，依照剩余被选举人员的得票数高低顺序确定候补成员。候补成员增补进入投监会的，依照其得票数高低顺序依次增补。

第二十条 投监会成员经查实确属下列情形之一的，经投监会决议确认，可解除或免去其投监会成员职务：

（一）被发现不满足任职条件或怠于履行职责的；

（二）履职期间因违法犯罪受到行政拘留及以上处罚的；

（三）利用职权为自己或他人谋取不正当利益的；

（四）因个人原因提出辞职的；

（五）不能依法、公正履行职责或严重侵害其他投资人利益的。

第二十一条 投监会应履行如下工作职责：

（一）对清退组的日常工作进行监督，如发现清退组有损害投资者利益的行为，及时予以纠正；

（二）监督退出方案的实施；

（三）提议召开投资者大会；

（四）及时汇总投资者及其他相关各方意见，积极与清退组沟通；做好投资者内部沟通解释工作，引导投资者理性维权；

（五）不得利用职权牟取私利，或干涉清退组的正常工作；

（六）投资者大会授权的其他职责。

第二十二条 投监会会长为必备职位，由投监会成员内部选举产生，经投监会成员三分之二以上投票通过当选。

第二十三条 投监会的任何决议均须经全体投监会成员三分之二以上同意，决议通过后应形成会议纪要，备存供投资者查阅。

第五章 重大事项表决

第二十四条 事关全体投资者共同利益的事项为私募基金退出过程中的重大事项。重大事项通常包括：

（一）投监会成员选举；

（二）确定退出方案及执行期限；

（三）有利于推进退出程序的其他重大事项。

第二十五条 重大事项投票表决须经持有基金份额占总投资金额不得低于三分之二的投资者参与；参与表决的投资者所持基金份额不低于参与表决

的投资者所持份额的三分之二,且表决事项须由参与表决的投资者人数不低于三分之二通过。

第六章 退出通知及基金份额的确认

第二十六条 清退组应根据私募基金管理人的情况,通知投资者私募基金退出相关事宜,做好投资者接待及安抚工作。

第二十七条 退出通知内容包括:

(1) 私募基金的退出决定;

(2) 退出工作时间计划;

(3) 投资者维权的渠道、方法和途径;

(4) 投资者参与重大事项表决的渠道、方式及规则;

(5) 其他事项。

第二十八条 退出通知发出后,投资者应在指定期限内确认基金份额。未在指定期限内确认的,以私募基金管理人登记的信息数据为准。若存在异议,投资者应以书面形式向清退组提交份额更正申请。经清退组核查,投监会复核,原登记的基金份额确有错误的,应予以公告更正。

第二十九条 清退组应对基金份额与私募基金管理人登记数据逐一审查核对,确认无误后编制投资信息明细表。

第七章 清产核资

第三十条 清退组负责组织开展私募基金清产核资工作。

第三十一条 清退组应对如下情况进行核查,包括但不限于:

(一) 投资者名单、基金规模、基金产品备案情况;

(二) 资金流向及使用情况;

(三) 基金资产、收益情况;

(四) 用于退出的其他资产情况;

(五) 私募基金管理人的注资情况。

如私募基金管理人的实际控制人、私募基金管理人或其他参与主体自愿以自有资产向投资者给与补偿,可将其在清产核资核资范围外列示。

第三十二条 清产核资完成后,清退组应组织出具《尽职调查报告》及《专项审计报告》,报告留存供投资者查阅。

第八章 退出方案制定

第三十三条 清退组应结合私募基金运营情况、资产情况及基金类型等因素,牵头制定有针对性的退出方案,并将退出方案留存供投资者查阅。

第三十四条 退出方案内容应当包括:

（一）退出背景及原因；

（二）清退组名单；

（三）投监会选举方式；

（四）清产核资基本情况；

（五）退出期限；

（六）退出方式；

（七）其他与退出相关的必要事项。

退出方案应列明附件，附件内容包括：

（一）退出方案制定依据；

（二）退出承诺书；

（三）其他须列明的事项。

第三十五条　退出方案应充分征求广大投资者的意见，并根据重大事项表决规则投票通过后正式实施。私募基金涉及解散、清算、破产等法定程序的，应当根据《中华人民共和国公司法》《中华人民共和国合伙企业法》《中华人民共和国证券投资基金法》《中华人民共和国合同法》《中华人民共和国企业破产法》等法律规定执行。若仍无法有效解决的，在广泛征求意见的基础上，可依照重大事项表决规则进行投票表决后实行。

第九章　资产清收、处置及分配

第三十六条　清退组应依法处置相关基金资产，私募基金管理人及其相关责任人应积极主动推动资产清收、处置及分配工作。

第三十七条　清退组应结合私募基金投资标的的具体情况，有序推进资产变现方案的实施，提高资产处置效率，最大程度维护投资者的权益。

第三十八条　资产清收、处置后的回款应当严格按照退出方案执行，清退组应确保执行的公开性、公正性、透明性。

第三十九条　退出的私募基金原则上应继续使用原基金托管专用账户，不得向其他账户进行投资款或投资收益的偿付。如未使用托管专用账户，清退组应及时向投监会告知新设账户信息。投监会对账户内的资金使用情况进行监督。

第四十条　清退组应定期向投监会披露资产清收、处置及分配工作进展情况，披露信息主要包括：

（一）回款情况说明；

（二）资金分配进度表；

（三）资金来源说明；

（四）资金分配方案实施情况；

（五）第三方机构参与退出情况；

（六）其他事项。

第四十一条　清退组应整理资产清收、处置及分配工作底稿，工作底稿留存供投资者查阅。

第四十二条　资产清收、处置及分配过程中产生的费用由私募基金管理人承担。私募基金管理人的实际控人、股东应当积极履行股东责任，配合提供人员、场地、资金等必要的支持。

第十章　简易程序

第四十三条　存在以下任一情形的私募基金，可适用简易程序退出：

（一）私募基金规模在2亿元以下且自然人投资者50人以下；

（二）私募基金管理人的股东、实际控制人有意愿且有能力向全体投资者清偿，且能够与全体投资者达成和解协议；

（三）其他有必要适用的情形。

第四十四条　简易程序具体流程由私募基金管理人参照一般程序适当简化，简化后流程应及时向投资者公示。

第十一章　责任与监督

第四十五条　专业中介机构从业人员应当客观公正、尽责履职，恪尽职守。

第四十六条　私募基金管理人应承诺数据真实、完整，私募基金管理人及其股东、实际控制人、关联方、清退组成员以及其他参与方存在销毁、隐匿、伪造数据资料等违法违规行为的，应承担相应的法律责任。

第四十七条　公示信息应尽可能采用脱敏方式，任何机构和个人未经合法授权，擅自泄露任何私募基金管理人商业机密、投资者个人隐私信息的，应承担相应的法律责任。

第十二章　附　则

第四十八条　本操作参考中所称"日"是指自然日。

第四十九条　本操作参考中所称以上，包括本数。

第五十条　本操作参考由深圳市投资基金同业公会、深圳市私募基金协会负责解释，自公布之日起试行。本操作参考涉及的相关文件、资料可向深圳市投资基金同业公会、深圳市私募基金协会报备，也可采取其他如网络公共平台渠道备存及供相关方查阅。

第二章　私募基金投资与管理退出环节刑事法律风险案例分析

1. 私募基金投资阶段刑事风险。私募基金募集阶段结束以后，募集的资金已进入私募基金专用账户，资金的控制权、使用权已发生实质性转移，在接下来的投资阶段，最容易发生的刑事法律风险与募集资金的使用、占有、收益、分配等活动高度相关。比如私募基金管理人违规设立资金池，非法占有募集资金，非法挪用募集资金，虚构事实欺骗投资人、将募集来的资金用于个人挥霍、消费、个人投资以及其他用途，将可能触犯诈骗罪、合同诈骗罪、集资诈骗罪、职务侵占罪、挪用资金罪等刑事犯罪。

2. 私募基金投后管理阶段刑事风险。私募基金投后管理阶段的刑事法律风险，是私募基金管理人及其工作人员在进行私募基金管理运作过程中违反相关法律而引发的刑事法律风险。投资人在将投资款交付给私募基金管理人以后，其投资款的占有权、使用权已发生了实质性的转移，私募基金管理人及私募基金从业人员在管理、运用该资金的过程之中，最容易引发包括职务侵占罪、挪用资金罪、诈骗罪、合同诈骗罪、集资诈骗罪、内幕交易罪在内的各种经济犯罪。公安部于2019年5月10日召开《关于通报打击和防范非法集资等涉众型经济犯罪工作情况》新闻发布会，提及"个别私募机构及从业人员违反法律规定，实施内幕交易和操纵市场等犯罪"主要就是指私募基金投后管理阶段的刑事法律风险。

3. 私募基金退出阶段的刑事风险。私募基金退出的主要方式有上市退出、并购退出、股权转让退出、回购退出、清算退出等多种方式，是私募基金的最后环节，也是极易发生风险的环节。

退出阶段的刑事法律风险一般多为私募基金从业人员没有刑事合规意识，没有进行严格的自律控制，没有隔离基金与基金之间、公司与个人之间的利益关联，以及没有尊重契约精神，在最后的投资退出阶段未按照基金合同约定的方式退出，导致私募基金的刑事法律风险爆发，以至于引发挪用资金罪、职务侵占罪等涉及私募基金财产（特别是基金收益权）处分权方面的犯罪。

例如本书收录的"上海某私募基金管理人利用信息优势和资金优势，

与 13 家上市公司董事长或者实际控制人合谋利用信息优势连续交易，构成操纵证券市场罪，被判处有期徒刑 5 年 6 个月，并处罚金"案，就是私募证券投资基金在募集完成以后，在投后管理及退出环节的风险控制与合规管理方面"形同虚设"的典型案例。

第一节　合同诈骗罪

【案例一】北京某私募基金管理人擅自改变募集资金用途，造成 4800 余万元损失，法定代表人获刑 11 年，并处罚金 20 万元①

关键词：合同诈骗　偿还债务　擅自改变募集资金用途　风险转嫁

涉案人员身份：

李某，国宏汇金管理顾问（北京）有限公司法定代表人

涉案私募基金管理人情况：国宏汇金管理顾问（北京）有限公司于 2014 年 5 月 26 日在中基协登记为私募证券投资基金管理人

一审：

审理法院：北京市第一中级人民法院

案　　号：（2017）京 01 刑初 37 号

裁判日期：2018 年 10 月 26 日

二审：

审理法院：北京市高级人民法院

案　　号：（2019）京刑终 8 号

裁判日期：2019 年 9 月 3 日

📋 基本案情

被告人李某于 2013 年 5 月至 2015 年 11 月，以北京国宏汇金资产管理中心（有限合伙）及其关联公司的名义，与马某、薛某等 30 人签订有限合伙协议，以投资银行承兑汇票业务及物业经营收益等基金项目为名，收取上述人员钱款共计人民币 1.5 余亿元，并将上述钱款用于归还欠款、投资期货等，最

---

① 参见李某合同诈骗案，北京市第一中级人民法院（2017）京 01 刑初 37 号刑事判决书，北京市高级人民法院（2019）京刑终 8 号刑事判决书。

终造成 29 名被害人损失人民币共计 4800 余万元（以下币种均为人民币）。

被告人李某于 2016 年 5 月 14 日被抓获归案。

一审争辩焦点

被告人李某在法庭审理时辩称：其未虚构基金项目，也一直在偿还投资人本息，其行为不构成合同诈骗罪。

被告人李某的辩护人于某的主要辩护意见为：李某主观无非法占有的故意，仅因为客观原因不能归还投资人钱款，且本案应认定为单位犯罪，故应当以非法吸收公众存款罪追究涉案单位及李某的刑事责任。

被告人李某的辩护人杨某的主要辩护意见为：（1）基金管理人有权决定募集资金的投向，不能将李某投资于承兑汇票和物业经营收益以外的用途认定为虚构事实、隐瞒真相；现有证据不能证明汇富物业经营投资基金项目是虚构的，且该基金项目由邱某、吉某具体运作，李某对项目的真实情况不清楚；李某将募集资金用于支付投资者的本金及收益，不应认定为归还欠款；北京国宏金汇资产管理中心和北京国宏汇金资产管理中心对外具有巨额债权，有能力兑付投资者的本息；李某为能及时兑付投资者本息，曾出借其个人及国宏汇金管理顾问（北京）有限公司的大额资金；李某仅将少量的募集资金投入期货，且进入期货账户的资金大部分都用于购买银行理财产品；李某在不担任公司法人后，仍积极弥补投资者的损失，综上，李某不具有非法占有目的。（2）成立基金、管理基金均是单位行为，不应认定为李某的个人行为。（3）在案查封房产均购买于 2011 年前，与本案无关，应解除查封。

一审裁判结果

1. 被告人李某犯合同诈骗罪，判处有期徒刑 15 年，剥夺政治权利 3 年，并处罚金 200 万元。

2. 在案查封的房产或依法变价后，按比例发还各被害人，或退回北京市人民检察院第一分院依法处理；不足部分，责令被告人李某继续退赔，按比例发还各被害人。

二审争辩焦点

李某的上诉理由为：国宏汇金投资（北京）有限公司（以下简称国宏汇金投资公司）作为基金管理人，有权决定募集资金的投向，不能将投资于承兑汇票和物业经营收益之外的用途认定为虚构事实、隐瞒真相。其将全部募集资金用于支付投资者的本金、收益及正常投资理财,以维持基金的运营。虽然涉案资金运营面临资金压力,但并非没有兑付投资者的可能。在吉某、陈某及邱某等人的强烈要求下,虽然其同意继续募集资金,但不能据此认定其主观上具有非法占有目的。为及时兑付投资者,其本人及汇金管理顾问公司将大量资金借款给汇金投资及基金。其将部分少量资金投资于期货,未造成损失。其不担任汇金投资的法定代表人后,对相关投资者的损失仍积极偿还,没有逃避责任的行为,且相关公司、企业在案发前仍在正常经营。本案一些重要事实尚未查清,也未对涉案款项进行追缴,不利于保护投资者的利益。在基金运营过程中,邱某负责募集资金,陈某、吉某负责寻找客户、使用资金,且基金损失基本上都由陈某、吉某造成,但司法机关仅追究其一个人的刑事责任显失公平。其自愿接受一审判决对其家庭房产的处理决定,用于退赔被害人的损失,但一审量刑明显过重。

李某的辩护人提出以下辩护意见:李某既没有非法占有他人财物的目的,也没有转移或者挥霍投资款的客观行为。李某的公司出现资金缺口时扩大募集规模,各关联公司并没有达到资不抵债、无力偿还投资款的程度。其将收取的部分投资款用于归还到期债务是暂时应对危机的手段,不是以非法占有为目的的"庞氏骗局"。被害人资金未能归还属于民事违约,且李某已采取了分工负责的态度去追索,同时李某的公司还具有大量债权,李某对应由合伙人负连带责任的债务并无回避。李某的行为可以按照非法吸收公众存款罪处罚。辩护人向法庭提交了部分书证,拟证明李某曾以自有资金借给项目公司,以解决公司经营困难。

二审裁判结果

1. 维持北京市第一中级人民法院(2017)京01刑初37号刑事判决的第二项。

2. 撤销北京市第一中级人民法院(2017)京01刑初37号刑事判决的第一项。

3. 上诉人李某犯合同诈骗罪,判处有期徒刑11年,并处罚金20万元。

刑事合规要点

要点1:私募机构应当依法向中基协履行基金管理人登记手续,否则不得从事私募基金管理业务活动。①

法院经审理认定,证人吉某、陈某、邱某的证言、李某的供述、相关银行账户明细、司法会计鉴定意见书等证据能够证明,国宏汇金投资公司、国宏汇金中心、国宏汇富中心、国宏金汇中心均非依法登记的私募基金管理人,上述公司在不具备基金发行资质的情况下,以所谓"汇金丰赢""汇金稳赢"基金的名义吸纳投资款,并将投资款用于企业拆借等用途。

本案中,被告人利用多家未进行私募基金管理人登记的主体,以基金的名义吸纳投资款,符合诈骗类犯罪"骗取对方当事人财物"成立要件,成为法院认定其成立合同诈骗罪的理由之一。

---- 知识链接 ----

前述刑事合规要点所涉及的私募基金流程控制与合规管理基础知识,详见第三篇第一章第一节"私募基金管理人登记环节风控合规要点"之"二、私募基金管理人登记的规则体系",第二章第二节"未依法履行登记备案义务的法律风险"之"二、未依法履行登记备案义务的法律后果"。

要点2:私募基金管理人应当依法依约使用私募基金财产,不得设立资金池。②

国宏汇金中心与投资人签订的"汇金丰赢"基金投资协议、国宏汇富中心与投资人签订的合伙协议、国宏金汇中心与投资人签订的"汇金稳赢"基金入伙协议以及上述三只基金说明书中承诺的资金使用用途分别为:优质企业未贴现的银行承兑汇票的收益权以及其他低风险的投资品种、丹阳天华房地产开发有限公司所拥有的天华商业广场物业经营权和收益权收购及流动资金委托贷款项目的运营、优质企业未贴现的银行承兑汇票的收益权以及其

---

① 《私募投资基金管理人登记和基金备案办法(试行)》第5条规定,"私募基金管理人应当向基金业协会履行基金管理人登记手续并申请成为基金业协会会员"。《私募基金登记备案相关问题解答(一)》第5条规定,"根据《证券投资基金法》和《私募投资基金管理人登记和基金备案办法(试行)》的规定,私募基金管理机构应当履行登记手续。否则,不得从事私募投资基金管理业务活动"。

② 《私募监管办法》第23条规定,"私募基金管理人、私募基金托管人、私募基金销售机构及其他私募服务机构及其从业人员从事私募基金业务,不得有以下行为:……(四)侵占、挪用基金财产"。《私募投资基金信息披露管理办法》第9条规定,"信息披露义务人应当向投资者披露的信息包括:……(四)基金的投资情况;(五)基金的资产负债情况"。

他低风险的投资品种。

自 2013 年 5 月，国宏汇金中心出借给江苏迈克斯食品有限公司的一笔 3000 万元款项出现问题，无法返还，导致坏账的产生，企业资金开始出现缺口后，李某等人在明知公司投资资金出现问题，无法通过正常经营偿还投资本息、无偿还能力的情况下，向投资人隐瞒真实资金用途，仍以发行基金的名义收取投资人资金并扩大资金募集范围，李某将这些资金用于偿还投资人本息、以其个人或公司名义投资期货、证券等高风险业务以及短期理财、拆借给镇江国宏汇金中心等用途。

本案中，依据李某的供述，2013 年底，其使用天华房地产公司归还的钱和后期基金投资者的钱把梧桐创启公司 6000 万元的债务还清，甚至包括年化收益率高达 20% 左右的利息，最终导致无法按期归还后期投资者的资金。被告人作为基金从业人员，违反合同约定使用基金财产，在亏损发生后，采用"拆东墙补西墙""借新还旧"等"资金池"业务方式占用投资者资产，虽然未将涉案资金据为己有或用于个人消费、挥霍，但其为了归还自身欠款而将风险转嫁给投资人的行为，本质上仍然属于非法占有他人资金的使用方式，具有"非法占有他人财物的主观目的，构成合同诈骗罪"。

1. 市场经济活动当然存在风险，正因为存在风险，当事人才需要谨慎采取一定的应对措施。而合同是市场经济活动的重要手段，利用经济合同骗取对方当事人财物的行为，会使人们对合同这种手段丧失信心，从而侵犯了市场秩序。与此同时，利用合同诈骗的行为，也侵犯了对方当事人的财产。作为基金管理者，如果行为人在签订合同时刻意隐瞒已知的风险，未向对方作出明确的风险提示，履行合同过程中亦未按照事先约定的用途正确使用募集的资金，未及时向投资者披露资金的真实经营状况，对资金的使用处于管理无序且监管无效的状态，对可能存在的巨大风险未采取切实可行的预防措施，在发生风险时不能及时止损，反而继续募集资金，对后续经济损失可能进一步扩大持肆意放任的态度，那么行为人就没有尽到基金管理人的审慎职责，剥夺了投资人的知情权和选择权，违背了投资人的信任，甚至有可能因扰乱市场秩序而构成合同诈骗罪。

2. 基金管理人要建立并完善《私募投资基金管理人内部控制指引》要求的财产分离制度，[①] 保证私募基金运行的财产独立性，保证资金投向约定

---

① 《私募投资基金管理人内部控制指引》第 18 条规定："私募基金管理人应当建立完善的财产分离制度，私募基金财产与私募基金管理人固有财产之间、不同私募基金财产之间、私募基金财产和其他财产之间要实行独立运作，分别核算。"

的底层资产,杜绝"拆东墙补西墙""借新还旧"的现象发生。

> **知识链接**
>
> 前述刑事合规要点所涉及的私募基金流程控制与合规管理基础知识,详见第一篇第三章第一节"私募基金刑事法律风险的七大特征"之"七、被动型'庞氏骗局'特征",第四篇第一章第二节"私募基金产品开发环节合规管理"之"七、禁止资金池模式"、第六节"私募基金的资金池问题"。

要点 3:基金管理人内部决策机构通过会议共同决议的违法违规事项,若涉及刑事风险,很可能被认定为共同犯罪。①

法院经审理认定,关于被告人李某的辩护人当庭出示的镇江国宏汇金中心 2014 年度决议,拟证明李某具有偿还意愿,不具有非法占有故意,经查:上述决议仅能体现李某、吉某、陈某在涉案公司对外拆借资金并产生巨额坏账后,对如何弥补公司资金缺口进行商议的情况。

私募基金管理人在公司经营发生亏损以后,应当及时、真实、准确、完整地向投资者履行信息披露义务,不得通过"拆东墙补西墙"的方式继续扩大募集资金以弥补前期的亏损,私募基金投资者的资金只能投向约定的投资项目,任何侵占、挪用基金资产的行为都有可能被追究法律责任,以本案为例,涉案公司对外拆借资金并产生巨额坏账后,公司内部对如何弥补公司资金缺口进行过商议,最终共同决定扩大募集资金以弥补前期亏损,该决策行为可能涉嫌共同犯罪,相关的会议决议有可能成为共同犯罪的证据。

【案例二】某基金管理公司法定代表人在明知公司没有融资能力的情况下,仍伙同他人与融资人签订《基金委托募集合作协议》,骗取资金服务费 80 万元,被法院判处有期徒刑 1 年 2 个月,并处罚金②

关键词:虚构发行私募基金　合同诈骗　偿还个人债务

---

① 参见《刑法》第 25 条。
② 参见罗某合同诈骗案,安徽省太湖县人民法院(2017)皖 0825 刑初 307 号刑事判决书,安徽省安庆市中级人民法院(2018)皖 08 刑终 52 号刑事裁定书。

涉案人员身份：

罗某，深圳市国瑞基金管理有限公司法定代表人

涉案私募基金管理人情况： 深圳市国瑞基金管理有限公司并未在中基协进行私募基金管理人登记

一审：

审理法院：太湖县人民法院

案　　号：（2017）皖0825刑初307号

裁判日期：2018年1月19日

二审：

审理法院：安庆市中级人民法院

案　　号：（2018）皖08刑终52号

裁判日期：2018年3月13日

基本案情

国瑞基金公司于2014年12月31日成立，法定代表人是被告人罗某，该公司无固定经营场所，无基金业从业人员，公司成立后未成功开展任何业务。

2015年9月，艾某公司因企业资金困难需要融资，其法定代表人刘某甲通过曹某介绍认识同案人闫某某（在逃），闫某某向刘某甲声称自己代表国瑞基金公司，同时又向罗某介绍艾某公司需要融资，是否愿意接下该业务，罗某表示同意。同年10月24日，闫某某明知国瑞公司没有融资能力仍与艾某公司在太湖县签订了《基金委托募集合作协议》，该协议约定艾某公司新厂房设备建设更新设立了私募股权投资资金，需在2个月内募集资金5000万元（以下币种均为人民币），为此聘请国瑞基金公司为资金募集顾问，为其提供资金募集服务。国瑞基金公司根据艾某公司基金产品的结构与特点，以及基金产品募集规模，拟定工作计划与方案，结合自身专业、渠道、资源优势，积极为艾某公司引荐合格投资者，协助甲方筛选投资者并与投资者对接，推动艾某公司基金产品资金募集工作顺利进行。

在签订《基金委托募集合作协议》的同时，闫某某向刘某甲提出艾某公司委托国瑞公司发行私募基金需按融资额的20%提供劣后资金1000万元，艾某公司无法提供，闫某某遂提出可以让第三方向艾某公司账户转入1000万元作为"摆账资金"，期限1年，艾某公司需按摆账资金的8%支付"摆账费"80万元，艾某公司同意。艾某公司在闫某某提供的《摆账业务

操作协议书》（摆账资金投资方为空白）上签字盖章后，闫某某将该协议书通过电子邮箱发给罗某，罗某又将该协议转发给深圳市天泰阳光科技有限公司（以下简称天泰阳光公司）董事长刘某乙，并叫刘某乙在该协议书上签字盖章，刘某乙根据以往罗某与其达成的默契在该协议上签字盖章（罗某以前叫刘某乙在《摆账协议》上签字时明确告诉刘某乙不用真实提供1000万元资金）。同年11月3日，刘某乙在《摆账业务操作协议书》上签字盖章，该协议约定天泰阳光公司向艾某公司提供1000万元摆账资金，艾某公司于摆账资金到账前一次性支付给天泰阳光公司摆账金额8%的服务费即80万元。同年11月11日，在闫某某的要求下，艾某公司向闫某某的个人账户转入摆账资金服务费80万元。闫某某收到该服务费后的次日，向罗某账户转入70万元，委托罗某将其中60万元转入郭某账户并汇往闫某某在香港开设的账户后被用掉。

2016年12月16日，被告人罗某亲属向太湖县公安局退缴非法所得10万元。

一审争辩焦点

被告人罗某及其辩护人对起诉书指控的主要事实及罪名无异议，被告人当庭自愿认罪。并辩称闫某转给的70万元，不清楚是摆账费，且之后又陆续转给了闫某共计17余万元，请法庭予以考虑。辩护人除发表了与被告人相同的辩解意见外，另提出本案中被告人所起作用较小，属从犯；能如实供述，庭审时自愿认罪，属坦白；已退缴违法所得，并积极缴纳罚金。请求法庭对其减轻处罚。

一审裁判结果

1. 被告人罗某犯合同诈骗罪，判处有期徒刑1年2个月，并处罚金5万元（已缴纳）；
2. 违法所得10万元退还被害单位，继续追缴违法所得70万元。

二审争辩焦点

宣判后，原审被告人罗某对原判认定的基本事实没有异议，但上诉称其主观上没有非法占有的目的，客观上并未实施以虚构事实、隐瞒真相的方法，骗取被害人财物的行为，故其行为不构成合同诈骗罪。

罗某的辩护人提出了与其上诉理由基本相同的辩护意见。

二审裁判结果

驳回上诉，维持原判。

刑事合规要点

要点 1：私募基金管理人应当具备开展私募基金管理业务所需的从业人员、营业场所、资本金等运营基本设施和条件。①

二审法院经审理认定，上诉人明知其所创办的国瑞基金公司无固定经营场所，无基金业从业人员，没有相关融资能力，仍同意同案人闫某某促成国瑞基金公司与艾某公司签订《基金委托募集合作协议》，同时介绍第三方天泰阳光公司与艾某公司签订《摆账业务操作协议书》，从而骗得艾某公司摆账资金服务费 80 万元。

基金管理人应当按照法律法规及行业自律规则，建立与私募基金管理人业务相适应的基本运营设施条件。本案中，涉案基金公司无固定经营场所，无基金业从业人员，没有相关融资能力，表明其在合同签订时并不具备履行合同的能力，被法院认定被告人主观上具有非法占有他人财产的主观故意，成为法院认定其成立合同诈骗罪的理由之一。

---

① 《私募基金管理人登记须知》第 2 条规定，"申请机构应当按规定具备开展私募基金管理业务所需的从业人员、营业场所、资本金等运营基本设施和条件，并建立基本管理制度……（二）【资本金满足运营】作为必要合理的机构运营条件，申请机构应根据自身运营情况和业务发展方向，确保有足够的实缴资本金保证机构有效运转。相关资本金应覆盖一段时间内机构的合理人工薪酬、房屋租金等日常运营开支。律师事务所应当对私募基金管理人是否具备从事私募基金业务所需的资本金、资本条件等进行尽职调查并出具专业法律意见。针对私募基金管理人的实收资本/实缴资本未达到注册资本/认缴资本的 25% 的情况，协会将在私募基金管理人公示信息中予以特别提示，并在私募基金管理人分类公示中予以公示。（三）【办公地要求】申请机构的办公场所应当具备独立性。申请机构工商注册地和实际经营场所不在同一个行政区域的，应充分说明分离的合理性。申请机构应对有关事项如实填报，律师事务所需做好相关事实性尽职调查，说明申请机构的经营地、注册地分别所在地点，是否确实在实际经营地经营等事项"。第 3 条规定，"高管人员及其他从业人员相关要求……（六）【员工人数】根据《私募投资基金管理人内部控制指引》，申请机构员工总人数不应低于 5 人，申请机构的一般员工不得兼职"。

> **知识链接**
>
> 前述刑事合规要点所涉及的私募基金流程控制与合规管理基础知识，详见第三篇第一章第一节"私募基金管理人登记环节风控合规要点"之"四、申请登记应具备的基本条件"。

要点 2：私募基金的募集运作期间除了合同约定的私募基金管理费和业绩报酬之外，不得巧立名目违法收取当事人的其他费用，否则可能涉及刑事风险。

私募基金管理人除了基金合同约定的管理费和业绩报酬之外，不得违法收取当事人的其他费用，本案中，国瑞基金公司的法定代表人罗某，在与艾某公司签订了《基金委托募集合作协议》之后，另外巧立名目，再设计《摆账业务操作协议书》（摆账资金投资方为空白）及 8% 的"摆账费"模式。被法院以合同诈骗罪定罪处罚。

> **知识链接**
>
> 前述刑事合规要点所涉及的私募基金管理人业绩报酬的基础知识，详见第二篇第三章第二节"合伙型私募基金的治理机构与合规管理"之"二、基金合伙协议构建的'约定'治理结构"。

第二节　集资诈骗罪

【案例一】某私募基金管理人法定代表人以非法占有为目的募资后，仅将少量资金用于投资，以新偿旧，骗取投资款逾 4000 万元，被法院判处有期徒刑 8 年，并处罚金①

关键词：诈骗方法非法集资　以新偿旧

涉案人员身份：

周某某，深圳智潮投资基金管理有限公司法定代表人

涉案私募基金管理人情况：智潮基金于 2014 年 6 月 4 日在中基协登记

---

① 参见周某某集资诈骗案，广东省广州市中级人民法院（2018）粤 01 刑初 453 号刑事判决书。

为私募基金管理人，智潮基金因自登记之日起未依法在中基协备案任何私募基金产品，2017年1月1日被中基协依规注销其私募基金管理人登记。

一审：

审理法院：广州市中级人民法院

案　　号：（2018）粤01刑初453号

裁判日期：2019年12月16日

基本案情

2013年8月9日，深圳巨潮投资基金管理有限公司（以下简称巨潮公司）注册成立，同案人朱某乙（另案处理）担任法定代表人、被告人周某某担任财富一部总监。2015年11月，巨潮公司名称变更为深圳智潮投资基金管理有限公司（以下简称智潮公司），同案人朱某乙将股权转让给其担任法定代表人、被告人周某某担任股东之一的深圳儒仁投资控股有限公司（以下简称儒仁控股），被告人周某某由此成为智潮公司及儒仁控股的股东。2016年10月31日，智潮公司法定代表人由同案人朱某乙变更为被告人周某某。2013年8月至2017年4月，巨潮公司、智潮公司及其下属关联企业先后以内部股权认购及委托投资"百商汇股权""森果科技"等项目为名，向客户承诺投资上述项目可获取7%～15%不等的年化收益，且收益率不受盈亏浮动影响，保证兑付等高额投资回报为诱饵，骗取客户投资。经查，上述投资项目仅少部分有实际投资经营，且基本未盈利，客户投资款项主要用于"以新偿旧"。经统计，2014年2月至2017年4月，被告人周某某与同案人朱某乙等人以巨潮公司、智潮公司及其关联公司名义与黄某贞、陈某玲等99名被害人签订《股权投资认购协议》《资产委托投资管理协议》等合同，累计收取被害人投资款共计人民币45094000元，案发前已返还人民币2877975元，造成被害人实际损失共计人民币42216025元。2017年12月21日，被告人周某某被广州铁路公安处民警抓获归案。

争辩焦点

被告人周某某对公诉机关指控的基本事实无异议，但提出其没有非法占有的主观故意，只是做业务，没有参与分赃，且其与家人共投入500余万元。

其辩护人提出：（1）周某某事先没有与朱某乙合谋、没有参与分赃，其不具有非法占有的目的，不构成集资诈骗罪，仅构成非法吸收公众存款

（2）即使法庭认定周某某构成集资诈骗罪，其在本案中有如下从轻、减轻情节：①周某某在犯罪中起辅助作用，系从犯；②周某某没有参与分赃，不是最大获利者；③周某某在发现朱某乙将涉案款挪作他用后到侦查机关报案，其有重大立功表现；④由周某某发展的客户仅有7名，涉案金额210万元，情节较轻微；⑤周某某系初犯，认罪态度好，有悔罪表现，愿意退赔，并获得30余名被害人的谅解。综上，请求对周某某从轻或减轻处罚。

裁判结果

1. 被告人周某某犯集资诈骗罪，判处有期徒刑8年，并处罚金人民币10万元。

2. 继续追缴被告人周某某的违法所得，按比例发还本案集资参与人；追缴不足部分，责令退赔。

刑事合规要点

要点1：未经国务院银行业监督管理机构批准，任何单位和个人不得从事吸收公众存款等商业银行业务；设立管理公开募集基金的基金管理公司，应当经国务院证券监督管理机构批准。①

法院经审理认定，银监会、证监会的复函证实，巨潮公司、智潮公司均不具备吸收公众存款的资格，不具备公募基金管理人资格；缴税记录证实，涉案公司自成立后至2018年2月，巨潮公司于2014年1月至10月纳税10余万元、智潮公司于2013年8月至2018年2月缴税2余万元；证人朱某

---

① 《银行业监督管理法》第19条规定，"未经国务院银行业监督管理机构批准，任何单位或者个人不得设立银行业金融机构或者从事银行业金融机构的业务活动"。《证券投资基金法》第13条规定，"设立管理公开募集基金的基金管理公司，应当具备下列条件，并经国务院证券监督管理机构批准：（一）有符合本法和《中华人民共和国公司法》规定的章程；（二）注册资本不低于一亿元人民币，且必须为实缴货币资本；（三）主要股东应当具有经营金融业务或者管理金融机构的良好业绩、良好的财务状况和社会信誉，资产规模达到国务院规定的标准，最近三年没有违法记录；（四）取得基金从业资格的人员达到法定人数；（五）董事、监事、高级管理人员具备相应的任职条件；（六）有符合要求的营业场所、安全防范设施和与基金管理业务有关的其他设施；（七）有良好的内部治理结构、完善的内部稽核监控制度、风险控制制度；（八）法律、行政法规规定的和经国务院批准的国务院证券监督管理机构规定的其他条件"。

丙、蔡某等人的证言、集资参与人的证言及其提供的书证亦证明所投资的基金实际上不具有基金的真实内容。周某某供述证实其明知巨潮公司、智潮投资公司均不具备吸收公众存款的资格和公募基金管理人资格，发行的股权基金没有到基金行业协会备案，融资行为不合法。

本案中，被告人在未得到银监会批准的情况下，非法开展吸收公众存款的业务，未经证监会批准，非法公开募集基金，符合最高人民法院、最高人民检察院、公安部《关于办理非法集资刑事案件若干问题的意见》第1条"人民法院、人民检察院、公安机关认定非法集资的非法性，应当以国家金融管理法律法规作为依据"的规定，成为法院认定其集资具有非法性，以集资诈骗罪追究被告人的刑事责任的理由之一。

要点2：私募基金管理人在基金产品设计时应该遵守"禁止刚性兑付"的规定。

法院经审理查明，巨潮公司、智潮公司及其下属关联企业先后以内部股权认购及委托投资"百商汇股权""森果科技"等项目为名，向客户承诺投资上述项目可获取7%~15%不等的年化收益，且收益率不受盈亏浮动影响，保证兑付等高额投资回报为诱饵，骗取客户投资。

根据《私募投资基金备案须知》关于"禁止刚性兑付"的规定，管理人及其实际控制人、股东、关联方以及募集机构不得向投资者承诺最低收益、承诺本金不受损失，或限定损失金额和比例。投资者获得的收益应当与投资标的实际收益相匹配，不得将上述概念用于明示或者暗示基金预期收益，使投资者产生刚性兑付预期。

本案中，被告人在设计基金产品时以"7%~15%不等的年化收益，且收益率不受盈亏浮动影响，保证兑付"为诱饵，使客户产生刚性兑付预期，符合最高人民法院《关于审理非法集资刑事案件具体应用法律若干问题的解释》的"利诱性"特征。

> **知识链接**
>
> 前述刑事合规要点所涉及的私募基金募集阶段的法律风控与合规管理基础知识，详见第四篇第一章第二节"私募基金产品开发环节合规管理"之"八、禁止刚性兑付"。

要点3：私募基金管理人应当勤勉尽责，按照约定使用基金财产，不得以任何形式侵占、挪用私募基金财产。①

法院经审理查明，证人证言、书证等证实巨潮公司、智潮公司及其关联公司名义发行基金、投资百商汇股权等项目，骗取资金后仅将少部分用于投资，投资金额与骗取金额不成比例，经营实质是"以新偿旧"。巨潮、智潮等公司无符合财务制度的相关账册，朱某丙、蔡某并不具备财务人员资格，二人按照指示转、支涉案款项，其中，一部分以巨额差旅费等名义被支取或用于支付集资参与人的分红、公司运作费用、公司人员的提成、购买游艇等，其余款项按照分别转入私人账户内用于购置资产等。

本案中，被告人在募集资金后将资金用于借新还旧，投资金额与募集金额不成比例，符合最高人民法院《关于审理非法集资刑事案件具体应用法律若干问题的解释》第4条第2款关于"以非法占有为目的"的认定情形之"集资后不用于生产经营活动或者用于生产经营活动与筹集资金规模明显不成比例，致使集资款不能返还的"的规定，成为法院认定其"具有非法占有集资款的主观故意"，成立集资诈骗罪的理由之一。

> **知识链接**
>
> 前述刑事合规要点所涉及的私募基金流程控制与合规管理基础知识，详见第四篇第一章第四节"私募基金宣传推介环节合规管理"之"六、关于投资者的资金安全"，第五篇第一章第一节"私募基金投资运作的一般规定"。

【案例二】北京某私募基金管理人未按合同约定使用募集资金，诈骗350余万元，法定代表人以集资诈骗罪获刑10年，并处罚金10万元②

关键词： 集资诈骗　未按合同约定使用募集资金　非法占有目的

---

① 《私募监管办法》第23条规定，"私募基金管理人、私募基金托管人、私募基金销售机构及其他私募服务机构及其从业人员从事私募基金业务，不得有以下行为：……（三）利用基金财产或者职务之便，为本人或者投资者以外的人牟取利益，进行利益输送；（四）侵占、挪用基金财产"。

② 参见许某某集资诈骗案，北京市西城区人民法院（2017）京0102刑初606号刑事判决书，北京市第二中级人民法院（2019）京02刑终164号刑事裁定书。

涉案人员身份：

许某某，东方瑞赢（北京）国际投资基金管理有限公司法定代表人

涉案私募基金管理人情况： 中基协出具的《关于东方瑞赢（北京）国际投资基金管理有限公司私募基金管理人登记情况的说明》、登记信息证明：东方瑞赢公司于 2015 年 1 月 7 日在中基协登记为私募基金管理人，"东方瑞赢壹号产业基金"未办理备案。东方瑞赢公司自登记之日起至 2016 年 5 月 1 日未依法备案任何私募基金产品，中基协已于 2016 年 5 月 3 日依规注销其私募基金管理人登记。

一审：

审理法院：北京市西城区人民法院

案　　号：（2017）京 0102 刑初 606 号

裁判日期：2018 年 12 月 19 日

二审：

审理法院：北京市第二中级人民法院

案　　号：2019 京 02 刑终 164 号

裁判日期：2018 年 2 月 6 日

基本案情

2015 年 6 月至 2016 年 2 月，被告人许某某以东方瑞赢（北京）国际投资基金管理有限公司（以下简称东方瑞赢公司）为九江市惠民给排水工程有限公司（以下简称九江惠民公司）融资、发行东方瑞赢 1 号基金产品为名，通过公司业务员向社会公众公开宣传，承诺在固定期限内返本付息，吸引被害人王某甲等 14 人投资共计人民币 3560000 元，所集资金仅少量用于合同约定项目，大部分用于向案外其他非法集资项目返利、向业务员支付提成，以及向其他公司借款等用途，造成被害人财产损失共计人民币 3499475 元。

2016 年 10 月 11 日，被告人许某某被抓获归案。

一审争辩焦点

被告人许某某当庭辩称其主观上没有非法占有的目的，客观上并未占有集资钱财，故不构成集资诈骗罪。

被告人许某某的辩护人提出的辩护意见是：（1）被告人许某某的行为应以非法吸收公众存款罪定罪处罚，其没有非法占有的目的，没有使用欺骗

手段，因欠缺执业经验、给业务员提成奖金过高，导致投资人资金亏空并非出自其主观故意，本着刑法谦抑性原则，应以轻罪处理；（2）若公诉机关指控的罪名成立，则本案是共同犯罪，仅追究被告人许某某的责任显失公平；（3）被告人许某某已支付投资人的利息应在涉案金额中折抵；（4）其向"御葛园"投资人返利的行为，客观上减少了案外投资人的损失；（5）本案系单位犯罪；（6）被告人主观恶性较小，到案后如实供述犯罪事实。综上，请法庭对其从轻处罚。

一审裁判结果

1. 被告人许某某犯集资诈骗罪，判处有期徒刑 10 年，并处罚金人民币 10 万元。
2. 责令被告人许某某退赔被害人的经济损失。
3. 在案冻结的人民币 117246 元按比例发还被害人，并入本判决主文第二项执行；随案移送的电脑二台依法处理。

二审争辩焦点

许某某上诉提出，其没有虚构事实，所得的也仅为工资，不应认定为集资诈骗，应改判为非法吸收公众存款罪。

许某某辩护人的辩护意见是：许某某系初犯，归案后如实供述犯罪事实，认罪认罚，建议二审法院从轻处罚。

二审裁判结果

驳回许某某的上诉，维持原判。

刑事合规要点

要点 1：私募基金应当向中基协进行备案。①

法院经审理认定，许某某所经营的东方瑞赢公司以为九江惠民公司融资

---

① 《私募投资基金管理人登记和基金备案办法（试行）》第 11 条规定，"私募基金管理人应当在私募基金募集完毕后 20 个工作日内，通过私募基金登记备案系统进行备案，并根据私募基金的主要投资方向注明基金类别，如实填报基金名称、资本规模、投资者、基金合同（基金公司章程或者合伙协议，以下统称基金合同）等基本信息"。

为名对社会公众发行东方瑞赢1号"基金产品",该"基金产品"未在中基协办理备案,从形式到实质上均不具有合法性。

私募基金应当按照《私募投资基金管理人登记和基金备案办法(试行)》的规定及时向中基协办理备案,否则形式上不具有合法性。

> **知识链接**
> 前述刑事合规要点所涉及的私募基金流程控制与合规管理基础知识,详见第三篇第二章第一节"私募基金产品备案的合规要求"。

要点2:私募基金管理人不得公开推介基金产品,不得虚假宣传,不得有保本保收益的刚性兑付承诺。

依照《募管办法》的规定,募集机构及其从业人员推介私募基金时,禁止有以下行为:

1. 公开推介或者变相公开推介;
2. 推介材料虚假记载、误导性陈述或者重大遗漏;
3. 以任何方式承诺投资者资金不受损失,或者以任何方式承诺投资者最低收益,包括宣传"预期收益""预计收益""预测投资业绩"等相关内容;
4. 夸大或者片面推介基金,违规使用"安全""保证""承诺""保险""避险""有保障""高收益""无风险"等可能误导投资人进行风险判断的措辞。

法院经审理查明,被告人许某某存在以下行为:以东方瑞赢公司为九江惠民公司融资、发行东方瑞赢1号基金产品为名,通过公司业务员向社会公众公开宣传,承诺在固定期限内返本付息。

> **知识链接**
> 前述刑事合规要点所涉及的私募基金募集阶段法律风控与合规管理基础知识,详见第四篇第一章第二节"私募基金宣传推介环节合规管理"之"八、禁止刚性兑付"、第四节"私募基金宣传推介环节合规管理"之"二、私募基金产品的推介程序——(二)私募基金推介的禁止性规定"。

要点3:私募基金管理人应当健全治理结构,防范利益输送,建立财产分离制度，严格按照协议约定使用基金财产，保护投资者利益。①

法院经审理认定，许某某在收到集资款后，仅将少量资金投入九江惠民公司，且根据证人徐某等人的证言，许某某还带领投资人多次造访该公司，致使上述资金也未用于生产经营；许某某将大部分款项用于其他非法集资项目投资人返息，或借给他人使用，致使集资款不能返还，依法应认定其具有非法占有目的。

"非法占有为目的"是法院认定被告人是否成立诈骗罪的一个重要构成要件，也是区分非法吸收公众存款罪和集资诈骗罪的重要判断依据，法院往往通过私募基金的投资模式、资金流向和最终用途等事实证据综合判断，本案中，被告人仅将少量资金投入项目公司，大部分款项用于其他非法集资项目投资人返息，或借给他人使用，致使集资款不能返还，符合最高人民法院《关于审理非法集资刑事案件具体应用法律若干问题的解释》第4条第2款关于"以非法占有为目的"的认定情形之"集资后不用于生产经营活动或者用于生产经营活动与筹集资金规模明显不成比例，致使集资款不能返还的"的规定，被法院认定被告人具有"非法占有"的主观故意，成为法院认定其成立集资诈骗罪的理由之一。

> **知识链接**
>
> 前述刑事合规要点所涉及的私募基金流程控制与合规管理基础知识，详见第五篇第一章第一节"私募基金投资运作的一般规定"。

第三节 挪用资金罪

【案例】北京某私募基金执行事务合伙人代表未经投资决策程序，违反约定资金用途，挪用资金2735万元，获刑4年6个月②

关键词：挪用资金 执行事务合伙人代表 投资决策程序 违反约定资金用途

---

① 《私募监管办法》第23条规定，"私募基金管理人、私募基金托管人、私募基金销售机构及其他私募服务机构及其从业人员从事私募基金业务，不得有以下行为：……（三）利用基金财产或者职务之便，为本人或者投资者以外的人牟取利益，进行利益输送；（四）侵占、挪用基金财产"。

② 参见郭某挪用资金案，合肥市蜀山区人民法院（2017）皖0104刑初255号刑事判决书，安徽省合肥市中级人民法院（2018）皖01刑终477号刑事裁定书。

涉案人员身份：

郭某，北京统元投资基金管理有限公司董事长、苏州安粮统元富邦投资中心（有限合伙）执行事务合伙人代表、苏州统德恒既投资中心（有限合伙）执行事务合伙人代表。

涉案私募基金管理人情况： 中基协于2016年3月8日发布公告称，中基协通过北京统元投资基金管理有限公司在私募基金登记备案系统预留的固定电话、手机号码、电子邮件等均无法与公司取得联系，公司亦未在限定时间内回复相关情况说明。

一审：

审理法院：合肥市蜀山区人民法院

案　　号：（2017）皖0104刑初255号

裁判日期：2018年5月11日

二审：

审理法院：合肥市中级人民法院

案　　号：（2018）皖01刑终477号

裁判日期：2018年8月1日

基本案情

统元富邦投资中心系安粮控股公司与北京统元投资公司为组建"安粮·统元富邦新城市经济投资基金"而成立，该基金的设立系为安粮控股公司及其下属各子公司、参控股项目公司，目前持有以及未来一段时间内拟投资的各类型项目提供专项投资资金、流动资金支持、资产证券化等各类型金融服务。2015年3月6日，统元富邦投资中心被核准登记为有限合伙企业，登记合伙人分别为北京统元投资公司（普通合伙人）、苏州统德天展公司（有限合伙人）；执行事务合伙人为北京统元投资公司，委派被告人郭某为执行事务合伙人的代表。苏州统德天展公司系为安粮控股公司代持合伙份额。

统元富邦投资中心被核准成立后，在本市政务区天鹅湖万达广场1号写字楼1607室实际营业。被告人郭某作为执行事务合伙人的代表，以"苏州安粮统元富邦投资中心（有限合伙）综合收益权投资基金计划（富邦Ⅰ号）"（以下简称为富邦Ⅰ号基金计划）名义进行了基金募集。2015年3月底至7月，先后自安徽亚微资产管理有限公司以及胡某等8名自然人处募集到资金2735万元（以上币种均为人民币），所募集的资金均转入了统元富邦投资中心在中信银行合肥政务区支行设立的基金募集专用账户（尾号1312）。之后，有300万元以计提风险准备金名义转至北京统元投资公司，其余2435万元被告人郭某未履行投资决策程序，违反约定的资金用途，以资金托管名义转至统德恒既投资中心银行账户，继而转至郭某个人账户和与统元富邦投资中心无关的个人及单位银行账户，至今未归还。

2015年12月底，安粮控股公司鉴于实际情况，与安徽亚微资产管理有限公司以及胡某等8名自然人签订协议，以受让出资人权益的方式，将富邦Ⅰ号基金投资人的投资款共计2735万元予以返还。

2016年8月13日，被告人郭某被公安机关抓获。被告人郭某归案后，如实供述了其未经审批将募集资金的大部分转至统德恒既投资中心的事实。

另查明：

1. 安粮控股公司与北京统元投资公司签订的战略合作框架协议约定"所有基金业务投资只针对安粮集团、安粮控股公司指定项目或由各方共同同意的第三方项目进行投资；北京统元投资公司应确保资金流向事先征得安粮控股公司的同意，依规定独立运用和管理基金资产，获得基金管理费及其他费用；基金设定投资决策委员会，为业务决策机构，对基金业务有最终决定权，合伙事务执行人执行一般行政决定与投资决策委员会指令，对于业务决策指令只有执行权；基金业务审批制度为三级三审；针对具体项目双方设立共管账户，对基金的放款进行共同监管，框架协议为双方开展合作的指导性文件，根据一事一议原则，针对具体项目将在合作框架基础上签署相应合作协议"。

2. 统元富邦投资中心与安粮集团另签订了保证合同，约定"安粮集团为安粮控股公司及基金投向具体项目公司，向基金提供人民币不超过2亿元的连带责任保证担保"；安粮控股公司与苏州统德天展公司签订了回购协议，约定"安粮控股公司承诺符合回购条件时回购苏州统德天展公司在基金即有限合伙中所持有的合伙份额"。

3. 富邦Ⅰ号基金计划对外发布的募集资料中的"基金计划设立要点"载明"本基金计划投资于安粮集团公司，用以向该企业提供流动资金支持"；有限合伙协议载明"合伙的目的是为安粮集团及其下属各子公司、参控股项目公司，目前持有以及未来一段时间内拟投资的各类型项目提供专项投资资金、流动资金支持、资产证券化等各类型金融服务；投资业务由普通合伙人决策和实施，为提高投资决策专业化程度、控制风险，普通合伙人组建投资委员会，投资委员会负责投资业务的最终决策，投资决策需要投资委员会半数以上委员同意"。

4. 统德恒既投资中心转到郭某个人账户中的720.89万元中，有149.4万元系转给季某，此款系郭某因其为富邦I号基金推销，支付给其的"佣金"（"渠道费"）。

5. 2014年，东怡酒店为"东怡金融广场"项目、广东惠广实业有限公司（以下简称为广东惠广公司）为购买安粮地产公司在东怡酒店的股份，分别与统德恒既投资中心约定合作募集资金，由统德恒既投资中心发起"苏州统德恒既投资中心（有限合伙）综合收益权投资基金计划"（以下简称为统德恒既基金），所募资金分别用于收购工行合肥滨湖支行对东怡酒店的债权收益权、支付东怡金融广场项目的工程尾款，以及广东惠广公司收购安粮地产公司所持有的东怡酒店的全部股权。中元国信信用融资担保有限公司（以下简称为中元国信担保公司）为东怡酒店在"东怡金融广场"项目的基金清偿义务以及统德恒既投资中心收购工行合肥滨湖支行对东怡酒店持有的债权收益权提供1.2亿元的第三方信用保证；东怡酒店以其所有的"东怡金融广场"房地产提供抵押反担保，广东惠广公司股东姚某甲、姚某乙以其在广东惠广公司的股权提供股权质押反担保，合肥东怡酒店有限公司法定代表人姚某甲承诺以个人全部财产以无限连带责任的方式提供保证反担保。截至2014年7月30日，中元国信担保公司持有的有限合伙人统计表计有95人11857万元。2015年10月21日，统德恒既投资中心向东怡酒店、广东惠广公司、中元国信担保公司发出告知书，称将享有的债权全部转让给债权的实际出资人，即基金全体出资人。

一审裁判结果

1. 被告人郭某犯挪用资金罪，判处有期徒刑4年6个月。
2. 责令被告人郭某于本判决生效之日起30日内退赔被害单位苏州安粮统元富邦投资中心经济损失2285.6万元。

二审争辩焦点

原审被告人郭某上诉认为：本案事实不清、证据不足、程序违法、适用法律错误，其对涉案资金的使用符合约定的投资用途，也符合其职权范围，本案鉴定意见等证据存在问题，其行为只是民事纠纷，不构成犯罪。

其辩护人同意其上诉理由，认为郭某的行为是合法行为，符合私募资金的宗旨和目的，并不是挪用，也没有违反专款专用，原判认定事实错误。

二审裁判结果

驳回上诉,维持原判。

刑事合规要点

要点:私募基金管理人应当勤勉尽责,按照约定使用基金财产,不得以任何形式侵占、挪用私募基金财产。①

二审法院经审理认定,北京统元投资公司与安粮控股公司合作成立的统元富邦投资中心的目的是为安粮控股公司及其下属各子公司、参控股公司,目前持有以及未来一段时间内拟投资的各类型项目提供专项投资资金、流动资金支持、资产证券化等各类型金融服务;所有基金业务投资标准必须为基金的设立目标而制定。因此,统元富邦投资中心、富邦Ⅰ号基金是基于此目的而成立和募集,北京统元投资公司作为普通合伙人担任执行事务合伙人,上诉人郭某作为执行事务合伙人委派的代表,并不享有独立投资决策权,应当依照约定,对募集资金的投向履行投资决策程序,并执行投资决策决定。上诉人郭某将富邦Ⅰ号募集的大部分资金既未经过投资决策程序,又未获得安粮控股公司或安粮集团同意,自行决定转至统德恒既投资中心使用,最终转至其个人账户以及与统元富邦投资中心、安粮控股公司、安粮集团无关的个人或单位账户。郭某利用担任苏州安粮统元富邦投资中心执行事务合伙人的代表的便利,挪用本单位资金归个人使用,超过三个月未还,其行为已构成挪用资金罪。

私募基金管理人及从业人员应当严格遵守投资决策制度,决策应当经过正当程序或取得授权,建立法律风险"防火墙"。私募基金执行事务合伙人委派代表不享有独立的投资决策权,必须经过执行事务合伙人授权才能代表执行事务合伙人对外行使权利,否则可能涉及刑事风险。本案中,上诉人作为执行事务合伙人委派的代表,并不享有独立投资决策权,应当依照约定对募

---

① 《私募投资基金管理人内部控制指引》第20条规定,"私募基金管理人应当建立健全投资业务控制,保证投资决策严格按照法律法规规定,符合基金合同所规定的投资目标、投资范围、投资策略、投资组合和投资限制等要求"。《私募监管办法》第23条规定,"私募基金管理人、私募基金托管人、私募基金销售机构及其他私募服务机构及其从业人员从事私募基金业务,不得有以下行为:……(四)侵占、挪用基金财产……"

集资金的投向履行投资决策程序,并执行投资决策决定。但其将募集的大部分资金既未经过投资决策程序,又未获得投资方同意,自行决定转至其他项目使用,最终转至其个人账户以及与项目无关的个人或单位账户,被法院认定挪用本单位资金归个人使用,超过三个月未还,构成挪用资金罪。

> **知识链接**
>
> 前述刑事合规要点所涉及的私募基金流程控制与合规管理基础知识,详见第四篇第一章第四节"私募基金宣传推介环节合规管理"之"六、关于投资者的资金安全"。

第四节 操纵证券市场罪

【案例】某私募基金管理人利用信息和资金优势,与 13 家上市公司董事长或者实际控制人合谋利用信息优势连续交易,构成操纵证券市场罪,被法院判处有期徒刑 5 年 6 个月,并处罚金①

关键词: 操纵证券市场 信息优势 连续交易 市值管理

涉案人员身份:

徐某,上海泽熙投资管理有限公司和上海泽熙资产管理中心(普通合伙)等有限责任公司实际控制人

涉案私募基金管理人情况: 上海泽熙投资管理有限公司,登记时间:2014 年 8 月 21 日,登记编号:P1004404,观察会员,于 2017 年 3 月 20 日被注销登记。

上海泽熙资产管理中心(普通合伙),登记时间:2014 年 8 月 21 日,登记编号:P1004398。

一审:

审理法院:青岛市中级人民法院

案　　号:(2016)鲁 02 刑初 148 号

裁判日期:2017 年 1 月 23 日

---

① 参见徐某、王某等操纵证券市场案,山东省青岛市中级人民法院(2016)鲁 02 刑初 148 号刑事判决书。

基本案情

2009—2015年,被告人徐某成立上海泽熙投资管理有限公司、上海泽熙资产管理中心等多家有限责任公司及合伙企业,管理、控制泽熙产品;被告人王巍成立极限资产管理股份有限公司、克州喜马拉雅工程咨询有限公司,上述公司均主要从事证券市场投资。其间,二被告人借用他人名义开设证券账户,以自有资金进行证券交易或者要求他人按其指令进行证券交易。徐某实际控制139个证券账户,王某实际控制50个证券账户。被告人竺某自2012年以来,帮助徐某投资证券市场,洽谈、运作投资项目。

2010—2015年,被告人徐某单独或伙同被告人王某、竺某,先后与13家上市公司的实际控制人合谋,由上市公司实际控制人控制上市公司择机发布"高送转"方案、引入热点题材等利好信息;徐某等人基于上述信息优势,使用泽熙产品及其控制的证券账户,在二级市场进行涉案公司股票的连续买卖,拉抬股价;徐某以大宗交易的方式,接盘上述公司股东减持的股票;上述公司股东将大宗交易减持股票获利部分,按照约定比例与徐某等人分成。或者双方在共同认购涉案公司非公开发行股票(以下简称定向增发)后,以上述方式拉抬股价,抛售股票获利,或实现股票增值。其间,徐某等人利用信息优势,使用泽熙产品以及控制的证券账户在二级市场连续买卖、接盘、抛售涉案股票,共计买入、卖出75亿余股,累计使用资金424余亿元(以下币种均为人民币),非法获利共计93余亿元及持有定向增发股票1.4亿余股。其中,徐某组织实施了全部13起操纵行为,在二级市场竞价交易及大宗交易接盘后在二级市场抛售获利49余亿元,单独获取大宗交易减持分成款21余亿元,持有定向增发股票1.4亿余股;王某积极参与8起操纵行为,在二级市场竞价交易获利6.4余亿元;竺某参与5起操纵行为。徐某、王某、竺某共同获取大宗交易减持分成款15余亿元。

裁判结果

1. 判处被告人徐某犯操纵证券市场罪,判处有期徒刑5年6个月,并处罚金110亿元;

2. 判处被告人王某有期徒刑3年,并处罚金10亿元;

3. 判处被告人竺某有期徒刑2年,缓刑3年,并处罚金5000万元;

4. 被告人徐某、王某、竺某违法所得人民币9337631655.94元依法上缴国库;被告人徐某持有的定向增发股票1.4亿余股及孳息依法上缴国库;

随案移送的罪证物品一宗,依法予以没收;随案移送的涉案财物依法处置。宣判后，三名被告人未上诉，检察机关未抗诉，判决已发生法律效力。

📌 刑事合规要点

要点1：私募证券投资基金管理人不得从事内幕交易、操纵交易价格及其他不正当交易活动。①

法院经审理认定，被告人徐某、王某、竺某为牟取非法利益，与他人合谋，利用信息优势连续买卖，操纵证券交易价格和交易量，犯罪数额及违法所得数额特别巨大，情节特别严重，严重破坏了国家对证券交易的管理制度和正常的证券交易秩序，三名被告人的行为均构成操纵证券市场罪。

徐某案是国内首例以"利用信息优势连续买卖"行为特征为认定事实依据，予以定罪量刑的操纵证券市场案。操纵市场的手段，花样繁多，归纳起来大致有三类，即真实交易型操作、虚假交易型操纵、信息型操纵，本案所涉犯罪就是一种典型的信息型操纵市场犯罪，信息型操纵的本质，是市场

---

① 《私募投资基金监督管理暂行办法》第23条规定，"私募基金管理人、私募基金托管人、私募基金销售机构及其他私募服务机构及其从业人员从事私募基金业务，不得有以下行为：……（八）从事内幕交易、操纵交易价格及其他不正当交易活动"。

《证券法》第55条规定，"禁止任何人以下列手段操纵证券市场，影响或者意图影响证券交易价格或者证券交易量：（一）单独或者通过合谋，集中资金优势、持股优势或者利用信息优势联合或者连续买卖；（二）与他人串通，以事先约定的时间、价格和方式相互进行证券交易；（三）在自己实际控制的账户之间进行证券交易；（四）不以成交为目的，频繁或者大量申报并撤销申报；（五）利用虚假或者不确定的重大信息，诱导投资者进行证券交易；（六）对证券、发行人公开作出评价、预测或者投资建议，并进行反向证券交易；（七）利用在其他相关市场的活动操纵证券市场；（八）操纵证券市场的其他手段。操纵证券市场行为给投资者造成损失的，应当依法承担赔偿责任"。

《刑法》第182条规定，"（一）单独或者合谋，集中资金优势、持股或者持仓优势或者利用信息优势联合或者连续买卖，操纵证券、期货交易价格或者证券、期货交易量的；（二）与他人串通，以事先约定的时间、价格和方式相互进行证券、期货交易，影响证券、期货交易价格或者证券、期货交易量的；（三）在自己实际控制的账户之间进行证券交易，或者以自己为交易对象，自买自卖期货合约，影响证券、期货交易价格或者证券、期货交易量的；（四）以其他方法操纵证券、期货市场的"。

最高人民检察院、公安部《关于公安机关管辖的刑事案件立案追诉标准的规定（二）》第39条第6项规定，"上市公司及其董事、监事、高级管理人员、实际控制人、控股股东或者其他关联人单独或者合谋，利用信息优势，操纵该公司证券交易价格或者证券交易量"。

主体对其信息优势地位的滥用，包括利用信息优势连续交易、利用"信息+资金"优势连续交易、利用"信息+持股"优势连续交易、"抢帽子"交易、蛊惑交易等。

本案被告利用基金财产和基金管理人的便利地位，从事证券市场操纵，为本人和与其合谋的上市公司股东牟取利益，符合《刑法》第182条和最高人民检察院、公安部《关于公安机关管辖的刑事案件立案追诉标准的规定（二）》第39条关于操纵证券市场罪的构成要件和立案追诉标准，成为法院追究其刑事责任的理由之一。

新修订的证券法大幅提高了证券交易违法行为的违法成本，进一步完善了行政责任和刑事责任的衔接处理，私募证券投资基金管理人应当高度重视证券类犯罪的刑事法律风险，一旦触及刑事风险将可能会对私募基金管理人及其从业人员带来"牢狱之灾"。

> **知识链接**
>
> 前述刑事合规要点所涉及的私募基金流程控制与合规管理基础知识，详见第五篇第一章第一节"私募基金投资运作的一般规定"。

要点2：私募基金管理人应当加强风险控制和内部管理制度的建设，避免因风险控制环节缺失引发刑事法律风险。①

内控制度问题主要是风险控制和内部管理制度缺失。徐某以员工及员工亲友名义开立了大量证券账户供徐某控制、使用，用于连续买卖涉案股票，操纵证券市场。根据判决书中的证人证言，徐某使用泽熙产品大宗交易接盘先由其与对方谈好交易时间、股票名称、数量、价格后，由泽熙公司员工操作。以上事实说明泽熙投资和泽熙资管内部控制制度缺失，管理混乱。内控制度的缺失是引发操纵证券市场刑事风险的重要原因之一。

---

① 《私募投资基金管理人内部控制指引》第3条规定，"私募基金管理人应当按照本指引的要求，结合自身的具体情况，建立健全内部控制机制，明确内部控制职责，完善内部控制措施，强化内部控制保障，持续开展内部控制评价和监督。私募基金管理人最高权力机构对建立内部控制制度和维持其有效性承担最终责任，经营层对内部控制制度的有效执行承担责任"。

知识链接

前述刑事合规要点所涉及的私募基金流程控制与合规管理基础知识，详见第二篇第三章第二节"私募基金管理人的内部控制"之"三、私募基金内部控制的五大要素"。

第五节　利用非公开信息交易罪

【案例】 上海某私募基金管理人创始人利用公募基金基金经理向其泄露的非公开股票交易信息，通过趋同交易非法获利4000余万元，被法院以利用非公开信息交易罪判处5年9个月，并处罚金4000万元[①]

关键词： 私募基金　操纵证券市场

涉案人员身份：

1. 姜某某（第一被告人），上海云腾投资管理有限公司创始人
2. 柳某（第二被告人），泰信基金公司基金经理

涉案私募基金管理人： 上海云腾投资管理有限公司于2019年12月30日因失联被中基协注销私募基金管理人登记。

一审：

审理法院：上海市第一中级人民法院

案　　号：（2018）沪01刑初30号

裁判日期：2019年6月14日

二审：

审理法院：上海市高级人民法院

案　　号：（2019）沪刑终76号

裁判日期：2019年12月31日

[①] 参见姜某某、柳某利用未公开信息交易案，上海市第一中级人民法院（2018）沪01刑初30号刑事判决书，上海市高级人民法院（2019）沪刑终76号刑事判决书。

基本案情

2010年12月,被告人姜某某设立上海云腾投资管理有限公司(以下简称云腾公司)。2011年3月,姜某某设立"云腾一期"私募基金,并通过该私募基金从事证券交易。2009年4月至2015年1月,被告人柳某担任泰信基金公司基金经理,管理泰信蓝筹基金,负责该基金的运营和投资决策。

2009年4月至2013年2月,被告人姜某某频繁与被告人柳某交流股票投资信息。柳某明知姜某某经营股票投资业务,仍将利用职务便利所获取的泰信蓝筹基金交易股票的未公开信息泄露给姜某某;或使用泰信蓝筹基金的资金买卖向其推荐股票,并继续与姜交流所交易的特定股票,从而泄露相关股票交易的未公开信息。姜某某则利用上述从柳某处获取的未公开信息,使用所控制的证券账户进行股票交易。上述时间段内,姜某某控制的"杨某某""金某""叶某"证券账户及"云腾一期"私募基金证券账户与泰信蓝筹基金账户趋同买入且趋同卖出股票76只,趋同买入金额人民币7.99余亿元(以下币种均人民币),趋同卖出金额6.08余亿元,获利4619余万元。其中,"杨某某"个人证券账户双向趋同交易的股票买入金额1.93余亿元,卖出金额1.56余亿元,获利1708余万元;"金某"个人证券账户双向趋同交易的股票买入金额0.47余亿元,卖出金额0.40余亿元,获利336余万元;"叶某"个人证券账户双向趋同交易的股票买入金额1.35余亿元,卖出金额1.29余亿元,获利1566余万元;"云腾一期"私募基金证券账户双向趋同交易的股票买入金额4.22余亿元,卖出金额2.82余亿元,获利1006余万元。

2015年11月,被告人柳某在接受证券监管部门调查时如实供述了主要犯罪事实。被告人姜某某在一审庭审后认罪。姜某某、柳某在一审期间分别退缴违法所得300万元和150万元。

一审争辩焦点

被告人姜某某庭审时否认公诉机关指控的犯罪事实和罪名,庭审后,姜某某书写了认罪书。姜某某的辩护人认为姜某某的行为不构成利用未公开信息交易罪,主要理由如下:(1)"未公开信息"是指基金公司的股票交易信息,而非推荐股票的信息,姜某某与柳某交流、推荐股票的内容不能认定为"未公开信息";(2)姜某某并不知悉柳某利用职务便利获取或形成的未公开信息,柳某也未向姜某某透露公募基金个股交易的未公开信息,不存在姜某某利用柳某因职务便利获取或形成的未公开信息交易的情况;(3)姜某某从事股票交易均系根据自己对股票调研、分析作出的专业判断,所操作的账户与柳某负责的基金交易趋同的原因是基金从业人员之间共同接受券商推荐股票信息,或柳某认可姜某某的股票调研能力而接受姜的推荐所致,仅因股票交易趋同就认定构成利用未公开信息交易罪属于客观归罪;(4)公诉机关将姜某某列为第一被告,而将从业人员柳某列为第二被告不当。

被告人柳某及其辩护人对于公诉机关指控的犯罪事实和罪名均无异议。柳某的辩护人提出如下辩护意见:(1)柳某具有自首情节;(2)柳某在与姜某某交流过程中对于姜所控制的私募基金和个人账户交易的情况都不知情,且未从中获利;(3)柳某系初犯,法律意识淡薄,愿意退赔任职期间的奖金,自愿认罪认罚,请求对柳某从宽处罚,并适用缓刑。

一审裁判结果

1. 被告人姜某某犯利用未公开信息交易罪,判处有期徒刑6年6个月,并处罚金4000万元。

2. 被告人柳某犯利用未公开信息交易罪,判处有期徒刑4年6个月,并处罚金620万元。

3. 违法所得予以追缴。

二审争辩焦点

上诉人姜某某及其辩护人提出,姜某某一审、二审期间检举揭发他人犯罪均构成立功;且二审期间其亲属代其退出违法所得200万元,请求从轻或减轻处罚。

上诉人柳某及其辩护人提出,二审期间柳某亲属代其退出违法所得150万元,请求从轻处罚。

二审裁判结果

1. 维持上海市第一中级人民法院(2018)沪01刑初30号刑事判决的第三项,即"违法所得予以追缴"。

2. 撤销上海市第一中级人民法院(2018)沪01刑初30号刑事判决的第一项、第二项,即"被告人姜某某犯利用未公开信息罪,判处有期徒刑六年六个月,并处罚金人民币四千万元""被告人柳某犯利用未公开信息交易罪,判处有期徒刑四年六个月,并处罚金人民币六百二十万元"。

3. 上诉人（原审被告人）姜某某犯利用未公开信息交易罪，判处有期徒刑 5 年 9 个月，并处罚金 4000 万元。

4. 上诉人（原审被告人）柳某犯利用未公开信息交易罪，判处有期徒刑 4 年，并处罚金 620 万元。

刑事合规要点

要点：私募基金管理人从业人员不得利用未公开信息进行交易活动。①

法院经审理认定，柳某明知姜某某经营股票投资业务，仍将利用职务便利所获取的泰信蓝筹基金交易股票的未公开信息泄露给姜某某；或使用泰信蓝筹基金的资金买卖姜向其推荐的股票，并继续与姜交流所交易的特定股票，从而泄露相关股票交易的未公开信息。姜某某则利用上述从柳某处获取的未公开信息，使用所控制的证券账户进行股票交易。

内幕交易、泄露内幕信息罪和利用未公开信息交易罪在私募证券投资行

---

① 《私募监管办法》第 23 条规定，"私募基金管理人、私募基金托管人、私募基金销售机构及其他私募服务机构及其从业人员从事私募基金业务，不得有以下行为：……（五）泄露因职务便利获取的未公开信息，利用该信息从事或者明示、暗示他人从事相关的交易活动；……（八）从事内幕交易、操纵交易价格及其他不正当交易活动"。

《基金管理公司投资管理人员管理指导意见》第 21 条规定，"公司应当建立信息管理及保密制度，加强风险隔离。投资管理人员应当严格遵守公司信息管理的有关规定以及聘用合同中的保密条款，不得利用未公开信息为自己或者他人谋取利益，不得违反有关规定向公司股东、与公司有业务联系的机构、公司其他部门和员工传递与投资活动有关的未公开信息"。

《刑法》第 180 条第 1 款、第 2 款规定，"证券、期货交易内幕信息的知情人员或者非法获取证券、期货交易内幕信息的人员，在涉及证券的发行，证券、期货交易或者其他对证券、期货交易价格有重大影响的信息尚未公开前，买入或者卖出该证券，或者从事与该内幕信息有关的期货交易，或者泄露该信息，或者明示、暗示他人从事上述交易活动，情节严重的，处五年以下有期徒刑或者拘役，并处或者单处违法所得一倍以上五倍以下罚金；情节特别严重的，处五年以上十年以下有期徒刑，并处违法所得一倍以上五倍以下罚金。单位犯前款罪的，对单位判处罚金，并对其直接负责的主管人员和其他直接责任人员，处五年以下有期徒刑或者拘役。证券交易所、期货交易所、证券公司、期货经纪公司、基金管理公司、商业银行、保险公司等金融机构的从业人员以及有关监管部门或者行业协会的工作人员，利用因职务便利获取的内幕信息以外的其他未公开的信息，违反规定，从事与该信息相关的证券、期货交易活动，或者明示、暗示他人从事相关交易活动，情节严重的，依照第一款的规定处罚"。

业屡见不鲜,私募证券投资管理人及其从业人员除了应当遵守私募基金行业的法律法规、行业规定、自律规则,还应当遵守证券交易的相关法律法规,尤其注意刑法分则中关于证券类犯罪①的规定。本案中,柳某故意将利用职务便利获取的股票交易未公开信息泄露给姜某某,通过趋同交易非法获利4000余万元,符合《刑法》第180条利用未公开信息交易罪的构成要件,成为被法院追究刑事责任的理由之一。

刑事风险发生后,私募基金管理人及从业者应当在法律法规框架内,及时通过包含自首、立功、坦白、积极退赃等方式,降低刑事法律风险的影响。

> **知识链接**
>
> 前述刑事合规要点所涉及的私募基金流程控制与合规管理基础知识,详见第五篇第一章第一节"私募基金投资运作的一般规定"。

---

① 刑法分则中的证券类犯罪包括伪造、变造股票、公司、企业债券罪,擅自发行股票、公司、企业债券罪,内幕交易、泄露内幕信息罪,利用未公开信息交易罪,编造并传播证券、期货交易虚假信息罪,操纵证券、期货市场罪,背信损害上市公司利益罪。——笔者注

第六篇

私募基金法律法规与规则概览

第一章　私募基金监管规范汇总

第一节　法律

一、行业综合

1. 2015年4月24日[①]　中华人民共和国证券投资基金法
2. 2020年3月1日　中华人民共和国证券法
3. 2001年10月1日　中华人民共和国信托法
4. 2018年10月26日　中华人民共和国公司法
5. 2007年6月1日　中华人民共和国合伙企业法
6. 2015年4月24日　中华人民共和国保险法
7. 2007年1月1日　中华人民共和国银行业监督管理法
8. 2017年1月1日　中华人民共和国反洗钱法

二、托管销售

1. 2018年10月26日　中华人民共和国广告法
2. 2019年4月23日　中华人民共和国反不正当竞争法

第二节　行政法规

1. 2014年7月29日　证券公司监督管理条例
2. 2013年8月9日　证券公司私募产品备案管理指引

[①] 此日期为规范颁布、修正、修订后最新发布版本的实施日期,无实施日期的为发布日期。

第三节　部门规章

一、行业综合

1. 2019 年 6 月 4 日　期货公司监督管理办法

2. 2018 年 9 月 25 日　证券公司和证券投资基金管理公司境外设立、收购、参股经营机构管理办法

3. 2018 年 6 月 15 日　证券发行与承销管理办法

4. 2018 年 6 月 6 日　首次公开发行股票并上市管理办法

5. 2018 年 6 月 6 日　首次公开发行股票并在创业板上市管理办法

6. 2018 年 6 月 6 日　存托凭证发行与交易管理办法（试行）

7. 2020 年 4 月 13 日　证券期货规章制定程序规定

8. 2020 年 3 月 20 日　证券期货市场诚信监督管理办法

9. 2020 年 3 月 20 日　证券交易所管理办法

10. 2020 年 3 月 20 日　上市公司重大资产重组管理办法

11. 2020 年 3 月 20 日　上市公司收购管理办法

12. 2020 年 3 月 20 日　非上市公众公司重大资产重组管理办法

13. 2020 年 3 月 20 日　非上市公众公司收购管理办法

14. 2020 年 2 月 14 日　创业板上市公司证券发行管理暂行办法

15. 2020 年 3 月 20 日　中国证券监督管理委员会冻结、查封实施办法

16. 2020 年 2 月 14 日　上市公司证券发行管理办法

二、资产管理

1. 2018 年 10 月 22 日　证券期货经营机构私募资产管理业务管理办法

2. 2020 年 3 月 20 日　证券投资基金管理公司管理办法

3. 2020 年 3 月 20 日　外商投资证券公司管理办法

4. 2017 年 10 月 1 日　期货公司风险监管指标管理办法

5. 2019 年 6 月 4 日　期货公司监督管理办法

6. 2016 年 7 月 18 日　证券期货经营机构私募资产管理业务运作管理暂行规定

三、托管销售

1. 2017 年 7 月 1 日　证券期货投资者适当性管理办法
2. 2020 年 3 月 20 日　证券投资基金托管业务管理办法

四、私募基金

1. 2014 年 8 月 21 日　私募投资基金监督管理暂行办法
2. 2015 年 10 月 28 日　外商投资创业投资企业管理规定
3. 2006 年 3 月 1 日　创业投资企业管理暂行办法

五、从业人员

1. 2018 年 6 月 27 日　证券期货经营机构及其工作人员廉洁从业规定
2. 2012 年 10 月 19 日　证券公司董事、监事和高级管理人员任职资格监管办法
3. 2007 年 7 月 4 日　期货公司董事、监事和高级管理人员任职资格管理办法
4. 2003 年 2 月 1 日　证券业从业人员资格管理办法

第四节　规范性文件

一、行业综合

1. 2019 年 12 月 6 日　证券期货经营机构管理人中管理人（MOM）产品指引（试行）
2. 2018 年 9 月 30 日　上市公司治理准则
3. 2020 年 3 月 20 日　证券公司治理准则
4. 2020 年 2 月 14 日　上市公司非公开发行股票实施细则
5. 2020 年 2 月 29 日　国务院办公厅关于贯彻实施修订后的证券法有关工作的通知
6. 2018 年 7 月 20 日　中国人民银行办公厅关于进一步明确规范金融机构资产管理业务指导意见有关事项的通知
7. 2018 年 4 月 27 日　中国人民银行、中国银行保险监督管理委员会、

中国证券监督管理委员会、国家外汇管理局关于规范金融机构资产管理业务的指导意见

8. 2014年4月24日　中国人民银行、中国银行业监督管理委员会、中国证券监督管理委员会关于规范金融机构同业业务的通知

二、资产管理

1. 2014年9月26日　证券公司及基金管理公司子公司资产证券化业务管理规定

2. 2018年10月22日　证券期货经营机构私募资产管理计划运作管理规定

3. 2018年4月10日　国家发展和改革委员会、财政部、商务部、中国人民银行、中国银行保险监督管理委员会、中国证券监督管理委员会关于引导对外投融资基金健康发展的意见

4. 2017年7月6日　证券公司分类监管规定

5. 2017年6月7日　财政部、中国人民银行、中国证券监督管理委员会关于规范开展政府和社会资本合作项目资产证券化有关事宜的通知

6. 2016年12月21日　国家发展改革委、中国证监会关于推进传统基础设施领域政府和社会资本合作（PPP）项目资产证券化相关工作的通知

7. 2016年12月15日　基金管理公司特定客户资产管理子公司风险控制指标管理暂行规定

8. 2016年5月13日　资产证券化监管问答（一）

9. 2014年11月19日　证券公司及基金管理公司子公司资产证券化业务尽职调查工作指引

10. 2014年11月19日　证券公司及基金管理公司子公司资产证券化业务信息披露指引

11. 2014年6月10日　中国证券监督管理委员会关于做好有关私募产品备案管理及风险监测工作的通知

12. 2013年3月14日　中国证券监督管理委员会办公厅关于加强证券公司资产管理业务监管的通知

13. 2020年3月20日　中国证券监督管理委员会关于证券公司证券自营业务投资范围及有关事项的规定

14. 2012年10月11日　证券公司设立子公司试行规定

15. 2003年12月15日　证券公司内部控制指引

三、托管销售

1. 2018 年 6 月 1 日　中国证券监督管理委员会关于进一步规范货币市场基金互联网销售、赎回相关服务的指导意见

2. 2020 年 3 月 20 日　非银行金融机构开展证券投资基金托管业务暂行规定

3. 2016 年 12 月 12 日　证券期货投资者适当性管理办法规定

4. 2015 年 7 月 1 日　香港互认基金管理暂行规定

5. 2019 年 6 月 1 日　证券基金经营机构信息技术管理办法

6. 2020 年 3 月 20 日　证券公司代销金融产品管理规定

7. 2012 年 9 月 25 日　外国人在中国永久居留享有相关待遇的办法

8. 2011 年 10 月 1 日　证券投资基金销售结算资金管理暂行规定

9. 2010 年 1 月 1 日　证券投资基金评价业务管理暂行办法

10. 2008 年 1 月 21 日　中国证券监督管理委员会关于证券投资基金宣传推介材料监管事项的补充规定

11. 2008 年 1 月 1 日　证券投资基金销售机构内部控制指导意见

12. 2007 年 10 月 12 日　证券投资基金销售适用性指导意见

13. 2007 年 3 月 15 日　证券投资基金销售业务信息管理平台管理规定

14. 2006 年 4 月 3 日　托管银行监督基金运作情况报告的内容与格式指引（试行）

四、私募基金

1. 2020 年 3 月 31 日　上市公司创业投资基金股东减持股份的特别规定

2. 2018 年 7 月 1 日　国家税务总局关于创业投资企业和天使投资个人有关税收政策的通知

3. 2018 年 3 月 28 日　财政部关于规范金融企业对地方政府和国有企业投融资行为有关问题的通知

4. 2017 年 11 月 8 日　国家发展改革委办公厅关于进一步做好政府出资产业投资基金信用信息登记工作的通知

5. 2017 年 8 月 14 日　中国证券投资基金业协会关于向协会指定数据备份平台报送私募基金集中备份数据的相关通知

6. 2017 年 7 月 15 日　国家发展改革委办公厅关于发挥政府出资产业投

资基金引导作用推进市场化银行债权转股权相关工作的通知

7. 2017 年 4 月 1 日　政府出资产业投资基金管理暂行办法

8. 2016 年 5 月 5 日　中国关于规范商业银行代理销售业务的通知

9. 2016 年 4 月 27 日　中国人民银行关于进一步做好合格机构投资者进入银行间债券市场有关事项公告

10. 2015 年 12 月 25 日　财政部关于财政资金注资政府投资基金支持产业发展的指导意见

11. 2015 年 11 月 12 日　政府投资基金暂行管理办法

12. 2015 年 9 月 10 日　中国保监会关于设立保险私募基金有关事项的通知

13. 2015 年 6 月 15 日　中国人民银行金融市场司关于私募投资基金进入银行间债券市场有关事项的通知

14. 2015 年 6 月 5 日　深圳证券交易所关于引导私募投资基金进入交易所债券市场答记者问

15. 2015 年 3 月 6 日　证券会关于与并购重组行政许可审核相关的私募投资基金备案的问题与解答

16. 2015 年 1 月 23 日　发行监管问答——关于与发行监管工作相关的私募投资基金备案问题的解答

17. 2014 年 9 月 12 日　证监会关于《私募投资基金监督管理暂行办法》相关规定的解释（一）

18. 2014 年 9 月 19 日　证监会关于《私募投资基金监督管理暂行办法》相关规定的解释（二）

19. 2011 年 8 月 17 日　新兴产业创投计划参股创业投资基金管理暂行办法

20. 2011 年 7 月 25 日　国家税务总局关于个人终止投资经营收回款项征收个人所得税问题的公告

21. 2009 年 7 月 10 日　国家发展和改革委关于加强创业投资企业备案管理严格规范创业投资企业募资行为的通知

22. 2008 年 10 月 18 日　发展改革委、财政部、商务部关于创业投资引导基金规范设立与运作指导意见的通知

23. 2008 年 1 月 1 日　财政部、国家税务总局关于合伙企业合伙人所得税问题的通知

24. 2001 年 1 月 17 日　国家税务总局关于《关于个人独资企业和合伙企业投资者征收个人所得税的规定》执行口径的通知

五、从业人员

1. 2012 年 6 月 12 日　中国证券监督管理委员会关于基金从业人员投资证券投资基金有关事项的规定

2. 2020 年 3 月 20 日　基金行业人员离任审计及审查报告内容准则

3. 2009 年 4 月 1 日　基金管理公司投资管理人员管理指导意见

4. 2004 年 10 月 1 日　证券投资基金行业高级管理人员任职管理办法

5. 2004 年 10 月 1 日　中国证券监督管理委员会关于实施《证券投资基金行业高级管理人员任职管理办法》有关问题的通知

第五节　行业规定

一、资产管理

1. 2015 年 2 月 16 日　机构间私募产品报价与服务系统参与人授信管理指引（试行）

2. 2014 年 12 月 18 日　中国期货业协会关于《期货公司资产管理业务管理规则（试行）》实施相关问题的说明（一）

3. 2013 年 10 月 18 日　证券公司客户资产管理业务备案管理工作指引（1—8 号）

二、托管销售

1. 2017 年 7 月 1 日　证券经营机构投资者适当性管理实施指引（试行）

2. 2017 年 7 月 1 日　期货经营机构投资者适当性管理实施指引（试行）

3. 2017 年 6 月 28 日　基金募集机构投资者适当性管理实施指引（试行）

4. 2017 年 6 月 28 日　基金募集机构投资者适当性管理实施指引（试行）

三、私募基金

1. 2020 年 2 月 28 日　中国证券投资基金业协会关于便利申请办理私募基金管理人登记相关事宜的通知

2. 2019 年 11 月 11 日　私募股权、创业投资基金管理人会员信用信息报告工作规则（试行）

3. 2018 年 12 月 7 日　私募基金管理人登记须知

4. 2019 年 1 月 1 日　私募投资基金命名指引

5. 2018 年 9 月 30 日　中国证券投资基金业协会关于加强私募基金信息披露自律管理相关事项的通知

6. 2018 年 9 月 20 日　中国证券登记结算有限责任公司关于《特殊机构及产品证券账户业务指南》修改有关事项的说明

7. 2020 年 3 月 20 日　证券基金经营机构使用香港机构证券投资咨询服务暂行规定

8. 2018 年 9 月 19 日　关于为提供港股投资顾问服务的香港机构开展备案的通知

9. 2018 年 5 月 7 日　中国证券投资基金业协会关于私募证券投资基金管理人会员信用信息报告功能上线的通知

10. 2018 年 3 月 27 日　中国证券投资基金业协会关于进一步加强私募基金行业自律管理的决定

11. 2018 年 3 月 27 日　中国证券投资基金业协会关于私募基金管理人在异常经营情形下提交专项法律意见书的公告

12. 2018 年 3 月 23 日　中国证券投资基金业协会关于私募证券投资基金管理人提供投资建议服务线上提交材料功能上线的通知

13. 2018 年 1 月 29 日　中国证券登记结算有限责任公司关于加强私募投资基金等产品账户管理有关事项的通知

14. 2019 年 12 月 23 日　私募投资基金备案须知

15. 2018 年 1 月 19 日　中国证券投资基金业协会关于私募证券投资基金管理机构投资管理人员投资业绩填报有关事项的通知

16. 2017 年 10 月 27 日　全国股转公司关于挂牌私募机构自查整改相关问题的通知

17. 2017 年 5 月 5 日　中国证券投资基金业协会、中国证券登记结算有限公司关于发布《基金行业数据集中备份接口规范（试行）》的通知

18. 2017 年 4 月 4 日　中国证券投资基金业协会关于"资产管理业务综合报送平台"第二阶段上线运行与私募基金信息报送相关事项的通知

19. 2016 年 9 月 29 日　中国证券投资基金业协会关于私募基金信息披露备份系统正式运行的公告

20. 2016 年 9 月 8 日　中国证券投资基金业协会关于资产管理业务综合报送平台上线运行相关安排的说明

21. 2015 年 10 月 16 日　机构业务问答（一）——关于资产管理计划、契约型私募基金投资拟挂牌公司股权有关问题

22. 2016 年 9 月 2 日　机构业务问答（二）——关于私募投资基金登记备案有关问题的解答

23. 2016 年 5 月 31 日　中国证券投资基金业协会关于私募基金信息披露备份系统上线试运行的通知

24. 2016 年 2 月 5 日　中国基金业协会关于私募基金管理人注销相关事宜的公告

25. 2015 年 3 月 19 日　中国证券投资基金业协会关于实行私募基金管理人分类公示制度的公告

26. 2016 年 3 月 2 日　中国基金业协会负责人就落实《关于进一步规范私募基金管理人登记若干事项的公告》相关问题答记者问

27. 2016 年 2 月 5 日　中国基金业协会负责人就发布《关于进一步规范私募基金管理人登记若干事项的公告》答记者问

28. 2015 年 12 月 17 日　全国中小企业股份转让系统有限责任公司关于《非上市公众公司监管问答——定向发行（二）》适用有关问题的通知

29. 2015 年 9 月 29 日　中国基金业协会关于建立"失联（异常）"私募机构公示制度的通知

30. 2015 年 3 月 20 日　全国中小企业股份转让系统有限责任公司关于加强参与全国股转系统业务的私募投资基金备案管理的监管问答函

31. 2016 年 2 月 5 日　中国基金业协会关于进一步规范私募基金管理人登记若干事项的公告

32. 2015 年 1 月 21 日　私募基金登记备案相关问题解答（一）

33. 2015 年 1 月 21 日　私募基金登记备案相关问题解答（二）

34. 2015 年 1 月 21 日　私募基金登记备案相关问题解答（三）

35. 2015 年 1 月 21 日　私募基金登记备案相关问题解答（四）

36. 2015 年 1 月 21 日　私募基金登记备案相关问题解答（五）

37. 2015 年 4 月 2 日　私募基金登记备案相关问题解答（六）

38. 2015 年 11 月 23 日　私募投资基金登记备案的问题解答（七）

39. 2016 年 3 月 18 日　私募基金登记备案相关问题解答（八）

40. 2016 年 5 月 13 日　私募基金登记备案相关问题解答（九）

41. 2016 年 6 月 30 日　私募基金登记备案相关问题解答（十）

42. 2016 年 9 月 6 日　私募基金登记备案相关问题解答（十一）

43. 2019 年 11 月 23 日　私募基金登记备案相关问题解答（十二）
44. 2017 年 3 月 31 日　私募基金登记备案相关问题解答（十三）
45. 2017 年 11 月 3 日　私募基金登记备案相关问题解答（十四）
46. 2018 年 8 月 29 日　私募基金登记备案相关问题解答（十五）
47. 2014 年 9 月 4 日　中国证券投资基金业协会纪律处分实施办法（试行）
48. 2014 年 9 月 4 日　中国证券投资基金业协会自律检查规则（试行）
49. 2014 年 9 月 4 日　中国证券投资基金业协会投诉处理办法（试行）
50. 2014 年 9 月 4 日　中国证券投资基金业协会投资基金纠纷调解规则（试行）
51. 2014 年 3 月 25 日　关于私募投资基金开户和结算有关问题的通知

四、从业人员

1. 2017 年 6 月 26 日　中国证券投资基金业协会关于基金从业人员资格管理实施有关事项的通知
2. 2020 年 3 月 12 日　基金经营机构及其工作人员廉洁从业实施细则
3. 2016 年 10 月 21 日　中国证券投资基金业协会关于基金中基金（FOF）的基金经理注册登记有关事项的通知
4. 2015 年 8 月 14 日　中国证券投资基金业协会关于基金销售机构从业人员资格管理有关事项的通知
5. 2015 年 7 月 24 日　基金从业资格考试管理办法（试行）
6. 2015 年 6 月 16 日　中国证券投资基金业协会关于基金从业资格考试有关事项的通知
7. 2014 年 12 月 15 日　基金从业人员执业行为自律准则
8. 2012 年 12 月 21 日　中国证券投资基金业协会关于重新发布和实施《基金经理注册登记规则》有关事项的通知
9. 2012 年 12 月 21 日　中国证券投资基金业协会关于基金经理证券投资法律知识考试有关事项的通知
10. 2012 年 11 月 20 日　中国证券投资基金业协会证券投资基金销售人员职业守则

第六节 自律规则

一、行业综合

1. 2018 年 11 月 10 日　绿色投资指引（试行）
2. 2019 年 4 月 8 日　中国证券登记结算有限公司关于修订《特殊机构及产品证券账户业务指南》的通知
3. 2018 年 8 月 17 日　中国证券投资基金业协会章程
4. 2017 年 1 月 1 日　中国证券投资基金业协会会员管理办法

二、资产管理

1. 2020 年 3 月 20 日　证券公司和证券投资基金管理公司合规管理办法
2. 2017 年 10 月 1 日　证券公司合规管理实施指引
3. 2017 年 7 月 21 日　深圳证券交易所关于进一步推进政府和社会资本合作（PPP）项目资产证券化业务的通知
4. 2017 年 7 月 21 日　上海证券交易所关于进一步推进政府和社会资本合作（PPP）项目资产证券化业务的通知
5. 2017 年 6 月 20 日　上海证券交易所资产支持证券挂牌条件确认业务指引
6. 2017 年 6 月 19 日　深圳证券交易所资产支持证券挂牌条件确认业务指引
7. 2017 年 2 月 17 日　深圳证券交易所关于推进传统基础设施领域政府和社会资本合作（PPP）项目资产证券化业务的通知
8. 2017 年 2 月 17 日　上海证券交易所关于推进传统基础设施领域政府和社会资本合作（PPP）项目资产证券化业务的通知
9. 2017 年 2 月 17 日　中国证券投资基金业协会关于 PPP 项目资产证券化产品实施专人专岗备案的通知
10. 2016 年 12 月 30 日　证券公司私募投资基金子公司管理规范
11. 2016 年 12 月 30 日　证券公司另类投资子公司管理规范
12. 2020 年 3 月 20 日　证券公司风险控制指标管理办法
13. 2016 年 10 月 21 日　证券期货经营机构私募资产管理计划备案管理

规范第 1 号——备案核查与自律管理

14. 2016 年 10 月 21 日　证券期货经营机构私募资产管理计划备案管理规范第 3 号——结构化资产管理计划

15. 2017 年 2 月 13 日　证券期货经营机构私募资产管理计划备案管理规范第 4 号——私募资产管理计划投资 房地产开发企业、项目

16. 2016 年 7 月 18 日　中国证券投资基金业协会关于落实《证券期货经营机构私募资产管理业务运作管理暂行规定》有关事项的通知

17. 2016 年 5 月 13 日　中国证券投资基金业协会关于直投基金备案相关事项的通知

18. 2015 年 9 月 1 日　场外证券业务备案管理办法

19. 2015 年 2 月 16 日　机构间私募产品报价与服务系统资产证券化业务指引（试行）

20. 2015 年 2 月 9 日　资产管理计划份额转让登记结算业务指引（暂行）

21. 2014 年 12 月 24 日　资产支持专项计划备案管理办法

22. 2014 年 12 月 15 日　中国证券投资基金业协会关于期货公司资产管理计划备案相关事项的通知

23. 2014 年 12 月 15 日　期货公司资产管理业务管理规则（试行）

24. 2014 年 11 月 26 日　上海证券交易所资产证券化业务指引

25. 2014 年 8 月 11 日　深圳证券交易所资产管理计划份额转让业务指引

26. 2014 年 7 月 7 日　基金管理公司及其子公司特定客户资产管理业务电子签名合同操作指引（试行）

27. 2014 年 7 月 1 日　中国证券业协会、中国证券投资基金业协会关于做好有关私募产品备案管理及风险监测衔接工作的通知

28. 2014 年 4 月 4 日　上海证券交易所资产管理计划份额转让业务指引

29. 2013 年 11 月 26 日　中国证券投资基金业协会关于加强专项资产管理业务风险管理有关事项的通知

30. 2013 年 9 月 6 日　证券公司私募产品代码管理办法（试行）

31. 2013 年 7 月 19 日　中国证券业协会关于规范证券公司与银行合作开展定向资产管理业务有关事项的通知

32. 2013 年 7 月 3 日　中国证券登记结算有限责任公司基金管理公司特定客户资产管理登记结算业务指南

33. 2013 年 6 月 7 日　中国证券业协会关于规范证券公司聘用第三方机

构为集合资产管理计划提供投资决策相关专业服务的通知

34. 2013 年 5 月 10 日　中国证券登记结算有限责任公司关于发布证券公司集合资产管理计划电子合同业务指引及相关协议文本的通知

35. 2013 年 2 月 26 日　中国期货业协会关于《期货公司资产管理合同指引》的补充规定

36. 2012 年 11 月 14 日　中国证券登记结算有限责任公司证券公司定向资产管理登记结算业务指南

37. 2012 年 11 月 14 日　中国证券登记结算有限责任公司证券公司集合资产管理登记结算业务指南

38. 2012 年 10 月 19 日　证券公司客户资产管理业务规范

39. 2019 年 12 月 26 日　中国证券投资基金业协会关于证券期货经营机构私募管理人中管理人（MOM）产品备案相关事项的通知

三、托管销售

1. 2017 年 7 月 1 日　证券经营机构投资者适当性管理实施指引（试行）
2. 2017 年 7 月 1 日　期货经营机构投资者适当性管理实施指引（试行）
3. 2016 年 7 月 15 日　私募投资基金募集行为管理办法
4. 2013 年 12 月 1 日　短期理财基金产品业务运作规范
5. 2012 年 12 月 20 日　托管银行证券资金结算协议（格式文本）
6. 2012 年 11 月 20 日　中国证券投资基金业协会证券投资基金销售人员职业守则
7. 2012 年 11 月 20 日　证券投资基金投资人权益须知（2012 格式文本）
8. 2010 年 1 月 11 日　证券投资基金评价业务自律管理规则（试行）

四、私募基金

1. 2018 年 7 月 1 日　私募投资基金非上市股权投资估值指引（试行）
2. 2018 年 1 月 12 日　私募证券投资基金管理人会员信用信息报告工作规则（试行）
3. 2017 年 3 月 1 日　私募投资基金服务业务管理办法（试行）
4. 2017 年 3 月 1 日　私募投资基金服务机构登记法律意见书指引
5. 2016 年 11 月 14 日　私募投资基金信息披露内容与格式指引 2 号——适用于私募股权（含创业）投资基金

6. 2016 年 7 月 15 日　私募投资基金合同指引 1 号（契约型私募基金合同内容与格式指引）

7. 2016 年 7 月 15 日　私募投资基金合同指引 2 号（公司章程必备条款指引）

8. 2016 年 7 月 15 日　私募投资基金合同指引 3 号（合伙协议必备条款指引）

9. 2016 年 7 月 15 日　私募投资基金风险揭示书内容与格式指引

10. 2016 年 7 月 15 日　私募投资基金投资者风险问卷调查内容与格式指引（个人版）

11. 2016 年 2 月 5 日　私募基金管理人登记法律意见书指引

12. 2016 年 2 月 4 日　私募投资基金信息披露管理办法

13. 2016 年 2 月 1 日　私募投资基金管理人内部控制指引

14. 2015 年 9 月 11 日　上市公司与私募基金合作投资事项信息披露业务指引

15. 2014 年 2 月 7 日　私募投资基金管理人登记和基金备案办法（试行）

第二章 私募基金刑事法律规范体系[①]

第一节 非法吸收公众存款罪

一、刑法分则规定

2017年11月4日 刑法第一百七十六条

二、犯罪认定

1. 2011年1月4日 最高人民法院关于审理非法集资刑事案件具体应用法律若干问题的解释

2. 2019年1月30日 最高人民法院、最高人民检察院、公安部关于办理非法集资刑事案件若干问题的意见

3. 2014年3月25日 最高人民法院、最高人民检察院、公安部关于办理非法集资刑事案件适用法律若干问题的意见

4. 2011年1月8日 非法金融机构和非法金融业务活动取缔办法

5. 2017年6月1日 最高人民检察院关于办理涉互联网金融犯罪案件有关问题座谈会纪要

6. 2018年1月1日 最高人民检察院、公安部关于公安机关办理经济犯罪案件的若干规定（2017修订）

7. 2017年8月4日 最高人民法院关于进一步加强金融审判工作的若干意见

8. 2008年1月2日 最高人民法院、最高人民检察院、公安部、中国证券监督管理委员会关于整治非法证券活动有关问题的通知

9. 2000年6月13日 公安部关于严厉打击以传销和变相传销形式进行犯罪活动的通知

[①] 本体系含1991年4月23日至2020年3月27日所有刑法司法解释的名录，并包含部分涉及罪刑适用的最高人民法院、最高人民检察院的"通知""批复""答问"等司法文件的名录。——笔者注

三、立案标准

1. 2011年1月4日　最高人民法院关于审理非法集资刑事案件具体应用法律若干问题的解释

2. 2010年5月7日　最高人民检察院、公安部关于公安机关管辖的刑事案件立案追诉标准的规定（二）

3. 2001年1月21日　全国法院审理金融犯罪案件工作座谈会纪要

四、量刑依据

1. 2017年5月1日　最高人民法院关于常见犯罪的量刑指导意见（二）（试行）

2. 2019年1月30日　最高人民法院、最高人民检察院、公安部关于办理非法集资刑事案件若干问题的意见

3. 2019年10月21日　最高人民法院、最高人民检察院、公安部、司法部关于办理非法放贷刑事案件若干问题的意见

4. 2014年3月25日　最高人民法院、最高人民检察院、公安部关于办理非法集资刑事案件适用法律若干问题的意见

5. 2011年1月8日　非法金融机构和非法金融业务活动取缔办法

6. 2011年1月4日　最高人民法院关于审理非法集资刑事案件具体应用法律若干问题的解释

7. 1999年2月22日　金融违法行为处罚办法

8. 1995年6月30日　全国人民代表大会常务委员会关于惩治破坏金融秩序犯罪的决定

五、其他规范

（一）全国范围规定

A. 司法解释

1. 2015年9月1日　最高人民法院关于审理民间借贷案件适用法律若干问题的规定

B. 司法解释性质文件

2. 2011年8月18日　最高人民法院关于非法集资刑事案件性质认定问题的通知

3. 2004 年 11 月 15 日　最高人民法院关于依法严厉打击集资诈骗和公众存款犯罪活动的通知

C. 规范性文件

4. 2018 年 4 月 16 日　中国银行保险监督管理委员会、公安部、国家市场监督管理总局、中国人民银行关于规范民间借贷行为维护经济金融秩序有关事项的通知

5. 2018 年 7 月 30 日　中国银保监会关于银行业和保险业做好扫黑除恶专项斗争有关工作的通知

D. 答记者问

6. 2019 年 5 月 10 日　公安部召开新闻发布会就打击和防范非法集资等涉众型经济犯罪情况答记者问

（二）地方规定

A. 上海

1. 2018 年 12 月 6 日　上海市高级人民法院、上海市人民检察院、上海市公安局关于办理涉众型非法集资犯罪案件的指导意见

B. 重庆

2. 2018 年 9 月 25 日　重庆市高级人民法院、重庆市人民检察院、重庆市公安局关于办理非法集资类刑事案件法律适用问题的会议纪要

3. 2018 年 9 月 25 日　重庆市高级人民法院关于办理非法集资类刑事案件法律适用问题的会议纪要的解答

C. 四川

4. 2016 年 1 月 4 日　四川省高级人民法院、四川省人民检察院、四川省公安厅关于我省办理非法集资刑事案件若干问题的会议纪要

D. 河南

5. 2015 年 12 月 30 日　河南省高级人民法院、河南省人民检察院、河南省公安厅关于办理非法集资刑事案件适用法律若干问题的指导意见

E. 安徽

6. 2015 年 6 月 3 日　安徽省高级人民法院关于办理非法集资刑事案件若干问题的意见

F. 江苏

7. 2013 年 1 月 21 日　江苏省高级人民法院、江苏省人民检察院、江苏省公安厅关于办理非法集资刑事案件的意见

G. 浙江

8. 2013 年 10 月 28 日　浙江省高级人民法院、浙江省人民检察院、浙江省公安厅关于当前办理集资类刑事案件适用法律若干问题的会议纪要（三）

9. 2011 年 7 月 18 日　浙江省高级人民法院、浙江省人民检察院、浙江省公安厅关于当前办理集资类刑事案件适用法律若干问题的会议纪要（二）

10. 2008 年 12 月 2 日　浙江省高级人民法院、浙江省人民检察院、浙江省公安厅关于当前办理集资类刑事案件适用法律若干问题的会议纪要的通知

> **相关案例**
>
> 第四篇第三章第一节
>
> 案例一：湖北某私募基金管理人以公开方式募集资金 3.2 余亿元，单位被判处 40 万元罚金，法定代表人及分公司经理分别获刑 9 年和 8 年
>
> 案例二：北京某私募基金管理人委托第三方以公开方式募集资金 4 余亿元，对第三方募集资格及方式未尽审查义务，实际控制人获刑 8 年，并处罚金 40 万元
>
> 案例三：某基金管理公司非法公开募集资金 7.7 亿元，被广州中院以非法吸收公众存款罪追究刑事责任，公司被判罚金，13 名员工获刑，并处罚金
>
> 案例四：深圳某私募基金管理人公开募资 1.4 余亿元，3 人获刑，并处罚金
>
> 案例五：上海某私募基金管理人非法公开募集资金 6.3 余亿元，法定代表人和股东分别获刑 7 年和 6 年，并处罚金 30 万元和 20 万元

第二节　集资诈骗罪

一、刑法分则规定

2017 年 11 月 4 日　刑法第一百九十二条

二、犯罪认定

1. 2011 年 1 月 4 日　最高人民法院关于审理非法集资刑事案件具体应用法律若干问题的解释

2. 2019 年 1 月 30 日　最高人民法院、最高人民检察院、公安部关于办理非法集资刑事案件若干问题的意见

3. 2017 年 6 月 1 日　最高人民检察院关于办理涉互联网金融犯罪案件有关问题座谈会纪要

4. 2014 年 3 月 25 日　最高人民法院、最高人民检察院、公安部关于办理非法集资刑事案件适用法律若干问题的意见

5. 2000 年 6 月 13 日　公安部关于严厉打击以传销和变相传销形式进行犯罪活动的通知

三、立案标准

1. 2010 年 5 月 7 日　最高人民检察院、公安部关于公安机关管辖的刑事案件立案追诉标准的规定（二）

2. 2011 年 1 月 4 日　最高人民法院关于审理非法集资刑事案件具体应用法律若干问题的解释

四、量刑依据

1. 2017 年 5 月 1 日　最高人民法院关于常见犯罪的量刑指导意见（二）（试行）

2. 1995 年 6 月 30 日　全国人民代表大会常务委员会关于惩治破坏金融秩序犯罪的决定

3. 2014 年 3 月 25 日　最高人民法院、最高人民检察院、公安部关于办理非法集资刑事案件适用法律若干问题的意见

4. 2019 年 1 月 30 日　最高人民法院、最高人民检察院、公安部关于办理非法集资刑事案件若干问题的意见

5. 2010 年 2 月 8 日　最高人民法院关于贯彻宽严相济刑事政策的若干意见

五、其他规范

（一）全国范围规定

1. 2011 年 8 月 18 日　最高人民法院关于非法集资刑事案件性质认定问题的通知

2. 2004 年 11 月 15 日　最高人民法院关于依法严厉打击集资诈骗和公众存款犯罪活动的通知

3. 2015 年 12 月 4 日　最高人民法院公布 11 起诈骗犯罪典型案例

（二）地方规定

A. 上海

1. 2018 年 12 月 6 日　上海市高级人民法院、上海市人民检察院、上海市公安局关于办理涉众型非法集资犯罪案件的指导意见

B. 重庆

2. 2018 年 9 月 25 日　重庆市高级人民法院、重庆市人民检察院、重庆市公安局关于办理非法集资类刑事案件法律适用问题的会议纪要

3. 2018 年 9 月 25 日　重庆市高级人民法院关于办理非法集资类刑事案件法律适用问题的会议纪要的解答

C. 四川

4. 2016 年 1 月 4 日　四川省高级人民法院、四川省人民检察院、四川省公安厅关于我省办理非法集资刑事案件若干问题的会议纪要

D. 河南

5. 2015 年 12 月 30 日　河南省高级人民法院、河南省人民检察院、河南省公安厅关于办理非法集资刑事案件适用法律若干问题的指导意见

E. 安徽

6. 2015 年 6 月 3 日　安徽省高级人民法院关于办理非法集资刑事案件若干问题的意见

7. 2014 年 12 月 31 日　安徽省高级人民法院、安徽省人民检察院、安徽省公安厅关于办理合同诈骗等犯罪案件工作座谈会纪要

F. 江苏

8. 2013 年 1 月 21 日　江苏省高级人民法院、江苏省人民检察院、江苏省公安厅关于办理非法集资刑事案件的意见

G. 浙江

9. 2013 年 10 月 28 日　浙江省高级人民法院、浙江省人民检察院、浙江省公安厅关于当前办理集资类刑事案件适用法律若干问题的会议纪要（三）

10. 2011 年 7 月 18 日　浙江省高级人民法院、浙江省人民检察院、浙江省公安厅关于当前办理集资类刑事案件适用法律若干问题的会议纪要（二）

11. 2008 年 12 月 2 日　浙江省高级人民法院、浙江省人民检察院、浙江省公安厅关于当前办理集资类刑事案件适用法律若干问题的会议纪要的通知

相关案例

第四篇第三章第三节

案例：北京某私募基金管理人实际控制人非法集资 1000 余万元，合同诈骗 400 万元，数罪并罚获刑 16 年，并处剥夺政治权利 5 年、罚金 51 万元

第五篇第二章第二节

案例一：某私募基金管理人法定代表人以非法占有为目的募资后，仅将少量资金用于投资，以新偿旧，骗取投资款逾 4000 万元，被法院判处有期徒刑 8 年，并处罚金

案例二：北京某私募基金管理人未按合同约定使用募集资金，诈骗 350 余万元，法定代表人以集资诈骗获刑 10 年，并处罚金 10 万元

第三节　合同诈骗罪

一、刑法分则规定

2017 年 11 月 4 日　刑法第二百二十四条

二、犯罪认定

2001 年 1 月 21 日　全国法院审理金融犯罪案件工作座谈会纪要

三、立案标准

2010年5月7日　最高人民检察院、公安部关于公安机关管辖的刑事案件立案追诉标准的规定（二）

四、量刑依据

1. 2017年5月1日　最高人民法院关于常见犯罪的量刑指导意见（二）（试行）

2. 1995年6月30日　全国人民代表大会常务委员会关于惩治破坏金融秩序犯罪的决定

五、其他规范

（一）全国范围规定

A. 司法解释

1. 1998年4月21日　最高人民法院关于在审理经济纠纷案件中涉及经济犯罪嫌疑若干问题的规定

B. 司法解释性质文件

2. 2002年5月22日　最高人民检察院办公厅关于对合同诈骗、侵犯知识产权等经济犯罪案件依法正确适用逮捕措施的通知

3. 2015年12月4日　最高人民法院公布11起诈骗犯罪典型案例

C. 规范性文件

4. 1997年1月9日　公安部关于办理利用经济合同诈骗案件有关问题的通知

（二）地方规定

A. 安徽

1. 2014年12月31日　安徽省高级人民法院、安徽省人民检察院、安徽省公安厅关于办理合同诈骗等犯罪案件工作座谈会纪要

B. 上海

2. 2011年7月21日　上海市高级人民法院、上海市人民检察院、上海市公安局、上海市司法局关于本市办理部分诈骗类犯罪案件具体数额标准的意见

C. 浙江

3. 2005年12月24日　浙江省人民检察院诈骗类犯罪案件专题研讨会会议纪要

D. 江苏

4. 1998 年 7 月 9 日　江苏省高级人民法院关于审理诈骗犯罪案件若干问题的讨论纪要

E. 四川

5. 2002 年 5 月 14 日　四川省高级人民法院关于刑法部分条款数额执行标准和情节认定标准的意见（节录）

相关案例

第四篇第三章第二节

案例一：某私募基金管理人股东及实际控制人，以非法占有他人财物为目的募集私募基金，被法院分别判刑并处罚金

案例二：武汉某资产管理中心执行事务合伙人为偿还债务，虚构发行私募基金，诈骗 500 万元，获刑 11 年 6 个月，并处罚金 16 万元

第五篇第二章第一节

案例一：北京某私募基金管理人擅自改变募集资金用途，造成 4800 余万元损失，法定代表人获刑 11 年，并处罚金 20 万元

案例二：某基金管理公司法定代表人在明知公司没有融资能力的情况下，仍伙同他人与融资人签订《基金委托募集合作协议》，骗取资金服务费 80 万元，被法院判处有期徒刑 1 年 2 个月，并处罚金

第四节　诈骗罪

一、刑法分则规定

2017 年 11 月 4 日　刑法第二百一十条第二款、第二百六十六条

二、犯罪认定

1. 2011 年 4 月 8 日　最高人民法院、最高人民检察院关于办理诈骗刑事案件具体应用法律若干问题的解释

2. 2016 年 12 月 20 日　最高人民法院、最高人民检察院、公安部关于办理电信网络诈骗等刑事案件适用法律若干问题的意见

3. 2015 年 6 月 1 日　最高人民法院关于审理掩饰、隐瞒犯罪所得、犯罪所得收益刑事案件适用法律若干问题的解释

4. 2014 年 4 月 24 日　全国人民代表大会常务委员会关于《中华人民共和国刑法》第二百六十六条的解释

三、立案标准

2011 年 4 月 8 日　最高人民法院、最高人民检察院关于办理诈骗刑事案件具体应用法律若干问题的解释

四、量刑依据

1. 2017 年 5 月 1 日　最高人民法院关于常见犯罪的量刑指导意见（二）（试行）

2. 2016 年 12 月 20 日　最高人民法院、最高人民检察院、公安部关于办理电信网络诈骗等刑事案件适用法律若干问题的意见

3. 2011 年 4 月 8 日　最高人民法院、最高人民检察院关于办理诈骗刑事案件具体应用法律若干问题的解释

4. 2010 年 2 月 8 日　最高人民法院关于贯彻宽严相济刑事政策的若干意见

5. 2009 年 11 月　新增十个罪名的量刑指导意见（试行）

6. 1995 年 6 月 30 日　全国人民代表大会常务委员会关于惩治破坏金融秩序犯罪的决定

五、其他规范

（一）全国范围规定

1. 1991 年 4 月 23 日　最高人民法院研究室关于申付强诈骗案如何认定诈骗数额问题的电话答复

2. 2015 年 12 月 4 日　最高人民法院公布 11 起诈骗犯罪典型案例

3. 2019 年 11 月 19 日　最高人民法院发布 10 起电信网络诈骗犯罪典型案例

（二）地方规定

A. 广东

1. 2014 年 4 月 25 日　广东省高级人民法院、广东省人民检察院关于确定诈骗刑事案件数额标准的通知

2. 2006 年 4 月 12 日　广东省高级人民法院关于办理诈骗案件如何掌握数额标准的答复

B. 上海

3. 2014 年 4 月 15 日　上海市高级人民法院关于本市适用"两高"《关于办理诈骗刑事案件具体应用法律若干问题的解释》的工作意见

C. 浙江

4. 2013 年 12 月 13 日　浙江省高级人民法院、浙江省人民检察院关于我省执行诈骗罪"数额较大"、"数额巨大"、"数额特别巨大"标准的意见

5. 2005 年 12 月 24 日　浙江省人民检察院诈骗类犯罪案件专题研讨会会议纪要

D. 河南

6. 2013 年 9 月 29 日　河南省高级人民法院、河南省人民检察院关于我省诈骗犯罪数额认定标准的规定

E. 贵州

7. 2013 年 8 月 22 日　贵州省高级人民法院、贵州省人民检察院关于对我省诈骗罪数额认定标准的规定

F. 福建

8. 2013 年 8 月 1 日　福建省高级人民法院、福建省人民检察院关于我省诈骗、盗窃刑事案件执行具体数额标准的通知

9. 2000 年 8 月 9 日　福建省高级人民法院、福建省人民检察院、福建省公安厅关于办理诈骗等案件掌握数额标准等问题的座谈会纪要

G. 云南

10. 2013 年 7 月 23 日　云南省高级人民法院关于我省办理诈骗刑事案件执行具体数额标准的通知

H. 内蒙古

11. 2013 年 7 月 15 日　内蒙古自治区高级人民法院、内蒙古自治区人民检察院关于办理诈骗刑事案件执行具体数额标准的规定

I. 重庆

12. 2013 年 7 月 1 日　重庆市高级人民法院、重庆市人民检察院关于办理诈骗刑事案件数额标准的规定

J. 山东

13. 2012 年 7 月 26 日　山东省高级人民法院关于确定诈骗罪具体数额标准的通知

K. 湖北

14. 2012 年 7 月 1 日　湖北省高级人民法院、湖北省人民检察院关于确定我省诈骗罪数额认定标准的通知

L. 江苏

15. 2011 年 7 月 26 日　江苏省高级人民法院、江苏省人民检察院、江苏省公安厅关于我省执行诈骗公私财物"数额较大"、"数额巨大"、"数额特别巨大"标准的意见

16. 1998 年 7 月 9 日　江苏高级人民法院关于审理诈骗犯罪案件若干问题的讨论纪要

17. 1994 年 5 月 11 日　江苏省高级人民法院关于确定我省个人诈骗犯罪数额较大数额巨大起点的通知

M. 山西

18. 2011 年 7 月 18 日　山西省高级人民法院、山西省人民检察院关于我省办理诈骗刑事案件具体数额标准的规定

N. 广西

19. 2011 年 8 月 25 日　广西壮族自治区高级人民法院、广西壮族自治区人民检察院关于办理诈骗刑事案件执行具体数额标准的通知

第五节　欺诈发行股票债券罪

一、刑法分则规定

2017 年 11 月 4 日　刑法第一百六十条

二、犯罪认定

2011 年 1 月 4 日　最高人民法院关于审理非法集资刑事案件具体应用法律若干问题的解释

三、立案标准

2010 年 5 月 7 日　最高人民检察院、公安部关于公安机关管辖的刑事案件立案追诉标准的规定（二）

四、量刑依据

2020 年 3 月 1 日　中华人民共和国证券法

五、其他规范

2002 年 5 月 14 日　四川省高级人民法院关于刑法部分条款数额执行标准和情节认定标准的意见

第六节　内幕交易罪

一、刑法分则规定

2017 年 11 月 4 日　刑法第一百八十条第一款、第二款、第三款

二、犯罪认定

1. 2012 年 6 月 1 日　最高人民法院、最高人民检察院关于办理内幕交易、泄露内幕信息刑事案件具体应用法律若干问题的解释

2. 2007 年 3 月 27 日　证券市场内幕交易行为认定指引（试行）

3. 2012 年　《关于办理内幕交易、泄露内幕信息刑事案件具体应用法律若干问题的解释》的理解与适用

三、立案标准

1. 2012 年 3 月 29 日　《关于办理内幕交易、泄露内幕信息刑事案件具体应用法律若干问题的解释》的理解与适用

2. 2010 年 5 月 7 日　最高人民检察院、公安部关于公安机关管辖的刑事案件立案追诉标准的规定（二）

四、量刑依据

1. 2020 年 3 月 1 日　中华人民共和国证券法

2. 2012 年 6 月 1 日　最高人民法院、最高人民检察院关于办理内幕交易、泄露内幕信息刑事案件具体应用法律若干问题的解释

3. 2007 年 3 月 27 日　证券市场内幕交易行为认定指引（试行）

4. 2012 年 3 月 29 日　《关于办理内幕交易、泄露内幕信息刑事案件具体应用法律若干问题的解释》的理解与适用

五、其他规范

（一）全国范围的规定

A. 司法解释

1. 2012 年 5 月 22 日　惩治内幕交易犯罪维护资本市场秩序——最高法院有关负责人就首部证券期货犯罪司法解释答记者问

2. 2019 年 2 月 11 日　中国证监会关于强化上市公司并购重组内幕交易防控相关问题与解答

B. 司法解释性质文件

3. 2012 年　最高人民法院发布内幕交易、泄露内幕信息犯罪典型案例

C. 规范性文件

4. 2010 年 11 月 16 日　国务院办公厅转发证监会等部门关于依法打击和防控资本市场内幕交易意见的通知

（二）地方规定

2002 年 5 月 14 日　四川省高级人民法院关于刑法部分条款数额执行标准和情节认定标准的意见（节录）

第七节　利用未公开信息交易罪

一、刑法分则规定

2017 年 11 月 4 日　刑法第一百八十条第四款

二、犯罪认定

2019 年 7 月 1 日　最高人民法院、最高人民检察院关于办理利用未公开信息交易刑事案件适用法律若干问题的解释

三、立案标准

2010 年 5 月 7 日　最高人民检察院、公安部关于公安机关管辖的刑事案件立案追诉标准的规定（二）

四、量刑依据

1. 2020 年 3 月 1 日　中华人民共和国证券法

2. 2019 年 7 月 1 日　最高人民法院、最高人民检察院关于办理利用未公开信息交易刑事案件适用法律若干问题的解释

五、其他规范

2019 年 6 月 28 日　依法惩治证券期货犯罪促进资本市场稳定健康发展——"两高"有关负责人关于办理操纵证券、期货市场、利用未公开信息交易刑事案件适用法律问题司法解释答记者问

相关案例

第五篇第二章第五节

案例：上海某私募基金管理人创始人利用公募基金基金经理向其泄露的非公开股票交易信息，通过趋同交易非法获利 4000 余万元，被法院以利用非公开信息交易罪判处 5 年 9 个月，并处罚金 4000 万元

第八节　操纵证券市场罪

一、刑法分则规定

2017 年 11 月 4 日　刑法第一百八十二条

二、犯罪认定

1. 2020 年 3 月 1 日　中华人民共和国证券法（2019 修订）

2. 2019 年 7 月 1 日　最高人民法院 最高人民检察院关于办理操纵证券、期货市场刑事案件适用法律若干问题的解释

3. 2007 年 3 月 27 日　证券市场操纵行为认定指引（试行）

三、立案标准

2010 年 5 月 7 日　最高人民检察院、公安部关于公安机关管辖的刑事案件立案追诉标准的规定（二）

四、量刑依据

1. 2020 年 3 月 1 日　中华人民共和国证券法

2. 2019 年 7 月 1 日　最高人民法院 最高人民检察院关于办理操纵证券、期货市场刑事案件适用法律若干问题的解释

3. 2010 年 2 月 8 日　最高人民法院关于贯彻宽严相济刑事政策的若干意见

4. 2007 年 3 月 27 日　证券市场操纵行为认定指引（试行）

五、其他规范

（一）全国范围规定

2019 年 6 月 28 日　依法惩治证券期货犯罪促进资本市场稳定健康发展——"两高"有关负责人关于办理操纵证券、期货市场、利用未公开信息交易刑事案件适用法律问题司法解释答记者问

（二）地方规定

2002 年 5 月 14 日　四川省高级人民法院关于刑法部分条款数额执行标准和情节认定标准的意见

相关案例

第五篇第二章第四节

案例：某私募基金管理人利用信息优势和资金优势，与 13 家上市公司董事长或者实际控制人合谋利用信息优势连续交易，构成操纵证券市场罪，被法院判处有期徒刑 5 年 6 个月，并处罚金

第九节　职务侵占罪

一、刑法分则规定

2017 年 11 月 4 日　刑法第一百八十三条第一款、第二百七十一条第一款

二、犯罪认定

1. 2016 年 4 月 18 日　最高人民法院、最高人民检察院关于办理贪污贿

赂刑事案件适用法律若干问题的解释

2. 2010 年 11 月 26 日　最高人民法院、最高人民检察院关于办理国家出资企业中职务犯罪案件具体应用法律若干问题的意见

3. 2000 年 7 月 8 日　最高人民法院关于审理贪污、职务侵占案件如何认定共同犯罪几个问题的解释

三、立案标准

2010 年 5 月 7 日　最高人民检察院、公安部关于公安机关管辖的刑事案件立案追诉标准的规定（二）

四、量刑依据

2009 年 11 月　新增十个罪名的量刑指导意见（试行）

五、其他规范

（一）全国范围规定

A. 司法解释

1. 2001 年 5 月 26 日　最高人民法院关于在国有资本控股、参股的股份有限公司中从事管理工作的人员利用职务便利非法占有本公司财物如何定罪问题的批复

B. 部门工作文件

2. 2005 年 6 月 24 日　公安部经侦局关于对非法占有他人股权是否构成职务侵占罪问题的工作意见

（二）地方规定

A. 广东

1. 2006 年 8 月 28 日　广东省高级人民法院关于办理公司、企业或者其他单位的工作人员职务侵占、受贿、挪用资金等刑事犯罪案件适用法律若干问题的座谈会纪要

B. 安徽

2. 2014 年 12 月 31 日　安徽省高级人民法院、安徽省人民检察院、安徽省公安厅关于办理合同诈骗等犯罪案件工作座谈会纪要

C. 浙江

3. 2005 年 12 月 24 日　浙江省人民检察院诈骗类犯罪案件专题研讨会会议纪要

D. 福建

4. 2000 年 8 月 9 日　福建省高级人民法院、福建省人民检察院、福建省公安厅关于办理诈骗等案件掌握数额标准等问题的座谈会纪要

E. 四川

5. 2002 年 5 月 14 日　四川省高级人民法院关于刑法部分条款数额执行标准和情节认定标准的意见

相关案例

第四篇第三章第五节

案例一：某私募基金管理人区域经理利用职务便利，侵占私募基金 90 余万元，被法院判处有期徒刑 3 年。

案例二：海南某融资项目经手人利用职务便利，与其他员工串通设立投资管理公司，并伪造投资方印章，以资管计划服务费的名义收取 1500 万元，均被判 10 年以上有期徒刑。

第十节　挪用资金罪

一、刑法分则规定

2017 年 11 月 4 日　刑法第一百八十五条第一款、第二百七十二条第一款

二、犯罪认定

1. 2016 年 4 月 18 日　最高人民法院、最高人民检察院关于办理贪污贿赂刑事案件适用法律若干问题的解释

2. 2010 年 11 月 26 日　最高人民法院、最高人民检察院关于办理国家出资企业中职务犯罪案件具体应用法律若干问题的意见

三、立案标准

2010 年 5 月 7 日　最高人民检察院、公安部关于公安机关管辖的刑事案件立案追诉标准的规定（二）

四、量刑依据

2016 年 4 月 18 日　最高人民法院、最高人民检察院关于办理贪污贿赂刑事案件适用法律若干问题的解释

五、其他规范

（一）全国范围规定

A. 司法解释

1. 2000 年 7 月 27 日　最高人民法院关于如何理解刑法第二百七十二条规定的"挪用本单位资金归个人使用或者借贷给他人"问题的批复

2. 2000 年 2 月 24 日　最高人民法院关于对受委托管理、经营国有财产人员挪用国有资金行为如何定罪问题的批复

B. 司法解释性质文件

3. 2000 年 10 月 29 日　最高人民检察院关于挪用尚未注册成立公司资金的行为适用法律问题的批复

C. 答复

4. 2004 年 9 月 8 日　全国人民代表大会常务委员会法制工作委员会刑法室关于挪用资金罪有关问题的答复

（二）地方规定

A. 广东

1. 2006 年 8 月 28 日　广东省高级人民法院关于办理公司、企业或者其他单位的工作人员职务侵占、受贿、挪用资金等刑事犯罪案件适用法律若干问题的座谈会纪要

B. 浙江

2. 2005 年 12 月 24 日　浙江省人民检察院诈骗类犯罪案件专题研讨会会议纪要

C. 福建

3. 2000 年 8 月 9 日　福建省高级人民法院、福建省人民检察院、福建省公安厅关于办理诈骗等案件掌握数额标准等问题的座谈会纪要

D. 四川

4. 2002 年 5 月 14 日　四川省高级人民法院关于刑法部分条款数额执行标准和情节认定标准的意见

E. 江苏

5. 1998年6月11日 江苏省高级人民法院关于确定我省挪用公款罪、挪用资金罪的数额标准的通知

F. 上海

6. 上海市高级人民法院、上海市人民检察院、上海市公安局、上海市司法局关于办理商业受贿、侵占和挪用资金犯罪案件数额标准的意见

---- 相关案例 ----

第五篇第二章第三节

案例：北京某私募基金执行事务合伙人代表未经投资决策程序，违反约定资金用途，挪用资金2735万元，获刑4年6个月

第十一节　组织、领导传销活动罪

一、刑法分则规定

2017年11月4日　刑法第二百二十四条之一

二、犯罪认定

2013年11月14日　最高人民法院、最高人民检察院、公安部关于办理组织领导传销活动刑事案件适用法律若干问题的意见

三、立案标准

2010年5月7日　最高人民检察院、公安部关于公安机关管辖的刑事案件立案追诉标准的规定（二）

四、量刑依据

2013年11月14日　最高人民法院、最高人民检察院、公安部关于办理组织领导传销活动刑事案件适用法律若干问题的意见

五、其他规范

A. 广东

1. 2012年12月12日　广东省人民检察院、广东省公安厅、广东省工商行政管理局关于办理组织、领导传销活动违法犯罪案件有关问题的意见

B. 天津

2. 2010年2月24日　天津高级人民法院、天津市人民检察院、天津市公安局、天津市司法局、天津市工商行政管理局关于办理组织、领导传销活动刑事案件适用法律若干问题的意见（试行）

C. 浙江

3. 2009年10月12日　浙江省高级人民法院、浙江省人民检察院、浙江省公安厅关于办理组织、领导传销活动罪追诉标准问题的会议纪要

相关案例

第四篇第三章第六节

案例：某私募基金传销组织省级总代发展下线400余人，涉案资金3000余万，被法院判处有期徒刑3年，并处罚金100万元

第十二节　非法经营罪

一、刑法分则规定

2017年11月4日　刑法第二百二十五条

二、犯罪认定

1. 2011年1月4日　最高人民法院关于审理非法集资刑事案件具体应用法律若干问题的解释

2. 2008年1月2日　最高人民法院、最高人民检察院、公安部、中国证券监督管理委员会关于整治非法证券活动有关问题的通知

3. 2000年6月13日　公安部关于严厉打击以传销和变相传销形式进行犯罪活动的通知

三、立案标准

2010 年 5 月 7 日　最高人民检察院、公安部关于公安机关管辖的刑事案件立案追诉标准的规定（二）

四、量刑依据

1. 2019 年 10 月 21 日　最高人民法院、最高人民检察院、公安部、司法部关于办理非法放贷刑事案件若干问题的意见

2. 2019 年 1 月 31 日　最高人民法院、最高人民检察院关于办理非法从事资金支付结算业务、非法买卖外汇刑事案件适用法律若干问题的解释

五、其他规范

（一）全国范围的规定

A. 司法解释性质文件

1. 2002 年 1 月 25 日　最高人民检察院法律政策研究室关于非法经营行为界定有关问题的复函

B. 规范性文件

2. 2008 年 1 月 2 日　最高人民法院、最高人民检察院、公安部、中国证券监督管理委员会关于整治非法证券活动有关问题的通知

3. 2006 年 12 月 12 日　国务院办公厅关于严厉打击非法发行股票和非法经营证券业务有关问题的通知

4. 2000 年 8 月 13 日　国务院办公厅转发工商局等部门关于严厉打击传销和变相传销等非法经营活动意见的通知

C. 答记者问

5. 2019 年 10 月 22 日　全国扫黑办召开新闻发布会就扫黑除恶 4 个法律政策文件答记者问

（二）地方规定

A. 山东

1. 2009 年 10 月 9 日　山东省高级人民法院关于传销或者变相行为构成非法经营罪有关数额标准的通知

B. 浙江

2. 2002年10月24日　浙江省高级人民法院、浙江省人民检察院、浙江省公安厅关于传销或者变相行为构成非法经营罪有关数额标准的通知

C. 安徽

3. 2014年12月31日　安徽省高级人民法院、安徽省人民检察院、安徽省公安厅关于办理合同诈骗等犯罪案件工作座谈会纪要

D. 四川

4. 2002年5月14日　四川省高级人民法院关于刑法部分条款数额执行标准和情节认定标准的意见

第十三节　侵犯公民个人信息罪

一、刑法分则规定

2017年11月4日　刑法第二百五十三条之一

二、犯罪认定

1. 2018年11月9日　检察机关办理侵犯公民个人信息案件指引
2. 2017年6月1日　最高人民法院、最高人民检察院关于办理侵犯公民个人信息刑事案件适用法律若干问题的解释
3. 2017年6月1日　《关于办理侵犯公民个人信息刑事案件适用法律若干问题的解释》的理解与适用

三、立案标准

2017年6月1日　《关于办理侵犯公民个人信息刑事案件适用法律若干问题的解释》的理解与适用

四、量刑依据

1. 2018年11月9日　检察机关办理侵犯公民个人信息案件指引
2. 2017年6月1日　最高人民法院、最高人民检察院关于办理侵犯公民个人信息刑事案件适用法律若干问题的解释

3. 2017 年 6 月 1 日　《关于办理侵犯公民个人信息刑事案件适用法律若干问题的解释》的理解与适用

五、其他规范

（一）司法解释

2017 年 5 月 10 日　降低入罪门槛，严惩侵犯公民个人信息犯罪——"两高"《关于办理侵犯公民个人信息刑事案件适用法律若干问题的解释》解读

（二）司法解释性质文件

1. 2017 年 5 月 10 日　最高人民法院、最高人民检察院发布 7 起侵犯公民个人信息犯罪典型案例

2. 2017 年 5 月 16 日　最高人民检察院发布 6 起侵犯公民个人信息犯罪典型案例

3. 2019 年 11 月 19 日　最高人民法院发布 10 起电信网络诈骗犯罪典型案例

第十四节　伪造国家机关公文、证件、印章罪

一、刑法分则规定

2017 年 11 月 4 日　刑法第二百八十条第一款

二、其他规范

1. 2004 年 3 月 30 日　最高人民法院研究室关于对行为人通过伪造国家机关公文、证件担任国家工作人员职务并利用职务上的便利侵占本单位财物、收受贿赂、挪用本单位资金等行为如何适用法律问题的答复

2. 2003 年 6 月 3 日　最高人民检察院法律政策研究室关于伪造、变造、买卖政府设立的临时性机构的公文、证件、印章行为如何适用法律问题的答复

> **相关案例**
>
> 第四篇第三章第四节
>
> 案例一：山东某私募基金项目，私募基金管理人实际控制人伪造行政机关公文进行募资，投后管理中挪用私募基金用于偿还其他项目欠款，案发后贿买他人作伪证，被法院以挪用资金罪、伪造国家机关公文罪、妨害作证罪数罪并罚6年6个月，并处罚金
>
> 案例二：某私募基金管理人法定代表人为增加基金发行推广的可信度，伪造行政机关公文，被法院以伪造国家机关公文罪判处有期徒刑6个月，并处罚金

后 记

  本书创作期间，笔者的助理赵秦晋、程露怡在私募基金刑事法律风险报告和其他数据收集整理、文稿校对等方面付出了艰苦努力，信达律所为书稿框架结构及重点问题专门组织了研讨会，赵涯律师、黄艳琴律师、强谋律师、吴晨婷律师等多位信达同仁从不同角度提出了进一步完善书稿的建议。在成稿之际，私募基金研究领域的先行者、《图解私募股权基金：法律实务操作要点与难点》一书作者耿志宏律师给予了宝贵的指导和支持，在此一并致谢。最后要感谢中国检察出版社的大力支持，特别感谢本书责任编辑王伟雪女士，对本书的体例与呈现形式等诸多细节提出了宝贵意见，使本书得以顺利出版。

  由于作者学识所限，加之时间仓促，许多细节尚未进一步打磨推敲，书中谬误定存，挂一漏万贻笑大方在所难免。如有纰漏之处，恳请读者以邮件方式（hong@139.com）批评指正，在此深表谢意。

洪　灿

2020 年 6 月